Bauwelt Fundamente 27

Herausgegeben von Ulrich Conrads
unter Mitarbeit von
Gerd Albers, Adolf Arndt,
Lucius Burckhardt, Werner Kallmorgen,
Hermann Mattern, Julius Posener,
Hans Scharoun

Über die Umwelt der arbeitenden Klasse

Aus den Schriften von Friedrich Engels

ausgewählt von Günter Hillmann

Bertelsmann Fachverlag

Die in diesem Band abgedruckten Texte sind nach dem Wortlaut der Marx/Engels-Werkausgabe des Dietz-Verlages, Berlin Ost, wiedergegeben (s. a. den Hinweis S. 24 am Schluß der Einführung).

© 1970 Verlagsgruppe Bertelsmann GmbH/Bertelsmann Fachverlag, Gütersloh · 1
Umschlagentwurf von Helmut Lortz
Gesamtherstellung Mohndruck Reinhard Mohn OHG, Gütersloh
Alle Rechte vorbehalten
Printed in Germany · Bestell-Nr. 8627

INHALT

7 Einführung

   Die vorindustrielle Harmonie zwischen Stadt und Land
25 Bremen
29 Delmenhorst
30 Zwischen London und Liverpool
32 Siegfrieds Heimat
36 Von Paris nach Bern
   I Seine und Loire 36 · II Burgund 47

   Chaos und Elend der Arbeiterstädte
53 Briefe aus dem Wuppertal
57 Die großen Städte
   London 60 · Manchester 70 · Lebensgewohnheiten der Arbeiter 86
95 Die Folgen des Massenelends
   Krankheit 95 · Sterblichkeit 104 · Unwissenheit 108 · Demoralisierung 112 ·
   Die Menschlichkeit der Arbeiter 118 · Unmoral und Verbrechen 122
128 Die Arbeitshäuser

   Empörung und Versuche der Neuordnung
135 Beschreibung der in neuerer Zeit entstandenen und noch bestehenden kommunistischen Ansiedlungen
   Die Shakers 136 · Die Rappiten 139 · Zoar 143 · Robert Owen 147
151 Die Junirevolution

   Grundsätzliches zur Lösung des Wohnungsproblems
159 Zur Wohnungsfrage
   1. Abschnitt: Wie Proudhon die Wohnungsfrage löst 159 · 2. Abschnitt: Wie die Bourgeoisie die Wohnungsfrage löst 177 · 3. Abschnitt: Nachtrag über Proudhon und die Wohnungsfrage 207 · Vorwort (zur zweiten Auflage) 228
237 Anmerkungen des Herausgebers
238 Quellennachweis der Abbildungen

Einführung

> Und erst dann wird der Sieg des Neuen vor der
> Tür sein, wenn die junge Generation es mit der
> Muttermilch aufnimmt.
> Friedrich Engels, 1840

Friedrich Engels und Arbeiterklasse – das ist ein Programm. Man erinnert sich kühn entworfener Systeme, phantastischer Endlösungen, unvollendeter, steckengebliebener Vorhaben, nie realisierter Wunschträume. Die durch die Industrialisierung aus den Fugen geratene Gesellschaft hatte Kräfte hervorgebracht, die ein Jahrhundert lang als Antriebsagentien, neue Schwerpunkte schaffende Konflikte und den Gleichgewichtszustand bedrohende Störfaktoren wirken sollten. Man ist heute bereit anzuerkennen, daß die Industrialisierung einer großen Zahl von Menschen derart unzumutbare Belastungen aufbürdete, daß Zusammenschluß, Protest und Empörung dieser Massen eine berechtigte Reaktion darstellten. Die theoretischen Entwürfe des 19. und der ersten Hälfte des 20. Jahrhunderts umfaßten menschliche Existenz so total und penetrant, daß immer noch gewisse Wirkungen von ihnen ausgehen, daß sie immer noch Anknüpfungspunkte darstellen, vor allem dort, wo die Situation ganzer Gruppen von ähnlicher Hoffnungs- und Mittellosigkeit geprägt ist wie die der arbeitenden Klasse während des Maschinenzeitalters.

Ihrem ländlich-harmonischen Milieu entrissen, in die Nähe der emporschießenden Fabriken verpflanzt oder in Hausarbeit für sie eingespannt, ohne Hoffnung, daß sich die Umstände bessern könnten, und ohne Mittel, sich Lebensunterhalt und Rollensicherheit zu garantieren – das war die Lage, in die im 19. Jahrhundert eine wachsende Zahl von Menschen geriet. Sogar die ›Times‹ beklagte die »Verlassenheit der Not« dieser Menschen »in einer fremden Stadt«. Man habe sie »in die weite Welt hinausgestoßen« (nach dem Zitat von Engels). Die relative Abgeschlossenheit dörflicher und kleinstädtischer Siedlung, die Beschränkung auf einen Raum, die Regelmäßigkeit der Abläufe, das geordnete, vielfältige Netz von Beziehungen, in das hinein jeder verwoben ist, die immer wieder – jedenfalls nach außen hin – bestätigte Gemeinsamkeit, während jeder seinen Acker bestellt, seinen Dienst tut oder seinem Geschäft nachgeht – diese Geborgenheit und Gemütlichkeit atmende Umwelt wurde durch das Maschinen- und Fabriksystem zerstört.

Friedrich Engels hat die ökonomischen und sozialpsychologischen Grundlagen dieser Prozesse dargestellt:

Vor der Einführung der Maschinen geschah die Verspinnung und Verwebung der Rohstoffe im Hause des Arbeiters. Frau und Töchter spannen das Garn, das der

Mann verwebte oder das sie verkauften, wenn der Familienvater nicht selbst es verarbeitete. Diese Weberfamilien lebten meist auf dem Lande, in der Nähe der Städte, und konnten mit ihrem Lohn ganz gut auskommen, da der heimische Markt noch für die Nachfrage nach Stoffen entscheidend, ja fast der einzige Markt war und die mit der Eroberung fremder Märkte, mit der Ausdehnung des Handels später hereinbrechende Übermacht der Konkurrenz noch nicht fühlbar auf den Arbeitslohn drückte. Dazu kam eine dauernde Steigerung der Nachfrage im heimischen Markt, die mit der langsamen Vermehrung der Bevölkerung Schritt hielt und also sämtliche Arbeiter beschäftigte, und dann die Unmöglichkeit einer heftigen Konkurrenz der Arbeiter gegeneinander, die aus der ländlichen Vereinzelung ihrer Wohnungen entstand. So kam es, daß der Weber meist imstande war, etwas zurückzulegen und sich ein kleines Grundstück zu pachten, daß er in seinen Mußestunden – und deren hatte er so viele, als er wollte, da er weben konnte, wann und wie lange er Lust verspürte – bearbeitete. Freilich war er ein schlechter Bauer und betrieb seine Ackerwirtschaft nachlässig und ohne viel reellen Ertrag; aber er war doch wenigstens kein Proletarier, er hatte, wie die Engländer sagen, einen Pfahl in den Boden seines Vaterlandes eingeschlagen, er war ansässig und stand um eine Stufe höher in der Gesellschaft als der jetzige englische Arbeiter.

Auf diese Weise vegetierten die Arbeiter in einer ganz behaglichen Existenz und führten ein rechtschaffenes und geruhiges Leben in aller Gottseligkeit und Ehrbarkeit, ihre materielle Stellung war bei weitem besser als die ihrer Nachfolger; sie brauchten sich nicht zu überarbeiten, sie machten nicht mehr, als sie Lust hatten, und verdienten doch, was sie brauchten, sie hatten Muße für gesunde Arbeit in ihrem Garten oder Felde, eine Arbeit, die ihnen selbst schon Erholung war, und konnten außerdem noch an den Erholungen und Spielen ihrer Nachbarn teilnehmen; und alle diese Spiele, Kegel, Ballspiel usw., trugen zur Erhaltung der Gesundheit und zur Kräftigung ihres Körpers bei. Sie waren meist starke, wohlgebaute Leute, in deren Körperbildung wenig oder gar kein Unterschied von ihren bäurischen Nachbarn zu entdecken war. Ihre Kinder wuchsen in der freien Landluft auf, und wenn sie ihren Eltern bei der Arbeit helfen konnten, so kam dies doch nur dann und wann vor, und von einer acht- oder zwölfstündigen täglichen Arbeitszeit war keine Rede.

Was der moralische und intellektuelle Charakter dieser Klasse war, läßt sich erraten. Abgeschlossen von den Städten, in die sie nie hineinkamen, da das Garn und Gewebe an reisende Agenten gegen Auszahlung des Lohns abgeliefert wurde, so abgeschlossen, daß alte Leute, die ganz in der Nähe von Städten wohnten, doch nie hingingen, bis sie endlich durch die Maschinen ihres Erwerbs beraubt und gezwungen wurden, in den Städten sich nach Arbeit umzusehen, standen sie auf der moralischen und intellektuellen Stufe der Landleute, mit denen sie ohnehin noch durch ihre kleine Pachtung meistens unmittelbar verknüpft waren. Sie sahen ihren Squire – den bedeutendsten Grundherrn der Gegend – für ihren natürlichen Vorgesetzten an, sie *frugen ihn um Rat, legten ihm ihre kleinen Zwiste zur Entscheidung vor und gaben ihm alle Ehre, die dies patriarchalische Verhältnis mit sich brachte. Sie waren »respektable« Leute und gute Familienväter, lebten moralisch, weil sie keine Veranlassung hatten, unmoralisch zu sein, da keine Schenken und liederlichen Häuser in ihrer Nähe waren, und weil der Wirt, bei dem sie dann und wann ihren Durst löschten, auch ein respektabler Mann und meist ein großer Pächter war, der auf gutes Bier, gute Ordnung und frühen Feierabend hielt. Sie hatten ihre Kinder den Tag über im Hause bei sich und erzogen sie in Gehorsam und der Gottesfurcht; das patriarchalische Familienverhältnis blieb ungestört, solange die Kinder noch nicht selbst verheiratet waren; die jungen Leute wuchsen in idyllischer Einfalt und Vertraulichkeit mit ihren Gespielen heran, bis sie heirateten, und wenn auch geschlechtlicher Verkehr vor der Ehe fast durchgängig vorkam, geschah dies doch nur, wo die moralische Verpflichtung zur Ehe von beiden Seiten anerkannt war, und die nachfolgende Heirat brachte alles wieder ins gleiche. Kurz, die damaligen englischen Industriearbeiter lebten und dachten auf dieselbe Weise, wie man es in Deutschland noch hie und da findet, in Abgeschlossenheit und Zurückgezogenheit, ohne geistige Tätigkeit und ohne gewaltsame Schwankungen in ihrer Lebenslage. Sie konnten selten lesen und noch viel weniger schreiben, gingen regelmäßig in die Kirche, politisierten nicht, konspirierten nicht, dachten nicht, ergötzten sich an körperlichen Übungen, hörten die Bibel mit angestammter Andacht vorlesen und vertrugen sich bei ihrer anspruchslosen Demut mit den angeseheneren Klassen der Gesellschaft ganz vortrefflich. Dafür aber waren sie auch geistig tot, lebten nur für ihre kleinlichen Privatinteressen, für ihren Webstuhl und ihr Gärtchen und wußten nichts von der gewaltigen Bewegung, die draußen durch die Menschheit ging. Sie fühlten sich behaglich in ihrem stillen Pflanzenleben und wären ohne die industrielle Revolution nie herausgetreten aus dieser allerdings sehr romantisch-gemütlichen, aber doch eines Menschen unwürdigen Existenz. Sie waren eben keine Menschen, sondern bloß arbeitende Maschinen im Dienst der wenigen Aristokraten, die bis dahin die Geschichte geleitet hatten; die industrielle Revolution hat auch nur die Konsequenz hiervon durchgesetzt, indem sie die Arbeiter vollends zu bloßen Maschinen machte und ihnen den letzten Rest selbständiger Tätigkeit unter den Händen wegnahm, sie aber eben dadurch zum Denken und zur Forderung einer menschlichen Stellung antrieb. Wie in Frankreich die Politik, so war es in England die Industrie und die Bewegung der bürgerlichen Gesellschaft überhaupt, die die letzten in der Apathie gegen allgemein menschliche Interessen versunkenen Klassen in den Strudel der Geschichte hineinriß*[1].

Gewiß bedeutete das ländliche Milieu Abhängigkeit, aber von einer Macht, derer man sich, da sie, in Grenzen, kalkulierbar ist, in gewisser Weise bedienen kann, wie es in bezug auf Wetter und Boden oder auf das langsame Steigen der Nachfrage am heimatlichen Markt oder auch hinsichtlich der religiös-sittlich legitimierten

Obrigkeit, der verbindlichen Tradition und der naturwüchsigen Nähe zu seinesgleichen der Fall ist. Engels schildert die Ausgewogenheit dieser Verhältnisse, ihren harmonischen Charakter, ihre nicht in Frage gestellte Ordnung. In erster Linie bedeutete dies eine kaum gestörte Beziehung zur Natur, sowohl zur außermenschlichen Natur – als die Umgebung und die bei aller Tätigkeit für den Markt wesentliche Grundlage des Daseins – als auch zu den natürlichen Triebkräften des sozialen Verhaltens. Für diese Symbiose von Mensch und Natur verwendet Engels den treffenden Begriff »Pflanzenleben«. Selbst in der Stadt bestand das, was den Menschen einhüllt, die Geräusche, im wesentlichen aus dem Lärm, den die Hunde und Katzen veranstalteten (wenn man die Kinder ausnimmt oder auch einmal eine trommelschlagende Militärgruppe). Auch Naturkatastrophen – wie die von Engels erwähnte Überschwemmung in Bremen – stellen in diesem Rahmen etwas dar, an dem man sich noch »ergötzen« kann, städtische Kontaktvielfalt und entwickelte Ironie vorausgesetzt.

Die außermenschliche Natur fand sich damals noch voller Bedeutungen, wie sie etwa in dem Bild auftauchen, das Friedrich Engels von Rheintal und Heide entworfen hat:

*Steht ihr auf dem Drachenfels oder auf dem Rochusberg bei Bingen und schaut ihr hin über das rebenduftende Rheintal, die fernen blauen Berge mit dem Horizont verschmolzen, das Grün der Felder und Weinberge, vom Golde der Sonne übergossen, das Blau des Himmels widerstrahlend aus dem Strom – da senkt sich der Himmel mit seinem Licht auf die Erde und spiegelt sich in ihr, der Geist versenkt sich in die Materie, das Wort wird Fleisch und wohnt unter uns – das ist verkörpertes Christentum. Im graden Gegensatz dazu steht die norddeutsche Heide; da ist nichts als dürre Halme und demütiges Heidekraut, das im Bewußtsein seiner Schwäche nicht von der Erde aufzukriechen wagt; hier und da ein ehemals trotzender, jetzt vom Blitz zersplitterter Baum; und je heiterer der Himmel ist, desto schärfer scheidet er sich in seiner selbstgenügsamen Herrlichkeit von der armen verfluchten Erde, die im Sack und in der Asche vor ihm liegt, desto zornesheißer blickt sein Sonnenauge auf den kahlen, unfruchtbaren Sand – hier ist die jüdische Weltanschauung repräsentiert ...
Aber die Heimat der Sachsen, des tatenreichsten deutschen Stammes, ist auch in ihrer Öde poetisch. In einer Sturmnacht, wenn die Wolken gespenstisch um den Mond flattern, wenn die Hunde sich von fern einander zubellen, dann jagt auf schnaubenden Rossen hinein in die endlose Heide, dann sprengt mit verhängten Zügeln über die verwitterten Granitblöcke und die Grabhügel der Hünen; in der Ferne blitzt das Wasser der Moore im Widerschein des Mondes, Irrlichter gaukeln darüber hin, unheimlich tönt das Geheul des Sturmes über die weite Fläche; der Boden wird unsicher unter euch und ihr fühlt, daß ihr in den Bereich der deutschen Volkssage gekommen seid. Erst seit ich die norddeutsche Heide kenne, hab' ich die Grimmschen*

»Kinder- und Hausmärchen« recht verstanden. Fast allen diesen Märchen sieht man es an, daß sie hier entstanden sind, wo mit dem Anbruch der Nacht das Menschliche verschwindet und die grausigen, formlosen Geschöpfe der Volksphantasie über einen Boden hinhuschen, dessen Öde am hellen Mittag schon unheimlich ist. Sie sind die Versinnlichung der Gefühle, die den isolierten Bewohner der Heide erfassen, wenn er in einer solchen wilden Nacht durch sein Heimatland geht oder vom hohen Turme die öde Fläche schaut. Da treten die Eindrücke, die ihm von den Sturmnächten der Heide aus seiner Kindheit geblieben sind, wieder vor ihn und gestalten sich zu jenen Märchen. Das Geheimnis von der Entstehung des Volksmärchens belauscht ihr am Rhein und in Schwaben nicht, während hier jede Blitznacht – helle Blitznacht, sagt Laube – davon mit Donnerzungen redet[2].

Um das Unheimliche zu empfinden, brauchte es schon die Einsamkeit, die Nacht, die Weite der öden Heide und die Einbildungskraft der Märchen. Die sozialen Beziehungen im hellen Alltag der Siedlungen sind der außermenschlichen Natur so weit entwachsen und entrückt, daß man diese Natur als Ausgleich empfinden und benutzen kann für Häßlichkeit, Langeweile, Müdigkeit, Stumpfheit, Streit, Abhängigkeit, Leiden, Ohnmacht, Armut. Der Blick und Schritt in die Natur öffnet ihren üppigen Reichtum, ihre verschwenderische Prachtentfaltung, den Reiz der Vielfalt, die kolossale Macht – das was die Menschen in ihrem Alltag zu vermissen beginnen. Die Natur bestätigt ihnen immer wieder, daß »der Geist die Natur überwunden hat«, und obgleich dieses Erlebnis »süße Schauer« der »Beseligung« hervorzaubert, ist auch noch Platz für das »ängstliche Gefühl«, die Natur könnte doch noch einmal aufbegehren[3].
Während die hier abgedruckten Texte (bzw. Textauszüge) über Bremen, Delmenhorst, Xanten und die Eisenbahn zwischen London und Liverpool (1838–41) noch dieses Eingepflanztsein auch der Städte und modernen Verkehrsmittel in den natürlichen Wachstumsprozeß und Wechsel illustrieren, zeigt der Bericht über die Wanderung von Paris nach Burgund (1848) schon eine entschiedene Ablehnung des ländlichen Milieus. Nicht mehr die außermenschliche Natur steht hier für Engels im Blickpunkt; die sozialen Beziehungen und ihr Niveau bilden nun die Kriterien für die Bewertung. Die Isolierung, die Einförmigkeit, die Bindung an die Erde, die Festigkeit aller Lebensverhältnisse und die Beschränktheit des Landlebens sind für den Wanderer – der das Erlebnis der englischen Industriestädte und des Pariser Aufstandes aus der Perspektive des Kommunisten hinter sich hat - jetzt Kennzeichen einer zurückgebliebenen Entwicklung. Auf den »Sehenden« macht die Blindheit der störrischen, in familiäre Verhältnisse eingesponnenen Bauern einen »niederschlagenden Eindruck«. Engels hat für die Industrialisierung und für ihre Opfer Partei ergriffen, vor allem in seiner umfangreichen Darstellung von 1844/45 »Die Lage der arbeitenden Klasse in England«.

Die Parteinahme für die von den Unternehmern – zu denen auch sein Vater gehörte – Ausgebeuteten läßt ihn ein so schreckliches Bild von den englischen Arbeiterstädten zeichnen, daß Ricarda Huch später schreiben konnte, es sei nur mit Dantes Beschreibung der Hölle zu vergleichen[4]. Andere Beobachter der englischen Fabrikdistrikte, wie der Industrielle Gustav von Mevissen aus dem Kreis um die ›Rheinische Zeitung‹, der Anglist Viktor Aimé Huber und der Historiker Bruno Hildebrand kamen in denselben Jahren, 1844 bzw. 1846, zu anderen Schlüssen. Sicher hat Engels das Bild verzeichnet, ältere Daten unbedenklich verwendet, anstatt sie zu ersetzen, ganze Gruppen von Arbeitern nicht berücksichtigt. Unsere heutige Sicht der Industrialisierung orientiert sich jedoch immer noch an dieser Optik: Ein Jahrhundert Klassengegensatz hat die Standpunkte und Kräfte auf dieses Problem konzentriert. Andere Autoren, die vor Engels ähnliche Untersuchungen gemacht hatten (L. R. Villermé über die Textilarbeiter, 1840, und besonders Antoine-Eugène Buret, im selben Jahr, über das Elend der arbeitenden Klassen in England und Frankreich), traten infolge der überragenden Bedeutung, die die Theorien von Marx und Engels gewonnen haben, in den Hintergrund. So gilt das Werk des damals vierundzwanzigjährigen Engels heute als einer der Standardtexte der Soziologie bzw. der deskriptiven Nationalökonomie; eine UNESCO-Bibliographie von 1955 feiert es als sozialwissenschaftliches »Modell« und »Meisterstück ökologischer Analyse«[5].

In den englischen Arbeiterbezirken und -vororten, wie Engels sie schildert, ist all das verschwunden, was ehemals Sinn und Bedeutung menschlicher Kräfte in reiner, quasi-neutraler und doch persönlicher Gestalt erleben ließ: Acker und Weide, Berg und Wald, Himmel und Sonne. Allein Flüsse und Bäche spielen noch eine Rolle, aber nur als Träger von Schlamm und Abfällen oder als Überschwemmung, die nun aber nicht mehr als willkommene Abwechslung im Einerlei des Alltags hingenommen werden kann, sondern eine elementare Bedrohung der nackten Existenz ist. Die außermenschliche Natur scheint verschwunden zu sein; es gibt nur noch Menschen und Steine. »Schon das Straßengewühl hat etwas Widerliches, etwas, wogegen sich die menschliche Natur empört«, schreibt Engels. Nicht das Elend ist es, das zuerst Anstoß erregt, sondern die »brutale Gleichgültigkeit«, die »gefühllose Isolierung«, die »Auflösung der Menschheit in Monaden«. Mit den Worten »Gewühl«, »Menschengewühl«, »Straßengewühl« wird versucht zu beschreiben, daß die Menschheit eine neue Qualität erreicht hat; sie ist Masse geworden.

Nicht im einzelnen Bauernhof, im Bürgerhaus, in der Hütte des Bediensteten, in der Werkstatt des Handwerkers, als den Attributen seines Standes in der Welt, findet sich der Mensch, sondern er sieht sich in die Straßen und Steinwüsten geworfen, seiner natürlich gewachsenen, familiären, vertrauten Bindungen ledig. Diese Vehikel sind auch nicht mehr erforderlich; gemeinsame Abstammung, günstige Jahreszeit, Tiere als Beförderungsmittel, eigene Produkte als Grundlage des Austauschs sind nicht mehr Voraussetzung, um sich nahezukommen. Bewachte Stadttore haben ihren Sinn verloren. Kommunikation ist nun immer möglich, aber in einem Ausmaß, daß sie die Menschen zu ersticken droht. Dichte, Enge, Gedränge, ein »Labyrinth von Wohnungen« – das ist es, was hier erfahren werden kann. Man könnte etwas daraus machen, das Chaos gestalten, Beziehungen formen, wenn man nicht, wie Engels und wohl jeder andere in der damaligen Zeit auch, immer noch die »eine und unteilbare Familie« suchte, die Unnahbarkeit der Natur, die geordneten und göttlich legitimierten Beziehungen, deren Wesen man mit der Muttermilch eingesogen hatte. Die Menschen konnten sich nicht wirklich einrichten in dem, was sie vorfanden, da sie mit all ihren Organen noch die ihnen bekannte Natur suchten, in sich und außer sich, eine Natur, die befriedet war und ausgeglichen.

Die Stadt, die Engels am ausführlichsten schildert, ist Manchester, für ihn der »klassische Typus der modernen Industriestadt«. Er kennt Manchester so gut wie seine Vaterstadt Wuppertal-Barmen und besser als die meisten Einwohner. (Die Spinnerei Ermen und Engels in Manchester, in der er in den Jahren 1842 bis 1844 seine kaufmännische Ausbildung abschließen sollte, gehörte zum Teil seinem Vater.) Die Bekanntschaft mit dieser Stadt wird für ihn zum einschneidenden Erlebnis. Hier lernt er seine spätere Lebensgefährtin, die irische Arbeiterin Mary Burns, kennen. Hier will er das notwendige Material sammeln, um zu beweisen, daß die englische Revolution, von der er die Änderung der Weltgeschichte erhoffte, nicht mehr fern sei. Engels kennt die Lage der Arbeiter in Wuppertal, aber das, was er hier vorfindet, übersteigt diese Erfahrung; es läßt sich nur mit den gröbsten Ausdrücken beschreiben.

Manchester, das ist, wie die anderen englischen Städte, Unrat, Abfall, Schmutz. Aber damit ist nicht mehr jener gemütliche Bauernmist gemeint, der eine bestimmte notwendige Funktion im allgemeinen Lebensprozeß erfüllt, nicht mehr der schlechte Zustand gewisser Straßen, nicht mehr diese oder jene schlechte Angewohnheit, die sich langsam verändern läßt und im übrigen als Stein des Anstoßes ständig benötigt wird, um das, was Sünde ist, was ausgemerzt werden muß, vor Augen zu haben. Es ist der Schmutz an sich, wenn man so sagen darf, den Engels hier erfährt: Die modernen Städte *sind* Abfall, bedeuten den Abschaum des ehemals so klaren Flusses, in dem man sich spiegeln konnte. Hier wird offenbar: der Schlamm und die von Bakterien wimmelnde Fäulnis können nicht mehr beseitigt werden; sie durchdringen alles und präsentieren sich als das Gesicht der neuen Menschenkonzentrationen. Nur dort, wo die Fabriken sich noch nicht in die Stadt hineingefressen haben, wo die Stadt sich noch nicht von allen Seiten an die Fabriken herandrängt, hat man ein etwas angenehmeres Bild, wie etwa in Ashton-under-Lyne:

Es liegt am Abhang eines Hügels, an dessen Fuß der Kanal und der Fluß Tame sich hinziehen, und ist im allgemeinen nach dem neueren, regelmäßigeren System gebaut. Fünf oder sechs lange Parallelstraßen ziehen sich quer den Hügel entlang und werden rechtwinklig von andern, ins Tal hinabführenden Straßen durchschnitten. Die Fabriken werden durch diese Bauart alle aus der eigentlichen Stadt heraus verdrängt, auch wenn nicht die Nähe des Wassers und der Wasserstraße sie sämtlich unten ins Tal hinabgezogen hätte, wo sie dicht zusammengedrängt stehen und aus ihren Schornsteinen dicken Rauch ergießen. Dadurch bekommt Ashton ein viel freundlicheres Aussehen als die meisten andern Fabrikstädte; die Straßen sind breit und reinlicher, die Cottages sehen neu, frischrot und wohnlich aus. Aber das neue System, Cottages für die Arbeiter zu bauen, hat auch seine schlechten Seiten; jede Straße hat ihre versteckte Hintergasse, zu der ein enger Seitenweg führt und die dafür desto schmutziger ist. Und auch in Ashton – obwohl ich kein Gebäude, außer einigen am Eingang, gesehen habe, das mehr als fünfzig Jahre alt sein könnte – auch in Ashton gibt es Straßen, in denen die Cottages schlecht und alt werden, in deren Mauerecken die Ziegel nicht mehr halten wollen und sich verschieben, in denen die Wände rissig werden und den inwendig aufgeweißten Kalk abbröckeln lassen; Straßen, deren unreinliches und schwarzgeräuchertes Aussehen den übrigen Städten des Bezirks nichts nachgibt – nur daß dies in Ashton Ausnahme und nicht Regel ist[6].

Die städtische Konzentration ist dabei nur teilweise, nur auf den gemeinsamen Produktionsprozeß bezogen. Außerhalb seiner Funktion verselbständigt sich alles, der Unrat auf den Straßen, der Schmutz der Wohnungen, der Schlamm der Flüsse, der Gestank der Luft, der »wirre Strudel« des Existenzkampfes, der die Menschen einsaugt und verschlingt wie weiland der Moloch, ja die Wohnung selbst, wenn der Mieter an die Luft gesetzt wird, und jeder Mensch für sich, jeder gegen den anderen: beherrscht von der Angst, kann man nur noch kämpfen. Jedes Nahrungsmittel, jedes Quentchen Luft, jeder Meter Boden wird da zum Objekt des Streites, des Geizes und der Plünderung. Um zu überleben, müssen die Gefühle der Gier und Neid so unabdingbar sein, daß alle Schranken niedergerissen werden. Alles das, was man achtzehn Jahrhunderte lang versucht hatte auszutilgen und auszubrennen, all das Sündhafte, Unordentliche, Schmutzige, Schlechte, Stinkende, zeigt sich auf einmal als nie erledigt, als quicklebendig und trächtig, eine Unzahl von Kindern zu gebären, wie sie noch nie zu sehen gewesen waren. Anscheinend ist die Bestialität im Menschen von den jahrhundertelangen Beschwörungen nahezu unberührt geblieben; das Tierische im Menschen erhebt sich wieder zu voller Größe. Mit den gleichen Empfindungen und Ausdrücken, mit denen Engels die Folgen der industriellen Konzentration in den Städten beschreibt, ekelt man sich während des ganzen Prozesses der Industrialisierung vor der menschlichen Sexualität und anderen Funktionen des Körpers. Denn auch dieser Körper hat sich verselbständigt –

als Hand, die Tag und Nacht die Maschine bedient, als Magen, der nie zu füllen ist, als Lunge, die den Körper verseucht. Bildete früher der Mensch zusammen mit seinem Vieh, seinen Wiesen, Äckern und Bäumen, seinen vier Wänden, seiner Familie und seiner Gemeinde gleichsam einen Organismus, in dem alles geordnet seine Funktion hatte, so sind jetzt dem menschlichen Körper alle diese Stützen entzogen. Er ist ständig in Gefahr, an Schwäche zugrunde zu gehen, er kann sich des Schmutzes nicht erwehren.

Was die Industrie zuerst bewirkt, ist die Bewegung von Körpern, und sie sorgt in der Folge dafür, daß diese Körper organisiert werden. Zunächst schichtet sie aber einfach an- und aufeinander: die Baukörper, die Stockwerke, die Hinterhöfe. Dächer über dem Kopf, aber keine Orte des Zusammenlebens. Der »Kampf aller gegen alle« wäre, so meint Engels, nur durch die »gemeinsame Sache« zu beenden. Heute beansprucht die »gemeinsame Sache«, in erster Linie der Verkehr, so viel Raum, daß der unmittelbare Kontakt immer mehr erschwert wird. Damals schien es kein Mittel zu geben, das die bedrohende und erstickende Unmittelbarkeit hätte reduzieren können. Erst in der Folge sind die Häuser zu wahren Festungen ausgebaut worden: hoch, steil aufragend, erdrückend, verschlossen. Sind heute die noch existierenden Hinterhöfe, falls sie nicht längst in Garagen oder Autostellplätze umgewandelt wurden, geradezu idyllische Spielplätze für Kinder, so waren sie damals Verliese, in denen sich Abfall und Gestank speicherten. Wo die Körper unmittelbar aneinanderstoßen, ist Licht und Luft der Eintritt verwehrt. So beschreibt eine von Engels zitierte englische Zeitschrift den proletarischen Stadtteil von Edinburgh:

Diese Straßen sind oft so eng, daß man aus dem Fenster des einen Hauses in das des gegenüberstehenden steigen kann, und dabei sind die Häuser so hoch Stock auf Stock getürmt, daß das Licht kaum in den Hof oder die Gasse, die dazwischenliegt, hineinzudringen vermag. In diesem Teile der Stadt sind weder Kloaken, noch sonstige zu den Häusern gehörende Abzüge oder Abtritte; und daher wird aller Unrat, Abfall und Exkremente von wenigstens 50 000 Personen jede Nacht in die Rinnsteine geworfen, so daß trotz alles Straßenkehrens eine Masse aufgetrockneten Kots und ein stinkender Dunst entsteht und dadurch nicht nur Auge und Geruch beleidigt, sondern auch die Gesundheit der Bewohner aufs höchste gefährdet wird[7].

Kennzeichen des sich industrialisierenden Lebens sind die extremen Gegensätze, die sich aus dem Auf und Ab der ökonomischen Kreisläufe und aus der Existenzweise der verschiedenen Klassen ergeben. Der Klassengegensatz bestimmt auch das Stadtbild:

Eine Meile weiter östlich liegt Stalybridge, ebenfalls am Tame. Wenn man von Ashton über den Berg kommt, hat man oben auf der Spitze rechts und links schöne, große Gärten mit villenartigen, prächtigen Häusern in der Mitte – meist im ›elisabetheischen‹ Stil gebaut, der sich zum gotischen genauso verhält wie die protestantischanglikanische Religion zur apostolisch-römisch-katholischen. Einhundert Schritte weiter, und Stalybridge zeigt sich im Tal – aber ein schroffer Gegensatz gegen die prächtigen Landsitze, schroff sogar noch gegen die bescheidenen Cottages von Ashton! Stalybridge liegt in einer engen, gewundenen Talschlucht, noch viel enger als das Tal bei Stockport, deren beide Abhänge mit einem unordentlichen Gewirre von Cottages, Häusern und Fabriken besetzt sind. Wenn man hineingeht, so sind gleich die ersten Cottages eng, räucherig, alt und verfallen, und wie die ersten Häuser, so die ganze Stadt. Wenige Straßen liegen in der schmalen Talsohle; die meisten laufen kreuz und quer durcheinander, bergauf und bergab, fast in allen Häusern ist wegen dieser abschüssigen Lage das Erdgeschoß halb in die Erde vergraben, und welche Massen von Höfen, Hintergassen und abgelegenen Winkeln aus dieser konfusen Bauart entstehen, kann man von den Bergen sehen, von denen aus man die Stadt hier und da fast in der Vogelperspektive unter sich hat. Dazu den entsetzlichen Schmutz gerechnet – und man begreift den widerlichen Eindruck, den Stalybridge trotz seiner hübschen Umgebung macht[8].

Diese Umgebung hat keinen Einfluß darauf, daß im Ort selbst die Gegensätze der Zeit in besonders schroffer Form nebeneinander existieren. Die Villen hoch oben in der Sonne und guten Luft, das »unordentliche Gewirr« in der »engen, gewundenen Talschlucht«, in der sich der Rauch der Fabriken mit dem Gestank von Abfällen und Unrat vermischt, dort vor allem Ruhe und Gleichmaß, hier demgegenüber nicht nur das Erdrückende und Erstickende des Lebens im Bodensatz der Gesellschaft, sondern auch die anspannenden und verwirrenden Wechsel des Schicksals, der ganzen Atmosphäre, die heftigsten Schwankungen zwischen Angst und Hoffnung. Engels, in Opposition zur Klasse seines Vaters stehend, später selbst in zwei Klassen verwurzelt – als Textilunternehmer und Führer der Arbeiterbewegung –, hat einen scharfen Blick für die Widersprüche des Frühkapitalismus.
Und hier wäre noch Engels' Beschreibung der potentiell Beschäftigungslosen, der »industriellen Reservearmee«, anzufügen, weil gerade sie ein lebendiges Bild der Straßen und ihrer Funktion bietet:

Diese Reserve, zu der während der Krisis eine ungeheure Menge und während der Zeitabschnitte, die man als Durchschnitt von Blüte und Krisis annehmen kann, noch immer eine gute Anzahl gehören – das ist die »überzählige Bevölkerung« Englands, die durch Betteln und Stehlen, durch Straßenkehren, Einsammeln von Pferdemist, Fahren mit Schubkarren oder Eseln, Herumhökern oder einzelne gelegentliche kleine Arbeiten eine kümmerliche Existenz fristet. Man sieht in allen großen Städten eine Menge solcher Leute, die so durch kleine gelegentliche Verdienste »Leib und Seele zusammenhalten«, wie die Engländer sagen. Es ist merkwürdig, zu welchen Erwerbszweigen diese »überflüssige Bevölkerung« ihre Zuflucht nimmt. Die Londoner Straßenkehrer (cross sweeps) sind weltbekannt; bisher wurden aber nicht nur diese Kreuzwege, sondern auch in andern großen Städten die Hauptstraßen von Arbeitslosen gekehrt, die von der Armen- oder Straßenverwaltung dazu angenommen wurden – jetzt hat man eine Maschine, die täglich durch die Straßen rasselt und den Arbeitslosen diesen Erwerbszweig verdorben hat. Auf den großen Routen, die in die Städte führen und auf denen viel Wagenverkehr ist, sieht man eine Menge Leute mit kleinen Karren, die den frischgefallnen Pferdemist mit Lebensgefahr zwischen den vorbeirollenden Kutschen und Omnibussen wegscharren und zum Verkauf einsammeln – dafür müssen sie oft noch wöchentlich ein paar Shilling an die Straßenverwaltung bezahlen, und an vielen Orten ist es ganz verboten, weil sonst die Straßenverwaltung ihren zusammengekehrten Kot, der nicht den gehörigen Anteil Pferdemist enthielt, nicht als Dünger verkaufen konnte. Glücklich sind diejenigen »Überflüssigen«, die sich eine Schubkarre verschaffen und damit Fuhren tun können, noch glücklicher diejenigen, denen es gelingt, Geld für einen Esel nebst Karre zu bekommen – der Esel muß sich sein Futter selbst suchen oder erhält ein wenig zusammengesuchten Abfall und kann doch einiges Geld einbringen.

Die meisten »Überflüssigen« werfen sich aufs Hökern. Namentlich Samstag abends, wenn die ganze Arbeiterbevölkerung auf den Straßen ist, sieht man die Menge zusammen, die davon lebt. Schnürriemen, Hosenträger, Litzen, Orangen, Kuchen, kurz alle möglichen Artikel werden von zahllosen Männern, Frauen und Kindern ausgeboten – und auch sonst sieht man alle Augenblicke solche Höker mit Orangen, Kuchen, Ginger-beer oder Nettle-beer* in den Straßen stehen oder umherziehen. Zündhölzchen und derartige Dinge, Siegellack, Patent-Kompositionen zum Feueranzünden usw. bilden ebenfalls Handelsartikel für diese Leute. Andre – sogenannte jobbers – gehen in den Straßen umher und sehen sich nach gelegentlichen kleinen Arbeiten um; manchem derselben gelingt es, sich ein Tagewerk zu verschaffen, viele sind nicht so glücklich.

»An den Toren aller Londoner Docks«, erzählt der Rev[eren]d W. Champneys, Prediger im östlichen Distrikt von London, »erscheinen jeden Morgen im Winter schon vor Tagesanbruch Hunderte von Armen, die in der Hoffnung, ein Tagewerk zu erlangen, auf die Eröffnung der Tore warten, und wenn die jüngsten und stärksten und die am meisten bekannten engagiert worden sind, gehen noch Hunderte niedergeschlagen von getäuschter Hoffnung zu ihren ärmlichen Wohnungen zurück.«

Was bleibt diesen Leuten, wenn sie keine Arbeit finden und sich nicht gegen die

---

* Zwei kühlende und moussierende Getränke, das erste von Wasser, Zucker und etwas Ingwer, das andre von Wasser, Zucker und Nesseln bereitet und bei den Arbeitern, namentlich Mäßigkeitsmännern, beliebt. [F. E.]

Gesellschaft auflehnen wollen, anders übrig, als zu betteln? Und da kann man sich nicht über die Menge von Bettlern, die meist arbeitsfähige Männer sind, wundern, mit denen die Polizei fortwährend zu kämpfen hat. Die Bettelei dieser Männer hat aber einen eigentümlichen Charakter. Solch ein Mann pflegt mit seiner Familie umherzuziehen, in den Straßen ein bittendes Lied zu singen oder in einem Vortrage die Mildtätigkeit der Nachbarn anzusprechen. Und es ist auffallend, daß man diese Bettler fast nur in Arbeiterbezirken findet, daß es fast nur Gaben von Arbeitern sind, von denen sie sich erhalten. Oder die Familie stellt sich schweigend an eine belebte Straße und läßt, ohne ein Wort zu sagen, den bloßen Anblick der Hülflosigkeit wirken. Auch hier rechnen sie nur auf die Teilnahme der Arbeiter, die aus Erfahrung wissen, wie der Hunger tut, und jeden Augenblick in die gleiche Lage kommen können; denn man findet diese stumme und doch so höchst ergreifende Ansprache fast nur an solchen Straßen, die von Arbeitern frequentiert, und zu solchen Stunden, in denen sie von Arbeitern passiert werden; namentlich aber Sonnabend abends, wo überhaupt die »Geheimnisse« der Arbeiterbezirke in den Hauptstraßen sich enthüllen und die Mittelklasse sich von diesen so verunreinigten Gegenden soviel wie möglich zurückzieht. Und wer von den Überflüssigen Mut und Leidenschaft genug hat, sich der Gesellschaft offen zu widersetzen und auf den versteckten Krieg, den die Bourgeoisie gegen ihn führt, mit dem offenen Krieg gegen die Bourgeoisie zu antworten, der geht hin, stiehlt und raubt und mordet[9].

Die Antwort der Gesellschaft auf diese ›Landplage‹ waren die Arbeitshäuser. Sie entzogen das Übel den Augen der Bevölkerung; es wurde als etwas Böses, das man nicht aushalten konnte, vom Leib der Gesellschaft abgetrennt. Denn es appellierte unmittelbar an Mildtätigkeit und gegenseitige Hilfsbereitschaft – zwei Verhaltensweisen, die von der sich emporrackernden Industrie verurteilt werden mußten. Von Organisation konnte hier nicht die Rede sein; es waren nur Strafe und Ordnung möglich, ein säuberliches Auseinanderhalten der sich widersprechenden Elemente. Auch im Armenhaus selbst wird nur geordnet, die Geschlechter werden getrennt, die ›Böswilligen‹ abgesondert usw. Wenn eine ganze Gesellschaft in Verwirrung geraten ist, scheint die einzige Antwort zunächst Ordnung zu sein. Diesen Eindruck machen auch die Ansiedlungen, die von kommunistischen Gruppen entsprechend ihren Bedürfnissen angelegt wurden. Die vierziger Jahre des vorigen Jahrhunderts bringen den Höhepunkt dieser Bewegung in Nordamerika[10]. »Ordnung und Regelmäßigkeit« lobt Engels bei den Rappiten; Zoar ist für ihn ein »vollkommenes Muster von Reinlichkeit, Ordnung und Schönheit«, die Städte der Shakers sind »in der schönsten Ordnung«, »schön, regelmäßig gebaut« usw. Hier sind Arbeitslosigkeit, Bettelei und Verbrechen verschwunden, der Gruppengeist oder die Gruppenreligion hält – in Verbindung mit energischen Führern – die Leute für einige Jahre oder Jahrzehnte zusammen. Auch hier sind meist Männer und Frauen getrennt, im Extremfall herrscht sogar die Ehelosigkeit, die Sexualität ist verpönt und stark eingeschränkt. Arbeit und Ordnung, Reinlichkeit und Gemeinsamkeit – des Besitzes, der Arbeitsverrichtungen und des Kults – bezeichnen die Ansprüche, die damals an das Zusammenleben gestellt wurden. Unter günstigen Umständen kam noch Wohlstand hinzu, der, bei sonstiger Askese, ein gutes Essen garantierte, das so zu einer Art kultischen Handlung wurde. Diese Ansiedlungen entstanden sämtlich in ländlichen Verhältnissen, wenn man auch in ihnen nicht nur Landwirtschaft betrieb, und schlossen sich möglichst streng von der Umgebung ab – Versuche, einerseits wesentliche Züge des Dorfes und der Gemeinde in die Fabrikepoche hinüberzuretten, andererseits den Gegensatz zwischen Stadt und Land aufzuheben.

Es erscheint nützlich, an dieser Stelle einen Blick auf das Familistère von Guise zu werfen, in das 1859 und in den folgenden zwei Jahrzehnten der Fourierist Jean-Baptiste-André Godin, ein ehemaliger Arbeiter, seine Fabrik (Herstellung von Heizapparaten) umgewandelt hatte. Uns interessieren hier nicht seine Versuche, die Produktion gemeinsam zu organisieren, sondern die Bedingungen des Zusammenwohnens der Beschäftigten und ihrer Familien. Godins Baureform wollte zusätzlich zur genossenschaftlichen Fabrik ein »wohnliches Milieu« schaffen. Ähnlich der Ansiedlung Robert Owens in Harmony – die Engels beschreibt – wird das Problem der angemessenen Wohnung durch Zusammenwohnen in einem Gebäude und gemeinsame Versorgungs- und Erziehungseinrichtungen gelöst. Aber in Guise waren es wesentlich mehr Menschen (1896: 1625), die der »soziale Palast« vereinigte, und die Atmosphäre war keine ländliche mehr, sondern eine von der Stadt geprägte. Besonderer Wert wird auf eine beachtliche Größe der Einzelwohnungen (36–81 qm[11]), auf die Belüftung (die Luft innerhalb des Gebäudes wird durch eine besondere Anlage ständig erneuert), auf die Wasser- und Gasversorgung, die Zentralheizung und natürlich auf peinliche Sauberkeit gelegt. Um das teilweise mit Glas bedeckte und von einer Säulenhalle umgebene Wohnhaus herum und auch in ihm selbst finden sich dann die Einrichtungen des gemeinsamen Konsums sowie der kollektiven Erziehung und Betreuung der Kinder aller Jahrgänge, die Bäder, Waschanlagen, Restaurants, Theatersaal usw.[12]. Gemeinsamkeit, Ordnung und Hygiene sind auch hier die Leitbilder. Engels hat in seiner Schrift »Zur Wohnungsfrage« dieses sozialistische Experiment – das sich noch im 20. Jahrhundert in prosperierender, allerdings durch den ersten Weltkrieg unterbrochener Entwicklung befand[13] – als »eine bloße Heimat der Arbeiter-Ausbeutung« abqualifiziert.

Andere Versuche, die Situation grundlegend zu verändern, drücken sich in gewaltsamen Empörungen, Aufständen und Revolutionen aus. Der Wandel geht hier schlagartig vor sich. Über Nacht verändern die Arbeiterbezirke ihr Gesicht, wie aus dem Bericht von Engels über den Pariser Juni 1848 deutlich wird. Jetzt ist es für die Arbeiter ein Vorteil, daß sie zusammengedrängt, von den Vierteln der Bürger und Reichen getrennt leben, es erleichtert die organisatorische Zusammenfassung, die Bewaffnung usw. Aus Zusammenballungen der Armut und des Elends werden Schutzbastionen für die bewaffneten Kämpfer. Die Bevölkerung der Arbeiterbezirke hat hier ihre »gemeinsame Sache« gefunden. Die engen, krummen Straßen versperren nicht nur der guten Luft den Eintritt, sondern auch dem Militär. Barrikaden sind hier rasch zu errichten, jedes Haus wird zu einer Festung, jeder Hinterhof gewährt Deckung. Und so vollbringen die Arbeiter die größten Leistungen bei der Verteidigung ihrer Wohnviertel. Der Angriff auf den wichtigsten Punkt der Stadt, das Stadthaus, hingegen mißlingt ihnen; für sie sind die Grenzen in Richtung auf Herrschaft, Zentralgewalt und Erfolg ganz besonders schwer zu überschreiten. Die Erfahrung, die die Gegenseite aus dem Pariser Juni-Aufstand zog, führte dazu, daß durch die Arbeiterviertel im Zentrum breite Schneisen gerissen wurden, Haussmanns breite, auf lange Strecken gerade Boulevards.

Haben alle bisher genannten Texte von Engels deskriptiven Charakter, so zeigt sich der Allround-Gelehrte in seiner Schrift »Zur Wohnungsfrage« als äußerst streitbarer Verfechter der von ihm und seinem Freund Marx aufgestellten Grundsätze; er äußert sich nun polemisch, mit einiger Demagogie auch und nicht ohne einen Schuß Zynismus; fühlt er sich doch nun im Besitz des Wissens, als der Meister, der Schülern Noten erteilt, ja, für den die Gegner Schüler sind, weil sie das Richtige nicht begreifen. Ihre Thesen werden »schlagend in ihr ganzes Nichts aufgelöst«, wie Marx es angeblich in bezug auf Proudhon schon fertiggebracht habe[14]. Engels meldet Führungsansprüche an, nicht nur in bezug auf die theoretische Diskussion, sondern auch hinsichtlich des Weges, den die Arbeiterbewegung zu gehen hat. Und dieser Anspruch ist nicht neu, er gründet auf Herkunft und Ausbildung. In beidem kann Proudhon nicht mithalten; Proudhon ist, anders als Engels und Marx, das Kind armer Handwerker, hat als Schriftsetzer und in anderen Berufen seinen Lebensunterhalt verdient und sich sein Wissen als Autodidakt aneignen müssen, da er nicht einmal die Grundschule bis zum Schluß besuchen konnte. Er ist – was für Engels eine Abqualifizierung bedeutet – »reiner Dilettant«. Dies sollte man im Auge behalten, um die Polemik gegen Proudhon nicht allzu ernst zu nehmen.

Während der Marxismus Führungsansprüche erhob, war es Proudhon in erster Linie darum zu tun, zu verstehen, was vor sich ging, und direkte praktische Hilfe zu leisten. Engels dagegen sagt, er selbst wolle die Wohnungsfrage – und die »Details der Eßfrage« – nicht lösen, gut sei alles, was die Entwicklung auf eine Machtergreifung des Proletariats – lies: seiner Führer – hintreibe, der Gegensatz der Klassen sei also zu vertiefen. (Viktor Aimé Huber hat diese Tendenz auch des Engelsschen Werkes von 1844/45 als »moralische Feigheit« bezeichnet.) Diesen Gegensatz, die Rolle der Arbeit bei der Erzeugung des Reichtums und die Rolle des

Unternehmergewinns, die Funktion des Eigentums als monopolistische Gewalt usw. hatte Proudhon bereits vor Marx dargestellt, mit dem Anspruch, der Arbeiterklasse gangbare Wege zur Überwindung dieser Probleme zu zeigen. Insofern wurde Proudhon auch das bevorzugte Opfer der Marxschen Rachsucht und Vernichtungswut. Dies zu sagen ist angesichts der nationalen Bedeutung, zu der Marx erhoben worden ist, nicht ganz risikolos.

Proudhons praktische Lösungsversuche und -vorschläge strebten keine Verfügung über die Macht der Gesamtgesellschaft an, sondern liefen darauf hinaus, durch Kooperation der verschiedenen Interessen die Verfügung aufzusplittern, ein Netz von Kontakten, das die Gegensätze ausgleichen konnte, an die Stelle von Unterdrückungs- oder Autoritätsverhältnissen zu setzen. Sicher wahrte Proudhon eine deutliche Distanz zur Entwicklung der großen Industrie; gerade dadurch schärfte er sich den Blick für die Beziehungen der gesellschaftlichen Gruppen zueinander und ihre inneren Strukturen. Auf der anderen Seite wissen wir heute, welche Ergebnisse es zeitigt, wenn man, wie die marxistischen Revolutionäre und Funktionäre, sein Schicksal allzu eng mit der Konzentration industrieller Macht und staatlicher Kommandogewalt verknüpft. Engels selbst war noch zum Einlenken bereit: Schon wenige Jahre später behandelte er das Verhältnis von ökonomischen »Tatsachen« und Staatsgesetzen bzw. juristischem usw. »Überbau« in ganz anderer Weise; er konstatierte wenigstens eine Wechselwirkung zwischen beiden Bereichen[15].

Überdies bedeutete Proudhons »Gerechtigkeit« keine staatlich-rechtliche Dekretierung und auch nicht die Herrschaft eines Ideals, sondern das Erkennen der sozialen Zusammenhänge, »wodurch wir jede Schwankung des materiellen, geistigen und ethischen Gleichgewichts fühlen und ihr mit vollem Bewußtsein entgegentreten können«. Proudhon meint den Ruhepunkt, der immer wieder ein wenn auch schwankendes veränderliches Gleichgewicht zwischen den Erscheinungen darstellt, die auf diese Weise eben nicht verurteilt und unterdrückt, sondern in ihrer Existenz als relativ berechtigt anerkannt werden. Eine Voraussetzung dafür ist für ihn die »Mobilisierung des Bodens«. »Das Eigentum selbst muß mit dem Menschen zirkulieren, wie eine Ware, wie Geld.« Nur die Erfahrung könne mit der Zeit das für jeden Angemessene, Billige, Gerechte bestimmen, »das Maß festsetzen und einen Zügel anlegen«. »Leben und Bewegung« der Gesellschaft seien an die Existenz des Eigentums geknüpft. Dieses lasse sich nicht reglementieren, wenngleich die gesellschaftlichen Institutionen es beeinflussen können. Das Eigentum müsse, durch Konkurrenz, sich selbst begrenzen, wenn nicht gar zerstören. Diese Theoreme Proudhons waren hier wenigstens anzudeuten[16], um die Engelsschen Ausführungen in einem etwas anderen Licht erscheinen zu lassen.

Das bemerkenswerteste Argument von Engels für sein Warten auf die Enteignung der Haus- und Grundbesitzer durch einen staatlichen Gewaltakt scheint mir seine

Betonung der Freizügigkeit der Arbeiter zu sein. Wir machen heute Erfahrungen dahingehend, wie sehr Besitz – Haus, Bibliothek, Auto usw. – zur Fessel werden kann, und suchen nach neutraleren Positionen den gesellschaftlichen Werten gegenüber. Engels' Argumentation geht jedoch in eine andere Richtung. Für ihn hängen das Niveau und der Lebensanspruch des Arbeiters davon ab, daß er sich nicht an Betrieb und Ort bindet. Das trifft sicher einen wesentlichen Punkt der damaligen Verhältnisse. Für die Masse der weniger qualifizierten, schlecht bezahlten Arbeiter – die immer das soziale Reservoir für die radikalen Strömungen dargestellt hat – kann nur das Ausweichen vor der als unüberwindlich erfahrenen Macht der Betriebshierarchie, neben der Massenaktion natürlich, Entlastung bedeuten. Umgekehrt stimmt es auch: Die Außenseiter der betrieblichen Produktionssphäre lassen sich gerade an ihrer relativen Ungebundenheit erkennen. Bindung an die Arbeitsstätte und Machtposition im Beruf hängen eng zusammen, das ist uns heute an der wachsenden Zahl und dem steigenden Einfluß der Spezialisten deutlich geworden. Wenn Engels darauf besteht, dem Arbeiter dürfe auch außerhalb der Fabrik keine Bindung an Ort, Wohnung usw. auferlegt werden, so hat er dabei das Entstehen riesiger Armeen sozialer Außenseiter im Auge, die sich um das Banner seiner und Marx' Theorien scharen. In dem Maße jedoch, wie die Industriegesellschaft gelernt hat, ihre Krisen zu meistern, ist ein entscheidender Gesichtspunkt von Engels in dieser Frage gegenstandslos geworden. Die Problematik reiner Werkssiedlungen ist auch heute noch unbestritten; sie ist jedoch zugänglich geworden für Regelungen, die die Abhängigkeit vom Betrieb mildern.

Auf lange Sicht gesehen, hat sich in der Industriegesellschaft der Weg Proudhons als gangbarer und realistischer erwiesen. Es bleibt offen, zu untersuchen, welche Rolle die Arbeiterbewegung mit ihrer Forderung nach Enteignung des Privateigentums tatsächlich gespielt hat. Richtete sich ihre Wirkung mehr darauf, Behörden und Unternehmer zu Konzessionen zu veranlassen oder begünstigte und provozierte der von ihr ausgehende Druck nicht gerade soziale Gewaltlösungen, die letzten Endes die Wohnungsnot zu einem Fakt für die gesamte Bevölkerung werden ließen? Offenbar sind beide Seiten zum Zuge gekommen. Darüber hinaus jedoch hat die Arbeiterbewegung – indem sie sich in ihren eigenen Organisationen einrichtete und besondere, eigene Lebenssphären schuf – durch Eigeninitiative gerade auch den Bau von Wohnungen, Siedlungen und Stadtteilen gefördert, schon in den zwanziger Jahren.

Heute werden Bemühungen, in der Kooperation verschiedener Träger- und Interessengruppen, und auch der betroffenen Mieter selbst, die Mittel und Methoden für eine effektivere, Kommunikationsvielfalt garantierende Stadtplanung zu finden, besonders dadurch erschwert, daß der Privatbesitz an Grund und Boden die Aufkaufpreise diktiert und so von vornherein beträchtliche Mittel auf lange Zeit hinaus festgelegt werden. Die Bauplanung hat sich dann innerhalb dieser

Beschränkungen einzurichten, und es mag sein, daß mancher den Weg aus diesem Dilemma in einer Enteignung des gesamten Grundbesitzes sieht. Ganz sicher werden auch Einschränkungen der privaten Verfügung über den für die Öffentlichkeit relevanten Boden ins Spiel kommen[17]; Maßnahmen jedoch, die eher die Kooperation der lokalen Institutionen und der Betroffenen selbst erfordern als das Abwarten von gesamtstaatlichen Regelungen und Direktiven.
Einige Unterschiede der gegenwärtigen Situation zur Lage, wie sie Engels vor hundert Jahren skizzierte, fallen ins Auge. Damals ging es in erster Linie darum, daß Wohnraum überhaupt fehlte. Noch 1911 wurde das Problem so gesehen:

Trotz Lohnerhöhung und Arbeitszeitverkürzung war auch während der guten Konjunktur die Lage der Arbeiterschaft im allgemeinen eine wenig günstige geblieben. Von 1867 bis 1875 erhöhte sich die Durchschnittsmiete in Hamburg um 22,86, der Vordergelasse um 25,5, der Hintergelasse dagegen um 65,3 %. Die Zahl der übervölkerten Ein- und Zweizimmerwohnungen, solcher also, die mehr als sechs bzw. zehn Insassen beherbergten, stieg von 4752 auf 5751. ›Es kam 1867 in der Stadt und in den Vororten nur in 1127 Wohnungen vor, daß mehr als eine Familie dasselbe Gelaß benutzte, 1873 dagegen in 2310, 1874 in 2630 Wohnungen.‹ Im Jahre 1873 bereits trat die Wohnungsnot so akut zutage, ›daß zum erstenmal wirklich Obdachlose in größerer Anzahl durch Eingreifen der öffentlichen Organe zeitweilig unter Dach und Fach gebracht werden mußten‹[18].

Diese Beschreibung der Jahre vor der Krise von 1876 orientiert sich noch vierzig Jahre später an den gleichen Problemen, wie sie schon Engels beschäftigt hatten. Heute dagegen ist einerseits die Zuordnung der Wohngebiete, Verkehrsadern, Geschäftsbereiche und Kommunikationszentren zueinander das Problem, an dem sich die Gemüter erhitzen, andererseits wird die faktisch mittellose Lage des Mieters dem Vermieter gegenüber, d. h. ein, an modernen Erwartungen gemessen, kaum noch hinzunehmender Unsicherheitsfaktor im Bereich der materiellen Existenz, zum Tagesgespräch. Wenn Engels den Mietvertrag ein »gewöhnliches Warengeschäft« nennt, so stimmt das nur vom Standpunkt der politischen Ökonomie, der an säuberlicher Trennung der Fakten gelegen ist. Vom Standpunkt des Menschen aber, der zur Wohnung ein ganz anderes Verhältnis hat als zu jeder anderen Ware, erhält die Engelssche Unterscheidung von Mieter und Arbeiter einen mindestens scholastischen Anstrich. Die Abhängigkeit von einer ungefährdeten Wohnstätte ist wohl ebensogroß wie die von einem sicheren Arbeitsplatz. Weiterhin bestand im 19. Jahrhundert das Problem der Kommunikation vor allem in der Schwierigkeit, größere Entfernungen zu überwinden. Das enge Gewühl der Stadt entbehrte vielmehr gerade der Distanz; was immer möglich war, war die gegenseitige Hilfe zumindest in Notfällen[19].

Schon dieser Komplex interessiert Engels nicht mehr. Das Vorhandensein der Arbeiterbewegung, als der »gemeinsamen Sache«, hatte jene Atomisierung der Stadtbevölkerung aufgehoben, die er 1844 noch beklagt hatte. In der Schrift von 1872/87 erhält nun das dörfliche Milieu das Attribut der »Isolierung« zugewiesen, während die Stadt, nach Engels, das Problem der Gemeinsamkeit durch ihre konzentrierende Funktion zu lösen in der Lage ist. Das, was den Menschen Halt bieten konnte, zusammen mit dem Gefühl, nicht nur abhängig, sondern auch Herr zu sein – das ist nun die politisch-ökonomisch-kulturelle Bewegung, der man sich zugehörig weiß. Heute sind weder Grundbesitz noch Teilnahme an einer Bewegung erforderlich, um so etwas wie Rückhalt zu verspüren. Die baulichen und städtischen, Kommunikation erschwerenden oder begünstigenden Bedingungen, die individuelle Möglichkeit, differenzierte Kontakte wahrzunehmen, was Sensibilität und Informiertheit voraussetzt – diese Faktoren entscheiden heute über das Gefühl der Sicherheit und Selbstbestimmung.

Die Gestaltung der Wohnbedingungen wird so zu einem Netz von Absprachen, Regelungen, Initiativen der Beteiligten und Interessierten, Verbänden und einzelnen, dies auch hinsichtlich eines ausgewogeneren Verhältnisses von Baukörpern und Leben und Atmosphäre vermittelnden architektonischen Zwischenräumen[20]. Die Problembewältigung, die auf diese Weise angestrebt werden kann, liegt mehr in einer zunehmenden Neutralisierung der Gegensätze, in einem Auspendeln der Gewichte auf Billigkeit, Gerechtigkeit für die verschiedenen Gruppen hin, als in obrigkeitsstaatlichen Gesetzen, die einen Teil des Konflikts einfach beiseite zu schaffen versuchen. Wenn es Engels noch um die Konzentration der Macht ging, so handelt es sich für die Heutigen offenbar darum, die Verfügung über Entscheidungs- und Informationsprozesse möglichst ausgeglichen zu verteilen. Das differenzierte Interesse, das Engels wohl immer an den praktischen Beziehungen zu seiner Umwelt hatte, kann uns – wie auch seine Fähigkeit zu farbiger, konturenreicher Darstellung, die Gustav Mayer hervorgehoben hat[21] – dabei helfen, die Distanz zum vorigen Jahrhundert besonders deutlich zu empfinden.

Die in diesem Band vereinigten Texte sind nach dem Wortlaut der Marx/Engels-Werkausgabe des Ostberliner Dietz-Verlages wiedergegeben. Nur die Briefe der Jahre 1838–1841 wurden gekürzt, desgleichen die »Briefe aus dem Wuppertal« und der Aufsatz »Landschaften«. Aus dem umfangreichen Werk »Die Lage der arbeitenden Klasse in England« wurden einige größere Abschnitte ausgewählt; dabei wurde die 2. Auflage von 1892 zugrunde gelegt. Genaue Quellenangaben befinden sich in den Anmerkungen am Schluß des Bandes. Kürzungen sind durch drei Punkte bezeichnet. Überschriften, die nicht von Engels stammen, und Einfügungen des Herausgebers in den Texten wurden in eckige Klammern gesetzt.

Die vorindustrielle Harmonie zwischen Stadt und Land

[Bremen][22]

[Bremen] Den 29. August [1838]
Daß Ihr nach Xanten wollt, ist ganz gut, und Ihr sollt auch wohl dahin kommen, wenn es die Mutter der Tante und Großmutter versprochen hat. Ihr müßt machen, daß Ihr in der Weintraubenzeit hinkommt, dann könnt Ihr essen, was das Zeug hält. In unserm Garten hier sind auch Weintrauben, aber sie sind noch nicht reif, aber Äpfel haben wir, die reif sind, Paradiesäpfel, die sind viel leckerer, als die auf Caspars Hof waren auf dem dicken Baum, den sie umgehauen haben.
Denke Dich, Marie, wir haben Dich eine Klucke mit sieben Küken, die kaum 8 Tage alt sind, und wenn wir auf dem Kontor nichts zu tun haben, dann gehen wir auf den Hof und fangen Fliegen, Mücken und Spinnen, und dann kommt die Alte und nimmt es uns aus der Hand und gibt es ihnen. Aber da ist ein schwarzes Küken, das ist so groß wie ein Kanarienvogel, das frißt die Fliegen aus der Hand. Und alle diese kleinen Tierchen werden Kruphühner und haben alle Federn an den Füßen. Ich wette, solch eine Klucke und Küken würden Dir große Freude machen. Du bist ja selbst so ein Küken. Du mußt der Mutter sagen, sie sollte nächstes Jahr auch einem Huhn Eier unterlegen. Auch Tauben haben wir, sowohl bei Treviranus als bei Leupolds, Kotbecke und Kröpper, die hier Krontauben (weil sie ein Plüschen vor der Brust haben, was sie hier Krone nennen) und Kropper heißen. Besonders die Kotbecke sind schön. Die futtern wir auch alle Tage, Eberlein und ich; sie fressen aber keine Wicken, die gibt es hier nicht, sondern Erbsen oder ganz kleine Buchnüsse, die nicht größer werden als Erbsen.
Du solltest einmal sehen, wenn des Morgens der Markt voll ist, was für merkwürdige Trachten die Bäuerinnen haben. Besonders die Mützen und Strohhüte sehen merkwürdig aus. Wenn ich einmal eine Frau recht mit Ruhe ansehen kann, will ich nachher versuchen, es einmal abzuzeichnen, und will es Dir schicken. Die Mädchen tragen ein ganz kleines rotes Käppchen über das Nest, und alte Frauen haben große Flügelhauben, die ihnen flach anliegen und bis ins Gesicht hangen, oder auch große Samtkappen, die vorne mit schwarzen Spitzen kraus eingefaßt sind. Es sieht ganz sonderbar aus.
Mein Stubenfenster geht nach einer Gasse hinaus, und in der Gasse, da spukt es. Wenn ich des Abends spät noch auf bin, so um elf, dann fängt es an, in der Gasse

zu lärmen, und die Katzen schreien, die Hunde bellen, die Gespenster lachen und heulen, und sie schlagen an die Schlagfenster von dem andern Hause; das geht aber all ganz natürlich zu, denn in der Gasse wohnt der Laternenbesorger, und der läuft um elf Uhr noch heraus. [...]

[Bremen] Den 10. Oktober. Im Theater bin ich gewesen, und die »Zauberflöte« hat mir sehr gut gefallen; ich wollte, Du könntest auch einmal mit mir dahin gehen, ich wette, es gefiele Dir sehr gut. – Ja, Marie, was soll ich Dir nun schreiben? Soll ich in Ermangelung eines Besseren ein wenig brummen? Ich weiß nichts Besseres, und Du wirst ja auch zufrieden sein, wenn die 4 Seiten voll sind, einerlei, was drauf steht. In Bremen hier sind die Kaufmannshäuser alle ganz merkwürdig gebaut; sie stehen nicht an der Straße, so wie unser Haus, mit der langen, sondern mit der schmalen Seite, und die Dächer stehen so aneinander und die Diele ist ganz groß und hoch, wie eine kleine Kirche, oben und unten, grade übereinander, sind Luken, die mit Falltüren verschlossen sind und durch welche eine Winde auf und ab gehen kann; denn oben auf dem Oller, da ist ein Warenlager, und durch die Luken werden mit der Winde Kaffee, Leinen, Zucker, Tran etc. heraufgewunden. So sind auf allen Dielen zwei Reihen Fenster übereinander. – Jetzt

1   Bremen, der Markt mit Roland und Schütting, um 1860; nach einer Lithographie von Kohl

*2 Bremen, Handzeichnung
von Friedrich Engels*

ist die Frau Konsulin wieder in die Stadt gezogen mit ihren 4 kleinen Kindern; die machen einen entsetzlichen Spektakel. Glücklicherweise gehen auch 2 von diesen, Elisabeth und Loin (soll Ludwig heißen) in die Schule, und so hat man nicht den ganzen Tag den Lärm zu hören, aber Loin und Siegfried, wenn die zusammen sind, so lärmen sie, daß es nicht zum Aushalten ist; neulich tanzten sie auf den Leinenkisten herum, jeder mit seiner Flinte und seinem Säbel bewaffnet, und forderten sich zum Zweikampf heraus, und Loin blies dann auf seinem Muschelhorn, daß einem die Ohren gellten. Ich habe es sehr pläsierlich, vor meinem Pult ist ein großes Fenster nach der Diele hin, und so kann ich alles ganz genau sehen, was da vorfällt.

Weil Du mir den Hühnerhof gezeichnet hast, so zeichne ich Dir die Kirche, wie man sie vom Kontor aus sieht. Farewell.   *Dein Bruder Friedrich*

[Bremen] Den 19. Sept. 1840. Ihr habt doch ein langweiligeres Leben als wir. Gestern nachmittag waren keine Arbeiten mehr zu tun, und der Alte war weg, und Wilhelm L[eupold] ließ sich auch selten sehen. So steckt' ich mir eine Zigarre an, schrieb erst das Vorstehende an Dich, sodann nahm ich Lenaus »Faust« aus dem Pulte und las darin. Nachher trank ich noch eine Flasche Bier und ging um halb acht zum Roth; wir schoben in die Union, ich las Raumers »Geschichte der Hohenstaufen« und aß dann ein Beefsteak und Gurkensalat. Um halb elf ging ich nach Hause, las Diez' »Grammatik der romanischen Sprachen«, bis ich schläfrig wurde. Dazu ist morgen wieder Sonntag und am Mittwoch bremischer Buß- und Bettag, und so kramt man sich allmählich bis in den Winter hinein. Diesen Winter werd' ich mit Eberlein Tanzstunden nehmen, um meine steifen Beine an ein wenig Grazie zu gewöhnen.

Hier hast Du eine Szene von der Schlachte, d. h. der Straße, die an der einen Seite die Weser hat und wo die Waren ausgeladen werden. Der Kerl mit der Peitsche ist der Fuhrmann, der die Kaffeesäcke, die dahinten liegen, eben wegfahren will; der Kerl mit dem Sack rechts ist der Schlachtkaper, der sie aufladet; neben ihm ein Küper, der eben eine Probe gezogen hat und noch in der Hand hält, und daneben der Kahnschiffer, aus dessen Kahn die Säcke geladen wurden. Du wirst nicht leugnen können, daß diese Gestalten sehr interessant sind. Wenn der Fuhrmann fährt, so setzt er sich ohne Sattel, Bügel und Sporen aufs Pferd und hackt ihm die Fersen fortwährend in die Rippen, so:
[. . .]
Seit meinem letzten Briefe haben wir hier eine schöne Überschwemmung gehabt. Das Wasser stand bei Treviranus zwölf bis 14 Zoll hoch in meiner Stube, und ich mußte zum Alten flüchten, der mich mit gewohnter Güte beinahe 14 Tage beherbergte. Da aber ging der Tanz erst recht los. Das Wasser stand anderthalb Fuß vor dem Hause, und damit es nicht in den Keller käme, der eine Luke hat, mauerten wir diese mit Kuhmist zu. Aber das maliziöse Wasser lief nun aus dem Keller des Nachbars in unsren durch die Wand, und damit unsre schönen Rumfässer

3/4 Bremen, Handzeichnungen von Friedrich Engels

und Kartoffeln und vor allem der wohlassortierte Weinkeller des Alten nicht ersoff, mußten wir Tag und Nacht pumpen, vier Nächte hintereinander, die ich alle vier durchgepumpt habe. Wilhelm Leupold und ich blieben gewöhnlich zusammen auf, setzten uns hinter den Tisch aufs Sofa, auf dem Tisch einige Flaschen Wein, Wurst und ein großes Stück vom edelsten Hamburger Rauchfleisch. Dabei wurde geraucht, geschwatzt und alle halbe Stunden gepumpt. Es war sehr ergötzlich. Um fünf Uhr morgens kam dann der Alte und löste einen von uns ab. Bei dieser Überschwemmung sind rührende Dinge vorgefallen. In einem Hause vor der Stadt, das bis an die Fenster des untersten Stocks voll Wasser stand, sahen die Leute plötzlich eine ungeheure Masse Ratten anschwimmen, die durch die Fenster hineinkamen und das ganze Haus besetzten. In diesem Hause waren außerdem lauter rattenscheue Frauenzimmer, gar kein Mann, so daß die zarten Damen sich trotz ihrer Angst entschließen mußten, mit Säbeln, Stöcken etc. auf die wilde Horde loszugehen. In einem Hause, das ganz an der Weser liegt, saßen eben die Comptoiristen beim Frühstück, als eine große Eisscholle herabgetrieben kam, die Wand durchstieß und den unbescheidenen Kopf ins Zimmer steckte, worauf denn gleich eine gute Portion Wasser nachfolgte.
[...]
B[remen], 18. Febr. 41

[Delmenhorst][23]

Bremen, 28. Sept. 1839

Liebe Marie,

es war hoch an der Zeit, daß Ew. Gnaden mir einmal schrieben, es hat lang genug gedauert, Mamsell! Doch ich will Dir Deine schweren Verbrechen vergeben und Dir was erzählen. Morgen werden's 14 Tage, da ritten wir nach Delmenhorst. Dieses ist ein oldenburgisches Landstädtchen mit einem Tiergarten, der so heißt, weil die Bremer und Oldenburger immer hineingehen, und als wir dagewesen waren, ritten wir wieder um – und kamen nach Hause, denkst Du? Jawohl, aber nach manchen Abenteuern. Erst saß ich den halben Weg im Kabriolett, und als wir an die Stelle kamen, wo ich mein Pferd wiederhaben sollte, waren die Ritter noch nicht da, und wir mußten einkehren, schlechtes Bier trinken und schlechte Zigarren rauchen. Endlich kamen die Ritter an, da war es acht Uhr und stockdunkel. Als ich mein Pferd gefunden hatte, ritten wir weiter, bezahlten Torsperre und ritten durch die Neustadt. Da kamen acht Trommelschläger, die den Zapfenstreich schlugen, um die Ecke in einer Reihe grade auf uns los geschwenkt, und die Pferde sprangen kreuz und quer durcheinander, die Tambours schlugen immer stärker, die edelmütige Bremer Straßenjugend schrie, so daß wir bald voneinander kamen. R. Roth und ich fanden uns am ersten wieder zusammen und ritten fort, zum andern Ende der Stadt heraus, wo wir wieder Sperre bezahlen mußten; denn der Pferdephilister wohnt vor dem Tor. Bei diesem trafen wir die andern an, denen die Pferde durchgegangen waren, wir marschierten nun nach Hause und mußten zum *drittenmal* Torsperre bezahlen. Ist das nicht eine interessante Geschichte? Das wirst Du nicht leugnen können, am wenigsten, wenn Du erfährst, daß ich darauf, nachdem es zum Zuhauseessen zu spät war, in die Union ging, Beefsteak mit Eiern aß und ein sehr unterhaltendes Gespräch anhörte, welches in meiner Nähe geführt wurde und von jungen Hunden und toten Katzen handelte. Indeed, very interesting! very amusing! Ich bin jetzt nämlich in der Union, welche dasselbe ist, was in Barmen die Concordia oder Verbesserungsanstalt bedeutet. Das Beste, was da ist, sind die vielen Zeitungen, holländische, englische, amerikanische, französische, deutsche, türkische und japanische. Bei der Gelegenheit hab' ich Türkisch und Japanisch gelernt und verstehe somit 25 Sprachen. Dies ist wieder höchst interessant zu wissen für eine junge Dame, welche nach Mannheim in Pension will. Auch war der Jacob Schmitt hier, er wird nächste Woche wiederkommen und mit mir in den Weinkeller gehen. Dieser ist unleugbar das beste Institut in Bremen. Auch haben wir wieder ein Theater, ich bin aber noch nicht dagewesen. Farewell, my dear,

Yours for ever
Friedrich

[Zwischen London und Liverpool][24]

Ihr, die ihr über die Prosa der Eisenbahnen klagt, ohne je eine gesehen zu haben, laßt euch fahren auf der, die von London nach Liverpool geht. Wenn es irgendein Land gibt, das gemacht ist, auf der Eisenbahn durchflogen zu werden, so ist es England. Keine blendenden Schönheiten, keine kolossalen Felsmassen, aber ein Land voll sanfter Hügelwellen, das bei der englischen, nie ganz klaren Sonnenbeleuchtung einen wunderbaren Reiz hat. Man staunt über die mannigfachen Gruppierungen der einfachen Staffage; aus ein paar Hügeln, Feld, Bäumen, weidendem Vieh macht die Natur tausend anmutige Landschaften. Eigentümlich schön erscheinen die Bäume, mit denen alle Felder, einzeln und in Gruppen, besetzt sind, so daß die ganze Gegend etwas Parkähnliches erhält. Dann wieder ein Tunnel, der den Wagenzug für einige Minuten im Dunkel hält, und der in einen Hohlweg ausläuft, aus dem man plötzlich wieder in die lachenden, sonnigen Felder versetzt wird. Auf einmal führt der Weg auf einem Viadukt quer durch ein langes Tal; tief unten liegen die Städte und Dörfer, die Wälder und Wiesen,

5 Londoner Bahnhof Euston. Dieser Bahnhof ist nach London Bridge der zweite, der in der britischen Hauptstadt gebaut wurde (die erste britische Eisenbahnlinie wurde 1837 eröffnet).

zwischen denen der Fluß sich hindurchschlängelt; rechts und links Berge, die im Hintergrund verschwimmen, und über dem reizenden Tale eine zauberhafte Beleuchtung, halb Nebel, halb Sonnenschein – doch kaum hat man das wunderbare Gebiet überschaut, so ist man ihm in einen kahlen Hohlweg entrückt und hat Zeit, das magische Bild in der Phantasie neu zu schaffen. Und so geht es fort, bis die Nacht hereinbricht und der Schlummer die schauensmatten Augen schließt. O es liegt eine reiche Poesie in den Provinzen Britanniens! Oft meint man, noch in den golden days of merry England zu sein und Shakespeare mit der Büchse hinterm Hag schleichen zu sehen, wie er noch nach fremdem Wilde jagte, oder man wundert sich, daß auf dieser grünen Au nicht eine seiner göttlichen Komödien wirklich sich abwickelt. Denn wo die Szene auch liegen mag, in Italien, in Frankreich oder Navarra, immer ist's im Grunde doch merry England, wohin seine barocken Rüpel, seine superklugen Schulmeister, seine liebenswürdig-bizarren Frauen gehören, überall merkt man dem Ganzen an, daß nur der englische Himmel dazu paßt. Nur einige Komödien, wie der »Sommernachtstraum«, haben das Südlich-Klimatische so vollkommen wie »Romeo und Julie«, auch in den Charakteren. [...]

Siegfrieds Heimat[25]

> Do wuohs in Niderlanden eins richen Küneges kint,
> Sin vater hiez Siegmunt, sin muoter Siglint,
> In einer bürge riche, diu witen was bekant,
> Niden bi dem Rine, diu was ze *Santen* genant.
>
> Der Nibelunge Not, [I] 20

Nicht allein oberhalb Köln sollte der Rhein besucht werden, und namentlich die deutsche Jugend sollte sich nicht dem reisenden John Bull gleichstellen, der sich von Rotterdam bis Köln in der Kajüte des Dampfschiffes langweilt, und erst dann aufs Verdeck steigt, weil hier sein Panorama des Rheins von Köln bis Mainz oder sein Guide for travellers on the Rhine beginnt. Die deutsche Jugend sollte sich einen wenig besuchten Ort zum Wallfahrtsorte wählen, ich meine die Heimat Hürnensiegfrieds, *Xanten*.

Römerstadt, wie Köln, blieb es im Mittelalter klein und äußerlich unbedeutend, während Köln groß wurde und einem kurfürstlichen Erzbistume den Namen gab. Aber Xantens Kathedrale blickt in herrlicher Vollendung weithin in die Prosa der holländischen Sandfläche, und Kölns kolossalerer Dom blieb Torso; aber Xanten hat Siegfried und Köln nur den heiligen Hanno, und was ist das Hannolied gegen die Nibelungen!

Ich kam vom Rheine her. Durch enge, verfallene Tore trat ich in die Stadt; schmutzige, enge Gassen führten mich auf den freundlichen Markt, und von dort schritt ich auf ein überbautes Tor in der Mauer zu, die den ehemaligen Klosterhof mit der Kirche umgrenzte. Über dem Tore, rechts und links, unter den beiden Türmchen, standen zwei Basreliefs, unverkennbar zwei Siegfriede, leicht von dem Schutzpatron der Stadt, dem über jeder Haustüre abgebildeten heiligen Viktor, zu unterscheiden. Der Held steht da, im enganschließenden Schuppenpanzer, den Speer in der Hand, auf dem Bilde rechts dem Lindwurm den Speer in den Rachen rennend, links den »starken Zwerg« Alberich niedertretend. Es war mir auffallend, diese Bildwerke in Wilhelm Grimms deutscher Heldensage, wo doch sonst alles gesammelt ist, was sich auf den Gegenstand bezieht, nicht erwähnt zu finden. Auch sonst erinnere ich mich nicht, von ihnen gelesen zu haben, und doch gehören sie mit zu den wichtigsten Zeugnissen für die örtliche Anknüpfung der Sage im Mittelalter.

Ich durchschritt den hallenden, gotisch gewölbten Torweg und stand vor der Kirche. Die griechische Baukunst ist helles, heiteres Bewußtsein, die maurische Trauer, die gotische heilige Ekstase; die griechische Architektur ist lichter, sonniger Tag, die maurische sterndurchflimmerte Dämmerung, die gotische Morgenröte. Hier vor dieser Kirche empfand ich, wie niemals, die Gewalt des gotischen Baustils. Nicht zwischen modernen Gebäuden, wie der Kölner Dom, oder gar verbaut mit Häusern, die sich Schwalbennestern gleich daran gehängt haben, wie die Kirchen in den norddeutschen Städten, erregt eine gotische Kathedrale den bewältigendsten Eindruck; sondern nur zwischen waldigen Bergen, wie die Kirche von Altenberg im Bergischen, oder wenigstens getrennt von allem Fremdartigen, Modernen, zwischen Klostermauern und alten Gebäuden, wie der Dom von Xanten. Da erst empfindet man es tief, was ein Jahrhundert vollbringen kann, wenn es sich mit aller Macht auf ein Einziges, Großes wirft. Und stände erst der Kölner Dom so frei und dem Blick von allen Seiten, in allen seinen riesigen Dimensionen so offen, wie die Kirche von Xanten, wahrlich, das neunzehnte Jahrhundert müßte sterben vor Scham, daß es mit all seiner Superklugheit dieses Gebäude nicht vollenden kann. Denn wir kennen die religiöse Tat nicht mehr, und darum wundern wir uns auch über eine Mistreß Fry, die im Mittelalter zu den gewöhnlichsten Erscheinungen gehört hätte.

Ich trat in die Kirche; es wurde gerade das Hochamt gehalten. Die Orgeltöne brausten vom Chor herunter, eine jubelnde Schar herzenerobernder Krieger, und jagten durch das hallende Schiff, bis sie sich in den entfernteren Gängen der Kirche verliefen. Und laß auch du dein Herz von ihnen bezwingen, Sohn des neunzehnten Jahrhunderts – diese Klänge haben Stärkere und Wildere gebändigt denn du! Sie haben die alten deutschen Götter aus ihren Hainen vertrieben, sie haben die Helden einer großen Zeit über das stürmische Meer, durch die Wüste und ihre nie besiegten Kinder nach Jerusalem geführt, sie sind die Schatten tatendürstender, heißblütiger Jahrhunderte! Dann aber, wenn die Posaunen das Wunder der Transsubstantiation verkünden, wenn der Priester die blitzende Monstranz erhebt und alles Bewußtsein der Gemeine trunken ist vom Wein der Andacht, dann stürze hinaus, rette dich, rette dein Denken aus diesem Meere des Gefühls, das durch die Kirche wogt, und bete draußen zu dem Gott, des Haus nicht von Menschenhänden gemacht ist, der die Welt durchhaucht und im Geist und in der Wahrheit angebetet sein will.

Erschüttert ging ich weg und ließ mich zu einem Gasthof, dem einzigen des Städtchens, zeigen. Als ich in die Wirtsstube trat, merkte ich, daß ich in Hollands Nachbarschaft sei. Eine seltsam gemischte Ausstellung von Gemälden und Kupferstichen an den Wänden, ins Glas geschnittenen Landschaften an den Fenstern, Goldfischen, Pfauenfedern und tropischen Blattgerippen vor dem Spiegel zeigte recht deutlich den Stolz des Wirtes, Dinge zu besitzen, die andere nicht haben. Diese Raritätensucht, die in entschiedener Geschmacklosigkeit sich mit den Produkten der Kunst und Natur, gleichviel ob schön oder häßlich, umgibt und die sich am wohlsten in einem Zimmer befindet, das von solchen Unsinnigkeiten strotzt, das ist die Erbsünde des Holländers. Welch ein Schauder ergriff mich aber erst, als der gute Mann mich in seine sogenannte Gemäldesammlung führte! Ein kleines Zimmer, die Wände ringsum dicht bedeckt von Gemälden geringen Wertes, obwohl er behauptete, Schadow habe ein Porträt, welches freilich viel hübscher war als die übrigen, für einen Hans Holbein erklärt. Einige Altarbilder von Jan van Calcar (einem benachbarten Städtchen) hatten lebhaftes Kolorit und würden dem Kenner interessant gewesen sein. Aber wie war dieses Zimmer noch sonst dekoriert! Palmenblätter, Korallenzweige und dergleichen ragten aus jeder Ecke hervor, ausgestopfte Eidechsen waren überall angebracht, auf dem Ofen standen ein paar von bunten Seemuscheln zusammengesetzte Figuren, wie man sie namentlich in Holland häufig findet; in einer Ecke stand die Büste des Kölners Wallraf und unter ihr hing der mumienhaft ausgedörrte Leichnam einer Katze, die mit einem Vorderfuß einem gemalten Christus am Kreuz grade ins Gesicht trat. Sollte einer meiner Leser einmal nach Xanten in dies einzige Hotel verschlagen werden, so frage er den gefälligen Wirt nach seiner schönen antiken Gemme; er besitzt eine wunderschöne, in einen Opal geschnittene Diana, die mehr wert ist als seine ganze Gemäldesammlung.

In Xanten muß man nicht versäumen, die Sammlung von Altertümern des Herrn Notar Houben zu sehen. Hier ist fast alles vereinigt, was auf dem Boden der Castra vetera ausgegraben und aufgefunden wurde. Die Sammlung ist interessant, doch enthält sie nichts von besonderem Kunstwert, wie das von einer Militärstation, wie Castra vetera war, auch zu erwarten ist. Die wenigen schönen Gemmen, die hier gefunden wurden, sind ganz zerstreut in der Stadt; das einzige größere Denkmal der Skulptur ist eine etwa drei Fuß lange Sphinx im Besitze des erwähnten Gastwirts; sie ist von gewöhnlichem Sandstein, schlecht erhalten, übrigens auch nie schön gewesen.

Ich ging vor die Stadt und bestieg einen Sandberg, die einzige natürliche Erhöhung in weitem Kreise. Das ist der Berg, wo nach der Sage Siegfrieds Burg gestanden hat. Am Eingange eines Fichtenwaldes setzte ich mich nieder und sah auf die Stadt herab. Von allen Seiten durch Dämme umgeben, lag sie in einem Kessel, über dessen Rand sich nur die Kirche majestätisch erhob. Rechts der Rhein, der mit breiten, blinkenden Armen eine grüne Insel umschließt, links die Clevischen Berge in blauer Ferne.

Was ist es, das uns in der Sage von Siegfried so mächtig ergreift? Nicht der Verlauf der Geschichte an sich, nicht der schmählichste Verrat, dem der jugendliche Held unterliegt; es ist die tiefe Bedeutsamkeit, die in seine Person gelegt ist. Siegfried ist der Repräsentant der deutschen Jugend. Wir alle, die wir ein von den Beschränkungen des Lebens noch ungebändigtes Herz im Busen tragen, wissen, was das sagen will. Wir fühlen alle denselben Tatendurst, denselben Trotz gegen das Herkommen in uns, der Siegfrieden aus der Burg seines Vaters trieb; das ewige Überlegen, die philiströse Furcht vor der frischen Tat ist uns von ganzer Seele zuwider, wir wollen hinaus in die freie Welt, wir wollen die Schranken der Bedächtigkeit umrennen und ringen um die Krone des Lebens, die Tat. Für Riesen und Drachen haben die Philister auch gesorgt, namentlich auf dem Gebiete von Kirche und Staat. Aber das Zeitalter ist nicht mehr; man steckt uns in Gefängnisse, Schulen genannt, wo wir, statt selber um uns zu schlagen, das Zeitwort: schlagen so recht zum Spott durch alle Modi und Tempora griechisch durchkonjugieren müssen, und wenn man uns aus der Disziplin losläßt, so fallen wir der Göttin des Jahrhunderts, der Polizei, in die Arme. Polizei beim Denken, Polizei beim Sprechen, Polizei beim Gehen, Reiten und Fahren, Pässe, Aufenthaltskarten und Douanenscheine – es schlage der Teufel Riesen und Drachen tot! Nur den Schein der Tat haben sie uns gelassen, das Rapier statt des Schwertes; und was soll alle Fechterkunst mit dem Rapier, wenn wir sie nicht mit dem Schwerte anwenden dürfen? Und wenn einmal die Schranken durchbrochen werden, wenn die Philisterei und der Indifferentismus einmal überritten wird, wenn der Tatendrang sich Luft macht – seht ihr dort jenseits des Rheines den Turm von Wesel? Die Zitadelle jener Stadt, die eine Burg der deutschen Freiheit genannt wird, sie ist ein Grab der deutschen Jugend geworden, und sie muß der Wiege des größten deutschen Jünglings grade gegenüberliegen! Wer hat dort gesessen? Studenten, welche nicht umsonst wollten fechten gelernt haben, vulgo Duellanten und Demagogen. Jetzt, nach der Amnestie Friedrich Wilhelms IV., darf man es sagen, daß diese Amnestie ein Akt nicht nur der Gnade, sondern auch der Gerechtigkeit war. Alle Prämissen und namentlich die Notwendigkeit zuzugeben, daß der Staat gegen diese Verbindungen einschreiten mußte; so werden doch alle, die das Wohl des Staates nicht im blinden Gehorsam, in der strikten Subordination sehen, darin mit mir übereinstimmen, daß durch die Behandlung der Beteiligten eine Restitution derselben in Ehren und Würden bedingt war. Die demagogischen Verbindungen unter der Restauration und nach den Julitagen [1832] waren ebenso erklärlich, wie sie jetzt unmöglich sind. Wer hatte denn damals jede freie Regung unterdrückt, wer hatte das Pochen des jugendlichen Herzens unter »provisorische« Kuratel gestellt? Und wie sind jene Unglücklichen behandelt worden? Kann man es leugnen, daß dieser Rechtsfall grade dazu gemacht ist, um alle Nachteile und Fehler der schriftlichen und geheimen Rechtspflege ins hellste Licht zu stellen, um den Widerspruch zu beweisen, das besoldete *Staatsdiener*, anstatt unabhängiger Geschwornen, über Anklagen auf Vergehen gegen den Staat zu richten haben; kann man es leugnen, daß die ganze Verurteilung in Bausch und Bogen, »im Rummel«, wie die Kaufleute sagen, geschehen ist? Doch ich will hinuntergehen an den Rhein und lauschen, was die abendrotumstrahlten Wellen der Muttererde Siegfrieds erzählen von seinem Grabe zu Worms und vom versenkten Horte. Vielleicht daß eine gütige Fee Morgana mir das Schloß Siegfrieds neu erstehen läßt oder mir vorspiegelt, was seinen Söhnen im neunzehnten Jahrhundert für Heldentaten vorbehalten sind.

Von Paris nach Bern[26]

I Seine und Loire

La belle France! In der Tat, die Franzosen haben ein schönes Land, und sie haben recht, wenn sie stolz darauf sind.
Welches Land in Europa will sich an Reichtum, an Mannigfaltigkeit der Anlagen und Produkte, an Universalität mit Frankreich messen?
Spanien? Aber zwei Drittel seiner Oberfläche sind durch Nachlässigkeit oder von Natur eine heiße Steinwüste, und die atlantische Seite der Halbinsel, Portugal, gehört nicht zu ihm.
Italien? Aber seit die Welthandelsstraße durch den Ozean geht, seit die Dampfschiffe das Mittelmeer durchkreuzen, liegt Italien verlassen da.
England? Aber England ist seit achtzig Jahren aufgegangen in Handel und Industrie, Kohlenrauch und Viehzucht, und England hat einen schrecklich bleiernen Himmel und keinen Wein.
Und Deutschland? Im Norden eine platte Sandebene, vom europäischen Süden durch die granitne Wand der Alpen getrennt, weinarm, Land des Bieres, Schnapses und Roggenbrots, der versandeten Flüsse und Revolutionen!
Aber Frankreich! An drei Meeren gelegen, von fünf großen Strömen in drei Richtungen durchzogen, im Norden fast deutsches und belgisches, im Süden fast italienisches Klima; im Norden der Weizen, im Süden der Mais und Reis; im Norden die Colza, im Süden die Olive; im Norden der Flachs, im Süden die Seide, und fast überall der Wein.
Und welcher Wein! Welche Verschiedenheit, vom Bordeaux bis zum Burgunder, vom Burgunder zum schweren St. Georges, Lünel und Frontignan des Südens, und von diesem zum sprudelnden Champagner! Welche Mannigfaltigkeit des Weißen und des Roten, vom Petit Mâcon oder Chablis zum Chambertin, zum Château Larose, zum Sauterne, zum Roussilloner, zum Ai Mousseux! Und wenn man bedenkt, daß jeder dieser Weine einen verschiedenen Rausch macht, daß man mit wenig Flaschen alle Zwischenstufen von der Musardschen Quadrille bis zur »Marseillaise«, von der tollen Lust des Cancans bis zur wilden Glut des Revolutionsfiebers durchmachen und sich schließlich mit einer Flasche Champagner wieder in die heiterste Karnevalslaune von der Welt versetzen kann!
Und Frankreich allein hat ein Paris, eine Stadt, in der die europäische Zivilisation zu ihrer vollsten Blüte sich entfaltet, in der alle Nervenfasern der europäischen Geschichte sich vereinigen und von der in gemessenen Zeiträumen die elektrischen Schläge ausgehn, unter denen eine ganze Welt erbebt; eine Stadt, deren Bevölkerung die Leidenschaft des Genusses mit der Leidenschaft der geschichtlichen Aktion wie nie ein andres Volk vereinigt, deren Bewohner zu leben wissen wie der

feinste Epikureer Athens und zu sterben wie der unerschrockenste Spartaner, Alcibiades und Leonidas in *einem*; eine Stadt, die wirklich, wie Louis Blanc sagt, Herz und Hirn der Welt ist.
Wenn man von einem hohen Punkte der Stadt oder vom Montmartre oder der Terrasse von Saint-Cloud Paris überschaut, wenn man die Umgegend der Stadt durchstreift, so meint man, Frankreich wisse, was es an Paris besitze, Frankreich habe seine besten Kräfte verschwendet, um Paris recht zu hegen und zu pflegen. Wie eine Odaliske auf bronzeschillerndem Divan liegt die stolze Stadt an den warmen Rebenhügeln des gewundenen Seinetals. Wo in aller Welt gibt es eine Aussicht wie die von den beiden Versailler Eisenbahnen hinab auf das grüne Tal mit seinen zahllosen Dörfern und Städtchen, und wo gibt es so reizend gelegene, so reinlich und nett gebaute, so geschmackvoll angelegte Dörfer und Städtchen wie Suresnes, Saint-Cloud, Sèvres, Montmorency, Enghien und zahllose andre?
Man gehe hinaus zu welcher Barriere man will, man verfolge seinen Weg aufs Geratewohl, und überall wird man auf dieselbe schöne Umgebung, auf denselben Geschmack in der Benutzung der Gegend, auf dieselbe Zierlichkeit und Reinlichkeit stoßen. Und doch ist es wieder nur die Königin der Städte selbst, die sich dies wunderbare Lager geschaffen hat.
Aber freilich gehört auch ein Frankreich dazu, um ein Paris zu schaffen, und erst wenn man den üppigen Reichtum dieses herrlichen Landes kennengelernt hat, begreift man, wie dies strahlende, üppige, unvergleichliche Paris zustande kommen konnte. Man begreift es freilich nicht, wenn man von Norden kommt, auf der Eisenbahn die Blachfelder Flanderns und Artois, die wald- und rebenlosen Hügel der Picardie durchfliegend. Da sieht man nichts als Kornfelder und Weiden, deren Einförmigkeit nur durch sumpfige Flußtäler, durch ferne, gestrüppbewachsene Hügel unterbrochen wird; und erst wenn man bei Pontoise den Kreis der Pariser Atmosphäre betritt, merkt man etwas vom »schönen Frankreich«. Man begreift Paris schon etwas mehr, wenn man durch die fruchtbaren Täler Lothringens, über die rebenbekränzten Kreidehügel der Champagne, das schöne Marnetal entlang nach der Hauptstadt zieht; man begreift's noch mehr, wenn man durch die Normandie fährt und von Rouen nach Paris mit der Eisenbahn die Windungen der Seine bald verfolgt, bald durchkreuzt. Die Seine scheint die Pariser Luft auszuhauchen bis an ihre Mündung; die Dörfer, die Städte, die Hügel, alles erinnert an die Umgebung von Paris, nur daß alles schöner, üppiger, geschmackvoller wird, je mehr man sich dem Zentrum Frankreichs nähert. Aber ganz habe ich erst verstanden, wie Paris möglich war, als ich die Loire entlangging und von da übers Gebirg mich nach den burgundischen Rebentälern wandte.
Ich hatte Paris gekannt in den letzten beiden Jahren der Monarchie, als die Bourgeoisie im Vollgenuß ihrer Herrschaft schwelgte, als Handel und Industrie erträglich gingen, als die große und kleine bürgerliche Jugend noch Geld hatte

zum Genießen und zum Verjubeln, und als selbst ein Teil der Arbeiter noch gut genug gestellt war, um mit an der allgemeinen Heiterkeit und Sorglosigkeit teilnehmen zu können. Ich hatte Paris wiedergesehn in dem kurzen Rausch der republikanischen Flitterwochen, im März und April [1848], wo die Arbeiter, die hoffnungsvollen Toren, der Republik mit der sorglosesten Unbedenklichkeit »drei Monate Elend zur Verfügung stellten«, wo sie den Tag über trocken Brot und Kartoffeln aßen und den Abend auf den Boulevards Freiheitsbäume pflanzten, Schwärmer abbrannten und die »Marseillaise« jubelten, und wo die Bourgeois, den ganzen Tag in ihren Häusern versteckt, den Zorn des Volks durch bunte Lampen zu besänftigen suchten. Ich kam - unfreiwillig genug, bei Hecker! - im Oktober wieder. Zwischen dem Paris von damals und von jetzt lag der 15. Mai und der 25. Juni, lag der furchtbarste Kampf, den die Welt je gesehen, lag ein Meer von Blut, lagen fünfzehntausend Leichen. Die Granaten Cavaignacs hatten die unüberwindliche Pariser Heiterkeit in die Luft gesprengt; die »Marseillaise« und der »Chant du départ« waren verstummt, nur die Bourgeois summten noch ihr »Mourir pour la patrie« zwischen den Zähnen; die Arbeiter, brotlos und waffenlos, knirschten in verhaltnem Groll; in der Schule des Belagerungszustands war die ausgelassene Republik gar bald honett, zahm, artig und gemäßigt (sage et modérée) geworden. Aber Paris war tot, es war nicht mehr Paris. Auf den Boulevards nichts als Bourgeois und Polizeispione; die Bälle, die Theater verödet; die Gamins in der Mobilgardenjacke untergegangen, für 30 Sous täglich an die honette Republik verkauft, und je dümmer sie wurden, desto mehr gefeiert von der Bourgeoisie – kurz, es war wieder das Paris von 1847, aber ohne den Geist, ohne das Leben, ohne das Feuer und das Ferment, das die Arbeiter damals überall hineinbrachten. Paris war tot, und diese schöne Leiche war um so schauerlicher, je schöner sie war. Es litt mich nicht länger in diesem toten Paris. Ich mußte fort, gleichviel wohin. Also zunächst nach der Schweiz. Geld hatt' ich nicht viel, also zu Fuß. Auf den nächsten Weg kam's mir auch nicht an; man scheidet nicht gern von Frankreich. Eines schönen Morgens also brach ich auf und marschierte aufs Geratewohl direkt nach Süden zu. Ich verirrte mich zwischen den Dörfern, sobald ich erst aus der Banlieue hinaus war; das war natürlich. Endlich geriet ich auf die große Straße nach Lyon. Ich verfolgte sie eine Strecke, mit Abstechern über die Hügel. Von dort oben hat man wunderschöne Aussichten, die Seine aufwärts und abwärts, nach Paris und nach Fontainebleau. Unendlich weit sieht man den Fluß sich schlängeln im breiten Tal, zu beiden Seiten Rebenhügel, weiter im Hintergrund die blauen Berge, hinter denen die Marne fließt.
Aber ich wollte nicht so direkt nach Burgund hinein; ich wollte erst an die Loire. Ich verließ also am zweiten Tage die große Straße und ging über die Berge nach Orléans zu. Ich verirrte mich natürlich wieder zwischen den Dörfern, da ich nur die Sonne und die von aller Welt abgeschnittenen Bauern, die weder rechts noch

6 Paris, Blick aus der Vogelschau auf die Champs Elysées, Zeichnung um 1840

links wußten, zu Führern hatte. Ich übernachtete in irgendeinem Dorf, dessen Namen ich nie aus dem Bauernpatois deutlich heraushören konnte, fünfzehn Lieues von Paris, auf der Wasserscheide zwischen Seine und Loire. Diese Wasserscheide wird gebildet von einem breiten Bergrücken, der sich von Südosten nach Nordwesten entlangzieht. Zu beiden Seiten sind zahlreiche Taleinschnitte, von kleinen Bächen oder Flüssen bewässert. Oben auf der windigen Höhe gedeiht nur Korn, Buchweizen, Klee und Gemüse; an den Talwänden jedoch wächst überall Wein. Die nach Osten zu gelegenen Talwände sind fast alle mit großen Massen jener Kalkfelsblöcke bedeckt, welche die englischen Geologen Bolderstones nennen und die man im sekundären und tertiären Hügelland häufig findet. Die gewaltigen blauen Blöcke, zwischen denen grünes Gebüsch und junge Bäume emporwachsen, bilden gar keinen üblen Kontrast zu den Wiesen des Tals und den Weinbergen des gegenüberliegenden Abhangs.

Allmählich stieg ich in eins dieser kleinen Flußtäler hinab und verfolgte es eine Zeitlang. Endlich stieß ich auf eine Landstraße und damit auf Leute, von denen zu erfahren war, wo ich mich eigentlich befand. Ich war nah bei Malesherbes, halbwegs zwischen Orléans und Paris. Orléans selbst lag mir zu weit westlich; Nevers war mein nächstes Ziel, und so stieg ich wieder über den nächsten Berg

direkt nach Süden zu. Von oben eine sehr hübsche Aussicht: zwischen waldigen Bergen das nette Städtchen Malesherbes, an den Abhängen zahlreiche Dörfer, oben auf einem Gipfel das Schloß Châteaubriand. Und was mir noch lieber war: gegenüber, jenseits einer schmalen Schlucht, eine Departementalstraße, die sich direkt nach Süden zog.
Es gibt nämlich in Frankreich dreierlei Straßen: die Staatsstraßen, früher königliche, jetzt Nationalstraßen genannt, schöne breite Chausseen, die die wichtigsten Städte miteinander verbinden. Diese Nationalstraßen, in der Umgegend von Paris nicht nur Kunst-, sondern wahre Luxusstraßen, prächtige, sechzig und mehr Fuß Breite, in der Mitte gepflasterte Ulmenalleen, werden schlechter, schmaler und baumloser, je weiter man sich von Paris entfernt und je weniger Bedeutung die Straße hat. Sie sind dann stellenweise so schlecht, daß sie nach zwei Stunden mäßigen Regens für Fußgänger kaum noch zu passieren sind. Die zweite Klasse sind die Departementalstraßen, die Kommunikationen zweiten Rangs herstellend, aus Departementsfonds bestritten, schmaler und prunkloser als die Nationalstraßen. Die dritte Klasse endlich bilden die großen Vizinalwege* (chemins de grande communication), aus Kantonalmitteln** hergestellt, schmale, bescheidne Straßen, aber stellenweise in besserem Zustand als die größeren Chausseen.
Ich stieg querfeldein direkt auf meine Departementalstraße los und fand zu meiner größten Freude, daß sie mit der unabänderlichsten Geradlinigkeit direkt nach Süden ging. Dörfer und Wirtshäuser waren selten; nach mehrstündigem Marsch traf ich endlich einen großen Pachthof, wo man mir mit der größten Bereitwilligkeit einige Erfrischungen vorsetzte, wofür ich den Kindern des Hauses einige Fratzen auf ein Blatt Papier zeichnete und sehr ernsthaft erklärte: dies sei der General Cavaignac, das sei Louis Napoleon, das Armand Marrast, Ledru-Rollin usw. zum Sprechen ähnlich. Die Bauern starrten die verzerrten Gesichter mit großer Ehrfurcht an, bedankten sich hocherfreut und schlugen die frappant ähnlichen Porträts sogleich an die Wand. Von diesen braven Leuten erfuhr ich auch, daß ich mich auf der Straße von Malesherbes nach Châteauneuf an der Loire befinde, bis wohin ich noch etwa zwölf Lieues habe.
Ich marschierte durch Puyseaux und ein andres kleines Städtchen, dessen Namen ich vergessen, und kam des Abends spät in Bellegarde an, einem hübschen und ziemlich großen Ort, wo ich übernachtete. Der Weg über das Plateau, das hier übrigens an vielen Orten Wein produziert, war ziemlich einförmig.
Den nächsten Morgen ging's nach Châteauneuf, noch fünf Lieues, und von da die Loire entlang auf der Nationalstraße von Orléans nach Nevers.

---

* Ortsverbindungswege
** Geldmittel, die aus dem Unterbezirk eines Arrondissements aufgebracht werden

Unter blüh'nden Mandelbäumen.
An der Loire grünem Strand,
O wie lieblich ist's zu träumen,
Wo ich meine Liebe fand –

so singt gar mancher deutsche schwärmerische Jüngling und manche zarte germanische Jungfrau in den schmelzenden Worten Helmina von Chezys und der geschmolzenen Weise Carl Maria von Webers. Aber wer an der Loire Mandelbäume und sanfte, liebliche Liebesromantik sucht, wie sie anno zwanzig in Dresden Mode war, der macht sich schreckliche Illusionen, wie sie eigentlich nur einem deutschen Erbblaustrumpf in der dritten Generation erlaubt sind.

Von Châteauneuf über les Bordes nach Dampierre bekommt man diese romantische Loire fast gar nicht zu sehn. Die Straße geht in einer Entfernung von zwei bis drei Lieues vom Flusse über die Höhen, und nur selten sieht man in der Ferne das Wasser der Loire in der Sonne aufleuchten. Die Gegend ist reich an Wein, Getreide, Obst; nach dem Flusse zu sind üppige Weiden; der Anblick des waldlosen, nur von wellenförmigen Hügeln umgebnen Tals ist jedoch ziemlich einförmig. Mitten auf der Straße, nah bei einigen Bauernhäusern, traf ich eine Karawane von vier Männern, drei Weibern und mehreren Kindern, die drei schwerbeladene Eselskarren mit sich führten und auf offner Landstraße bei einem großen Feuer ihr Mittagsmahl kochten. Ich blieb einen Augenblick stehn: Ich hatte mich nicht getäuscht, sie sprachen deutsch, im härtesten oberdeutschen Dialekt. Ich redete sie an; sie waren entzückt, mitten in Frankreich ihre Muttersprache zu hören. Es waren übrigens Elsässer aus der Gegend von Straßburg, die jeden Sommer in dieser Weise ins Innere Frankreichs zogen und sich mit Korbflechten ernährten. Auf meine Frage, ob sie davon leben könnten, hieß es: »Ja schwerlich, wenn mer alles kaufe müscht'; das Mehrscht werd g'bettelt.« Allmählich kroch noch ein ganz alter Mann aus einem der Eselskarren hervor, wo er ein vollständiges Bett hatte. Die ganze Bande hatte etwas sehr Zigeunerartiges in ihren zusammengebettelten Kostümen, von denen kein Stück zum andern paßte. Dabei schauten sie indes recht gemütlich drein und plauderten mir unendlich viel von ihren Fahrten vor, und mitten in der heitersten Schwatzhaftigkeit gerieten sich die Mutter und die Tochter, ein blauäugiges sanftes Geschöpf, beinahe in die struppigen roten Haare. Ich mußte bewundern, mit welcher Allgewalt sich die deutsche Gemütlichkeit und Innigkeit auch durch die zigeunerhaftesten Lebens- und Kleidungsverhältnisse Bahn bricht, wünschte guten Tag und setzte meine Reise fort, eine Strecke lang begleitet von einem der Zigeuner, der sich vor Tisch das Vergnügen eines Spazierrittes auf der spitzknochigen Croupe eines magern Esels erlaubte.

Den Abend kam ich nach Dampierre, einem kleinen Dorf nicht weit von der

Loire. Hier ließ die Regierung durch 300 bis 400 Pariser Arbeiter, Trümmer der ehemaligen Nationalwerkstätten, einen Damm gegen die Überschwemmungen ausführen. Es waren Arbeiter aller Art, Goldarbeiter, Metzger, Schuhmacher, Schreiner, bis herab zum Lumpensammler der Pariser Boulevards. Ich fand ihrer an die zwanzig im Wirtshause, wo ich die Nacht blieb. Ein robuster Metzger, der bereits zu einer Art Aufseherstelle vorgerückt war, sprach mit großem Entzücken von dem Unternehmen: Man verdiene 30 bis 100 Sous täglich, je nachdem man arbeite, 40 bis 60 Sous seien leicht zu machen, wenn man nur etwas anstellig sei. Er wollte mich gleich in seine Brigade einrangieren; ich werde mich bald hineinfinden und gewiß schon in der zweiten Woche 50 Sous den Tag verdienen, ich könne mein Glück machen, und es sei wenigstens noch für sechs Monat Arbeit da. Ich hatte nicht übel Lust, zur Abwechslung auf einen oder zwei Monate die Feder mit der Schaufel zu vertauschen; aber ich hatte keine Papiere, und da wäre ich schön aufgelaufen.

Diese Pariser Arbeiter hatten ganz ihre alte Lustigkeit behalten. Sie betrieben ihre Arbeit, zehn Stunden täglich, unter Lachen und Scherzen, ergötzten sich in den Freistunden mit tollen Streichen und amüsierten sich abends damit, die Bauernmädchen zu »déniaisieren«. Aber sonst waren sie durch ihre Isolierung auf ein kleines Dorf gänzlich demoralisiert. Von Beschäftigung mit den Interessen ihrer Klasse, mit den die Arbeiter so nahe berührenden politischen Tagesfragen keine Spur. Sie schienen gar keine Journale mehr zu lesen. Alle Politik beschränkte sich bei ihnen auf die Erteilung von Spitznamen; der eine, ein großer, starker Lümmel, hieß Caussidière, der andre, ein schlechter Arbeiter und arger Trunkenbold, hörte auf den Namen Guizot usw. Die anstrengende Arbeit, die verhältnismäßig gute Lebenslage und vor allem die Lostrennung von Paris und die Versetzung nach einem abgeschlossenen, stillen Winkel Frankreichs hatte ihren Gesichtskreis merkwürdig beschränkt. Sie standen schon im Begriff zu verbauern, und sie waren erst zwei Monate dort.

Den nächsten Morgen kam ich nach Gien, und damit endlich ins Loiretal selbst. Gien ist ein kleines, winkliges Städtchen mit einem hübschen Quai und einer Brücke über die Loire, die hier an Breite kaum dem Main bei Frankfurt gleichkommt. Sie ist überhaupt sehr seicht und voller Sandbänke.

Von Gien nach Briare geht der Weg durch das Tal, ungefähr eine Viertelmeile von der Loire entfernt. Die Richtung geht nach Südost, und die Gegend nimmt allmählich einen südlichen Charakter an. Ulmen, Eschen, Akazien oder Kastanienbäume bilden die Allee; üppige Weiden und fruchtbare Felder, zwischen deren Stoppeln eine Nacherte des fettesten Klees aufschoß, mit langen Pappelreihen besetzt, machen die Talsohle aus; jenseits der Loire in duftiger Ferne eine Hügelreihe, diesseits dicht neben der Landstraße eine zweite, ganz mit Weinstöcken bepflanzte Kette von Anhöhen. Das Tal der Loire ist hier durchaus nicht auffallend schön oder romantisch, wie man zu sagen pflegt, aber es macht einen höchst angenehmen Eindruck; man sieht der ganzen reichen Vegetation das milde Klima an, dem sie ihr Gedeihen verdankt. Selbst in dem fruchtbarsten Gegenden Deutschlands habe ich nirgends einen Pflanzenwuchs gefunden, der sich mit dem auf der Strecke von Gien bis Briare vergleichen könnte.

Eh ich die Loire verlasse, noch ein paar Worte über die Bewohner der durchstreiften Gegend und ihre Lebensart.

Die Dörfer bis vier, fünf Stunden von Paris können keinen Maßstab für die Dörfer des übrigen Frankreichs abgeben. Ihre Anlage, die Bauart der Häuser, die Sitten der Bewohner sind viel zu sehr von dem Geist der großen Metropole beherrscht, von der sie leben. Erst zehn Lieues von Paris, auf den abgelegenen Höhen, fängt das eigentliche Land an, sieht man wirkliche Bauernhäuser. Es ist bezeichnend für die ganze Gegend bis zu der Loire und bis nach Burgund hinein, daß der Bauer den Eingang seines Hauses möglichst vor der Landstraße versteckt. Auf den Höhen ist jeder Bauernhof von einer Mauer umgeben; man tritt ein durch ein Tor und muß im Hofe selbst die meist nach hinten zu gelegene Haustür erst suchen. Hier, wo die meisten Bauern Kühe und Pferde haben, sind die Bauernhäuser ziemlich groß; an der Loire dagegen, wo viel Gartenkultur getrieben wird und selbst wohlhabende Bauern wenig oder gar kein Vieh besitzen und die Viehzucht als besondrer Erwerbszweig den größeren Grundbesitzern oder Pächtern überlassen bleibt, werden die Bauernhäuser immer kleiner, oft so klein, daß man nicht begreift, wie eine Bauernfamilie mit ihrem Gerät und ihren Vorräten darin Platz findet. Auch hier indes ist der Eingang auf der der Straße abgekehrten Seite, und in den Dörfern haben fast nur die Schenken und Läden Türen nach der Straße zu.

Die Bauern dieser Gegend führen meist trotz ihrer Armut ein recht gutes Leben. Der Wein ist, wenigstens in den Tälern, meist eignes Produkt, gut und wohlfeil (dies Jahr zwei bis drei Sous die Flasche), das Brot überall, mit Ausnahme der höchsten Gipfel, gutes Weizenbrot, dazu vortrefflicher Käse und herrliches Obst, das man in Frankreich bekanntlich überall zum Brote ißt. Wie alle Landbewohner verzehren sie wenig Fleisch, dagegen viel Milch, vegetabilische Suppen und überhaupt eine vegetabilische Nahrung von ausgezeichneter Qualität. Der norddeutsche Bauer, selbst wenn er bedeutend wohlhabender ist, lebt nicht den dritten Teil so gut wie der französische zwischen Seine und Loire.

Diese Bauern sind ein gutmütiges, gastfreies, heiteres Geschlecht, dem Fremden auf jede mögliche Weise gefällig und zuvorkommend und im schlechtesten Patois noch echte, höfliche Franzosen. Trotz ihres im höchsten Grade entwickelten Eigentumssinnes für die von ihren Vätern dem Adel und den Pfaffen aberoberte Scholle, sind sie noch immer die Träger gar mancher patriarchalischen Tugend, besonders in den von den großen Straßen abseits gelegenen Dörfern.

Aber Bauer bleibt Bauer, und die Lebensverhältnisse der Bauern hören keinen Augenblick auf, ihren Einfluß geltend zu machen. Trotz aller Privattugenden des französischen Bauern, trotz der entwickelteren Lebenslage, in der er sich gegen den ostrheinischen Bauern befindet, ist der Bauer in Frankreich, wie in Deutschland, der Barbar mitten in der Zivilisation.

Die Isolierung des Bauern auf ein abgelegenes Dorf mit einer wenig zahlreichen, nur mit den Generationen wechselnden Bevölkerung, die anstrengende, einförmige Arbeit, die ihn mehr als alle Leibeigenschaft an die Scholle bindet und die vom Vater auf den Sohn stets dieselbe bleibt, die Stabilität und Einförmigkeit aller Lebensverhältnisse, die Beschränkung, in der die Familie das wichtigste, entscheidendste gesellschaftliche Verhältnis für ihn wird – alles das reduziert den Gesichtskreis des Bauern auf die engsten Grenzen, die in der modernen Gesellschaft überhaupt möglich sind. Die großen Bewegungen der Geschichte gehen an ihm vorüber, reißen ihn von Zeit zu Zeit mit sich fort, aber ohne daß er eine Ahnung hat von der Natur der bewegenden Kraft, von ihrer Entstehung, von ihrem Ziel.

Im Mittelalter, im siebenzehnten und achtzehnten Jahrhundert ging der Bewegung der Bürger in den Städten eine Bauernbewegung zur Seite, die aber fortwährend reaktionäre Forderungen aufstellte und, ohne für die Bauern selbst große Resultate herbeizuführen, nur die Städte in ihren Emanzipationskämpfen unterstützte.

In der ersten französischen Revolution traten die Bauern gerade so lange revolutionär auf, als ihr allernächstes, handgreiflichstes Privatinteresse dies erforderte; so lange, bis ihnen das Eigentumsrecht auf ihre bisher in feudalen Verhältnissen und die Entfernung der fremden Armeen von ihrer Gegend gesichert war. Als dies erreicht, kehrten sie sich mit der ganzen Wut blinder Habgier gegen die unverstandene Bewegung der großen Städte und namentlich gegen die Pariser Bewegung. Zahllose Proklamationen des Wohlfahrtsausschusses, zahllose Dekrete des Konvents, vor allem die über das Maximum und die Akkapareurs, mobile Kolonnen und ambulante Guillotinen mußten gegen die eigensinnigen Bauern gerichtet werden. Und doch kam die Schreckensherrschaft, die die fremden Armeen vertrieb und den Bürgerkrieg erstickte, keiner Klasse so sehr zugute wie grade den Bauern.

Als Napoleon die Bourgeoisherrschaft des Direktoriums stürzte, die Ruhe wiederherstellte, die neuen Besitzverhältnisse der Bauern befestigte und in seinem Code civil sanktionierte und die fremden Armeen immer weiter von den Grenzen trieb, schlossen die Bauern sich ihm mit Begeisterung an und wurden seine Hauptstütze. Denn der französische Bauer ist national bis zum Fanatismus; la France hat für ihn eine hohe Bedeutung, seit er ein Stück Frankreich erbeigentümlich besitzt; die Fremden kennt er nur in der Gestalt verheerender Invasionsarmeen, die ihm den meisten Schaden zufügen. Daher der unbegrenzte nationale Sinn des französischen Bauern, daher sein ebenso unbegrenzter Haß gegen l'étranger. Daher die Leidenschaft, mit der er 1814 und 1815 in den Krieg zog. Als die Bourbonen 1815 wiederkamen, als die vertriebne Aristokratie wieder Ansprüche auf den in der Revolution verlornen Grundbesitz erhob, sahen die Bauern ihre ganze revolutionäre Eroberung bedroht. Daher ihr Haß gegen die Bourbonenherrschaft, ihr Jubel, als die Julirevolution ihnen die Sicherheit des Besitzes und die dreifarbige Fahne wiederbrachte.

Von der Julirevolution an hörte aber auch die Beteiligung der Bauern an den allgemeinen Interessen des Landes wieder auf. Ihre Wünsche waren erfüllt, ihr Grundbesitz war nicht länger bedroht, auf der Mairie des Dorfes wehte wieder dieselbe Fahne, unter der sie und ihre Väter ein Vierteljahrhundert gesiegt. Aber wie immer genossen sie wenig Früchte ihres Sieges. Die Bourgeois begannen sogleich, ihre ländlichen Verbündeten mit aller Macht zu exploitieren. Die Früchte der Parzellierung und der Teilbarkeit des Bodens, die Verarmung der Bauern und die Hypothezierung ihrer Grundstücke hatten schon unter der Restauration angefangen zu reifen; nach 1830 traten sie in immer allgemeinerer, immer drohenderer Weise hervor. Aber der Druck, den das große Kapital auf den Bauern ausübte, blieb für ihn ein bloßes Privatverhältnis zwischen ihm und seinem Gläubiger; er sah nicht und konnte nicht sehen, daß diese immer allgemeiner, immer mehr zur Regel werdenden Privatverhältnisse allmählich zu einem Klassenverhältnis zwischen der Klasse der großen Kapitalisten und der der kleinen Grundbesitzer sich entwickelten. Es war nicht mehr derselbe Fall wie mit den Feudallasten, deren Entstehung längst vergessen, deren Sinn längst verloren, die nicht mehr Gegenleistung gegen erwiesene Dienste, die längst eine bloße, den einen Teil bedrückende Last geworden. Hier, bei der Hypothekarschuld, hat der Bauer oder doch sein Vater die Summe in harten Fünffranktalern ausbezahlt erhalten; der Schuldschein und das Hypothekenbuch erinnern ihn vorkommendenfalls an den Ursprung der Last; der Zins, den er zahlen muß, selbst die stets sich erneuernden, drückenden Nebenvergütungen für den Wucherer sind moderne bürgerliche Gefälle, die in ähnlicher Form alle Schuldner treffen; die Bedrückung geschieht in ganz moderner, zeitgemäßer Gestalt, und der Bauer wird genau nach denselben Rechtsprinzipien ausgesogen und ruiniert, unter denen allein ihm sein Besitz gesichert ist. Sein eigner Code civil, seine moderne Bibel, wird zur Zuchtrute für ihn. Der Bauer kann in dem Hypothekarwucher kein Klassenverhältnis sehn, er kann seine Aufhebung nicht verlangen, ohne zugleich seinen eignen Besitz zu gefährden. Der Druck des Wuchers, statt ihn in die Bewegung zu schleudern, macht ihn vollends verwirrt. Worin er allein Erleichterung sehen kann, ist Verminderung der Steuern.

Als im Februar dieses Jahres zum erstenmal eine Revolution gemacht wurde, in der das Proletariat mit selbständigen Forderungen auftrat, begriffen die Bauern nicht das mindeste davon. Wenn die Republik einen Sinn für sie hatte, so war es nur der: Verminderung der Steuern und hie und da vielleicht auch etwas von Nationalehre, Eroberungskrieg und Rheingrenze. Als aber in Paris am Morgen nach dem Sturz Louis-Philippes der Krieg zwischen Proletariat und Bourgeoisie losbrach, als die Stockung in Handel und Industrie auf das Land zurückwirkte, die Produkte des Bauern, in einem fruchtbaren Jahr ohnehin entwertet, noch mehr im Preise fielen und unverkäuflich wurden, als vollends die Junischlacht bis in die entferntesten Winkel Frankreichs Schrecken und Angst verbreitete, da erhob sich unter den Bauern ein allgemeiner Schrei der fanatischsten Wut gegen das revolutionäre Paris und die nie zufriedenen Pariser. Natürlich! Was wußte auch der starrköpfige, bornierte Bauer von Proletariat und Bourgeoisie, von demokratisch-sozialer Republik, von Organisation der Arbeit, von Dingen, deren Grundbedingungen, deren Ursachen in seinem engen Dorf nie vorkommen konnten! Und als er hie und da durch die unsauberen Kanäle der Bourgeoisblätter eine trübe Ahnung von dem erhielt, worum es sich in Paris handelte, als die Bourgeois ihm das große Schlagwort gegen die Pariser Arbeiter zugeschleudert hatten: ce sont les partageurs, es sind Leute, die alles Eigentum, allen Grund und Boden teilen wollen, da verdoppelte sich der Wutschrei, da kannte die Entrüstung der Bauern keine Grenzen mehr. Ich habe Hunderte von Bauern gesprochen in den verschiedensten Gegenden Frankreichs, und bei allen herrschte dieser Fanatismus gegen Paris und namentlich gegen die Pariser Arbeiter. »Ich wollte, dies verdammte Paris würde morgen am Tage in die Luft gesprengt« – das war noch der mildeste Segenswunsch. Es versteht sich, daß für die Bauern die alte Verachtung gegen die Städter durch die Ereignisse dieses Jahres nur noch vermehrt und gerechtfertigt wurde. Die Bauern, das Land muß Frankreich retten; das Land produziert alles, die Städte leben von unserm Korn, kleiden sich von unserm Flachs und unsrer Wolle, wir müssen die Sache in unsre Hand nehmen – das war der ewige Refrain, der mehr oder weniger deutlich, mehr oder weniger bewußt durch alles verworrene Gerede der Bauern durchklang.

Und wie wollen sie Frankreich retten, wie wollen sie die Sache in ihre Hand nehmen? Indem sie Louis Napoleon Bonaparte zum Präsidenten der Republik wählen, einen großen Namen, getragen von einem winzigen, eitlen, verworrenen Toren! Bei allen Bauern, die ich gesprochen, war der Enthusiasmus für Louis Napoleon ebenso groß wie der Haß gegen Paris. Auf diese beiden Leidenschaften und auf das gedankenloseste, tierischste Verwundern über die ganze europäische Erschütterung beschränkt sich die ganze Politik des französischen Bauern. Und die Bauern haben über sechs Millionen Stimmen, über zwei Drittel aller Stimmen bei den Wahlen in Frankreich.

Es ist wahr, die provisorische Regierung hat es nicht verstanden, die Interessen der Bauern an die Revolution zu fesseln, sie hat in dem Zuschlag von 45 Centimen auf die Grundsteuer, die hauptsächlich die Bauern traf, einen unverzeihlichen, nie gutzumachenden Fehler begangen. Aber hätte sie auch die Bauern auf ein paar Monate für die Revolution gewonnen, im Sommer wären sie doch abgefallen. Die gegenwärtige Stellung der Bauern zur Revolution von 1848 ist nicht Folge von etwaigen Fehlern und zufälligen Verstößen; sie ist naturgemäß, sie ist in der Lebenslage, in der gesellschaftlichen Stellung des kleinen Grundeigentümers begründet. Das französische Proletariat, ehe es seine Forderungen durchsetzt, wird zuerst einen allgemeinen Bauernkrieg zu unterdrücken haben, einen Krieg, der selbst durch Niederschlagung aller Hypothekarschulden sich nur um kurze Zeit wird hinausschieben lassen.

Man muß während vierzehn Tagen fast nur mit Bauern, Bauern der verschiedensten Gegenden, zusammengekommen sein, man muß Gelegenheit gehabt haben, überall dieselbe vernagelte Borniertheit, dieselbe totale Unkenntnis aller städtischen, industriellen und kommerziellen Verhältnisse, dieselbe Blindheit in der Politik, dasselbe Raten ins Blaue über alles, was jenseits des Dorfes liegt, dasselbe Anlegen des Maßstabs der Bauernverhältnisse an die gewaltigsten Verhältnisse der Geschichte wiederzufinden – man muß, mit einem Wort, die französischen Bauern gerade im Jahr 1848 kennengelernt haben, um den ganzen niederschlagenden Eindruck zu empfinden, den diese störrische Dummheit hervorbringt.

II Burgund

Briare ist ein altertümliches Städtchen an der Mündung des Kanals, der die Loire mit der Seine verbindet. Hier orientierte ich mich über die Route und fand es angemessener, statt über Nevers, über Auxerre nach der Schweiz zu gehn. Ich verließ also die Loire und wandte mich über die Berge nach Burgund zu.

Der fruchtbare Charakter des Loiretals nimmt allmählich, aber ziemlich langsam ab. Man steigt unmerkbar und kommt erst fünf bis sechs Meilen von Briare, bei Saint-Sauveur und Saint-Fargeau, in die Anfänge des waldigen, viehzuchttreibenden Gebirgslandes. Der Bergrücken zwischen Yonne und Loire ist hier schon höher, und diese ganze westliche Seite des Yonne-Departements ist überhaupt ziemlich gebirgig.

In der Gegend von Toucy, sechs Lieues von Auxerre, hörte ich zuerst den eigentümlichen naiv-breiten Burgunder Dialekt, ein Idiom, das hier und im ganzen eigentlichen Burgund noch einen liebenswürdigen, angenehmen Charakter hat, dagegen in den höheren Gegenden der France Comté einen schwerfälligen, plumpen, fast doktoralen Klang annimmt. Es ist wie der naive österreichische Dialekt, der sich allmählich in den groben oberbayrischen verwandelt. Das burgundische Idiom betont auf eine merkwürdig unfranzösische Weise stets die Silbe vor derjenigen, welche im guten Französisch den Hauptakzent hat, sie verwandelt

das jambische Französisch in ein trochäisches und verdreht dadurch merkwürdig die feine Akzentuierung, die der gebildete Franzose seiner Sprache zu geben weiß. Aber wie gesagt, im eigentlichen Burgund klingt es noch recht nett und im Munde eines hübschen Mädchens sogar reizend: Mais, mâ foi, monsieur, je vous demande ûn peu ...
Wenn man vergleichen kann, so ist überhaupt der Burgunder der französische Österreicher. Naiv, gutmütig, zutraulich im höchsten Grade, mit viel Mutterwitz innerhalb des gewohnten Lebenskreises, voll naiv komischer Vorstellungen über alles, was darüber hinausgeht, possierlich ungeschickt in ungewohnten Verhältnissen, stets unverwüstlich heiter – so sind diese guten Leute fast einer wie der andre. Man verzeiht dem liebenswürdig gutherzigen burgundischen Bauern noch am allerersten seine gänzliche politische Nullität und seine Schwärmerei für Louis Napoleon.
Die Burgunder haben übrigens unleugbar eine stärkere Beimischung deutschen Bluts als die weiter westlich wohnenden Franzosen; die Haare und der Teint sind heller, die Gestalt etwas größer, namentlich bei den Frauenzimmern, der scharfe kritische Verstand, der schlagende Witz nimmt schon bedeutend ab und wird ersetzt durch ehrlicheren Humor und zuweilen durch einen leisen Anflug von Gemütlichkeit. Aber das französische heitre Element herrscht noch bedeutend vor, und an sorglosem Leichtsinn gibt der Burgunder keinem nach.
Die westliche Berggegend des Yonne-Departements lebt hauptsächlich von der Viehzucht. Aber der Franzose ist überall ein schlechter Viehzüchter, und diese burgundischen Rinder fallen gar dünn und klein aus. Doch wird neben der Viehzucht noch viel Kornbau getrieben und überall ein gutes Weizenbrot gegessen.
Die Bauernhäuser nehmen hier auch schon einen deutscheren Charakter an; sie werden wieder größer und vereinigen Wohnung, Scheune und Ställe unter einem Dach; doch ist auch hier die Tür noch meist seitwärts von der Straße oder ganz von ihr abgekehrt.
An dem langen Abhang, der nach Auxerre hinunterführt, sah ich die ersten Burgunder Reben, zum großen Teil noch belastet mit der unerhört reichen Traubenernte des Jahres 1848. An manchen Stöcken sah man fast gar keine Blätter vor lauter Trauben.
Auxerre ist ein kleines, unebenes, von innen nicht sehr ansehnliches Städtchen mit einem hübschen Quai an der Yonne und einigen Ansätzen zu jenen Boulevards, ohne die ein französischer Departementshauptort nun einmal nicht sein kann. Zu gewöhnlichen Zeiten muß es gar still und tot sein, und der Präfekt der Yonne muß die Pflichtbälle und Abendessen, die er unter Ludwig Philipp den Notabeln des Ortes zu geben hatte, mit wenig Kosten bestritten haben. Aber jetzt war Auxerre belebt, wie es nur einmal im Jahre belebt ist. Wenn der Bürger Denjoy, Volksrepräsentant, der sich in der Nationalversammlung so sehr darüber skandali-

sierte, daß bei dem demokratisch-sozialen Bankett von Toulouse das ganze Lokal rot dekoriert war, wenn dieser brave Bürger Denjoy mit mir nach Auxerre gekommen wäre, er hätte vor Entsetzen Krämpfe bekommen. Hier war nicht ein Lokal, hier war die ganze Stadt rot dekoriert. Und welches Rot! Das unzweifelhafteste, unverhüllteste Blutrot färbte die Mauern und Treppen der Häuser, die Blusen und Hemden der Menschen; dunkelrote Ströme füllten sogar die Rinnsteine und befleckten das Pflaster, und eine unheimlich schwärzliche, rotschäumende Flüssigkeit wurde von bärtigen, unheimlichen Männern in großen Zubern über die Straßen getragen. Die rote Republik schien mit allen ihren Greueln zu herrschen, die Guillotine, die Dampfguillotine schien in Permanenz zu sein, die buveurs de sang, von denen das »Journal des Débats« so schauerliche Sagen zu berichten weiß, feierten hier offenbar ihre kannibalischen Orgien. Aber die rote Republik von Auxerre war sehr unschuldig, es war die rote Republik der burgundischen Weinlese, und die Blutsäufer, die das edelste Erzeugnis dieser roten Republik mit so großer Wollust verzehren, sind niemand anders als die Herren honetten Republikaner selbst, die großen und kleinen Bourgeois von Paris. Und der ehrenwerte Bürger Denjoy hat in dieser Beziehung auch seine roten Gelüste trotz dem Besten.

Wer nur in dieser roten Republik die Taschen voll Geld gehabt hätte! Die Lese von 1848 war so unendlich reich, daß nicht Fässer genug gefunden werden konnten, um all den Wein aufzunehmen. Und dabei von einer Qualität – besser als 46er, ja vielleicht besser als 34er! Von allen Seiten strömten die Bauern herzu, um den noch übrigen 47er zu Spottpreisen – zu 2 Franken die Feuillette von 140 Litern guten Weins – aufzukaufen; zu allen Toren kamen Wagen auf Wagen mit leeren Fässern herein, und doch wurde man nicht fertig. Ich habe selbst gesehn, wie ein Weinhändler in Auxerre mehrere Fässer 47er, ganz guten Weins, auf die Straße auslaufen ließ, um nur Fassung zu bekommen für den neuen Wein, der der Spekulation allerdings ganz andre Aussichten bot. Man versicherte mir, dieser Weinhändler habe in wenig Wochen auf diese Weise bis zu vierzig große Fässer (futs) auslaufen lassen.

Nachdem ich in Auxerre mehrere Schoppen des Alten sowohl wie des Neuen zu mir genommen, zog ich über die Yonne den Bergen des rechten Ufers zu. Die Chaussee geht das Tal entlang; ich nahm indes die alte, kürzere Straße über die Berge. Der Himmel war bedeckt, das Wetter unfreundlich, ich selbst war müde, und so blieb ich im ersten Dorf, einige Kilometer von Auxerre, über Nacht.

Am nächsten Morgen brach ich in aller Frühe und mit dem herrlichsten Sonnenschein von der Welt auf. Der Weg führte zwischen lauter Weinbergen hindurch über einen ziemlich hohen Bergrücken. Aber für die Mühe des Steigens belohnte mich oben der prachtvollste Überblick. Vor mir die ganze hügelige Abdachung bis zur Yonne, dann das grüne, wiesenreiche und pappelbepflanzte Yonnetal mit seinen vielen Dörfern und Bauernhöfen; dahinter das steingraue Auxerre, an die jenseitige Bergwand gelehnt; überall Dörfer, und überall, soweit das Auge reichte, Reben, nichts als Reben, und der schimmerndste, warme Sonnenschein, nur in der Ferne durch feinen Herbstduft gemildert, ausgegossen über diesen großen Kessel, in dem die Augustsonne einen der edelsten Weine kocht.

Ich weiß nicht, was es ist, das diesen französischen, durch keine ungewöhnlich schönen Umrisse ausgezeichneten Landschaften ihren eigentümlich reizenden Charakter verleiht. Es ist freilich nicht diese oder jene Einzelheit, es ist das Ganze, das Ensemble, das ihnen einen Stempel der Sättigung aufdrückt, wie man ihn selten anderswo findet. Der Rhein und die Mosel haben schönere Felsengruppierungen, die Schweiz hat größere Kontraste, Italien ein volleres Kolorit, aber kein Land hat Gegenden von einem so harmonischen Ensemble wie Frankreich. Mit einer ungewöhnlichen Befriedigung schweift das Auge von dem breiten, üppigen Wiesental zu den bis auf den höchsten Gipfel ebenso üppig mit Reben bewachsenen Bergen und zu den zahllosen Dörfern und Städten, die aus dem Laubwerk der Obstbäume sich erheben. Nirgends ein kahler Fleck, nirgends eine störende unwirtbare Stelle, nirgends ein rauher Fels, dessen Wände dem Pflanzenwuchs unzugänglich wären. Überall eine reiche Vegetation, ein schönes sattes Grün, das in eine herbstlich-bronzierte Schattierung übergeht, gehoben durch den Glanz einer Sonne, die noch im halben Oktober heiß genug brennt, um keine Beere am Weinstock unreif zu lassen.

Ich ging noch etwas weiter, und eine zweite, ebenso schöne Aussicht eröffnete sich vor mir. Tief unten, in einem engeren Talkessel, lag Saint-Bris, ein kleines, ebenfalls nur von Weinbau lebendes Städtchen. Dieselben Details wie vorhin, nur näher zusammengerückt. Weiden und Gärten unten im Tal um das Städtchen, Reben ringsum an den Wänden des Kessels, nur an der Nordseite umgeackerte oder mit grünem Stoppelklee bedeckte Felder und Wiesen. Drunten in den Straßen von Saint-Bris dasselbe Getriebe wie in Auxerre; überall Fässer und Keltern, und die ganze Einwohnerschaft unter Lachen und Scherzen beschäftigt, Most zu keltern, in die Fässer zu pumpen oder in großen Kufen über die Straße zu tragen. Dazwischen wurde Markt gehalten; in den breiteren Straßen hielten Bauernwagen mit Gemüse, Korn und andern Felderzeugnissen; die Bauern mit ihren weißen Zipfelmützen, die Bäuerinnen mit ihren Madrastüchern um den Kopf drängten sich schwatzend, rufend, lachend zwischen die Winzer; und das kleine Saint-Bris bot ein lebendiges Getreibe dar, daß man glaubte, in einer großen Stadt zu sein. Jenseits Saint-Bris ging's wieder einen lang hingezogenen Berg hinauf. Aber diesen Berg erstieg ich mit ganz besonderm Vergnügen. Hier war alles noch in der Weinlese begriffen, und eine burgundische Weinlese ist ganz anders lustig als selbst eine rheinländische. Auf jedem Schritt fand ich die heiterste Gesellschaft, die süßesten Trauben und die hübschesten Mädchen; denn hier, wo von drei zu drei

Stunden ein Städtchen liegt, wo die Einwohner vermöge ihres Weinhandels viel mit der übrigen Welt in Verkehr sind, hier herrscht schon eine gewisse Zivilisation, und niemand nimmt diese Zivilisation rascher an als die Frauenzimmer, denn sie haben die nächsten und augenfälligsten Vorteile davon. Es fällt keiner französischen Städterin ein zu singen:

> Wenn ich doch so hübsch wär
> Wie die Mädchen auf dem Land!
> Ich trüg 'nen gelben Strohhut
> Und ein rosenrotes Band.

Im Gegenteil, sie weiß viel zu gut, daß sie der Stadt, der Entziehung aller groben Arbeiten, der Zivilisation und ihren hundert Reinlichkeitsmitteln und Toilettenkünsten die ganze Ausbildung ihrer Reize verdankt; sie weiß, daß die Mädchen auf dem Land, selbst wenn sie nicht schon von ihren Eltern jene, dem Franzosen so schreckliche Grobknochigkeit ererbt haben, die der Stolz der germanischen Race ist, doch durch die anstrengende Feldarbeit im glühendsten Sonnenschein wie im heftigsten Regen, durch die Erschwerung der Reinlichkeit, durch die Abwesenheit aller Mittel der körperlichen Ausbildung, durch das zwar sehr ehrwürdige, aber ebenso unbeholfene und geschmacklose Kostüm meistens zu plumpen, wackelnden, in grellen Farben komisch aufgeputzten Vogelscheuchen werden. Die Geschmäcke sind verschieden; unsre deutschen Landsleute halten es meist mehr mit der Bauerntochter, und sie mögen nicht unrecht haben: allen Respekt vor dem Dragonerritt einer handfesten Viehmagd und besonders vor ihren Fäusten; alle Ehre dem grasgrün und feuerrot gewürfelten Kleide, das sich um ihre gewaltige Taille schlingt; alle Achtung vor der Tadellosigkeit der Ebene, die von ihrem Nacken bis zu ihren Fersen geht und ihr von hinten das Ansehn eines mit buntem Kattun überzogenen Brettes gibt! Aber die Geschmäcke sind verschieden, und darum möge der von mir differierende, obgleich darum nicht minder ehrenwerte Teil meiner Mitbürger mir verzeihen, wenn die reingewaschenen, glattgekämmten, schlankgewachsenen Burgunderinnen von Saint-Bris und Vermanton einen angenehmeren Eindruck auf mich machten als jene naturwüchsig schmutzigen, struppigen, molossischen Büffelkälber zwischen Seine und Loire, die einen wie vernagelt anstarren, wenn man eine Zigarette dreht, und mit Geheul davonlaufen, wenn man sie in gutem Französisch nach dem rechten Wege fragt.
Man wird mir also gern glauben, daß ich mehr mit den Winzern und Winzermädchen Trauben essend, Wein trinkend, plaudernd und lachend im Grase lag, als den Berg hinaufmarschierte, und daß ich in derselben Zeit wie diesen unbedeutenden Hügelrücken, den Blocksberg oder gar die Jungfrau hätte besteigen können. Um so mehr, als man sich an Weintrauben alle Tage sechzigmal satt essen

kann und also an jedem Weinberge den besten Vorwand hat, sich mit diesen ewig lachenden und gefälligen Leuten beiderlei Geschlechts in Verbindung zu setzen. Aber alles hat ein Ende, und so auch dieser Berg. Es war schon Nachmittag, als ich den andern Abhang herunterstieg in das reizende Tal der Cure, eines kleinen Nebenflusses der Yonne, nach dem Städtchen Vermanton, das noch schöner liegt als Saint-Bris.

Bald hinter Vermanton aber hört die schöne Gegend auf. Man nähert sich allmählich dem höheren Rücken des Faucillon, der die Flußgebiete der Seine, Rhône und Loire voneinander scheidet. Von Vermanton steigt man mehrere Stunden, geht über ein langes unfruchtbares Plateau, auf dem schon der Roggen, Hafer und Buchweizen den Weizen mehr oder weniger vertreiben.

Chaos und Elend der Arbeiterstädte

Briefe aus dem Wuppertal[27]

Bekanntlich begreift man unter diesem bei den Freunden des Lichtes sehr verrufenen Namen die beiden Städte Elberfeld und Barmen, die das Tal in einer Länge von fast drei Stunden einnehmen. Der schmale Fluß ergießt bald rasch, bald stockend seine purpurnen Wogen zwischen rauchigen Fabrikgebäuden und garnbedeckten Bleichen hindurch; aber seine hochrote Farbe rührt nicht von einer blutigen Schlacht her, denn hier streiten nur theologische Federn und wortreiche Weiber gewöhnlich um des Kaisers Bart; auch nicht von Scham über das Treiben der Menschen, obwohl dazu wahrlich Grund genug vorhanden ist, sondern einzig und allein von den vielen Türkischrot-Färbereien. Kommt man von Düsseldorf her, so tritt man bei Sonnborn in das heilige Gebiet; die Wupper kriecht träg und verschlammt vorbei und spannt durch ihre jämmerliche Erscheinung, dem eben verlassenen Rheine gegenüber, die Erwartungen bedeutend herab. Die Gegend ist ziemlich anmutig; die nicht sehr hohen, bald sanft steigenden, bald schroffen Berge, über und über waldig, treten keck in die grünen Wiesen hinein, und bei schönem Wetter läßt der blaue, in der Wupper sich spiegelnde Himmel ihre rote Farbe ganz verschwinden. Nach einer Biegung um einen Abhang sieht man die verschrobenen Türme Elberfelds (die demütigen Häuser verstecken sich hinter den Gärten) dicht vor sich, und in wenigen Minuten ist das Zion der Obskuranten erreicht. Fast noch außerhalb der Stadt stößt man auf die katholische Kirche; sie steht da, als wäre sie verbannt aus den heiligen Mauern. Sie ist im byzantinischen Stil nach einem sehr guten Plan von einem sehr unerfahrenen Baumeister sehr schlecht ausgeführt; die alte katholische Kirche ist abgebrochen, um dem linken noch nicht gebauten Flügel des Rathauses Platz zu machen; nur der Turm ist stehengeblieben und dient dem allgemeinen Wohl auf seine Art, nämlich als Gefängnis. Gleich darauf kommt man an ein großes Gebäude – auf Säulen ruht sein Dach, aber diese Säulen sind von ganz merkwürdiger Beschaffenheit; ihrer Dicke nach sind sie unten ägyptisch, in der Mitte dorisch und oben ionisch, und außerdem verachten sie alles überflüssige Beiwerk, als Piedestal und Kapitäl, aus sehr triftigen Gründen. Dieses Gebäude hieß früher das Museum; die Musen aber blieben weg und eine große Schuldenlast blieb da, so daß vor

einiger Zeit das Gebäude verauktioniert wurde und den Namen Kasino annahm, der auch, um alle Erinnerungen an den ehemaligen poetischen Namen zu entfernen, auf das leere Frontispice gesetzt wurde. Übrigens ist das Gebäude so plump in allen Dimensionen, daß man es abends für ein Kamel hält. Von nun an beginnen die langweiligen, charakterlosen Straßen; das schöne neue Rathaus, erst halb vollendet, ist aus Mangel an Raum so verkehrt gesetzt, daß die Fronte nach einer engen, häßlichen Gasse geht. Endlich gelangt man wieder an die Wupper, und eine schöne Brücke zeigt, daß man nach Barmen kommt, wo wenigstens auf architektonische Schönheit mehr gegeben wird. Sowie die Brücke passiert ist, nimmt alles einen freundlicheren Charakter an; große, massive Häuser in geschmackvoller, moderner Bauart vertreten die Stelle jener mittelmäßigen Elberfelder Gebäude, die weder altmodisch noch modern, weder schön noch karikiert sind; überall entstehen neue, steinerne Häuser, das Pflaster hört auf, und ein grader chaussierter Weg, an beiden Seiten bebaut, setzt die Straße fort. Zwischen den Häusern sieht man auf die grünen Bleichen; die hier noch klare Wupper, und die sich dicht herandrängenden Berge, welche durch leicht geschwungene Umrisse und durch mannigfaltige Abwechselung von Wäldern, Wiesen und Gärten, aus denen überall rote Dächer hervorschauen, die Gegend immer anmutiger machen, je weiter man kommt. Halbweg der Allee sieht man gegen die Fronte der etwas zurückliegenden Unterbarmer Kirche; sie ist das schönste Gebäude des Tals, im edelsten byzantinischen Stil sehr gut ausgeführt. Bald aber tritt das Pflaster wieder ein, die grauen Schieferhäuser drängen sich eins an das andre; doch herrscht hier weit mehr Abwechselung als in Elberfeld, indem bald eine frische Bleiche, bald ein modernes Haus, bald ein Stückchen vom Fluß, bald eine Reihe Gärten dicht an der Straße das ewige Einerlei unterbrechen. Dadurch bleibt man im Zweifel, ob man Barmen für eine Stadt oder für ein bloßes Konglomerat von allerlei Gebäuden halten soll; auch ist es nur eine Vereinigung vieler Ortschaften, die durch das Band städtischer Institutionen zusammengehalten werden. Die bedeutendsten dieser Ortschaften sind: Gemarke, von jeher der Mittelpunkt reformierter Konfession; Unterbarmen, nach Elberfeld zu, unweit Wupperfeld, oberhalb Gemarke, und noch weiter Rittershausen, welches links Wichlinghausen, und rechts Hekinghausen mit dem wunderschönen Rauhental neben sich hat; alle lutherisch in zwei Kirchen; die Katholiken, zwei- bis dreitausend höchstens, sind im ganzen Tal zerstreut. Nachdem der Durchreisende nun Rittershausen passiert hat, verläßt er am Ende der Welt das Bergische und tritt durch den Schlagbaum in das altpreußische, westfälische Gebiet ein.
Das ist die äußere Erscheinung des Tals, die im allgemeinen, mit Ausnahme der trübseligen Straßen Elberfelds, einen sehr freundlichen Eindruck macht; daß dieser aber für die Bewohner verlorengegangen ist, zeigt die Erfahrung. Ein frisches, tüchtiges Volksleben, wie es fast überall in Deutschland existiert, ist hier

7 *Wuppertal-Barmen, Ansicht von Unterbarmen mit evangelischer Hauptkirche, um 1835*

gar nicht zu spüren; auf den ersten Anblick scheint es freilich anders, denn man hört jeden Abend die lustigen Gesellen durch die Straßen ziehen und ihre Lieder singen, aber es sind die gemeinsten Zotenlieder, die je über branntweinentflammte Lippen gekommen sind; nie hört man eins jener Volkslieder, die sonst in ganz Deutschland bekannt sind und auf die wir wohl stolz sein dürfen. Alle Kneipen sind, besonders Sonnabend und Sonntag, überfüllt, und abends um elf Uhr, wenn sie geschlossen werden, entströmen ihnen die Betrunkenen und schlafen ihren Rausch meistens im Chausseegraben aus. Die gemeinsten unter diesen sind die sogenannten Karrenbinder, ein gänzlich demoralisiertes Volk, ohne Obdach und sichern Erwerb, die mit Tagesanbruch aus ihren Schlupfwinkeln, Heuböden, Ställen etc. hervorkriechen, wenn sie nicht auf Düngerhaufen oder den Treppen der Häuser die Nacht überstanden hatten. Durch Beschränkung ihrer früher unbestimmten Zahl ist diesem Wesen von der Obrigkeit jetzt einigermaßen ein Ziel gesetzt worden.

Die Gründe dieses Treibens liegen auf der Hand. Zuvörderst trägt das Fabrikarbeiten sehr viel dazu bei. Das Arbeiten in den niedrigen Räumen, wo die Leute mehr Kohlendampf und Staub einatmen als Sauerstoff, und das meistens schon von ihrem sechsten Jahre an, ist grade dazu gemacht, ihnen alle Kraft und Lebenslust zu rauben. Die Weber, die einzelne Stühle in ihren Häusern haben, sitzen

vom Morgen bis in die Nacht gebückt dabei und lassen sich vom heißen Ofen das Rückenmark ausdörren. Was von diesen Leuten dem Mystizismus nicht in die Hände gerät, verfällt ins Branntweintrinken. Dieser Mystizismus muß in der frechen und widerwärtigen Gestalt, wie er dort herrscht, notwendig das entgegengesetzte Extrem hervorrufen, und daher kommt es hauptsächlich, daß das *Volk* dort nur aus »Feinen« (so heißen die Mystiker) und liederlichem Gesindel besteht. Schon diese Spaltung in zwei feindselige Parteien wäre, abgesehn von der Beschaffenheit derselben, allein imstande, die Entwicklung alles Volksgeistes zu zerstören, und was ist da zu hoffen, wo auch das Verschwinden der einen Partei nichts helfen würde, weil beide gleich schwindsüchtig sind? Die wenigen kräftigen Gestalten, die man dort sieht, sind fast nur Schreiner oder andre Handwerker, die alle aus fremden Gegenden her sind; unter den eingebornen Gerbern sieht man auch kräftige Leute, aber drei Jahre ihres Lebens reichen hin, sie körperlich und geistig zu vernichten; von fünf Menschen sterben drei an der Schwindsucht, und alles das kommt vom Branntweintrinken. Dies aber hätte wahrlich nicht auf eine so furchtbare Weise überhandgenommen, wenn nicht der Betrieb der Fabriken auf eine so unsinnige Weise von den Inhabern gehandhabt würde und wenn der Mystizismus nicht in der Art bestände, wie er besteht und wie er immer mehr um sich zu greifen droht. Aber es herrscht ein schreckliches Elend unter den niedern Klassen, besonders den Fabrikarbeitern im Wuppertal; syphilitische und Brustkrankheiten herrschen in einer Ausdehnung, die kaum zu glauben ist; in Elberfeld allein werden von 2500 schulpflichtigen Kindern 1200 dem Unterricht entzogen und wachsen in den Fabriken auf, bloß damit der Fabrikherr nicht einem Erwachsenen, dessen Stelle sie vertreten, das Doppelte des Lohnes zu geben nötig hat, das er einem Kinde gibt. Die reichen Fabrikanten aber haben ein weites Gewissen, und ein Kind mehr oder weniger verkommen zu lassen bringt keine Pietistenseele in die Hölle, besonders wenn sie alle Sonntage zweimal in die Kirche geht. Denn das ist ausgemacht, daß unter den Fabrikanten die Pietisten am schlechtesten mit ihren Arbeitern umgehen, ihnen den Lohn auf alle mögliche Weise verringern, unter dem Vorwande, ihnen Gelegenheit zum Trinken zu nehmen, ja bei Predigerwahlen immer die ersten sind, die ihre Leute bestechen.
In den niedern Ständen herrscht der Mystizismus am meisten unter den Handwerkern (zu denen ich die Fabrikanten nicht rechne). Es ist ein trauriger Anblick, wenn man solch einen Menschen, gebückten Ganges, in einem langen, langen Rock, das Haar auf Pietistenart gescheitelt, über die Straßen gehen sieht. Aber wer dies Geschlecht wahrhaft kennen will, der muß in eine pietistische Schmiede- oder Schusterwerkstatt eintreten. Da sitzt der Meister, rechts neben ihm die Bibel, links, wenigstens sehr häufig – der Branntwein. Von Arbeiten ist da nicht viel zu sehen; der Meister liest fast immer in der Bibel, trinkt mitunter eins und stimmt zuweilen mit dem Chore der Gesellen ein geistlich Lied an; aber die

Hauptsache ist immer das Verdammen des lieben Nächsten. Man sieht, diese Richtung ist hier dieselbe wie überall. Ihre Bekehrungswut bleibt auch nicht ohne Früchte. Besonders werden viele gottlose Säufer etc. bekehrt, meist auf wunderbare Weise. Aber das hat sich wohl; diese Proselyten sind alle entnervte, geistlose Menschen, die zu überzeugen eine Kleinigkeit ist; diese bekehren sich, lassen sich jede Woche mehrere Male zu Tränen rühren und treiben ihr ehemaliges Leben im geheimen fort.
[...]

Die großen Städte[28]

So eine Stadt wie London, wo man stundenlang wandern kann, ohne auch nur an den Anfang des Endes zu kommen, ohne dem geringsten Zeichen zu begegnen, das auf die Nähe des platten Landes schließen ließe, ist doch ein eigen Ding. Diese kolossale Zentralisation, diese Anhäufung von dritthalb Millionen Menschen auf *einem* Punkt hat die Kraft dieser dritthalb Millionen verhundertfacht; sie hat London zur kommerziellen Hauptstadt der Welt erhoben, die riesenhaften Docks geschaffen und die Tausende von Schiffen versammelt, die stets die Themse bedecken. Ich kenne nichts Imposanteres als den Anblick, den die Themse darbietet, wenn man von der See nach London Bridge hinauffährt. Die Häusermassen, die Werften auf beiden Seiten, besonders von Woolwich aufwärts, die zahllosen Schiffe an beiden Ufern entlang, die sich immer dichter und dichter zusammenschließen und zuletzt nur einen schmalen Weg in der Mitte des Flusses frei lassen, einen Weg, auf dem hundert Dampfschiffe einander vorüberschießen – das alles ist so großartig, so massenhaft, daß man gar nicht zur Besinnung kommt und daß man vor der Größe Englands staunt, noch ehe man englischen Boden betritt.*
Aber die Opfer, die alles das gekostet hat, entdeckt man erst später. Wenn man sich ein paar Tage lang auf dem Pflaster der Hauptstraßen herumgetrieben, sich mit Mühe und Not durch das Menschengewühl, die endlosen Reihen von Wagen und Karren durchgeschlagen, wenn man die »schlechten Viertel« der Weltstadt besucht hat, dann merkt man erst, daß diese Londoner das beste Teil ihrer Menschheit aufopfern mußten, um alle die Wunder der Zivilisation zu vollbringen, von denen ihre Stadt wimmelt, daß hundert Kräfte, die in ihnen schlummerten, untätig blieben und unterdrückt wurden, damit einige wenige sich voller entwickeln und

---

* (*1892*) Das war vor beinahe 50 Jahren, zur Zeit der malerischen Segelschiffe. Diese liegen – soweit noch welche nach London kommen – jetzt in den Docks, die Themse ist bedeckt von rußigen, häßlichen Dampfern.

durch die Vereinigung mit denen anderer multipliziert werden konnten. Schon das Straßengewühl hat etwas Widerliches, etwas, wogegen sich die menschliche Natur empört. Diese Hunderttausende von allen Klassen und aus allen Ständen, die sich da aneinander vorbeidrängen, sind sie nicht *alle* Menschen mit denselben Eigenschaften und Fähigkeiten und mit demselben Interesse, glücklich zu werden? Und haben sie nicht *alle* ihr Glück am Ende doch durch ein und dieselben Mittel und Wege zu erstreben? Und doch rennen sie aneinander vorüber, als ob sie gar nichts gemein, gar nichts miteinander zu tun hätten, und doch ist die einzige Übereinkunft zwischen ihnen die stillschweigende, daß jeder sich auf der Seite des Trottoirs hält, die ihm rechts liegt, damit die beiden aneinander vorbeischießenden Strömungen des Gedränges sich nicht gegenseitig aufhalten; und doch fällt es keinem ein, die andern auch nur eines Blickes zu würdigen. Die brutale Gleichgültigkeit, die gefühllose Isolierung jedes einzelnen auf seine Privatinteressen tritt um so widerwärtiger und verletzender hervor, je mehr diese einzelnen auf den kleinen Raum zusammengedrängt sind; und wenn wir auch wissen, daß diese Isolierung des einzelnen, diese bornierte Selbstsucht überall das Grundprinzip unserer heutigen Gesellschaft ist, so tritt sie doch nirgends so schamlos unverhüllt, so selbstbewußt auf als gerade hier in dem Gewühl der großen Stadt. Die Auflösung der Menschheit in Monaden, deren jede ein apartes Lebensprinzip und einen aparten Zweck hat, die Welt der Atome ist hier auf ihre höchste Spitze getrieben.

Daher kommt es denn auch, daß der soziale Krieg, der Krieg aller gegen alle, hier offen erklärt ist. Wie Freund Stirner sehen die Leute einander nur für brauchbare Subjekte an; jeder beutet den andern aus, und es kommt dabei heraus, daß der Stärkere den Schwächeren unter die Füße tritt und daß die wenigen Starken, das heißt die Kapitalisten, *alles* an sich reißen, während den vielen Schwachen, den Armen, kaum das nackte Leben bleibt.

Und was von London gilt, das gilt auch von Manchester, Birmingham und Leeds, das gilt von allen großen Städten. Überall barbarische Gleichgültigkeit, egoistische Härte auf der einen und namenloses Elend auf der andern Seite, überall sozialer Krieg, das Haus jedes einzelnen im Belagerungszustand, überall gegenseitige Plünderung unter dem Schutz des Gesetzes, und das alles so unverschämt, so offenherzig, daß man vor den Konsequenzen unseres gesellschaftlichen Zustandes, wie sie hier unverhüllt auftreten, erschrickt und sich über nichts wundert als darüber, daß das ganze tolle Treiben überhaupt noch zusammenhält.

Da in diesem sozialen Kriege das Kapital, der direkte oder indirekte Besitz der Lebensmittel und Produktionsmittel, die Waffe ist, mit der gekämpft wird, so ist es einleuchtend, daß alle Nachteile eines solchen Zustandes auf den Armen fallen. Kein Mensch kümmert sich um ihn; hineingestoßen in den wirren Strudel, muß er sich durchschlagen, so gut er kann. Wenn er so glücklich ist, Arbeit zu bekommen,

8 London, Themse. Dieses Bild aus der Zeit zwischen 1845 und 1850 zeigt Curbitt Works, im Hintergrund ist die Battersea-Brücke zu erkennen.

das heißt wenn die Bourgeoisie ihm die Gnade antut, sich durch ihn zu bereichern, so wartet seiner ein Lohn, der kaum hinreicht, Leib und Seele zusammenzuhalten; bekommt er keine Arbeit, so kann er stehlen, falls er die Polizei nicht fürchtet, oder verhungern, und die Polizei wird auch hierbei Sorge tragen, daß er auf eine stille, die Bourgeoisie nicht verletzende Weise verhungert. Während meiner Anwesenheit in England sind wenigstens zwanzig bis dreißig Menschen unter den empörendsten Umständen direkt Hungers gestorben, und bei der Totenschau fand sich selten eine Jury, die den Mut hatte, dies geradezu auszusprechen. Die Zeugenaussagen mochten noch so klar, noch so unzweideutig sein – die Bourgeoisie, aus der die Jury gewählt war, fand immer eine Hintertür, durch die sie dem schrecklichen Verdikt: Hungers gestorben, entgehen konnte. Die Bourgeoisie *darf* in diesen Fällen die Wahrheit aber nicht sagen, sie spräche ja ihr eigen Urteil aus. Aber auch indirekt sind viele – noch viel mehr als direkt – Hungers gestorben, indem der anhaltende Mangel zureichender Lebensmittel tödliche Krankheiten hervorrief und so seine Opfer hinwegraffte; indem er sie so schwächte, daß gewisse Umstände, die sonst ganz glücklich abgelaufen wären, notwendig schwere Krankheiten und den Tod herbeiführten. Die englischen Arbeiter nennen das sozialen Mord und klagen die ganze Gesellschaft an, daß sie fortwährend dies Verbrechen begehe. Haben sie unrecht?

Allerdings verhungern immer nur einzelne – aber welche Garantie hat der Arbeiter, daß er nicht morgen auch an die Reihe kommt? Wer sichert ihm seine Stellung? Wer leistet ihm Gewähr, daß, wenn er morgen von seinem Brotherrn aus irgendeinem Grund oder Ungrund entlassen wird, er sich mit den Seinigen so lange durchschlägt, bis er einen andern findet, der ihm »Brot gibt«? Wer verbürgt dem Arbeiter, daß der gute Wille zur Arbeit hinreichend ist, um Arbeit zu bekommen, daß Ehrlichkeit, Fleiß, Sparsamkeit, und wie die vielen von der weisen Bourgeoisie ihm empfohlenen Tugenden alle heißen, für ihn wirklich der Weg zum Glücke sind? Niemand. Er weiß, daß er heute etwas hat und daß es nicht von ihm selbst abhängt, ob er morgen auch noch etwas hat; er weiß, daß jeder Wind, jede Laune des Arbeitgebers, jede schlechte Handelskonjunktur ihn in den wilden Strudel zurückstoßen kann, aus dem er sich temporär gerettet hat und in dem es schwer, oft unmöglich ist, oben zu bleiben. Er weiß, daß, wenn er heute leben kann, es sehr ungewiß ist, ob er dies auch morgen kann.

Gehen wir indes zu einer detaillierteren Untersuchung des Zustandes über, in den der soziale Krieg die besitzlose Klasse versetzt. Sehen wir, was für Lohn denn eigentlich die Gesellschaft dem Arbeiter für seine Arbeit in Wohnung, Kleidung und Nahrung erstattet, welch eine Existenz sie denen gewährt, die das meiste zur Existenz der Gesellschaft beitragen; nehmen wir zuerst die Wohnungen vor. Jede Großstadt hat ein oder mehrere »schlechte Viertel«, in denen sich die arbeitende Klasse zusammendrängt. Oft freilich wohnt die Armut in versteckten Gäßchen dicht neben den Palästen der Reichen; aber im allgemeinen hat man ihr ein apartes Gebiet angewiesen, wo sie, aus den Augen der glücklicheren Klassen verbannt, sich mit sich selbst durchschlagen mag, so gut es geht. Diese schlechten Viertel sind in England in allen Städten ziemlich egal eingerichtet – die schlechtesten Häuser in der schlechtesten Gegend der Stadt; meist zweistöckige oder einstöckige Ziegelgebäude in langen Reihen, möglicherweise mit bewohnten Kellerräumen und fast überall unregelmäßig angelegt. Diese Häuschen von drei bis vier Zimmern und einer Küche werden Cottages genannt und sind in ganz England – einige Teile von London ausgenommen – die allgemeinen Wohnungen der arbeitenden Klasse. Die Straßen selbst sind gewöhnlich ungepflastert, höckerig, schmutzig, voll vegetabilischen und animalischen Abfalls, ohne Abzugskanäle oder Rinnsteine, dafür aber mit stehenden, stinkenden Pfützen versehen. Dazu wird die Ventilation durch die schlechte, verworrene Bauart des ganzen Stadtviertels erschwert, und da hier viele Menschen auf einem kleinen Raume leben, so kann man sich leicht vorstellen, welche Luft in diesen Arbeiterbezirken herrscht. Die Straßen dienen überdies bei schönem Wetter als Trockenplatz; es werden von Haus zu Haus Leinen quer herüber gespannt und mit nasser Wäsche behangen.

[London]

Nehmen wir einige dieser schlechten Viertel durch. Da ist zuerst *London**, und in London die berühmte »Rabenheckerei« (rookery), *St. Giles*, die jetzt endlich

---

* Seitdem ich die nachfolgende Darstellung geschrieben, ist mir ein Artikel über die Arbeiterdistrikte in London im »Illuminated Magazine« (Oktober 1844) zu Gesicht ge-

9 London, Duke's Court. Wenn man von der Drury Lane nach Westen sah, fiel der Blick auf Duke's Court; Duke's Court wurde 1899 abgerissen.

durch ein paar breite Straßen durchbrochen und so vernichtet werden soll. Dies St. Giles liegt mitten im bevölkertsten Teile der Stadt, umgeben von glänzenden, breiten Straßen, in denen die schöne Welt Londons sich herumtreibt – ganz in der Nähe von Oxford Street und Regent Street, von Trafalgar Square und dem Strand. Es ist eine unordentliche Masse von hohen, drei- bis vierstöckigen Häusern, mit engen, krummen und schmutzigen Straßen, auf denen wenigstens ebensoviel Leben ist wie auf den Hauptrouten durch die Stadt, nur daß man in St. Giles bloß Leute aus der arbeitenden Klasse sieht. Auf den Straßen wird Markt gehalten,

kommen, der mit meiner Schilderung – an vielen Stellen fast wörtlich, aber auch sonst der Sache nach überall vollständig übereinstimmt. Er ist überschrieben: »The Dwellings of the Poor, from the note-book of an M. D.« (Medicinae Doctor).

Körbe mit Gemüse und Obst, natürlich alles schlecht und kaum genießbar, verengen die Passage noch mehr, und von ihnen, wie von den Fleischerläden, geht ein abscheulicher Geruch aus. Die Häuser sind bewohnt vom Keller bis hart unters Dach, schmutzig von außen und innen, und sehen aus, daß kein Mensch drin wohnen möchte. Das ist aber noch alles nichts gegen die Wohnungen in den engen Höfen und Gäßchen zwischen den Straßen, in die man durch bedeckte Gänge zwischen den Häusern hineingeht und in denen der Schmutz und die Baufälligkeit alle Vorstellung übertrifft – fast keine ganze Fensterscheibe ist zu sehen, die Mauern bröcklig, die Türpfosten und Fensterrahmen zerbrochen und lose, die Türen von alten Brettern zusammengenagelt oder gar nicht vorhanden – hier in diesem Diebsviertel sogar sind keine Türen nötig, weil nichts zu stehlen ist. Haufen von Schmutz und Asche liegen überall umher, und die vor die Tür geschütteten schmutzigen Flüssigkeiten sammeln sich in stinkenden Pfützen. Hier wohnen die Ärmsten der Armen, die am schlechtesten bezahlten Arbeiter mit Dieben, Gaunern und Opfern der Prostitution bunt durcheinander – die meisten sind Irländer oder Abkömmlinge von Irländern, und diejenigen, die selbst noch nicht in dem Strudel moralischer Verkommenheit, der sie umgibt, untergegangen sind, sinken doch täglich tiefer, verlieren täglich mehr und mehr die Kraft, den demoralisierenden Einflüssen der Not, des Schmutzes und der schlechten Umgebung zu widerstehen.

Aber St. Giles ist nicht das einzige »schlechte Viertel« Londons. In dem ungeheuren Straßenknäul gibt es Hunderte und Tausende verborgener Gassen und Gäßchen, deren Häuser zu schlecht sind für alle, die noch etwas auf menschliche Wohnung verwenden können – oft dicht neben den glänzenden Häusern der Reichen findet man solche Schlupfwinkel der bittersten Armut. So wurde vor kurzem, bei Gelegenheit einer Totenschau, eine Gegend dicht bei Portman Square, einem sehr anständigen öffentlichen Platze, als der Aufenthalt »einer Menge durch Schmutz und Armut demoralisierter Irländer« bezeichnet. So findet man in Straßen wie Long Acre usw., die zwar nicht fashionabel, aber doch anständig sind, eine Menge Kellerwohnungen, aus denen kränkliche Kindergestalten und halbverhungerte, zerlumpte Frauen ans Tageslicht steigen. In der unmittelbaren Nähe des Drury-Lane-Theaters – des zweiten von London – sind einige der schlechtesten Straßen der ganzen Stadt – *Charles*, *King* und *Parker Street*, deren Häuser ebenfalls von den Kellern an bis unters Dach von lauter armen Familien bewohnt sind. In den Pfarreien *St. John* und *St. Margaret* in Westminster wohnten 1840 nach dem Journal der Statistischen Gesellschaft 5366 Arbeiterfamilien in 5294 »Wohnungen« – wenn sie diesen Namen verdienen –, Männer, Weiber und Kinder, ohne Rücksicht auf Alter oder Geschlecht zusammengeworfen, zusammen 26 830 Individuen, und von der obigen Familienzahl hatten drei Viertel nur ein einziges Zimmer. In der aristokratischen Pfarre *St. Georg*, Hanover Square, wohnten nach derselben

10 Bluegate Fields, Zeichnung von Gustave Doré, ca. 1872

Autorität 1465 Arbeiterfamilien, zusammen an 6000 Personen, in gleichen Verhältnissen – auch hier über zwei Drittel der ganzen Anzahl auf je ein Zimmer für die Familie zusammengedrängt. Und wie wird die Armut dieser Unglücklichen, bei denen selbst Diebe nichts mehr zu finden hoffen, von den besitzenden Klassen auf gesetzlichem Wege ausgebeutet! Die scheußlichen Wohnungen bei Drury Lane, deren eben erwähnt wurde, bezahlen folgende Mieten: zwei Kellerwohnungen 3 sh. (1 Taler), ein Zimmer parterre 4 sh., eine Treppe hoch $4\frac{1}{2}$ sh., zwei Treppen hoch 4 sh., Dachstuben 3 sh. wöchentlich – so daß allein die ausgehungerten Bewohner der Charles Street den Häuserbesitzern einen jährlichen Tribut von 2000 Pfd. St. (14000 Taler) und die erwähnten 5366 Familien in Westminster eine jährliche Miete von zusammen 40000 Pfd. St. (270000 Taler) bezahlen. Der größte Arbeiterbezirk liegt indes östlich vom Tower – in *Whitechapel* und *Bethnal Green*, wo die Hauptmasse der Arbeiter Londons konzentriert ist. Hören wir, was Herr *G. Alston*, der Prediger von St. Philip's, Bethnal Green, über den Zustand seiner Pfarre sagt:

»Sie enthält 1400 Häuser, die von 2795 Familien oder ungefähr 12000 Personen bewohnt werden. Der Raum, auf dem diese große Bevölkerung wohnt, ist weniger als 400 Yards (1200 Fuß) im Quadrat, und bei solch einer Zusammendrängung ist es nichts Ungewöhnliches, daß ein Mann, seine Frau, vier bis fünf Kinder und zuweilen noch Großvater und Großmutter in einem einzigen Zimmer von zehn bis zwölf Fuß im Quadrat gefunden werden, worin sie arbeiten, essen und schlafen. Ich glaube, daß, ehe der Bischof von London die öffentliche Aufmerksamkeit auf diese so höchst arme Pfarre hinlenkte, man da am Westende der Stadt ebensowenig von ihr wußte wie von den Wilden Australiens oder der Südsee-Inseln. Und wenn wir uns einmal mit den Leiden dieser Unglücklichen durch eigne Anschauung bekannt machen, wenn wir sie bei ihrem kargen Mahle belauschen und sie von Krankheit oder Arbeitslosigkeit gebeugt sehen, so werden wir eine solche Masse von Hilflosigkeit und Elend finden, daß eine Nation wie die unsrige über die Möglichkeit derselben sich zu schämen hat. Ich war Pfarrer bei Huddersfield während der drei Jahre, in denen die Fabriken am schlechtesten gingen; aber ich habe nie eine so gänzliche Hilflosigkeit der Armen gesehen wie seitdem in Bethnal Green. Nicht *ein* Familienvater aus zehnen in der ganzen Nachbarschaft hat andere Kleider als sein Arbeitszeug, und das ist noch so schlecht und zerlumpt wie möglich; ja viele haben außer diesen Lumpen keine andere Decke während der Nacht und als Bette nichts als einen Sack mit Stroh und Hobelspänen.«

Wir sehen schon aus der obigen Beschreibung, wie es in diesen Wohnungen selbst auszusehen pflegt. Zum Überfluß wollen wir den englischen Behörden, die zuweilen dahin geraten, noch in einige Proletarierwohnungen folgen.

Bei Gelegenheit einer Totenschau, die Herr Carter, Coroner für Surrey, über die Leiche der 45jährigen *Ann Galway* am 16. November 1843 abhielt, erzählen die

11 Arbeiterwohnungen an der Bahnlinie, Zeichnung von Gustave Doré, ca. 1872

Journale folgendes von der Wohnung der Verstorbenen: Sie hatte in Nr. 3, White Lion Court, Bermondsey Street, London, mit ihrem Mann und ihrem 19jährigen Sohne in einem kleinen Zimmer gewohnt, worin sich weder Bettstelle oder Bettzeug noch sonstige Möbel befanden. Sie lag tot neben ihrem Sohn auf einem Haufen Federn, die über ihren fast nackten Körper gestreut waren, denn

es war weder Decke noch Bettuch vorhanden. Die Federn klebten so fest an ihr über den ganzen Körper, daß der Arzt die Leiche nicht untersuchen konnte, bevor sie gereinigt war, und dann fand er sie ganz abgemagert und über und über von Ungeziefer zerbissen. Ein Teil des Fußbodens im Zimmer war aufgerissen, und das Loch wurde von der Familie als Abtritt benutzt.
Montag, den 15. Januar 1844 wurden zwei Knaben vor das Polizeigericht von Worship Street, London, gebracht, weil sie aus Hunger einen halbgekochten Kuhfuß von einem Laden gestohlen und sogleich verzehrt hatten. Der Polizeirichter sah sich veranlaßt, weiter nachzuforschen, und erhielt von den Polizeidienern bald folgende Aufklärung: Die Mutter dieser Knaben war die Witwe eines alten Soldaten und späteren Polizeidieners, der es seit dem Tode ihres Mannes mit ihren neun Kindern sehr schlecht ergangen war. Sie wohnte Nr. 2, Pool's Place, Quaker Street, Spitalfields, im größten Elende. Als der Polizeidiener zu ihr kam, fand er sie mit sechs ihrer Kinder in einem kleinen Hinterstübchen buchstäblich zusammengedrängt, ohne Möbel, ausgenommen zwei alte Binsenstühle ohne Boden, einen kleinen Tisch mit zwei zerbrochenen Beinen, eine zerbrochene Tasse und eine kleine Schüssel. Auf dem Herde kaum ein Funken Feuer, und in der Ecke so viel alte Lumpen, als eine Frau in ihre Schürze nehmen konnte, die aber der ganzen Familie zum Bette dienten. Zur Decke hatten sie nichts als ihre ärmliche Kleidung. Die arme Frau erzählte ihm, daß sie voriges Jahr ihr Bett habe verkaufen müssen, um Nahrung zu erhalten; ihre Bettücher habe sie dem Viktualienhändler als Unterpfand für einige Lebensmittel dagelassen, und sie habe überhaupt alles verkaufen müssen, um nur Brot zu bekommen. Der Polizeirichter gab der Frau einen beträchtlichen Vorschuß aus der Armenbüchse.
Im Februar 1844 wurde eine Witwe von sechzig Jahren, Theresa Bishop, mit ihrer 26jährigen kranken Tochter der Wohltätigkeit des Polizeirichters von Marlborough Street empfohlen. Sie wohnte in Nr. 5, Brown Street, Grosvenor Square, in einem kleinen Hinterzimmer, nicht größer als ein Schrank, worin nicht ein einziges Stück Möbel war. In einer Ecke lagen einige Lumpen, auf denen die beiden schliefen; eine Kiste diente als Tisch und Stuhl zugleich. Die Mutter verdiente etwas durch Stubenreinigen; sie hatten, wie der Wirt sagte, seit Mai 1843 in diesem Zustande gelebt, allmählich alles verkauft oder versetzt, was sie noch hatten, und dennoch nie die Miete bezahlt. Der Polizeirichter ließ ihnen ein Pfund aus der Armenbüchse zukommen.
Es fällt mir nicht ein, zu behaupten, *alle* Londoner Arbeiter lebten in einem solchen Elend wie die obigen drei Familien; ich weiß wohl, daß zehn es besser haben, wo einer so ganz und gar von der Gesellschaft mit Füßen getreten wird – aber ich behaupte, daß Tausende von fleißigen und braven Familien, viel braver, viel ehrenwerter als sämtliche Reiche von London, in dieser eines Menschen unwürdigen Lage sich befinden und daß jeder Proletarier, jeder ohne Ausnahme,

12 Straßenleben der „Ärmsten der Armen", Zeichnung von Gustave Doré, ca. 1872

ohne seine Schuld und trotz allen seinen Anstrengungen, von gleichem Schicksal getroffen werden kann.
Aber bei alledem sind diejenigen noch glücklich, die nur noch ein Obdach irgendeiner Art haben – glücklich gegen die ganz Obdachlosen. In London stehen jeden Morgen fünfzigtausend Menschen auf, ohne zu wissen, wo sie für die nächste Nacht ihr Haupt hinlegen sollen. Die glücklichsten dieser Zahl, denen es gelingt, am Abend einen oder ein paar Pence zu erübrigen, gehen in ein sogenanntes Logierhaus (lodging-house), deren es in allen großen Städten eine Menge gibt und wo sie für ihr Geld ein Unterkommen finden. Aber welch ein Unterkommen! Das Haus ist von oben bis unten mit Betten angefüllt, vier, fünf, sechs Betten in einer Stube, so viel ihrer hineingehen. In jedes Bett werden vier, fünf, sechs Menschen gestopft, ebenfalls so viel ihrer hineingehen – Kranke und Gesunde, Alte und Junge, Männer und Weiber, Trunkene und Nüchterne, wie es gerade kommt, alles bunt durcheinander. Da gibt es denn Streit, Schlägereien und Verwundungen – und wenn sich die Bettgenossen vertragen, so ist das noch schlimmer, es werden Diebstähle verabredet oder Dinge getrieben, deren Bestialität unsere menschlicher gewordenen Sprachen nicht in Worten wiedergeben wollen. Und diejenigen, die kein solches Nachtlager bezahlen können? Nun, die schlafen, wo sie Platz finden, in Passagen, Arkaden, in irgendeinem Winkel, wo die Polizei oder die Eigentümer sie ungestört schlafen lassen; einzelne kommen wohl unter

in den Zufluchtshäusern, die hier und dort von der Privatwohltätigkeit errichtet wurden – andere schlafen in den Parks auf den Bänken, dicht unter den Fenstern der Königin Viktoria – hören wir, was die »Times« vom Oktober 1843 sagt:
»Aus unserm gestrigen Polizeibericht geht hervor, daß eine Durchschnittsanzahl von fünfzig menschlichen Wesen jede Nacht in den Parks schlafen, ohne anderen Schutz gegen das Wetter als die Bäume und einige Höhlungen in den Dämmen. Die meisten derselben sind junge Mädchen, die von Soldaten verführt, in die Hauptstadt gebracht und in die weite Welt hinausgestoßen sind, hinaus in all die Verlassenheit der Not in einer fremden Stadt, in all die wilde Unbekümmertheit frühreifen Lasters.

Das ist in Wahrheit schrecklich. Arme muß es überall geben. Der Mangel wird überallhin seinen Weg finden und sich mit seiner ganzen Scheußlichkeit im Herzen einer großen und üppigen Stadt niederlassen. In den tausend engen Gassen und Gäßchen einer volkreichen Metropole muß es immer, fürchten wir, viel Leiden geben, viel, das das Auge beleidigt – viel, das nie ans Tageslicht kommt.

Aber daß im Kreise, den sich Reichtum, Fröhlichkeit und Glanz gezogen haben, daß nahe an der königlichen Größe von St. James, hart am strahlenden Palast von Bayswater, wo das alte und das neue aristokratische Viertel sich begegnen, in einer Gegend, wo das vorsichtige Raffinement moderner Städtebaukunst sich gehütet hat,

13   Arbeiterinnen in einer englischen Baumwollspinnerei, 1835

14 London, Straße im Arbeiterviertel Southwark

auch nur die kleinste Hütte für die Armut zu errichten, in einer Gegend, die den ausschließlichsten Genüssen des Reichtums geweiht zu sein scheint – daß *da* Not und Hunger und Krankheit und Laster mit all ihren verwandten Schrecken einherziehen, verzehrend Leib auf Leib, Seele auf Seele!
Es ist in der Tat ein monströser Zustand. Die höchsten Genüsse, welche körperliche Gesundheit, geistige Anregung, unschuldigere Sinnenfreuden gewähren können, in unmittelbarer Berührung mit dem härtesten Elend! Reichtum, von seinen glänzenden Salons herab lachend, mit brutaler Gedankenlosigkeit lachend bei den ungekannten Wunden des Mangels! Freude, unbewußt, aber grausam verhöhnend den Schmerz, der dort unten stöhnt! Alle Gegensätze im Kampf, alle im Widerstreit, nur nicht das Laster, das in Versuchung führt, und das Laster, das sich versuchen läßt ... Aber alle Menschen mögen des gedenken: daß in dem glänzendsten Bezirk der reichsten Stadt auf dieser Erde, Nacht auf Nacht, Winter auf Winter, Weiber zu finden sind, Weiber – jung an Jahren, alt an Sünden und Leiden, Ausgestoßene der Gesellschaft, verfaulend in Hunger, Schmutz und Krankheit. Mögen sie des gedenken und lernen, nicht zu theoretisieren, sondern zu handeln. Gott weiß, es ist viel Raum da zum Handeln heutzutage!«

Ich sprach oben von Zufluchtshäusern für Obdachlose. Wie sehr diese überlaufen sind, mögen uns zwei Beispiele lehren. Ein neuerrichtetes »Refuge of the Houseless« in Upper Ogle Street, das jede Nacht 300 Personen beherbergen kann, nahm seit seiner Eröffnung am 27. Januar bis zum 17. März 1844 2740 Personen für eine oder mehrere Nächte auf; und obwohl die Jahreszeit günstiger wurde, war die Zahl der Applikanten sowohl in diesem als in den Asylen von Whitecross Street und Wapping stark im Zunehmen begriffen, und jede Nacht mußten eine Menge Obdachloser aus Mangel an Raum zurückgewiesen werden. In einem andern, dem Zentral-Asyl von Playhouse Yard, wurden in den ersten drei Monaten des Jahres 1844 durchschnittlich jede Nacht 460 Nachtlager gegeben, im ganzen 6681 Personen beherbergt und 96 141 Rationen Brot verteilt. Dennoch erklärt das leitende Komitee, daß auch diese Anstalt dem Andrange der Benötigten einigermaßen erst dann genügt habe, als auch das östliche Asyl der Aufnahme von Obdachlosen geöffnet worden sei.

[Manchester]

Doch genug über diese kleineren Städte. Sie haben alle ihr Apartes, aber im ganzen leben die Arbeiter in ihnen gerade wie in Manchester; darum habe ich auch nur ihre eigentümliche Bauart besonders geschildert und bemerke nur, daß alle allgemeineren Bemerkungen über den Zustand der Arbeiterwohnungen in Manchester auch auf die umliegenden Städte ihre volle Anwendung finden. Gehen wir nun zur Zentralstadt selbst über.
Manchester liegt am Fuße des südlichen Abhangs einer Hügelkette, die sich von Oldham her zwischen die Täler des Irwell und des Medlock drängt und deren letzte Spitze *Kersall-Moor*, die Rennbahn und zugleich der Mons sacer von Manchester, bildet. Das eigentliche Manchester liegt auf dem linken Ufer des Irwell, zwischen diesem Flusse und den beiden kleineren, Irk und Medlock, die sich hier in den Irwell ergießen. Auf dem rechten Irwellufer und eingefaßt von einer starken Biegung dieses Flusses, liegt *Salford*, weiter westlich *Pendleton*; nördlich vom Irwell liegen Higher und Lower *Broughton*, nördlich vom Irk *Cheetham Hill*; südlich vom Medlock liegt *Hulme*, weiter östlich *Chorlton-on-Medlock*, noch weiter, ziemlich im Osten von Manchester, Ardwick. Der ganze Häuserkomplex wird im gewöhnlichen Leben Manchester genannt und faßt eher über als unter viermal hunderttausend Menschen. Die Stadt selbst ist eigentümlich gebaut, so daß man jahrelang in ihr wohnen und täglich hinein und herausgehen kann, ohne je in ein Arbeiterviertel oder nur mit Arbeitern in Berührung zu kommen – solange man nämlich eben nur seinen Geschäften nach- oder spazierengeht. Das kommt aber hauptsächlich daher, daß durch unbewußte, stillschweigende Übereinkunft wie durch bewußte ausgesprochene

Absicht die Arbeiterbezirke von den der Mittelklasse überlassenen Stadtteilen aufs schärfste getrennt oder, wo dies nicht geht, mit dem Mantel der Liebe verhüllt werden. Manchester enthält in seinem Zentrum einen ziemlich ausgedehnten kommerziellen Bezirk, etwa eine halbe Meile lang und ebenso breit, der fast nur aus Kontoren und Warenlagern (warehouses) besteht. Fast der ganze Bezirk ist unbewohnt und während der Nacht einsam und öde – nur wachthabende Polizeidiener streichen mit ihren Blendlaternen durch die engen, dunklen Gassen. Diese Gegend wird von einigen Hauptstraßen durchschnitten, auf denen sich der ungeheure Verkehr drängt und in denen die Erdgeschosse mit brillanten Läden besetzt sind; in diesen Straßen finden sich hier und da bewohnte Oberräume, und hier ist auch bis spät abends ziemlich viel Leben auf der Straße. Mit Ausnahme dieses kommerziellen Distrikts ist das ganze eigentliche Manchester, ganz Salford und Hulme, ein bedeutender Teil von Pendleton und Chorlton, zwei Drittel von Ardwick und einzelne Striche von Cheetham Hill und Broughton – alles lauter Arbeiterbezirk, der sich wie ein durchschnittlich anderthalb Meilen breiter Gürtel um das kommerzielle Viertel zieht. Draußen, jenseits dieses Gürtels, wohnt die höhere und mittlere Bourgeoisie – die mittlere in regelmäßigen Straßen in der Nähe der Arbeiterviertel, namentlich in Chorlton und den tieferliegenden Gegenden von Cheetham Hill, die höhere in den entfernteren villenartigen Gartenhäusern von Chorlton und Ardwick oder auf den luftigen Höhen von Cheetham Hill, Broughton und Pendleton – in einer freien, gesunden Landluft, in prächtigen, bequemen Wohnungen, an denen halbstündlich oder viertelstündlich die nach der Stadt fahrenden Omnibusse vorbeikommen. Und das schönste bei der Sache ist, daß diese reichen Geldaristokraten mitten durch die sämtlichen Arbeiterviertel auf dem nächsten Wege nach ihren Geschäftslokalen in der Mitte der Stadt kommen können, ohne auch nur zu merken, daß sie in die Nähe des schmutzigsten Elends geraten, das rechts und links zu finden ist. Die Hauptstraßen nämlich, die von der Börse nach allen Richtungen aus der Stadt hinausführen, sind an beiden Seiten mit einer fast ununterbrochenen Reihe von Läden besetzt und so in den Händen der mittleren und kleineren Bourgeoisie, die schon um ihres Vorteils willen auf anständigeres und reinliches Aussehen hält und halten kann. Allerdings haben diese Läden immerhin einige Verwandtschaft mit den Distrikten, die hinter ihnen liegen, sind also im kommerziellen Viertel und der Nähe der Bourgeoisiebezirke eleganter als da, wo sie schmutzige Arbeitercottages verdecken; aber sie sind immerhin hinreichend, um vor den Augen der reichen Herren und Damen mit starkem Magen und schwachen Nerven das Elend und den Schmutz zu verbergen, die das ergänzende Moment zu ihrem Reichtum und Luxus bilden. So ist z. B. Deansgate, das von der alten Kirche in gerader Richtung nach Süden führt, anfangs mit Warenlagern und Fabriken, dann mit Läden zweiten Ranges und einigen Bierhäusern, weiter südlich, wo es das kommerzielle Viertel verläßt, mit unansehnlicheren Läden, die, je weiter man kommt, desto schmutziger und mehr und mehr von Schenken und Schnapshäusern unterbrochen werden, bebaut, bis am südlichen Ende das Aussehen der Läden keinen Zweifel darüber läßt, daß die Arbeiter und nur Arbeiter ihre Kunden sind. So Market Street, von der Börse südöstlich laufend; anfangs brillante Läden ersten Ranges und in den höheren Stockwerken Kontore und Warenlager; weiterhin in der Fortsetzung (Piccadilly) kolossale Hotels und Warenlager; in der weiteren Fortsetzung (London Road) in der Gegend des Medlock Fabriken, Schenken, Läden für niedere Bourgeoisie und Arbeiter, dann an Ardwick Green Wohnungen für höhere und mittlere Bourgeoisie, und von da an große Gärten und Landhäuser für die reicheren Fabrikanten und Kaufleute. Auf diese Weise kann man wohl, wenn man Manchester kennt, von den Hauptstraßen aus auf die anschließenden Bezirke *schließen,* aber man ist sehr selten imstande, von ihnen aus die *wirklichen* Arbeiterbezirke selbst zu Gesicht zu bekommen. Ich weiß sehr wohl, daß diese heuchlerische Bauart mehr oder weniger allen großen Städten gemein ist; ich weiß ebenfalls, daß die Detailhändler schon wegen der Natur ihres Geschäfts die großen durchführenden Straßen für sich in Beschlag nehmen müssen; ich weiß, daß man überall an solchen Straßen mehr gute als schlechte Häuser hat und daß in ihrer Nähe der Grundwert höher ist als in abgelegenen Gegenden; aber ich habe zugleich eine so systematische Absperrung der Arbeiterklasse von den Hauptstraßen, eine so zartfühlende Verhüllung alles dessen, was das Auge und die Nerven der Bourgeoisie beleidigen könnte, nirgends gefunden als in Manchester. Und doch ist gerade Manchester sonst weniger planmäßig oder nach Polizeivorschriften und dagegen mehr durch den Zufall gebaut als irgendeine andre Stadt; und wenn ich die eifrigen Beteuerungen der Mittelklasse, daß es den Arbeitern ganz vortrefflich gehe, dabei erwäge, so will es mich doch dünken, als seien die liberalen Fabrikanten, die »big whigs« von Manchester, nicht so ganz unschuldig an dieser schamhaften Bauart.

Ich erwähne noch eben, daß die Fabrikanlagen sich fast alle dem Lauf der drei Flüsse oder der verschiedenen Kanäle, die sich durch die Stadt verzweigen, anschließen, und gehe dann zur Schilderung der Arbeiterbezirke selbst über. Da ist zuerst die Altstadt von Manchester, die zwischen der Nordgrenze des kommerziellen Viertels und dem Irk liegt. Hier sind die Straßen, selbst die besseren, eng und krumm – wie Todd Street, Long Millgate, Withy Grove und Shude Hill –, die Häuser schmutzig, alt und baufällig und die Bauart der Nebenstraßen vollends abscheulich. Wenn man von der alten Kirche in Long Millgate hineingeht, so hat man gleich rechts eine Reihe altmodischer Häuser, an denen keine einzige Frontmauer senkrecht geblieben ist; es sind die Reste des alten, vorindustriellen Manchester, deren frühere Einwohner sich mit ihren Nachkommen in besser gebaute Bezirke gezogen und die Häuser, die ihnen zu schlecht waren, einer stark mit irischem Blut vermischten Arbeiterrasse überlassen haben. Man ist hier wirklich

15 Manchester

in einem fast unverhüllten Arbeiterviertel, denn selbst die Läden und Kneipen der Straße nehmen sich nicht die Mühe, etwas reinlich auszusehen. Aber das ist all noch nichts gegen die Gassen und Höfe, die dahinter liegen und zu denen man nur durch enge, überbaute Zugänge gelangt, in denen keine zwei Menschen aneinander vorbei können. Von der unordentlichen, aller vernünftigen Baukunst hohnsprechenden Zusammenwürfelung der Häuser, von der Gedrängtheit, mit der sie hier förmlich aneinandergepackt sind, kann man sich keine Vorstellung machen. Und es sind nicht nur die aus der alten Zeit Manchesters hinterlassenen Gebäude, die die Schuld davon tragen; die Verwirrung ist in neuerer Zeit erst auf die Spitze getrieben worden, indem überall, wo die ganze Bauart der früheren Epoche noch ein Fleckchen Raum ließ, später nachgebaut und angeflickt wurde, bis endlich zwischen den Häusern kein Zoll breit Platz blieb, der sich noch hätte verbauen lassen. Zur Bestätigung zeichne ich ein kleines Fleckchen aus dem Plane von Manchester hier ab – es ist nicht das schlimmste Stück und nicht der zehnte Teil der ganzen Altstadt.

Diese Zeichnung wird hinreichen, um die wahnsinnige Bauart des ganzen Bezirks, namentlich des in der Nähe des Irk, zu charakterisieren. Das Ufer des Irk ist hier auf der Südseite sehr steil und zwischen fünfzehn und dreißig Fuß hoch; an diese abschüssige Bergwand sind meist noch drei Reihen Häuser hingepflanzt, deren niedrigste sich unmittelbar aus dem Flusse erhebt, während die Vorderwand der höchsten auf dem Niveau der Hügelkrone in Long Millgate steht. Dazwischen stehen noch Fabriken am Flusse – kurz die Bauart ist hier ebenso eng und unordentlich wie im unteren Teil von Long Millgate. Rechts und links führen eine Menge überbauter Zugänge von der Hauptstraße in die vielen Höfe ab, und wenn man hineingeht, so gerät man in einen Schmutz und eine ekelhafte Unsauberkeit, die ihresgleichen nicht hat – namentlich in den Höfen, die nach dem Irk hinabführen und die unbedingt die scheußlichsten Wohnungen enthalten, welche mir bis jetzt vorgekommen sind. In einem dieser Höfe steht gleich am Eingange, wo der bedeckte Gang aufhört, ein Abtritt, der keine Tür hat und so schmutzig ist, daß die Einwohner nur durch eine stagnierende Pfütze von faulem Urin und Exkrementen, die ihn umgibt, in den Hof oder heraus können; es ist der erste Hof am Irk oberhalb Ducie Bridge, wenn jemand Lust haben sollte, nachzusehen; unten am Flusse stehen mehrere Gerbereien, die die ganze Umgebung mit animalischem Verwesungsgeruch erfüllen. In die Höfe unterhalb Ducie Bridge steigt man meist auf engen, schmutzigen Treppen hinab und gelangt nur über Haufen von Schutt und Unrat an die Häuser. Der erste Hof unterhalb Ducie Bridge heißt Allen's Court und war zur Cholerazeit in einem solchen Zustande, daß die Gesundheitspolizei ihn ausräumen, fegen und mit Chlor ausräuchern ließ; Dr. Kay gibt in einer Broschüre* eine schreckenerregende Beschreibung von der damaligen Lage dieses Hofes. Seitdem scheint er teilweise abgebrochen und neu erbaut worden zu sein – von Ducie Bridge herab sieht man wenigstens noch mehrere Mauerruinen und hohe Schutthaufen neben einigen Häusern neueren Baues. Die Aussicht von dieser Brücke – zartfühlenderweise von einer mannshohen gemauerten Brustwehr den kleineren Sterblichen verhüllt – ist überhaupt charakteristisch für den ganzen Bezirk. In der Tiefe fließt oder vielmehr stagniert der Irk, ein schmaler, pechschwarzer, stinkender Fluß, voll Unrat und Abfall, den er ans rechte, flachere Ufer anspült; bei trocknem Wetter bleibt an diesem Ufer eine lange Reihe der ekelhaftesten schwarzgrünen Schlammpfützen stehen, aus deren Tiefe fortwährend Blasen miasmatischer Gase aufsteigen und einen Geruch entwickeln, der selbst oben auf der Brücke, vierzig oder fünfzig Fuß über dem Wasserspiegel, noch unerträglich ist. Der Fluß selbst wird dazu noch alle fingerlang durch hohe Wehre aufgehalten, hinter denen sich der Schlamm und Abfall in dicken Massen absetzt und verfault. Oberhalb der Brücke stehen hohe Gerbereien, weiter hinauf Färbereien, Knochenmühlen und Gaswerke, deren Abflüsse und Abfälle

---

* »The Moral and Physical Condition of the Working Classes, employed in the Cotton Manufacture in Manchester«. By *James Ph. Kay*, Dr. Med. 2nd edit. 1832. – Verwechselt die Arbeiterklasse im allgemeinen mit der Fabrikarbeiterklasse, sonst vortrefflich.

samt und sonders in den Irk wandern, der außerdem noch den Inhalt der anschließenden Kloaken und Abtritte aufnimmt. Man kann sich also denken, welcher Beschaffenheit die Residuen sind, die der Fluß hinterläßt. Unterhalb der Brücke sieht man in die Schutthaufen, den Unrat, Schmutz und Verfall der Höfe auf dem linken, steilen Ufer; ein Haus steht immer dicht hinter dem andern, und wegen der Steigerung des Ufers sieht man von jedem ein Stück – alle schwarzgeraucht, bröcklig, alt, mit zerbrochnen Festerscheiben und Fensterrahmen. Den Hintergrund bilden kasernenartige, alte Fabrikgebäude. Auf dem rechten, flacheren Ufer steht eine lange Reihe Häuser und Fabriken – gleich das zweite Haus ist eine Ruine ohne Dach, mit Schutt angefüllt, und das dritte steht so niedrig, daß das unterste Stockwerk unbewohnbar und infolgedessen ohne Fenster und Türen ist. Den Hintergrund bildet hier der Armenkirchhof, die Bahnhöfe der Liverpooler und Leedser Eisenbahnen und dahinter das Arbeitshaus, die »Armengesetz-Bastille« von Manchester, das wie eine Zitadelle von einem Hügel hinter hohen Mauern und Zinnen drohend auf das gegenüberliegende Arbeiterviertel herabschaut.

Oberhalb Ducie Bridge wird das linke Ufer flacher und das rechte dagegen steiler. Der Zustand der Wohnungen auf beiden Seiten des Irk indessen eher schlimmer als besser. Wenn man hier von der Hauptstraße – noch immer Long Millgate – links abgeht, so ist man verloren; man gerät aus einem Hof in den andern, das geht um lauter Ecken, durch lauter enge, schmutzige Winkel und Gänge, bis man nach wenig Minuten alle Richtung verloren hat und gar nicht mehr weiß, wohin man sich wenden soll. Überall halb oder ganz verfallene Gebäude – einzelne sind wirklich unbewohnt, und das will hier viel heißen – in den Häusern selten ein bretterner oder steinerner Fußboden, dagegen fast immer zerbrochene, schlecht passende Fenster und Türen, und ein Schmutz! – Schutthaufen, Abfall und Unflat überall; stehende Pfützen statt der Rinnsteine, und ein Geruch, der es allein jedem einigermaßen zivilisierten Menschen unerträglich machen würde, in einem solchen Distrikt zu wohnen. Die neuerbaute Verlängerung der Leedser Eisenbahn, welche hier den Irk überschreitet, hat einen Teil dieser Höfe und Gäßchen weggefegt, dagegen andre wieder erst recht dem Blick offengelegt. So ist unmittelbar unterhalb der Eisenbahnbrücke ein Hof, der an Schmutz und Scheußlichkeit alle andern weit übertrifft, eben weil er bisher so abgeschlossen, so zurückgezogen war, daß man nur mit Mühe hineingelangen konnte; ich selbst hätte ihn ohne die durch den Eisenbahnviadukt geschaffne Lücke nie gefunden, obwohl ich diese ganze Gegend genau zu kennen glaubte. Man gelangt über ein holpriges Ufer, zwischen Pfählen und Waschleinen hindurch in dies Chaos kleiner, einstöckiger und einstubiger Hütten, von denen die meisten ohne allen künstlichen Fußboden sind – Küche, Wohn- und Schlafzimmer, alles vereinigt. In einem solchen Loche, das kaum sechs Fuß lang und fünf breit war, sah ich zwei Betten – und was für

Bettstellen und Betten – die nebst einer Treppe und einem Herd gerade hinreichten, um das ganze Zimmer zu füllen. In mehreren andern sah ich *gar nichts*, obwohl die Tür weit offenstand und die Einwohner an ihr lehnten. Vor den Türen überall Schutt und Unrat; daß eine Art von Pflaster darunter sei, war nicht zu sehen, sondern bloß hie und da mit den Füßen herauszufühlen. Der ganze Haufen menschenbewohnter Viehställe war auf zwei Seiten von Häusern und einer Fabrik, auf der dritten vom Fluß begrenzt, und außer dem schmalen Ufersteig führte nur noch ein enger Torweg hinaus – in ein andres, fast ebenso schlecht gebautes und gehaltenes Labyrinth von Wohnungen.

Genug davon! In dieser Weise ist die ganze Irkseite bebaut, ein planlos zusammengewürfeltes Chaos von Häusern, die der Unbewohnbarkeit mehr oder weniger nahestehen und deren unreinliches Innere der unflätigen Umgebung vollkommen entspricht. Wie sollen die Leute auch reinlich sein! Nicht einmal für die Befriedigung der allernatürlichsten und alltäglichsten Bedürfnisse gibt es geeignete Gelegenheit. Die Abtritte sind hier so rar, daß sie entweder alle Tage voll werden oder den meisten zu entlegen sind. Wie sollten sich die Leute waschen, wo sie nur das schmutzige Irkwasser nahebei haben und Wasserleitungen und Pumpen erst in honetten Stadtteilen vorkommen! Wahrhaftig, man kann es diesen Heloten der modernen Gesellschaft nicht zurechnen, wenn ihre Wohnungen nicht reinlicher sind als die Schweineställe, die hier und da mitten dazwischen stehen! Schämen sich doch die Hausbesitzer nicht, Wohnungen zu vermieten wie die sechs oder sieben Keller am Kai, gleich unterhalb Scotland Bridge, deren Fußboden mindestens zwei Fuß unter dem Wasserspiegel – bei niedrigem Wasser – des nicht sechs Fuß davon fließenden Irk liegt, oder wie das obere Stock im Eckhaus auf dem entgegengesetzten Ufer gleich oberhalb der Brücke, dessen Erdgeschoß unbewohnbar, ohne alle Ausfüllung für Tür- und Fensterlöcher – doch das ist ja ein Fall, der in dieser ganzen Gegend nicht selten vorkommt, wobei dann gewöhnlich dies offene untere Stockwerk von der ganzen Nachbarschaft aus Mangel an andern Lokalitäten als Abtritt benutzt wird!

Verlassen wir den Irk, um auf der entgegengesetzten Seite von Long Millgate wieder in die Mitte der Arbeiterwohnungen zu dringen, so kommen wir in ein etwas neueres Viertel, das sich von der St.-Michaelis-Kirche bis Withy Grove und Shude Hill erstreckt. Hier ist wenigstens etwas mehr Ordnung; statt der chaotischen Bauart finden wir hier wenigstens lange, gerade Gassen und Sackgassen oder absichtlich gebaute, meist viereckige Höfe; aber wenn früher jedes einzelne Haus, so ist hier wenigstens jede Gasse und jeder Hof willkürlich und ohne alle Rücksicht auf die Lage der übrigen angebaut. Bald läuft eine Gasse in dieser, bald in jener Richtung, alle fingerlang gerät man in einen Sack oder um eine zugebaute Ecke, die gerade wieder dahin führt, von wo man ausgegangen ist – wer nicht in diesem Labyrinth eine gute Zeit lang gewohnt hat, findet sich gewiß nicht hindurch. Die

Ventilation der Straßen – wenn ich das Wort von diesem Distrikt gebrauchen darf – und Höfe wird dadurch ebenso unvollkommen wie die der Irkgegend; und wenn dennoch dieser Bezirk etwas vor dem Irktale voraus haben sollte – die Häuser sind allerdings neuer, die Straßen haben wenigstens zuweilen Rinnsteine –, so hat er dagegen auch wieder fast unter jedem Hause eine Kellerwohnung, was sich im Irktale eben wegen des größeren Alters und der nachlässigeren Bauart der Häuser selten findet. Im übrigen ist der Schmutz, die Schutt- und Aschenhaufen, die Pfützen auf den Straßen beiden Vierteln gemeinsam, und in dem Distrikt, von dem wir jetzt reden, finden wir außerdem noch einen andern Umstand, der für die Reinlichkeit der Einwohner sehr nachteilig ist, nämlich die Masse Schweine, die hier überall auf den Gassen umherspazieren, den Unrat durchschnüffeln oder in den Höfen in kleinen Ställen eingesperrt sind. Die Schweinemäster mieten sich hier, wie in den meisten Arbeiterbezirken von Manchester, die Höfe und setzen Schweineställe hinein; fast in jedem Hofe ist ein solcher abgesperrter Winkel oder gar mehrere, in welche die Bewohner des Hofs allen Abfall und Unrat hineinwerfen – dabei werden die Schweine fett, und die ohnehin in diesen nach allen vier Seiten verbauten Höfen eingesperrte Luft vollends schlecht von den verwesenden vegetabilischen und animalischen Stoffen. Man hat durch diesen Bezirk eine breite, ziemlich honette Straße – Millers Street – gebrochen und den Hintergrund mit ziemlichem Erfolg verdeckt; wenn man sich aber von der Neugier in einen der zahlreichen Gänge, die in die Höfe führen, verleiten läßt, so kann man diese buchstäbliche Schweinerei alle zwanzig Schritt wiederholt sehen.

Das ist die Altstadt von Manchester – und wenn ich meine Schilderung noch einmal durchlese, so muß ich bekennen, daß sie, statt übertrieben zu sein, noch lange nicht grell genug ist, um den Schmutz, die Verkommenheit und Unwohnlichkeit, die allen Rücksichten auf Reinlichkeit, Ventilation und Gesundheit hohnsprechende Bauart dieses mindestens zwanzig- bis dreißigtausend Einwohner fassenden Bezirks anschaulich zu machen. Und ein solches Viertel existiert im Zentrum der zweiten Stadt Englands, der ersten Fabrikstadt der Welt! Wenn man sehen will, wie wenig Raum der Mensch zum Bewegen, wie wenig Luft – und welche Luft! – er zum Atmen im Notfall zu haben braucht, mit wie wenig Zivilisation er existieren kann, dann hat man nur hierher zu kommen. Es ist freilich die *Altstadt* – und darauf berufen sich die Leute hier, wenn man ihnen von dem scheußlichen Zustande dieser Hölle auf Erden spricht –, aber was will das sagen? Alles, was unsren Abscheu und unsre Indignation hier am heftigsten erregt, ist neueren Ursprungs, gehört der *industriellen* Epoche an. Die paar hundert Häuser, die dem alten Manchester angehören, sind von ihren ursprünglichen Bewohnern längst verlassen; nur die Industrie hat sie mit den Scharen von Arbeitern vollgepfropft, die jetzt in ihnen beherbergt werden; nur die Industrie hat jedes Fleckchen zwischen diesen alten Häusern verbaut, um Obdach zu gewinnen für die Massen, die sie sich aus den Ackerbaugegenden und aus Irland verschrieb; nur die Industrie gestattet es den Besitzern dieser Viehställe, sie an Menschen für hohe Miete zur Wohnung zu überlassen, die Armut der Arbeiter auszubeuten, die Gesundheit von Tausenden zu untergraben, damit nur *sie* sich bereichern; nur die Industrie hat es möglich gemacht, daß der kaum aus der Leibeigenschaft befreite Arbeiter wieder als ein bloßes Material, als *Sache* gebraucht werden konnte, daß er sich in eine Wohnung sperren lassen muß, die jedem andern zu schlecht und die er nun für sein teures Geld das Recht hat vollends verfallen zu lassen. Das hat nur die Industrie getan, die ohne diese Arbeiter, ohne die Armut und Knechtschaft dieser Arbeiter nicht hätte leben können. Es ist wahr, die ursprüngliche Anlage dieses Viertels war schlecht, man konnte nicht viel Gutes daraus machen – aber haben die Grundbesitzer, hat die Verwaltung etwas getan, um das beim Nachbau zu verbessern? Im Gegenteil, wo noch ein Winkelchen frei war, ist ein Haus hingesetzt, wo noch ein überflüssiger Ausgang, ist er zugebaut worden; der Grundwert stieg mit dem Aufblühen der Industrie, und je mehr er stieg, desto toller wurde darauf losgebaut, ohne Rücksicht auf die Gesundheit und Bequemlichkeit der Einwohner – *es ist keine Baracke so schlecht, es findet sich immer ein Armer, der keine bessere bezahlen kann* –, nur mit Rücksicht auf den größtmöglichen Gewinn. Doch es ist einmal die Altstadt, und damit beruhigt sich die Bourgeoisie; sehen wir denn, wie die *Neustadt* (the New Town) sich anläßt.

Die *Neustadt*, auch die Irische Stadt (the Irish Town) genannt, zieht sich jenseits der Altstadt einen Lehmhügel zwischen dem Irk und St. George's Road hinauf. Hier hört alles städtische Aussehen auf; einzelne Reihen Häuser oder Straßenkomplexe stehen wie kleine Dörfer hier und da auf dem nackten, nicht einmal mit Gras bewachsenen Lehmboden; die Häuser oder vielmehr Cottages sind in schlechtem Zustande, nie repariert, schmutzig, mit feuchten und unreinen Kellerwohnungen versehen; die Gassen sind weder gepflastert noch haben sie Abzüge, dagegen zahlreiche Kolonien von Schweinen, die in kleinen Höfen und Ställen abgesperrt sind oder ungeniert an der Halde spazierengehn. Der Kot auf den Wegen ist hier so groß, daß man nur bei äußerst trocknem Wetter Aussicht hat durchzukommen, ohne bei jedem Schritt bis über die Knöchel zu versinken. In der Nähe von St. George's Road schließen sich die einzelnen bebauten Flecken dichter aneinander, man gerät in eine fortlaufende Reihe Gassen, Sackgassen, Hintergassen und Höfe, die je gedrängter und unordentlicher werden, je näher man dem Zentrum der Stadt kommt. Dafür sind sie freilich auch öfter gepflastert oder wenigstens mit gepflasterten Fußwegen und Rinnsteinen versehen; der Schmutz, die schlechte Beschaffenheit der Häuser und besonders der Keller bleibt aber derselbe.

Es wird am Orte sein, hier einige allgemeine Bemerkungen über die in Manchester

übliche Bauart der Arbeiterviertel zu machen. Wir haben gesehen, wie in der Altstadt meist der reine Zufall über die Gruppierung der Häuser verfügte. Jedes Haus ist ohne Rücksicht auf die übrigen gebaut, und die winkligen Zwischenräume der einzelnen Wohnungen werden in Ermangelung eines andern Namens Höfe (courts) genannt. In den etwas neueren Teilen desselben Viertels und in andren Arbeitervierteln, die aus den ersten Zeiten der aufblühenden Industrie herrühren, finden wir ein etwas planmäßigeres Arrangement. Der Zwischenraum zwischen zwei Straßen wird in regelmäßigere, meist viereckige Höfe geteilt, etwa so: die von vornherein so angelegt wurden und zu denen verdeckte Gänge von den Straßen führen. Wenn die ganz planlose Bauart der Gesundheit der Bewohner durch Verhinderung der Ventilation schon sehr nachteilig war, so ist es diese Art, die Arbeiter in Höfe einzusperren, die nach allen Seiten von Gebäuden umschlossen sind, noch viel mehr. Die Luft kann hier platterdings nicht heraus; die Schornsteine der Häuser selbst sind, solange Feuer angehalten wird, die einzigen Abzüge für die eingesperrte Luft des Hofes.* Dazu kommt noch, daß die Häuser um solche Höfe meist doppelt, je zwei mit der Rückwand zusammengebaut sind, und schon das ist hinreichend, um alle gute, durchgehende Ventilation zu verhindern. Und da die Straßenpolizei sich nicht um den Zustand dieser Höfe bekümmert, da alles ruhig liegenbleibt, was hineingeworfen wird, so darf man sich nicht über den Schmutz und die Haufen von Asche und Unrat wundern, die man hier findet. Bin ich doch in Höfen gewesen – sie liegen an Millers Street –, die mindestens einen halben Fuß tiefer lagen als die Hauptstraße und die auch nicht den mindestens Abfluß für das bei Regenwetter sich in ihnen ansammelnde Wasser hatten!
In späterer Zeit hat man eine andre Bauart angefangen, die jetzt die allgemeine ist. Die Arbeitercottages werden jetzt nämlich fast nie einzeln, sondern immer dutzend-, ja schockweise gebaut – ein einziger Unternehmer baut gleich eine oder ein paar Straßen. Diese werden dann auf folgende Weise angelegt: Die eine Front – vergleiche die Zeichnung unten – bilden Cottages ersten Ranges, die so glücklich sind, eine Hintertür und einen kleinen Hof zu besitzen, und die höchste Miete bringen. Hinter den Hofmauern dieser Cottages ist eine schmale Gasse, die Hintergasse (back street), die an beiden Enden zugebaut ist und in die entweder ein schmaler Weg oder ein bedeckter Gang von der Seite her führt. Die Cottages, die auf diese Gasse führen, bezahlen am wenigsten Miete und sind überhaupt am

---

* Und doch behauptet einmal ein weiser englischer Liberaler – im »Bericht der Children's Empl[oyment] Comm[ission]« –, diese Höfe seien das Meisterstück der Städtebaukunst, weil sie, gleich einer Anzahl kleiner öffentlicher Plätze, die Ventilation und den Luftzug verbesserten! Freilich, wenn jeder Hof zwei oder vier breite, oben offene, gegenüberstehende Zugänge hätte, wodurch die Luft streichen könnte – aber sie haben *nie* zwei, sehr selten einen offnen, und fast alle nur schmale, überbaute Einlässe.

meisten vernachlässigt. Sie haben die Rückwand gemeinsam mit der dritten Reihe Cottages, die nach der entgegengesetzten Seite hin auf die Straße gehen und weniger Miete als die erste, dagegen mehr als die zweite Reihe tragen. Die Anlage der Straßen ist also etwa so:

[Handzeichnung]

Durch diese Bauart wird zwar für die erste Reihe Cottages eine ziemlich gute Ventilation gewonnen und die der dritten Reihe wenigstens nicht gegen die der entsprechenden in der frühern Bauart verschlechtert; dagegen ist die Mittelreihe mindestens ebenso schlecht ventiliert wie die Häuser in den Höfen und die Hintergasse selbst stets in demselben schmutzigen und unansehnlichen Zustand wie jene. Die Unternehmer ziehen diese Bauart vor, weil sie ihnen Raum spart und Gelegenheit gibt, die besser bezahlten Arbeiter durch höhere Miete in den Cottages der ersten und dritten Reihe desto erfolgreicher auszubeuten.

Diese dreierlei Formen des Cottagebaues findet man in ganz Manchester, ja in ganz Lancashire und Yorkshire wieder, oft vermengt, aber meist hinreichend geschieden, um hieraus schon auf das verhältnismäßige Alter der einzelnen Stadtteile schließen zu können. Das dritte System, das der Hintergassen, ist das in dem großen Arbeiterbezirk östlich von St. George's Road, zu beiden Seiten Oldham Road und Great Ancoats Street, entschieden vorherrschende und findet sich auch in den übrigen Arbeiterbezirken von Manchester und seinen Vorstädten am häufigsten.

In dem erwähnten großen Bezirk, den man unter dem Namen Ancoats begreift, sind die meisten und größten Fabriken von Manchester an den Kanälen angelegt – kolossale sechs- bis siebenstöckige Gebäude, die mit ihren schlanken Rauchfängen hoch über die niedrigen Arbeitercottages emporragen. Die Bevölkerung des Bezirks sind daher hauptsächlich Fabrikarbeiter und, in den schlechtesten Straßen, Handweber. Die Straßen, die dem Zentrum der Stadt am nächsten liegen, sind die ältesten und daher die schlechtesten, doch sind sie gepflastert und mit Abzügen versehen; ich rechne hierzu die nächsten Parallelstraßen von Oldham Road und Great Ancoats Street. Weiterhin nach Nordosten findet man manche neugebaute Straße; hier sehen die Cottages nett und reinlich aus, die Türen und Fenster sind neu und frisch angestrichen, die inneren Räume rein geweißt; die Straßen selbst sind luftiger, die leeren Bauplätze zwischen ihnen größer und häufiger. Aber das läßt sich nur von der kleineren Zahl der Wohnungen sagen; dazu kommt dann noch, daß Kellerwohnungen fast unter jeder Cottage einger ichtet, daß viele Straßen ungepflastert und ohne Abzüge sind, und vor allem, daß dieses nette Aussehen doch nur Schein ist, Schein, der nach den ersten zehn Jahren schon verschwunden ist. Die Bauart der einzelnen Cottages selbst ist nämlich nicht weniger verwerflich als die Anlage der Straßen. Solche Cottages sehen alle anfangs nett und solide aus, die massiven Ziegelmauern bestechen das Auge, und wenn man durch eine *neugebaute* Arbeiterstraße geht, ohne sich um die Hintergassen oder die Bauart der Häuser selbst näher zu bekümmern, so stimmt man in die Behauptung der liberalen Fabrikanten ein, daß nirgends die Arbeiter so gut wohnen wie in England. Aber wenn man näher zusieht, so findet man, daß die Mauern dieser Cottages so dünn sind, wie es nur möglich ist, sie zu machen. Die äußeren Mauern, die das Kellerstockwerk, das Erdgeschoß und das Dach tragen, sind höchstens einen ganzen Ziegel dick – so daß in jeder waagerechten Schicht die Ziegel mit der langen Seite aneinandergefugt werden (▭▭▭▭▭); ich habe aber manche Cottage von derselben Höhe – einige sogar noch im Bau – gesehen, bei denen die äußern Mauern nur einen halben Ziegel dick waren und die Ziegel also nicht der Breite, sondern der Länge nach gelegt waren, so daß sie mit der schmalen Seite aneinanderstießen (▭▭▭▭▭). Dies geschieht teilweise, um Material zu sparen, teilweise aber auch, weil die Bauunternehmer nie die Eigentümer des Bodens sind, sondern ihn nach englischer Sitte nur auf zwanzig, dreißig, vierzig, fünfzig oder neunundneunzig Jahre gemietet haben, nach welcher Zeit er mit allem, was darauf ist, dem ursprünglichen Besitzer wieder zufällt, ohne daß dieser für gemachte Anlagen etwas zu vergüten hätte. Die Anlagen werden also vom Pächter darauf berechnet, daß sie nach Ablauf der kontraktlichen Zeit so wertlos wie möglich sind; und da solche Cottages oft nur zwanzig oder dreißig Jahre vor diesem Zeitpunkte errichtet werden, so ist es leicht zu begreifen, daß die Unternehmer nicht zuviel darauf verwenden werden. Dazu kommt noch, daß diese Unternehmer, meist Maurer und Zimmerleute oder Fabrikanten, teils um den Mietertrag nicht zu verringern, teils wegen herannahenden Rückfalls des Bauplatzes, wenig oder gar nichts auf Reparaturen verwenden, daß wegen Handelskrisen und der darauffolgenden Brotlosigkeit oft ganze Straßen leerstehen und daß infolge hiervon die Cottages sehr rasch verfallen und in unbewohnbaren Zustand geraten. Man rechnet wirklich allgemein, daß Arbeiterwohnungen durchschnittlich nur vierzig Jahre bewohnbar bleiben; das klingt wunderbar genug, wenn man die schönen, massiven Mauern neuerbauter Cottages dabei sieht, die eine Dauer von ein paar Jahrhunderten zu versprechen scheinen – aber es ist dennoch so, die Knickerei der ursprünglichen Anlage, die Vernachlässigung aller Reparaturen, das häufige Leerstehen, der fortwährende schnelle Wechsel der Bewohner und dazu die Verwüstungen, die die Einwohner während der letzten zehn Jahre der Bewohnbarkeit, meist Irländer, anrichten, indem sie das Holzwerk oft genug aufbrechen und zur Heizung gebrauchen – alles das macht diese Cottages nach vierzig Jahren zu Ruinen. Daher kommt es denn auch, daß der Distrikt von Ancoats, der erst seit dem Aufblühen der Industrie, ja meist erst in diesem Jahrhundert erbaut wurde, dennoch eine Menge alter und verfallender Häuser zählt, ja daß die größere Zahl der Häuser schon jetzt in dem letzten Stadium der Bewohnbarkeit sich befindet.

Ich will nicht davon reden, wieviel Kapital auf diese Weise verschwendet wird, mit wie wenig mehr ursprünglicher Anlage und späterer Reparatur dieser ganze Bezirk lange Jahre hindurch reinlich, anständig und wohnlich gehalten werden könnte – mich geht hier nur die Lage der Häuser und ihrer Bewohner an, und da muß allerdings gesagt werden, daß es kein schädlicheres und demoralisierenderes System, die Arbeiter unterzubringen, gibt als gerade dieses. Der Arbeiter ist gezwungen, solche verkommene Cottages zu bewohnen, weil er keine besseren bezahlen kann oder weil keine besseren in der Nähe seiner Fabrik liegen, vielleicht auch gar, weil sie dem Fabrikanten gehören und dieser ihn nur dann in Arbeit nimmt, wenn er eine solche Wohnung bezieht. Natürlich wird es mit den vierzig Jahren so genau nicht gehalten, denn wenn die Wohnungen in einem stark bebauten Stadtteil liegen und also bei teurer Grundpacht viel Aussicht da ist, stets Mieter für jene zu finden, tun die Unternehmer auch wohl etwas, um sie über vierzig Jahre hinaus einigermaßen in bewohnbarem Zustande zu erhalten; aber auch gewiß nicht mehr als das Allernötigste, und diese reparierten Wohnungen sind dann gerade die allerschlechtesten. Zuweilen, bei drohenden Epidemien, wird das sonst sehr schläfrige Gewissen der Gesundheitspolizei etwas aufgeregt, und dann unternimmt sie Streifzüge in die Arbeiterdistrikte, schließt ganze Reihen von Kellern und Cottages, wie dies z. B. mit mehreren Gassen in der Nähe von Oldham Road geschehen ist; aber das dauert nicht lange, die geächteten Wohnungen finden bald wieder Insassen, und die Eigentümer stehen sich besser dabei, wenn sie sich wieder Mieter suchen – man weiß ja, daß die Gesundheitspolizei so bald nicht wiederkommt!

Diese östliche und nordöstliche Seite von Manchester ist die einzige, an welcher sich die Bourgeoisie nicht angebaut hat – aus dem Grunde, weil der hier zehn oder elf Monate im Jahr herrschende West- und Südwestwind den Rauch aller Fabriken – und der ist nicht gering – stets nach dieser Seite hinübertreibt. Den können die Arbeiter allein einatmen.

Südlich von Great Ancoats Street liegt ein großer halbbebauter Arbeiterbezirk – ein hügeliger, nackter Strich Landes, mit einzelnen unordentlich angelegten Häuserreihen oder Karrees besetzt. Dazwischen leere Bauplätze, uneben, lehmig, ohne Gras und daher bei feuchtem Wetter kaum zu passieren. Die Cottages sind alle schmutzig und alt, liegen oft in tiefen Löchern und erinnern überhaupt an die Neustadt. Die von der Birminghamer Eisenbahn durchschnittene Strecke ist die am dichtesten bebaute, also auch die schlechteste. Hier fließt in unzähligen Krümmungen der Medlock durch ein Tal, das stellenweise mit dem des Irk auf gleicher Stufe steht. Zu beiden Seiten des wieder pechschwarzen, stagnierenden und stinkenden Flusses, von seinem Eintritt in die Stadt bis zu seiner Vereinigung mit dem Irwell, zieht sich ein breiter Gürtel von Fabriken und Arbeiterwohnungen, welche letzteren alle in dem schlechtesten Zustande sind. Das Ufer ist meist abschüssig und bis in den Fluß hinein bebaut, gerade wie wir es am Irk gesehen haben, und die Anlage der Häuser und Straßen ist gleich schlecht, ob sie auf der Seite von Manchester oder der von Ardwick, Chorlton oder Hulme angelegt sind.

Der abscheulichste Fleck – wenn ich alle die einzelnen Flecke detaillieren wollte, würde ich nicht zu Ende kommen – liegt aber auf der Manchester-Seite, gleich südwestlich von Oxford Road und heißt Klein-Irland (Little Ireland). In einem ziemlich tiefen Loche, das in einem Halbkreis vom Medlock und an allen vier Seiten von hohen Fabriken, hohen bebauten Ufern oder Aufschüttungen umgeben ist, liegen in zwei Gruppen etwa 200 Cottages, meist mit gemeinschaftlichen Rückwänden für je zwei Wohnungen, worin zusammen an 4000 Menschen, fast lauter Irländer, wohnen. Die Cottages sind alt, schmutzig und von der kleinsten Sorte, die Straßen uneben, holperig und zum Teil ungepflastert und ohne Abflüsse; eine Unmasse Unrat, Abfall und ekelhafter Kot liegt zwischen stehenden Lachen überall herum, die Atmosphäre ist durch die Ausdünstungen derselben verpestet und durch den Rauch von einem Dutzend Fabrikschornsteinen verfinstert und schwer gemacht – eine Menge zerlumpter Kinder und Weiber treibt sich hier umher, ebenso schmutzig wie die Schweine, die sich auf den Aschenhaufen und in den Pfützen wohl sein lassen – kurz, das ganze Nest gewährt einen so unangenehmen, so zurückstoßenden Anblick wie kaum die schlechtesten Höfe am Irk. Das Geschlecht, das in diesen verfallenden Cottages, hinter den zerbrochenen und mit Ölleinwand verklebten Fenstern, den rissigen Türen und abfaulenden Pfosten oder gar in den finstern nassen Kellern, zwischen diesem grenzenlosen Schmutz und Gestank in dieser wie absichtlich eingesperrten Atmosphäre lebt – das Geschlecht muß wirklich auf der niedrigsten Stufe der Menschheit stehn – das ist der Eindruck und die Schlußfolgerung, die einem bloß die Außenseite dieses Bezirks aufdrängt. Aber was soll man sagen, wenn man hört*, daß in jedem dieser Häuschen, das allerhöchstens zwei Zimmer und den Dachraum, vielleicht noch einen Keller hat, durchschnittlich zwanzig Menschen wohnen, daß in dem ganzen Bezirk nur auf etwa 120 Menschen ein – natürlich meist ganz unzugänglicher – Abtritt kommt und daß trotz alles Predigens der Ärzte, trotz der Aufregung, in die zur Cholerazeit die Gesundheitspolizei über den Zustand von Klein-Irland geriet, dennoch alles heute im Jahr der Gnade 1844 fast in demselben Zustande ist wie 1831? Dr. Kay erzählt, daß nicht nur die Keller, sondern sogar die Erdgeschosse aller Häuser in diesem Bezirk feucht seien; daß früher eine Anzahl Keller mit Erde aufgefüllt worden, allmählich aber wieder ausgeleert und jetzt von Irländern bewohnt würden – daß in einem Keller das Wasser – da der Boden des Kellers tiefer lag als der Fluß – fortwährend aus einem mit Lehm verstopften Versenkloch

---

* *Dr. Kay,* a. a. O.

herausgequollen sei, so daß der Bewohner, ein Handweber, jeden Morgen seinen Keller habe trocken schöpfen und das Wasser auf die Straße gießen müssen! Weiter abwärts liegt, auf der linken Seite des Medlock, Hulme, das eigentlich nur ein großes Arbeiterviertel ist und dessen Zustand fast ganz mit dem des Bezirks von Ancoats übereinstimmt. Die dichter bebauten Bezirke meist schlecht und dem Verfall nahend, die weniger bevölkerten von neuerer Bauart, luftiger, aber meist im Kot versunken. Feuchte Lage der Cottages allgemein, ebenso die Bauart mit Hintergassen und Kellerwohnungen. Auf der gegenüberliegenden Seite des Medlock, im eigentlichen Manchester, liegt ein zweiter großer Arbeiterdistrikt, der sich zu beiden Seiten von Deansgate bis an das kommerzielle Viertel erstreckt und teilweise der Altstadt nichts nachgibt. Namentlich in der unmittelbaren Nähe des kommerziellen Viertels, zwischen Bridge Street und Quay Street, Princess Street und Peter Street, übertrifft die Gedrängtheit der Bauart stellenweise die engsten Höfe der Altstadt. Hier findet man lange schmale Gassen, zwischen denen enge, winklige Höfe und Passagen sich befinden, deren Aus- und Eingänge so unordentlich angelegt sind, daß man in diesem Labyrinth alle Augenblicke in einem Sack festrennt oder an der ganz verkehrten Stelle herauskommt, wenn man nicht jede Passage und jeden Hof genau kennt. In diesen engen, verfallenen und schmutzigen Gegenden wohnt nach Dr. Kay die demoralisierteste Klasse von ganz Manchester, deren Handwerk Diebstahl oder Prostitution ist, und allem Anscheine nach hat er, auch jetzt noch, darin recht. Als auch hier die Gesundheitspolizei 1831 ihren Streifzug machte, fand sie in diesem Bezirk die Unreinlichkeit ebenso groß wie am Irk oder in Little Ireland (daß es damit jetzt noch nicht viel besser steht, kann ich bezeugen) und unter anderem in Parliament Street für dreihundertundachtzig Menschen und in Parliament Passage für dreißig starkbevölkerte Häuser nur einen einzigen Abtritt.

Gehen wir über den Irwell nach Salford, so finden wir auf einer von diesem Flusse gebildeten Halbinsel eine Stadt, die achtzigtausend Einwohner zählt und eigentlich nur ein großer, von einer einzigen breiten Straße durchschnittener Arbeiterbezirk ist. Salford, früher bedeutender als Manchester, war damals der Hauptort des umliegenden Distrikts und gibt ihm noch den Namen (Salford Hundred). Daher kommt es, daß sich auch hier ein ziemlich alter und folglich jetzt sehr ungesunder, schmutziger und verfallener Bezirk vorfindet, der der alten Kirche von Manchester gegenüberliegt und in ebenso schlechtem Zustande ist wie die Altstadt auf der andern Seite des Irwell. Weiter vom Flusse ab liegt ein neuerer Distrikt, der aber ebenfalls schon über vierzig Jahre und daher baufällig genug ist. Ganz Salford ist in Höfen oder schmalen Gassen gebaut, die so eng sind, daß sie mich an die engsten erinnerten, die ich gesehen habe, nämlich an die schmalen Gäßchen von Genua. In dieser Beziehung ist die durchschnittliche Bauart von Salford noch bedeutend schlechter als die von Manchester, und ebenso ist es mit der Reinlichkeit. Wenn

in Manchester die Polizei wenigstens von Zeit zu Zeit – alle sechs bis zehn Jahre einmal – sich in die Arbeiterbezirke begab, die schlechtesten Wohnungen schloß, die schmutzigsten Stellen dieses Augiasstalles fegen ließ, so scheint sie in Salford gar nichts getan zu haben. Die engen Seitengassen und Höfe von Chapel Street, Greengate und Gravel Lane sind gewiß seit ihrer Erbauung nicht gereinigt worden – jetzt geht die Liverpooler Eisenbahn auf einem hohen Viadukt mitten dadurch und hat manchen der schmutzigsten Winkel weggenommen, aber was hilft das?
Wenn man über diesen Viadukt fährt, so sieht man noch Schmutz und Elend genug von oben herab, und wenn man sich die Mühe nimmt, diese Gäßchen zu durchstreichen, durch die offenen Türen und Fenster in die Keller und Häuser hineinzublicken, so kann man sich jeden Augenblick überzeugen, daß die Arbeiter von Salford in Wohnungen leben, in denen Reinlichkeit und Bequemlichkeit unmöglich sind. Ganz dasselbe finden wir in den entfernter gelegenen Strichen von Salford, in Islington, an Regent Road und hinter der Boltoner Eisenbahn. Die Arbeiterwohnungen zwischen Oldfield Road und Cross Lane, wo sich zu beiden Seiten von Hope Street eine Menge von Höfen und Gassen im schlechtesten Zustande finden, wetteifern an Schmutz und gedrängter Einwohnerschaft mit der Altstadt von Manchester; in dieser Gegend fand ich einen Mann, der dem Aussehen nach sechzig Jahre alt war, in einem Kuhstall wohnend – er hatte sich den fensterlosen, weder gedielten noch gepflasterten viereckigen Kasten mit einer Art Rauchfang versehen, eine Bettstelle hineingebracht und wohnte darin, obwohl der Regen durch das schlechte, verfallene Dach troff. Der Mann war zu alt und zu schwach zur regelmäßigen Arbeit und ernährte sich durch Mistfahren usw. mit seiner Schubkarre; die Mistpfütze stieß dicht an seinen Stall.
Das sind die verschiedenen Arbeiterbezirke von Manchester, wie ich sie selbst während zwanzig Monaten zu beobachten Gelegenheit hatte. Fassen wir das Resultat unsrer Wanderung durch diese Gegenden zusammen, so müssen wir sagen, daß dreihundertfünfzigtausend Arbeiter von Manchester und seinen Vorstädten fast alle in schlechten, feuchten und schmutzigen Cottages wohnen, daß die Straßen, die sie einnehmen, meist in dem schlechtesten und unreinsten Zustande sich befinden und ohne alle Rücksicht auf Ventilation, bloß mit Rücksicht auf den dem Erbauer zufließenden Gewinn angelegt worden sind – mit einem Wort, daß in den Arbeiterwohnungen von Manchester keine Reinlichkeit, keine Bequemlichkeit, also auch keine Häuslichkeit möglich ist; daß in diesen Wohnungen nur eine entmenschte, degradierte, intellektuell und moralisch zur Bestialität herabgewürdigte, körperlich kränkliche Rasse sich behaglich und heimisch fühlen kann. Und ich bin nicht der einzige, der das behauptet; wir haben gesehen, daß Dr. Kay ganz dieselbe Beschreibung gibt, und zum Überfluß will ich noch die Worte eines Liberalen, einer anerkannten und sehr geschätzten Autorität der Fabrikanten,

eines fanatischen Gegners aller selbständigen Arbeiterbewegungen, die Worte des Herrn *Senior* hersetzen*:

»Als ich durch die Wohnungen der Fabrikarbeiter in der irischen Stadt, Ancoats und Klein-Irland ging, erstaunte ich nur darüber, daß es möglich sei, in solchen Wohnungen eine erträgliche Gesundheit zu bewahren. Diese Städte – denn das sind sie in Ausdehnung und Einwohnerzahl – sind errichtet worden mit der äußersten Rücksichtslosigkeit gegen alles, ausgenommen unmittelbaren Nutzen für die spekulierenden Erbauer. Ein Zimmermann und ein Maurer vereinigen sich, eine Reihe Bauplätze zu kaufen« (d. h. auf eine Anzahl Jahre zu mieten) »und diese mit sogenannten Häusern zu bedecken; an einer Stelle fanden wir eine ganze Straße, die dem Laufe eines Grabens folgte, damit man ohne die Kosten der Ausgrabung tiefere Keller bekam – Keller, nicht zu Rumpelkammern und Niederlagen, sondern zu Wohnungen für Menschen. *Kein einziges Haus in dieser Straße entging der Cholera.* Und im allgemeinen sind die Straßen in diesen Vorstädten ungepflastert, mit einem Düngerhaufen oder einer Lache in der Mitte, die Häuser mit der Rückwand zusammengebaut und ohne Ventilation oder Trockenlegung, und ganze Familien sind auf den Winkel eines Kellers oder einer Dachstube beschränkt.«

[Lebensgewohnheiten der Arbeiter]

Ich erwähnte schon oben einer ungewöhnlichen Tätigkeit, die die Gesundheitspolizei zur Cholerazeit in Manchester entwickelte. Als nämlich diese Epidemie herannahte, befiel ein allgemeiner Schrecken die Bourgeoisie dieser Stadt; man erinnerte sich auf einmal der ungesunden Wohnungen der Armut und zitterte bei der Gewißheit, daß jedes dieser schlechten Viertel ein Zentrum für die Seuche bilden würde, von wo aus sie ihre Verwüstungen nach allen Richtungen in die Wohnsitze der besitzenden Klasse ausbreite. Sogleich wurde eine Gesundheitskommission ernannt, um diese Bezirke zu untersuchen und über ihren Zustand genau an den Stadtrat zu berichten. Dr. Kay, selbst Mitglied der Kommission, die jeden einzelnen Polizeidistrikt, mit Ausnahme des elften, speziell besichtigte, gibt aus ihrem Bericht einzelne Auszüge. Es wurden im ganzen 6951 Häuser – natürlich nur im *eigentlichen* Manchester, mit Ausschluß von Salford und den übrigen Vorstädten – inspiziert; davon hatten 2565 dringend einen inneren Kalkanstrich nötig, an 960 waren notwendige Reparaturen vernachlässigt (were out of repair), 939 waren ohne hinreichende Abflüsse, 1435 waren feucht, 452 schlecht ventiliert, 2221 ohne Abtritte. Von den inspizierten 687 Straßen waren 248 un-

---

* *Nassau W. Senior*, »Letters on the Factory Act to the Rt. Hon. the President of the Board of Trade« (Chas. Poulett Thomson Esq.). London 1837. – p. 24.

gepflastert, 53 nur teilweise gepflastert, 112 schlecht ventiliert, 352 enthielten stehende Pfützen, Haufen von Unrat, Abfall und dergleichen. Natürlich einen solchen Augiasstall vor der Ankunft der Cholera zu fegen war platterdings unmöglich; daher begnügte man sich mit der Reinigung einiger der schlechtesten Winkel und ließ sonst alles beim alten – es versteht sich, daß an den gereinigten Stellen, wie Klein-Irland beweist, nach ein paar Monaten die alte Unflaterei wiederhergestellt war. Und über den inneren Zustand dieser Wohnungen berichtet dieselbe Kommission Ähnliches, wie wir von London, Edinburgh und anderen Städten hörten:

»Oft ist eine ganze irische Familie in *einem* Bett zusammengedrängt; oft verbirgt ein Haufen schmutziges Stroh und Decken von altem Sackleinen alle in einem ununterscheidbaren Haufen, wo jeder durch Mangel, Stumpfsinn und Liederlichkeit gleich erniedrigt ist. Oft fanden die Inspektoren in einem Hause mit zwei Zimmern zwei Familien; in dem einen Zimmer schliefen sie alle, das andre war gemeinsames Eßzimmer und Küche; und oft wohnte mehr als eine Familie in einem einstubigen feuchten Keller, in dessen pestilenzialischer Atmosphäre zwölf bis sechzehn Menschen zusammengedrängt waren; zu diesen und anderen Quellen von Krankheiten kamen noch, daß Schweine darin gehalten wurden und andere Ekelhaftigkeiten der empörendsten Art sich vorfanden*.«

Wir müssen hinzufügen, daß viele Familien, die selbst nur ein Zimmer haben, darin Kostgänger und Schlafgenossen für eine Entschädigung aufnehmen, daß solche Kostgänger von beiden Geschlechtern nicht selten sogar mit dem Ehepaar in einem und demselben Bette schlafen und daß z. B. der eine Fall, daß ein Mann, seine Frau und seine erwachsene Schwiegerin in *einem* Bette schliefen, nach dem »Bericht über den Gesundheitszustand der Arbeiterklasse«, in Manchester sechs- oder mehrmal vorgefunden wurde. Die gemeinen Logierhäuser sind auch hier sehr zahlreich; Dr. Kay gibt ihre Zahl 1831 auf 267 im eigentlichen Manchester an, und seitdem muß sie sich sehr vermehrt haben. Diese nehmen jedes zwischen zwanzig und dreißig Gäste auf und beherbergen also zusammen jede Nacht zwischen fünf- und siebentausend Menschen; der Charakter der Häuser und ihrer Kunden ist derselbe wie in den andern Städten. Fünf bis sieben Betten liegen in jedem Zimmer ohne Bettstellen auf der Erde, und darauf werden so viel Menschen gelegt, wie sich finden, und alles durcheinander. Welche physische und moralische Atmosphäre in diesen Höhlen des Lasters herrscht, brauche ich wohl nicht zu sagen. Jedes dieser Häuser ist ein Fokus des Verbrechens und der Schauplatz von Handlungen, die die Menschlichkeit empören und vielleicht ohne diese

---

* *Kay*, a. a. O. p. 32.

gewaltsame Zentralisation der Unsittlichkeit nie zur Ausführung gekommen wären. Die Anzahl der in Kellerwohnungen lebenden Individuen gibt *Gaskell**** für das eigentliche Manchester auf 20000 an. Das »*Weekly Dispatch*« gibt die Anzahl »nach offiziellen Berichten« auf 12 Prozent der Arbeiterklasse an, was damit stimmen würde – die Anzahl der Arbeiter zu 175000 angenommen, sind 12 Prozent gleich 21000. Die Kellerwohnungen in den Vorstädten sind *mindestens* ebenso zahlreich, und so wird die Zahl der in Manchester im weiteren Sinne in Kellern wohnenden Personen nicht unter 40000 bis 50000 betragen. Soviel über die Wohnungen der Arbeiter in den großen Städten. Die Befriedigung des Bedürfnisses für Obdach wird einen Maßstab abgeben für die Art, in welcher alle übrigen Bedürfnisse befriedigt werden. Daß in diesen schmutzigen Löchern nur eine zerlumpte, schlecht genährte Einwohnerschaft sich aufhalten kann, läßt sich schon schließen. Und so ist es auch. Die Kleidung der Arbeiter ist bei der ungeheuren Majorität in sehr schlechtem Zustande. Schon die Stoffe, die dazu genommen werden, sind nicht die geeignetsten; Leinen und Wolle sind aus der Garderobe beider Geschlechter fast verschwunden, und an ihre Stelle ist Baumwolle getreten. Die Hemden sind von gebleichtem oder buntem Kattun, ebenso die Kleider der Frauenzimmer meist gedruckter Kattun, wollene Unterröcke sieht man ebenfalls selten auf den Waschleinen. Die Männer haben meist Beinkleider von Baumwollensamt oder anderen schweren baumwollenen Stoffen und Röcke oder Jacken von demselben Zeuge. Der Baumwollensamt (fustian) ist sogar sprichwörtlich die Tracht der Arbeiter geworden – fustian-jackets, so werden die Arbeiter genannt und nennen sich selbst so im Gegensatz zu den Herren in wollenem Tuch (broadcloth), welches letztere ebenfalls als Bezeichnung für die Mittelklasse gebraucht wird. Als Feargus O'Connor, der Chartistenchef, während der Insurrektion von 1842 nach Manchester kam, erschien er unter dem rasendsten Beifall der Arbeiter in einem baumwollensamtnen Anzuge. Hüte sind in England die allgemeine Tracht auch der Arbeiter, Hüte der verschiedensten Formen, runde, kegelförmige oder zylindrische, breit-

---

* P. Gaskell, »The Manufacturing Population of England, its Moral, Social, and Physical Conditions, and the Changes which have arisen from the Use of Steam Machinery; with an Examination of Infant Labour«. »Fiat Justitia«. – 1833. – Hauptsächlich die Lage der Arbeiter in Lancashire schildernd. Der Verfasser ist ein Liberaler, schrieb aber zu einer Zeit, wo es noch nicht zum Liberalismus gehörte, das »Glück« der Arbeiter zu preisen. Daher ist er noch unbefangen und darf noch Augen haben für die Übel des jetzigen Zustandes, und namentlich des Fabriksystems. Dafür schrieb er aber auch *vor* der Factories Inquiry Commission und entnimmt aus zweideutigen Quellen manche später durch den Kommissionsbericht widerlegte Behauptung. Das Werk, obwohl im ganzen gut, ist daher, und weil er wie Kay die Arbeiterklasse überhaupt mit der Fabrikarbeiterklasse im besondern verwechselt, in Einzelheiten nur mit Vorsicht zu gebrauchen. Die in der Einleitung gegebene Entwicklungsgeschichte des Proletariats ist hauptsächlich aus diesem Werke genommen.

randig, schmalrandig oder randlos – nur jüngere Leute tragen in den Fabrikstädten Mützen. Wer keinen Hut hat, faltet sich von Papier eine niedrige, viereckige Kappe. Die ganze Bekleidung der Arbeiter – auch vorausgesetzt, daß sie in gutem Zustande ist – ist wenig in Einklang mit dem Klima. Die feuchte Luft Englands, die mit ihren schnellen Witterungswechseln mehr als jede andere Erkältungen hervorruft, nötigt fast die ganze Mittelklasse, Flanell auf der bloßen Haut des Oberkörpers zu tragen; flanellne Halsbinden, Jacken und Leibbinden sind fast allgemein im Gebrauch. Die arbeitende Klasse entbehrt nicht nur dieser Vorsorge, sondern ist auch fast nie imstande, überhaupt einen Faden Wolle zur Kleidung zu verwenden. Die schweren Baumwollenzeuge aber, obwohl dicker, steifer und schwerer als wollenes Tuch, halten dennoch Kälte und Nässe viel weniger ab als dieses, bleiben wegen ihrer Dicke und wegen der Natur des Materials länger feucht und haben überhaupt nicht die Dichtigkeit des gewalkten Wollentuchs. Und wenn der Arbeiter sich einmal einen wollenen Rock für den Sonntag anschaffen kann, so muß er in einen der »billigen Läden« gehen, wo er schlechtes, sogenanntes »devil's dust«-Tuch bekommt, das »nur aufs Verkaufen, nicht aufs Tragen« gemacht ist und nach vierzehn Tagen reißt oder fadenscheinig wird – oder er muß sich beim Trödler einen halbverschlissenen alten Rock kaufen, dessen beste Zeit vorüber ist und der ihm nur für wenige Wochen gute Dienste leistet. Dazu kommt aber noch bei den meisten der schlechte Zustand ihrer Garderobe und von Zeit zu Zeit die Notwendigkeit, die besseren Kleidungsstücke ins Pfandhaus zu tragen. Bei einer sehr, sehr großen Anzahl aber, besonders denen irischen Bluts, sind die Kleider wahre Lumpen, die oft gar nicht mehr flickfähig sind oder bei denen man vor lauter Flicken die ursprüngliche Farbe gar nicht mehr erkennt. Die Engländer oder die Anglo-Iren flicken doch noch und haben es in dieser Kunst merkwürdig weit gebracht – Wolle oder Sackleinen auf Baumwollensamt oder umgekehrt, das macht gar nichts aus – aber die echten, eingewanderten Irländer flicken fast nie, nur im höchsten Notfalle, wenn das Kleid sonst in zwei Stücke reißt; gewöhnlich hangen die Lumpen des Hemdes durch die Risse des Rocks oder der Hosen heraus; sie tragen, wie Thomas Carlyle* sagt, »einen Anzug von Fetzen, die aus- und anzuziehen eine der schwierigsten Operationen ist und nur an Festtagen und zu besonders günstigen Zeiten vorgenommen wird«.
Die Irländer haben auch das früher in England unbekannte Barfußgehen mit herübergebracht. Jetzt sieht man in allen Fabrikstädten eine Menge Leute, namentlich Kinder und Weiber, barfuß umhergehen, und dies findet allmählich auch bei den ärmeren Engländern Eingang.
Wie mit der Kleidung, so mit der Nahrung. Die Arbeiter bekommen das, was der

---

* *Thomas Carlyle*, »Chartism«. London 1840. – p. 28. – Über Thomas Carlyle siehe unten.

besitzenden Klasse zu schlecht ist. In den großen Städten Englands kann man alles aufs beste haben, aber es kostet teures Geld; der Arbeiter, der mit seinen paar Groschen haushalten muß, kann so viel nicht anlegen. Dazu bekommt er seinen Lohn meist erst Samstag abends ausgezahlt – man hat angefangen, schon Freitag zu zahlen, aber diese sehr gute Einrichtung ist noch lange nicht allgemein – und so kommt er Samstag abends um vier, fünf oder sieben Uhr erst auf den Markt, von dem während des Vormittags schon die Mittelklasse sich das Beste ausgesucht hat. Des Morgens strotzt der Markt von den besten Sachen, aber wenn die Arbeiter kommen, ist das Beste fort, und wenn es auch noch da wäre, so würden sie es wahrscheinlich nicht kaufen können. Die Kartoffeln, die der Arbeiter kauft, sind meist schlecht, die Gemüse verwelkt, der Käse alt und von geringer Qualität, der Speck ranzig, das Fleisch mager, alt, zäh, von alten, oft kranken oder verreckten Tieren – oft schon halb faul. Die Verkäufer sind meistens kleine Höker, die schlechtes Zeug zusammenkaufen und es eben wegen seiner Schlechtigkeit so billig wieder verkaufen können. Die ärmsten Arbeiter müssen noch einen andern Kunstgriff gebrauchen, um mit ihrem wenigen Gelde selbst bei der schlechtesten Qualität der einzukaufenden Artikel auszukommen. Da nämlich um zwölf Uhr am Sonnabendabend alle Läden geschlossen werden müssen und am Sonntag nichts verkauft werden darf, so werden zwischen zehn und zwölf Uhr diejenigen Waren, die bis zum Montagmorgen verderben würden, zu Spottpreisen losgeschlagen. Was aber um zehn Uhr noch liegengeblieben ist, davon sind neun Zehntel am Sonntagmorgen nicht mehr genießbar, und gerade diese Waren bilden den Sonntagstisch der ärmsten Klasse. Das Fleisch, das die Arbeiter bekommen, ist sehr häufig ungenießbar – weil sie's aber einmal gekauft haben, so müssen sie es essen. Am 6. Januar (wenn ich nicht sehr irre) 1844 war Marktgericht (court leet) in Manchester, wobei elf Fleischverkäufer gestraft wurden, weil sie ungenießbares Fleisch verkauft hatten. Jeder derselben hatte ein ganzes Rind oder Schwein oder mehrere Schafe oder 50 bis 60 Pfund Fleisch, die alle in diesem Zustande konfisziert worden waren. Bei einem derselben wurden 64 gefüllte Weihnachtsgänse mit Beschlag belegt, die zu Liverpool nicht verkauft und infolgedessen nach Manchester transportiert worden waren, wo sie faul und stinkend auf den Markt kamen. Die ganze Geschichte mit Namen und Strafbetrag wurde damals im »Manchester Guardian« erzählt. In den sechs Wochen vom 1. Juli bis 14. August berichtet dasselbe Blatt drei Fälle derselben Art; nach der Nummer vom 3. Juli wurde zu Heywood ein Schwein von 200 Pfund, das tot und faul gefunden, bei einem Schlächter zerhackt und zum Verkauf ausgestellt war, konfisziert; nach der vom 31. Juli wurden zwei Schlächter zu Wigan, deren einer schon früher sich desselben Vergehens schuldig gemacht hatte, wegen Ausstellung von ungenießbarem Fleisch in 2 Pfd. St. und 4 Pfd. St. Strafe genommen, und laut Nummer vom 10. August bei einem Krämer zu Bolton 26 ungenießbare Schinken mit Beschlag belegt, öffentlich verbrannt und der Krämer im Betrage von 20 sh. gestraft. Das sind aber lange noch nicht alle Fälle, noch nicht einmal ein Durchschnitt für die Zeit von sechs Wochen, wonach der Jahresdurchschnitt zu berechnen wäre – es kommen oft Zeiten, wo jede Nummer des zweimal wöchentlich erscheinenden »Guardian« einen solchen Fall aus Manchester oder dem umliegenden Fabrikdistrikt bringt – und wenn man bedenkt, wie viele Fälle bei den ausgedehnten Märkten, die sich an allen Hauptstraßenfronten entlangziehen, und bei der wenigen Aufsicht den Marktinspektoren entgehen müssen – wie ist sonst auch die Frechheit erklärlich, mit der ganze Stücke Vieh zum Verkauf gebracht werden? – wenn man bedenkt, wie groß die Versuchung bei den oben angegebenen unbegreiflich niedrigen Strafbeträgen sein muß – wenn man bedenkt, in welchem Zustande ein Stück Fleisch schon sein muß, um von den Inspektoren als total ungenießbar konfisziert werden zu können, so kann man unmöglich glauben, daß die Arbeiter im Durchschnitt gutes und nahrhaftes Fleisch bekommen. Aber sie werden auch auf noch andere Weise von der Geldgier der Mittelklasse geprellt. Die Krämer und Fabrikanten verfälschen alle Nahrungsmittel auf eine unverantwortliche Weise und mit der größten Rücksichtslosigkeit gegen die Gesundheit derer, die sie verzehren sollen. Wir ließen oben den »Manchester Guardian« sprechen, hören wir jetzt ein anderes Blatt der Mittelklasse – ich liebe es, meine Gegner zu Zeugen zu nehmen – hören wir den *Liverpool Mercury*«:

»Gesalzene Butter wird für frische verkauft, entweder indem die Klumpen mit einem Überzuge von frischer Butter bedeckt oder indem ein frisches Pfund zum Schmecken oben hingelegt und nach dieser Probe die gesalzenen Pfunde verkauft werden, oder indem das Salz ausgewaschen und die Butter dann für frische verkauft wird. Unter den Zucker wird gestoßener Reis oder andere wohlfeile Sachen gemischt und zum vollen Preise verkauft. Der Abfall der Seifensiedereien wird ebenfalls mit andern Stoffen vermischt und als Zucker verkauft. Unter gemahlnen Kaffee wird Zichorie oder anderes wohlfeiles Zeug gemischt, ja sogar unter ungemahlnen, wobei die Mischung in die Form von Kaffeebohnen gebracht wird. Kakao wird sehr häufig mit feiner brauner Erde versetzt, die mit Hammelfett gerieben ist und sich dann mit dem echten Kakao leichter vermischt. Tee wird mit Schlehenblättern und anderem Unrat vermischt, oder ausgebrauchte Teeblätter werden getrocknet, auf kupfernen heißen Platten geröstet, damit sie wieder Farbe bekommen, und so für frisch verkauft. Pfeffer wird mit Staub von Hülsen usw. verfälscht; Portwein wird geradezu fabriziert (aus Farbstoffen, Alkohol usw.), da es notorisch ist, daß in England allein mehr davon getrunken wird, als in ganz Portugal wächst, und Tabak wird mit ekelhaften Stoffen aller Art vermischt in allen möglichen Formen, die diesem Artikel gegeben werden.«

(Ich kann hinzusetzen, daß wegen der allgemeinen Tabaksverfälschung mehrere der angesehensten Tabakshändler von Manchester im vorigen Sommer öffentlich erklärten, kein derartiges Geschäft könne ohne Verfälschung bestehen, und daß keine einzige Zigarre, die weniger als 3 Pence kostet, ganz aus Tabak besteht.) Natürlich bleibt es nicht bei den Betrügereien in Nahrungsmitteln, deren ich noch ein Dutzend – unter andern die Niederträchtigkeit, Gips oder Kreide unter das Mehl zu mischen – anführen könnte; in allen Artikeln wird betrogen, Flanell, Strümpfe usw. werden gereckt, um größer zu erscheinen, und laufen nach der ersten Wäsche ein, schmales Tuch wird für anderthalb oder drei Zoll breiteres verkauft, Steingut wird so dünn glasiert, daß die Glasur so gut wie keine ist und gleich springt, und hundert andere Schändlichkeiten. Tout comme chez nous – aber wer die üblen Folgen der Betrügerei am meisten zu tragen hat, das sind die Arbeiter. Der Reiche wird nicht betrogen, weil er die teuren Preise der großen Läden bezahlen kann, die auf guten Ruf halten müssen und sich selbst am meisten schaden würden, wenn sie schlechte, verfälschte Ware hielten; der Reiche ist verwöhnt durch gute Kost und merkt den Betrug leichter mit seiner feinen Zunge. Aber der Arme, der Arbeiter, bei dem ein paar Pfennige viel ausmachen, der für wenig Geld viel Waren haben muß, der auf die Qualität so genau nicht sehen darf und kann, weil er nie Gelegenheit hatte, seinen Geschmackssinn zu verfeinern, der bekommt all die verfälschte, ja oft vergiftete Ware; er muß zu kleinen Krämern gehen, muß vielleicht sogar auf Kredit kaufen, und diese Krämer, die wegen ihres kleinen Kapitals und der größern Geschäftsunkosten bei gleicher Qualität gar nicht einmal so wohlfeil verkaufen können wie die bedeutenden Detaillisten, müssen schon um der von ihnen verlangten niedrigeren Preise und um der Konkurrenz der übrigen willen verfälschte Ware wissentlich oder unwissentlich anschaffen. Dazu, wenn ein bedeutender Detaillist, der großes Kapital in seinem Geschäft stecken hat, bei einem entdeckten Betrug durch seinen ruinierten Kredit mit ruiniert ist – was verschlägt es einem Winkelkrämer, der eine einzige Straße mit Waren versorgt, ob man ihm Betrügereien nachweist? Traut man ihm in Ancoats nicht mehr, so zieht er nach Chorlton oder Hulme, wo ihn niemand kennt und wo er wieder von vorn anfängt zu betrügen; und gesetzliche Strafen stehen auf den wenigsten Verfälschungen, es sei denn, daß sie zugleich einen Akzise-Unterschleif involvieren. Aber nicht nur in der Qualität, sondern auch in der Quantität der Waren wird der englische Arbeiter betrogen; die kleinen Krämer haben großenteils falsche Maße und Gewichte, und eine unglaubliche Menge Straffälle wegen solcher Vergehen sind täglich in den Polizeiberichten zu lesen. Wie allgemein diese Art Betrügerei in den Fabrikdistrikten ist, mögen ein paar Auszüge aus dem »Manchester Guardian« lehren; sie erstrecken sich nur über einen kurzen Zeitraum, und selbst hier liegen mir nicht *alle* Nummern vor:
Guard[ian], 16. Juni 1844. *Rochdaler* Sessionen – 4 Krämer wegen zu leichter

Gewichte in 5 bis 10 sh. gestraft. *Stockporter* Sessionen – 2 Krämer mit 1 sh. bestraft – einer davon hatte sieben leichte Gewichte und eine falsche Waagschale, und beide waren vorher gewarnt.

Guard. 19. Juni. *Rochdaler* Sessionen – ein Krämer mit 5 und zwei Bauern mit 10 sh. Strafe belegt.

Guard. 22. Juni. *Manchester* Friedensgericht – 19 Krämer von 2½ sh. bis 2 Pfd. gestraft.

Guard. 26. Juni. *Ashtoner* Sessionen – 14 Krämer und Bauern von 2½ sh. bis 1 Pfd. bestraft. *Hyder* kleine Session – 9 Bauern und Krämer in die Kosten und 5 sh. Strafe verurteilt.

Guard. 6. Juli. *Manchester* – 16 Krämer verurteilt in die Kosten und Strafen bis zu 10 sh.

Guard. 13. Juli. *Manchester* – 9 Krämer von 2½ bis 20 sh. bestraft.

Guard. 24. Juli. *Rochdaler* – 4 Krämer von 10 bis 20 sh. bestraft.

Guard. 27. Juli. *Bolton* – 12 Krämer und Wirte verurteilt in die Kosten.

Guard. 3 August. *Bolton* – drei desgleichen zu 2½ bis 5 sh. Strafe.

Guard. 10. August. *Bolton* – ein desgleichen zu 5 sh. Strafe.

Und aus denselben Gründen, aus denen der Betrug in der Qualität der Waren hauptsächlich auf die Arbeiter fiel, aus denselben fällt auch der quantitative Betrug auf sie.

Die gewöhnliche Nahrung der einzelnen Arbeiter selbst ist natürlich nach dem Arbeitslohn verschieden. Die besserbezahlten Arbeiter, besonders solche Fabrikarbeiter, bei denen jedes Familienmitglied imstande ist, etwas zu verdienen, haben, solange das dauert, gute Nahrung, täglich Fleisch und abends Speck und Käse. Wo weniger verdient wird, findet man nur sonntags oder zwei- bis dreimal wöchentlich Fleisch, dafür mehr Kartoffeln und Brot; gehen wir allmählicher tiefer, so finden wir die animalische Nahrung auf ein wenig unter die Kartoffeln geschnittenen Speck reduziert – noch tiefer verschwindet auch dieses, es bleibt nur Käse, Brot, Hafermehlbrei (porridge) und Kartoffeln, bis auf der tiefsten Stufe, bei den Irländern, nur Kartoffeln die Nahrung bilden. Dazu wird allgemein ein dünner Tee, vielleicht mit etwas Zucker, Milch oder Branntwein vermischt, getrunken; der Tee gilt in England und selbst in Irland für ein ebenso notwendiges und unerläßliches Getränk wie bei uns der Kaffee, und wo kein Tee mehr getrunken wird, da herrscht immer die bitterste Armut. Alles das aber unter der Voraussetzung, daß der Arbeiter beschäftigt ist; wenn er keine Arbeit hat, so ist er ganz dem Zufall überlassen und ißt, was er geschenkt bekommt, sich zusammenbettelt oder – stiehlt; und wenn er nichts bekommt, so verhungert er eben, wie wir vorhin gesehen haben. Es versteht sich überhaupt, daß die Quantität der Nahrung sich wie die Qualität nach dem Lohne richtet und daß bei den schlechter bezahlten Arbeitern, wenn sie noch gar eine starke Familie haben, auch während voller

Beschäftigung Hungersnot herrscht; und die Zahl dieser schlechter bezahlten Arbeiter ist sehr groß. Namentlich in London, wo die Konkurrenz der Arbeiter in demselben Maße steigt wie die Bevölkerung, ist diese Klasse sehr zahlreich, aber auch in allen andern Städten finden wir sie. Da werden denn allerlei Auskunftsmittel gesucht, Kartoffelschalen, Gemüseabfall, faulende Vegetabilien* aus Mangel an anderer Nahrung gegessen und alles begierig herbeigeholt, was vielleicht noch ein Atom Nahrungsstoff enthalten könnte. Und wenn der Wochenlohn vor dem Ende der Woche verzehrt ist, so kommt es oft genug vor, daß die Familie in den letzten Tagen derselben gar nichts oder nur so viel Nahrung bekommt, als dringend nötig ist, sie vor dem Verhungern zu schützen. Eine solche Lebensweise kann natürlich nur Krankheiten in Masse erzeugen, und wenn diese eintreten, wenn vollends der Mann, von dessen Arbeit die Familie hauptsächlich lebt und dessen angestrengte Tätigkeit am meisten Nahrung erfordert, der also auch am ersten unterliegt – wenn dieser vollends krank wird, so ist die Not erst groß, so tritt die Brutalität, mit der die Gesellschaft ihre Mitglieder gerade dann verläßt, wenn sie ihrer Unterstützung am meisten bedürfen, erst recht grell hervor.

Fassen wir nun zum Schluß die angeführten Tatsachen nochmals kurz zusammen: Die großen Städte sind hauptsächlich von Arbeitern bewohnt, da im günstigsten Falle ein Bourgeois auf zwei, oft auch drei, hier und da auf vier Arbeiter kommt; diese Arbeiter haben selbst durchaus kein Eigentum und leben von dem Arbeitslohn, der fast immer aus der Hand in den Mund geht; die in lauter Atome aufgelöste Gesellschaft kümmert sich nicht um sie, überläßt es ihnen, für sich und ihre Familien zu sorgen, und gibt ihnen dennoch nicht die Mittel an die Hand, dies auf eine wirksame und dauernde Weise tun zu können; jeder Arbeiter, auch der beste, ist daher stets der Brotlosigkeit, das heißt dem Hungertode ausgesetzt, und viele erliegen ihm; die Wohnungen der Arbeiter sind durchgehends schlecht gruppiert, schlecht gebaut, in schlechtem Zustande gehalten, schlecht ventiliert, feucht und ungesund; die Einwohner sind auf den kleinsten Raum beschränkt, und in den meisten Fällen schläft wenigstens *eine* Familie in *einem* Zimmer; die innere Einrichtung der Wohnung ist ärmlich in verschiedenen Abstufungen bis zum gänzlichen Mangel auch der notwendigsten Möbel; die Kleidung der Arbeiter ist ebenfalls durchschnittlich kärglich und bei einer großen Menge zerlumpt; die Nahrung im allgemeinen schlecht, oft fast ungenießbar und in vielen Fällen wenigstens zeitweise in unzureichender Quantität, so daß im äußersten Falle Hungertod eintritt. Die Arbeiterklasse der großen Städte bietet uns so eine Stufenleiter verschiedener Lebenslagen dar – im günstigsten Falle eine tem-

---

* »Weekly Dispatch«, April oder Mai 1844, nach einem Berichte des Dr. Southwood Smith über die Lage der Armen in London.

porär erträgliche Existenz, für angestrengte Arbeit guten Lohn, gute Wohnung und gerade keine schlechte Nahrung – alles natürlich vom Arbeiterstandpunkt aus gut und erträglich – im schlimmsten bitteres Elend, das sich bis zur Obdachlosigkeit und dem Hungertode steigern kann; der Durchschnitt liegt aber dem schlimmsten Falle weit näher als dem besten. Und diese Stufenleiter teilt sich nicht etwa bloß in fixe Klassen, so daß man sagen könnte: Dieser Fraktion der Arbeiter geht es gut, jener schlecht, und so bleibt es und ist es schon von jeher gewesen; sondern, wenn das auch hier und da der Fall ist, wenn einzelne Arbeitszweige im ganzen einen Vorzug vor andern genießen, so schwankt doch auch die Lage der Arbeiter in jeder Branche so sehr, daß ein jeder einzelne Arbeiter in den Fall kommen kann, die ganze Stufenleiter zwischen verhältnismäßigem Komfort und dem äußersten Mangel, ja dem Hungertode durchzumachen – wie denn auch fast jeder englische Proletarier von bedeutenden Glückswechseln zu erzählen weiß. Die Ursachen davon wollen wir jetzt etwas näher betrachten.

Die Folgen des Massenelends[29]

[Krankheit]

Wenn wir jetzt die Verhältnisse, unter denen die englische Arbeiterklasse der Städte lebt, in ziemlicher Ausführlichkeit betrachtet haben, so wird es nun an der Zeit sein, aus diesen Tatsachen weitere Schlüsse zu ziehen und diese wiederum mit dem Tatbestande zu vergleichen. Sehen wir denn zu, was unter solchen Umständen aus den Arbeitern selbst geworden ist, was für Leute wir an ihnen haben, wie ihr körperlicher, intellektueller und moralischer Zustand beschaffen ist. Wenn ein einzelner einem andern körperlichen Schaden tut, und zwar solchen Schaden, der dem Beschädigten den Tod zuzieht, so nennen wir das Totschlag; wenn der Täter im voraus wußte, daß der Schaden tödlich sein würde, so nennen wir seine Tat einen Mord. Wenn aber die Gesellschaft* Hunderte von Proletariern

---

* Wenn ich in dem Sinne wie hier und anderwärts von der Gesellschaft als einer verantwortlichen Gesamtheit spreche, die ihre Rechte und Pflichten hat, so versteht es sich, daß ich damit die *Macht der Gesellschaft* meine, diejenige Klasse also, die gegenwärtig die politische und soziale Herrschaft besitzt und damit zugleich auch die Verantwortlichkeit für die Lage derer trägt, denen sie keinen Teil an der Herrschaft gibt. Diese herrschende Klasse ist in England wie in allen andern zivilisierten Ländern die Bourgeoisie. Daß aber die Gesellschaft und speziell die Bourgeoisie die Pflicht hat, jedes Gesellschaftsglied mindestens in seinem *Leben* zu schützen, dafür z. B. zu sorgen, daß niemand verhungert – diesen Satz brauch' ich meinen *deutschen* Lesern nicht erst zu beweisen. Schrieb' ich für die englische Bourgeoisie, da wäre das freilich anders. – (*1887*) And so it is now in Ger-

in eine solche Lage versetzt, daß sie notwendig einem vorzeitigen, unnatürlichen Tode verfallen, einem Tode, der ebenso gewaltsam ist wie der Tod durchs Schwert oder die Kugel; wenn sie Tausenden die nötigen Lebensbedingungen entzieht, sie in Verhältnisse stellt, in welchen sie nicht leben *können*; wenn sie sie durch den starken Arm des Gesetzes zwingt, in diesen Verhältnissen zu bleiben, bis der Tod eintritt, der die Folge dieser Verhältnisse sein muß; wenn sie weiß, nur zu gut weiß, daß diese Tausende solchen Bedingungen zum Opfer fallen müssen, und doch diese Bedingungen bestehen läßt – so ist das ebensogut Mord wie die Tat des einzelnen, nur versteckter, heimtückischer Mord, ein Mord, gegen den sich niemand wehren kann, der kein Mord zu sein scheint, weil man den Mörder nicht sieht, weil alle und doch wieder niemand dieser Mörder ist, weil der Tod des Schlachtopfers wie ein natürlicher aussieht und weil er weniger eine Begehungssünde als eine Unterlassungssünde ist. Aber es bleibt Mord. Ich werde nun zu beweisen haben, daß die Gesellschaft in England diesen von den englischen Arbeiterzeitungen mit vollem Rechte als solchen bezeichneten sozialen Mord täglich und stündlich begeht; daß sie die Arbeiter in eine Lage versetzt hat, in der diese nicht gesund bleiben und nicht lange leben können; daß sie so das Leben dieser Arbeiter stückweise, allmählich untergräbt und sie so vor der Zeit ins Grab bringt; ich werde ferner beweisen müssen, daß die Gesellschaft *weiß*, wie schädlich eine solche Lage der Gesundheit und dem Leben der Arbeiter ist, und daß sie doch nichts tut, um diese Lage zu verbessern. Daß sie um die Folgen ihrer Einrichtungen *weiß*, daß ihre Handlungsweise also nicht bloßer Totschlag, sondern Mord ist, habe ich schon bewiesen, wenn ich offizielle Dokumente, Parlaments- und Regierungsberichte als Autorität für das Faktum des Totschlags anführen kann.

Daß eine Klasse, welche in den oben geschilderten Verhältnissen lebt und so schlecht mit den allernotwendigsten Lebensbedürfnissen versehen ist, nicht gesund sein und kein hohes Alter erreichen kann, versteht sich von vornherein von selbst. Gehen wir indes die einzelnen Umstände nochmals und in spezieller Beziehung auf den Gesundheitszustand der Arbeiter durch. Schon die Zentralisation der Bevölkerung in großen Städten äußert ungünstigen Einfluß; die Atmosphäre von London kann nie so rein, so sauerstoffhaltig sein wie die eines Landdistrikts; dritthalb Millionen Lungen und dritthalb hunderttausend Feuer, auf drei bis vier geographischen Quadratmeilen zusammengedrängt, verbrauchen eine ungeheure Menge Sauerstoff, der sich nur mit Schwierigkeit wieder ersetzt,

---

many. Our German capitalists are fully up to the English level, in this respect at least, in the year of grace, 1886. – (*1892*) Wie hat sich das alles seit 50 Jahren geändert! Heute gibt es englische Bourgeois, die Verpflichtungen der Gesellschaft gegen die einzelnen **Gesellschaftsglieder anerkennen; aber deutsche?!?**

da die städtische Bauart an und für sich die Ventilation erschwert. Das durch Atmen und Brennen erzeugte kohlensaure Gas bleibt vermöge seiner spezifischen Schwere in den Straßen, und der Hauptzug des Windes streicht über den Dächern der Häuser hinweg. Die Lungen der Einwohner erhalten nicht das volle Quantum Sauerstoff, und die Folge davon ist körperliche und geistige Erschlaffung und Niederhaltung der Lebenskraft. Aus diesem Grunde sind die Einwohner großer Städte zwar den akuten, besonders entzündlichen Krankheiten weit weniger ausgesetzt als die Landleute, die in einer freien, normalen Atmosphäre leben, leiden aber dafür desto mehr an chronischen Übeln. Und wenn schon das Leben in großen Städten an und für sich der Gesundheit nicht zuträglich ist, wie groß muß dieser nachteilige Einfluß einer abnormen Atmosphäre erst in den Arbeiterbezirken sein, wo, wie wir sahen, alles vereinigt ist, was die Atmosphäre verschlechtern kann. Auf dem Lande mag es unschädlich genug sein, dicht neben dem Hause eine Mistpfütze zu haben, weil hier die Luft von allen Seiten freien Zutritt hat; aber mitten in einer großen Stadt, zwischen verbauten, allem Luftzuge abgeschnittenen Gassen und Höfen, ist es ganz etwas anderes. Aller verfaulende animalische und vegetabilische Stoff entwickelt Gase, die der Gesundheit entschieden schädlich sind, und wenn diese Gase keinen freien Abzug haben, so müssen sie die Atmosphäre verpesten. Der Unrat und die stehenden Pfützen in den Arbeitervierteln der großen Städte sind daher von den schlimmsten Folgen für die öffentliche Gesundheit, weil sie gerade die krankheiterzeugenden Gase hervorbringen; ebenso die Ausdünstungen der verunreinigten Flüsse. Aber das ist noch lange nicht alles. Es ist wirklich empörend, wie die große Menge der Armen von der heutigen Gesellschaft behandelt wird. Man zieht sie in die großen Städte, wo sie eine schlechtere Atmosphäre als in ihrer ländlichen Heimat einatmen. Man verweist sie in Bezirke, die nach ihrer Bauart schlechter ventiliert sind als alle übrigen. Man entzieht ihnen alle Mittel zur Reinlichkeit, man entzieht ihnen das Wasser, indem man nur gegen Bezahlung Röhren legt und die Flüsse so verunreinigt, daß sie zu Reinlichkeitszwecken nicht mehr taugen; man zwingt sie, allen Abfall und Kehricht, alles schmutzige Wasser, ja oft allen ekelhaften Unrat und Dünger auf die Straße zu schütten, indem man ihnen alle Mittel nimmt, sich seiner sonst zu entledigen; man zwingt sie dadurch, ihre eignen Distrikte zu verpesten. Damit noch nicht genug. Alle möglichen Übel werden auf das Haupt der Armen gehäuft. Ist die Bevölkerung der Stadt überhaupt schon zu dicht, so werden *sie* erst recht auf einen kleinen Raum zusammengedrängt. Nicht damit zufrieden, die Atmosphäre in der Straße verdorben zu haben, sperrt man sie dutzendweise in ein einziges Zimmer, so daß die Luft, die sie nachts atmen, vollends zum Ersticken wird. Man gibt ihnen feuchte Wohnungen, Kellerlöcher, die von unten, oder Dachkammern, die von oben nicht wasserdicht sind. Man baut ihre Häuser so, daß die dumpfige Luft nicht abziehen kann. Man gibt ihnen schlechte, zerlumpte oder zerlumpende Kleider und schlechte, verfälschte und schwerverdauliche Nahrungsmittel. Man setzt sie den aufregendsten Stimmungswechseln, den heftigsten Schwankungen von Angst und Hoffnung aus – man hetzt sie ab wie das Wild und läßt sie nicht zur Ruhe und zum ruhigen Lebensgenuß kommen. Man entzieht ihnen alle Genüsse außer dem Geschlechtsgenuß und dem Trunk, arbeitet sie dagegen täglich bis zur gänzlichen Abspannung aller geistigen und physischen Kräfte ab und reizt sie dadurch fortwährend zum tollsten Übermaß in den beiden einzigen Genüssen, die ihnen zu Gebote stehen. Und wenn das alles nicht hilft, wenn sie das alles überstehen, so fallen sie der Brotlosigkeit einer Krisis zum Opfer, in der ihnen auch das wenige entzogen wird, was man ihnen bisher noch gelassen hatte.

Wie ist es möglich, daß unter solchen Umständen die ärmere Klasse gesund sein und lange leben kann? Was läßt sich da anderes erwarten als eine übermäßige Proportion von Sterbefällen, eine fortwährende Existenz von Epidemien, eine sicher fortschreitende körperliche Schwächung der arbeitenden Generation? Sehn wir zu, wie die Tatsachen stehen.

Daß die Wohnungen der Arbeiter in den schlechten Stadtteilen, vereinigt mit der sonstigen Lebenslage dieser Klasse, eine Menge Krankheiten hervorrufen, wird uns von allen Seiten her bezeugt. Der oben zitierte Artikel des »Artizan« behauptet mit vollem Recht, daß Lungenkrankheiten die notwendige Folge von solchen Einrichtungen sein müssen und wirklich besonders häufig unter den Arbeitern vorkommen. Daß die schlechte Atmosphäre Londons und besonders der Arbeitergegenden die Ausbildung der Schwindsucht im höchsten Grade begünstigt, zeigt das hektische Aussehen so vieler Leute, denen man auf der Straße begegnet. Wenn man morgens früh um die Zeit, wo alles an die Arbeit geht, ein wenig durch die Straßen streicht, so erstaunt man über die Menge halb oder ganz schwindsüchtig aussehender Leute, denen man begegnet. Selbst in Manchester sehen die Menschen *so* nicht aus; diese bleichen, hochaufgeschossenen, engbrüstigen und hohläugigen Gespenster, an denen man jeden Augenblick vorüberkommt, diese schlaffen, kraftlosen, aller Energie unfähigen Gesichter hab' ich nur in London in so auffallender Menge gesehen – obwohl auch in den Fabrikstädten des Nordens die Schwindsucht eine Menge Opfer jährlich hinwegrafft. Mit der Schwindsucht konkurriert noch, außer anderen Lungenkrankheiten und dem Scharlachfieber, vor allem die Krankheit, die die fürchterlichsten Verwüstungen unter den Arbeitern anrichtet – der Typhus. Dies allgemein verbreitete Übel wird von dem offiziellen Bericht über den Gesundheitszustand der Arbeiterklasse direkt aus dem schlechten Zustande der Wohnungen in Beziehung auf Ventilation, Trockenlegung und Reinlichkeit abgeleitet. Dieser Bericht – der, nicht zu vergessen, von den ersten Medizinern Englands auf die Angaben von anderen Medizinern hin ausgearbeitet ist – dieser Bericht behauptet, daß ein einziger schlechtventilierter Hof, eine einzige Sackgasse ohne Abzüge, besonders wenn die Bewohner gedrängt wohnen und organische Stoffe in der Nähe sich zersetzen, imstande ist, Fieber zu erzeugen, und es fast immer erzeugt. Dies Fieber hat fast überall denselben Charakter und entwickelt sich beinahe in allen Fällen zum ausgebildeten Typhus. In den Arbeiterbezirken aller großen Städte, selbst in einzelnen schlechtgebauten und -gehaltenen Straßen kleinerer Orte findet es sich, und seine größte Verbreitung erhält es in den schlechten Vierteln, obwohl es natürlich auch in den besseren Bezirken einzelne Opfer aufsucht. In London hat es seit geraumer Zeit geherrscht; seine außerordentliche Heftigkeit im Jahre 1837 veranlaßte den erwähnten offiziellen Bericht. Nach dem Jahresbericht des Dr. *Southwood Smith* über das Londoner Fieberhospital im Jahre 1843 war die Zahl der verpflegten Kranken 1462, um 418 höher als in irgendeinem frühern Jahr. In den feuchten und schmutzigen Gegenden des Ost-, Nord- und Süddistrikts von London hatte diese Krankheit außerordentlich heftig gewütet. Viele der Patienten waren eingewanderte Arbeiter vom Lande, die unterwegs und nach ihrer Ankunft die härtesten Entbehrungen ausgestanden, an den Straßen halbnackt und halbverhungert geschlafen, keine Arbeit gefunden hatten und so dem Fieber verfallen waren. Diese Leute wurden so schwach ins Hospital geliefert, daß eine ungewöhnlich große Quantität von Wein, Kognak, Ammoniumpräparaten und anderen stimulierenden Mitteln angewandt werden mußte. Von sämtlichen Kranken starben $16\frac{1}{2}$ Prozent. Auch in Manchester ist dies bösartige Fieber zu finden; in den schlechteren Arbeitervierteln der Altstadt, Ancoats, Little Ireland usw., ist es fast nie exstinkt, doch herrscht es hier, wie überhaupt in den *englischen* Städten, nicht in der Ausdehnung, die man erwarten sollte. In Schottland und Irland dagegen grassiert der Typhus mit einer Heftigkeit, die alle Begriffe übersteigt; in Edinburgh und Glasgow trat er 1817 nach der Teurung, 1826 und 1837 nach den Handelskrisen mit besonderer Wut auf und ließ jedesmal, nachdem er etwa drei Jahre lang gewütet, für eine Zeitlang etwas nach; in Edinburgh waren während der Epidemie von 1817 an 6000, in der von 1837 an 10000 Personen vom Fieber ergriffen worden, und nicht nur die Zahl der Kranken, sondern auch die Heftigkeit der Krankheit und die Proportion der Sterbefälle vermehrte sich mit jeder neuen Wiederholung der Epidemie.* Aber die Wut der Krankheit scheint in allen führenden Perioden ein Kinderspiel gegen ihr Auftreten nach der Krisis von 1842 gewesen zu sein. Ein Sechstel aller Armen in ganz Schottland wurde vom Fieber ergriffen und das Übel durch wandernde Bettler mit reißender Schnelligkeit von einem Ort zum andern getragen; es erreichte die mittleren und höheren Klassen der Gesellschaft nicht – in zwei Monaten waren mehr Fieberkranke als in zwölf Jahren vorher. In Glasgow erkrankten im Jahre 1843 zwölf Prozent der Bevölkerung, 32000 Menschen, am Fieber, von denen 32 Prozent starben, während

* Dr. *Alison*, »Manag[ement] of [the] Poor in Scotland«.

die Sterblichkeit in Manchester und Liverpool gewöhnlich nur acht Prozent beträgt. Die Krankheit hatte ihre Krisen am siebenten und fünfzehnten Tage; an diesem letzteren wurde der Patient gewöhnlich gelb, was unsere Autorität für einen Beweis hält, daß die Ursache des Übels auch in geistiger Aufregung und Angst zu suchen sei.* In Irland sind diese epidemischen Fieber ebenfalls heimisch. Während 21 Monaten der Jahre 1817/18 gingen 39000 Fieberkranke und in einem späteren Jahr nach Sheriff Alison (im zweiten Bande der »Principles of Population«) sogar 60000 Fieberkranke durch das Dubliner Hospital. In Cork hatte das Fieberspital 1817/18 den siebenten Teil der Bevölkerung aufzunehmen, in Limerick war zu derselben Zeit ein Viertel und im *schlechten Viertel* von Waterford neunzehn Zwanzigstel der Einwohner fieberkrank.**

Wenn man sich die Umstände ins Gedächtnis zurückruft, unter denen die Arbeiter leben, wenn man bedenkt, wie gedrängt ihre Wohnungen sind, wie vollgepfropft jeder Winkel von Menschen ist, wie Kranke und Gesunde in *einem* Zimmer, auf *einem* Lager schlafen, so wird man sich noch wundern, daß eine ansteckende Krankheit, wie dies Fieber, sich nicht noch mehr verbreitet. Und wenn man bedenkt, wie wenig medizinische Hülfe den Erkrankten zu Gebote steht, wie viele von allem ärztlichen Rate verlassen und mit den gewöhnlichsten diätetischen Vorschriften unbekannt bleiben, so erscheint die Sterblichkeit noch gering. Dr. Alison, der diese Krankheit genau kennt, führt sie geradezu auf die Not und die elende Lage der Armen zurück, wie der zitierte Bericht; er behauptet, daß Entbehrungen und ungenügende Befriedigung der Lebensbedürfnisse den Körper für die Ansteckung zugänglich und überhaupt die Epidemie erst furchtbar mache und rasch verbreite. Er beweist, daß jedesmal eine Periode der Entbehrung – eine Handelskrisis oder eine Mißernte – in Schottland wie in Irland das epidemische Auftreten des Typhus hervorgebracht hat und daß die Wut der Krankheit fast ausschließlich auf die arbeitende Klasse gefallen ist. Es ist bemerkenswert, daß nach seiner Aussage die Mehrzahl der dem Typhus erliegenden Individuen Familienväter sind, also grade diejenigen, welche von den Ihrigen am wenigsten entbehrt werden können; dasselbe sagen mehrere von ihm zitierte irische Ärzte aus.

Eine andere Reihe von Krankheiten hat weniger in der Wohnung als in der Nahrung der Arbeiter ihre unmittelbare Ursache. Die an und für sich schon schwerverdauliche Kost der Arbeiter ist vollends für kleine Kinder ungeeignet; und doch fehlen dem Arbeiter die Mittel und die Zeit, seinen Kindern passendere Nahrung zu verschaffen. Dazu kommt noch die sehr verbreitete Sitte, den Kindern Branntwein oder gar Opium zu geben, und aus alledem entstehen unter Mitwirkung

---

* *Dr. Alison*, in einem Artikel, vorgelesen vor der British Association for the Advancement of Science in York, Oktober 1844.
** *Dr. Alison*, »Manag[ement] of [the] Poor in Scotland«.

der übrigen für die körperliche Entwicklung schädlichen Lebensverhältnisse die verschiedensten Krankheiten der Verdauungsorgane, die ihre Spuren für das ganze Leben zurücklassen. Fast alle Arbeiter haben einen mehr oder weniger schwachen Magen und sind trotzdem gezwungen, fortwährend bei der Diät zu bleiben, die die Ursache ihres Übels war. Wie sollten sie's auch wissen, was daran schuld ist – und wenn sie's wüßten, wie sollten sie eine passendere Diät halten können, solange sie nicht in eine andere Lebenslage versetzt und anders gebildet werden? Aber aus dieser schlechten Verdauung entwickeln sich schon während der Kindheit neue Krankheiten. Skrofeln sind fast allgemein unter den Arbeitern verbreitet, und skrofulöse Eltern haben skrofulöse Kinder, besonders wenn die ursprüngliche Ursache der Krankheit wiederum auf die geerbte skrofulöse Anlage dieser letzteren wirkt. Eine zweite Folge dieser ungenügenden Ernährung des Körpers während der Entwicklung ist Rachitis (englische Krankheit, knotige Auswüchse an den Gelenken), die sich ebenfalls sehr häufig an den Kindern der Arbeiter findet. Die Verhärtung der Knochen wird verzögert, der Knochenbau überhaupt in seiner Ausbildung gehemmt, und neben den gewöhnlichen rachitischen Affektionen findet man oft genug Verkrümmung der Beine und des Rückgrats. Wie sehr alle diese Übel durch die Wechselfälle verschlimmert werden, denen die Arbeiter durch die Schwankungen des Handels, die Brotlosigkeit und den knappen Lohn der Krisen ausgesetzt sind, brauch' ich wohl nicht erst zu sagen. Der temporäre Mangel an zureichender Nahrung, dem fast jeder Arbeiter wenigstens einmal in seinem Leben eine Zeitlang ausgesetzt wird, trägt nur dazu bei, die Folgen der schlechten, aber doch zureichenden Nahrung zu verschlimmern. Kinder, die gerade zu der Zeit, wo sie die Nahrung am nötigsten hätten, nur halbsatt zu essen bekommen – und wie viele gibt es deren während jeder Krisis, ja noch in den besten Perioden des Verkehrs – solche Kinder müssen notwendig schwach, skrofulös und rachitisch in hohem Grade werden. Und daß sie's werden, zeigt der Augenschein. Die Vernachlässigung, zu der die große Masse der Arbeiterkinder verurteilt wird, hinterläßt unvertilgbare Spuren und hat die Schwächung der ganzen arbeitenden Generation zur Folge. Dazu noch gerechnet die ungeeignete Kleidung dieser Klasse und die hier gesteigerte Unmöglichkeit, sich vor Erkältungen zu schützen, dann die Notwendigkeit zu arbeiten, solange die Unpäßlichkeit eben erlaubt, die im Krankheitsfall gesteigerte Not der Familie, die nur zu gewöhnliche Entbehrung alles ärztlichen Beistandes – so wird man sich ungefähr vorstellen können, was der Gesundheitszustand der englischen Arbeiter ist. Die schädlichen Folgen, welche einzelnen Arbeitszweigen, wie sie jetzt betrieben werden, eigen sind, will ich hier noch gar nicht erwähnen.
Dazu kommen noch andere Einflüsse, die die Gesundheit einer großen Zahl von Arbeitern schwächen. Vor allem der Trunk. Alle Lockungen, alle möglichen Versuchungen vereinigen sich, um die Arbeiter zur Trunksucht zu bringen. Der

Branntwein ist ihnen fast die einzige Freudenquelle, und alles vereinigt sich, um sie ihnen recht nahezulegen. Der Arbeiter kommt müde und erschlafft von seiner Arbeit heim; er findet eine Wohnung ohne alle Wohnlichkeit, feucht, unfreundlich und schmutzig; er bedarf dringend einer Aufheiterung, er muß *etwas* haben, das ihm die Arbeit der Mühe wert, die Aussicht auf den nächsten sauren Tag erträglich macht; seine abgespannte, unbehagliche und hypochondrische Stimmung, die schon aus seinem ungesunden Zustande, namentlich aus der Indigestion entsteht, wird durch seine übrige Lebenslage, durch die Unsicherheit seiner Existenz, durch seine Abhängigkeit von allen möglichen Zufällen und sein Unvermögen, selbst etwas zur Sicherstellung seiner Lage zu tun, bis zur Unerträglichkeit gesteigert; sein geschwächter Körper, geschwächt durch schlechte Luft und schlechte Nahrung, verlangt mit Gewalt nach einem Stimulus von außen her; sein geselliges Bedürfnis kann nur in einem Wirtshause befriedigt werden, er hat durchaus keinen andern Ort, wo er seine Freunde treffen könnte – und bei alledem sollte der Arbeiter nicht die stärkste Versuchung zur Trunksucht haben, sollte imstande sein, den Lockungen des Trunks zu widerstehen? Im Gegenteil, es ist die moralische und physische Notwendigkeit vorhanden, daß unter diesen Umständen eine sehr große Menge der Arbeiter dem Trunk verfallen *muß*. Und abgesehen von den mehr physischen Einflüssen, die den Arbeiter zum Trunk antreiben, wirkt das Beispiel der großen Menge, die vernachlässigte Erziehung, die Unmöglichkeit, die jüngeren Leute vor der Versuchung zu schützen, in vielen Fällen der direkte Einfluß trunksüchtiger Eltern, die ihren Kindern selbst Branntwein geben, die Gewißheit, im Rausch wenigstens für ein paar Stunden die Not und den Druck des Lebens zu vergessen, und hundert andere Umstände so stark, daß man den Arbeitern ihre Vorliebe für den Branntwein wahrlich nicht verdenken kann. Die Trunksucht hat hier aufgehört, ein Laster zu sein, für das man den Lasterhaften verantwortlich machen kann, sie wird ein Phänomen, die notwendige, unvermeidliche Folge gewisser Bedingungen auf ein, wenigstens diesen Bedingungen gegenüber, willenloses Objekt. Diejenigen, die den Arbeiter zum bloßen Objekt gemacht haben, mögen die Verantwortlichkeit tragen. Aber mit derselben Notwendigkeit, mit der eine große Menge der Arbeiter dem Trunk verfallen, mit derselben Notwendigkeit äußert der Trunk seine zerstörenden Wirkungen auf Geist und Körper seiner Opfer. Alle Krankheitsanlagen, die aus den Lebensverhältnissen der Arbeiter entspringen, werden durch ihn gefördert, die Entwicklung von Lungen- und Unterleibskrankheiten sowie die Entstehung und Verbreitung des Typhus werden im höchsten Grade durch ihn begünstigt.
Eine andere Ursache körperlicher Übel liegt für die arbeitende Klasse in der Unmöglichkeit, sich in Krankheitsfällen den Beistand geschickter Ärzte zu verschaffen. Es ist wahr, daß eine Menge wohltätiger Anstalten diesem Mangel abzuhelfen suchen, daß z. B. das Krankenhaus in Manchester jährlich an 22 000

Kranke teils aufnimmt, teils mit ärztlichem Rat und Arznei unterstützt – aber was ist das alles in einer Stadt, wo nach Gaskells Berechnung* drei Viertel der Einwohner jährlich ärztlicher Hülfe bedürfen? Die englischen Ärzte rechnen hohe Gebühren, und die Arbeiter sind nicht imstande, diese zu bezahlen. Sie können also entweder gar nichts tun, oder sie sind gezwungen, wohlfeile Quacksalber und Quackarzneien zu gebrauchen, mit denen sie sich auf die Dauer mehr schaden als nützen. Eine überaus große Anzahl solcher Quacksalber treibt ihr Wesen in allen englischen Städten und verschafft sich durch Annoncen, Maueranschläge und sonstige Kniffe eine Kundschaft aus den ärmeren Klassen. Außerdem aber werden noch eine Menge sogenannter Patent-Arzneien (patent medicines) für alle möglichen und unmöglichen Übel verkauft, Morrisons Pillen, Parrs Lebenspillen, Dr. Mainwarings Pillen und tausend andere Pillen, Essenzen und Balsame, die alle die Eigenschaft haben, sämtliche Krankheiten in der Welt zu kurieren. Diese Arzneien enthalten zwar selten geradezu schädliche Dinge, wirken aber doch sehr häufig, wenn oft und viel genossen, auf den Körper nachteilig, und da den unkundigen Arbeitern in allen Annoncen vorgepredigt wird, man könne nicht zuviel davon nehmen, so darf man sich nicht wundern, wenn diese fortwährend, mit und ohne sonstige Veranlassung, große Quantitäten verschlucken. Es ist nichts Ungewöhnliches, daß der Verfertiger der Parrschen Lebenspillen in einer Woche 20000 bis 25000 Schachteln von diesen heilsamen Pillen verkauft – und sie werden eingenommen, von diesem gegen Verstopfung, von jenem gegen Diarrhöe, gegen Fieber, Schwäche und alle möglichen Übel. Wie unsere deutschen Bauern zu gewissen Jahreszeiten sich schröpfen oder zur Ader ließen, so nehmen jetzt die englischen Arbeiter ihre Patentmedizin, um sich selbst dadurch zu schaden und dem Fabrikanten derselben ihr Geld in die Tasche zu jagen. Eins der schädlichsten von diesen Patentmitteln ist ein Trank, der von Opiaten, besonders Laudanum, bereitet und unter dem Namen »Godfrey's Cordial« verkauft wird. Frauen, die zu Hause arbeiten und eigne oder fremde Kinder zu verwahren haben, geben ihnen diesen Trank, damit sie ruhig sein und, wie viele meinen, kräftiger werden sollen. Sie fangen oft schon gleich nach der Geburt an zu medizinieren, ohne die schädlichen Folgen dieser »Herzstärkung« zu kennen, so lange bis die Kinder sterben. Je stumpfer der Organismus des Kindes gegen die Wirkungen des Opiums wird, desto größere Quantitäten werden ihm davon gegeben. Wenn das »Cordial« nicht mehr zieht, wird auch wohl unvermischte Laudanum gereicht, oft 15 bis 20 Tropfen auf einmal. Der Coroner von Nottingham bezeugte einer Regierungskommission**, daß *ein* Apotheker nach eigner Aussage dreizehn Zentner Sirup in

---

* »[The] Manufacturing Population of England«, c. 8.
** »Report of Commission of Inquiry into the Employment of Children and Young Persons in Mines and Collieries and in the Trades and Manufactures in which Numbers of them

einem Jahre zu »Godfrey's Cordial« verarbeitet habe. Man kann sich leicht denken, was die Folgen für die so behandelten Kinder sind. Sie werden blaß, welk und schwach und sterben meist, ehe sie zwei Jahre alt sind. Die Anwendung dieser Medizin ist in allen großen Städten und Industriebezirken des Reichs sehr verbreitet.

[Sterblichkeit]

Die Folge von allen diesen Einflüssen ist eine allgemeine Schwächung des Körpers bei den Arbeitern. Man findet wenig starke, wohlgebaute und gesunde Leute unter ihnen – wenigstens unter den Industriearbeitern, die meist in geschlossenen Räumen arbeiten, und von diesen nur ist hier die Rede. Sie sind fast alle schwächlich, von eckigem, aber nicht kräftigem Knochenbau, mager, bleich und mit Ausnahme der bei ihrer Arbeit besonders angestrengten Muskeln schlaff von Fieber. Fast alle leiden an schlechter Verdauung und sind infolgedessen mehr oder weniger hypochondrisch und von trüber, unbehaglicher Gemütsstimmung. Ihr geschwächter Körper ist nicht imstande, einer Krankheit Widerstand zu leisten, und wird daher bei jeder Gelegenheit davon ergriffen. Daher altern sie früh und sterben jung. Die Sterblichkeitstabellen liefern dafür einen unwidersprechlichen Beweis.
Nach dem Berichte des Generalregistrators G. Graham ist die Sterblichkeit von ganz England und Wales jährlich etwas unter $2\frac{1}{4}$ Prozent, das heißt aus 45 Menschen stirbt jedes Jahr *einer*.*** Wenigstens war dies der Durchschnitt der Jahre 1839/40 – im nächsten Jahre nahm die Sterblichkeit etwas ab und war nur einer aus 46. In den großen Städten aber stellt sich das Verhältnis ganz anders. Mir liegen (im »Manchester Guardian«, 31. Juli 1844) offizielle Sterblichkeitstabellen vor, nach denen sich die Sterblichkeit einiger großer Städte so berechnet: In Manchester inklusive Salford und Chorlton 1 aus 32,72 und exklusive Salford und Chorlton 1 aus 30,75; in Liverpool inklusive West-Derby (Vorstadt) 31,90 und exklusive West-Derby 29,90, während der Durchschnitt sämtlicher angegebenen Distrikte von Cheshire, Lancashire und Yorkshire – und diese schließen eine Menge ganz oder halb ländlicher Distrikte ein, dazu viele kleine Städte – mit einer Bevölkerung von 2172506 Menschen eine Sterblichkeit von 1 aus 39,80 ergibt. Wie ungünstig die Arbeiter in den Städten gestellt sind, zeigt die Sterblichkeit von Prescot in Lancashire – einem von Kohlengrubenarbeitern bewohnten und, da die Arbeit

---

work together, not being included under the Terms of the Factories' Regulation Act.« First and Second Reports. Grainger's Rept., scond Rept. Gewöhnlich als »Children's Employment Commission's Rept.« zitiert – einer der besten offiziellen Berichte, der eine Unmasse der wertvollsten, aber auch der schreckenerregendsten Tatsachen enthält. Der erste Bericht kam 1841, der zweite zwei Jahre später heraus.
*** »Fifth Annual Report of [the] Reg[istrar] Gen[eral] of Births, Deaths and Marriages«.

in den Gruben keine sehr gesunde ist, an Gesundheit noch unter den Ackerbaubezirken stehenden Distrikt. Aber die Arbeiter wohnen auf dem Lande, und die Sterblichkeit stellt sich auf 1 in 47,54, also beinahe 2½ vorteilhafter als der Durchschnitt von ganz England. Sämtliche Angaben beruhen auf den Sterblichkeitstabellen von 1843. Noch höher ist das Verhältnis der Sterblichkeit in den schottischen Städten; in Edinburgh 1838/39 1 aus 29, ja 1831 in der Altstadt allein 1 aus 22; in Glasgow nach Dr. Cowan (Vital Statistics of Glasgow) durchschnittlich seit 1830 1 aus 30, in einzelnen Jahren 1 aus 22 bis 24. Daß diese enorme Verkürzung der durchschnittlichen Lebensdauer hauptsächlich auf die arbeitende Klasse fällt, ja daß der Durchschnitt aller Klassen durch die geringere Sterblichkeit der höheren und mittleren Klassen noch verbessert wird, wird uns von allen Seiten bezeugt. Eins der neuesten Zeugnisse ist das des Arztes P. H. Holland in Manchester, der in offiziellem Auftrage* die Vorstadt von Manchester, Chorlton-on-Medlock, untersuchte. Er klassifiziert Häuser und Straßen in je drei Klassen und fand folgende Unterschiede der Sterblichkeit:

		Sterblichkeit
Erste Straßenklasse: Häuser	I. Klasse	1 aus 51
Erste Straßenklasse: Häuser	II. Klasse	1 aus 45
Erste Straßenklasse: Häuser	III. Klasse	1 aus 36
Zweite Straßenklasse: Häuser	I. Klasse	1 aus 55
Zweite Straßenklasse: Häuser	II. Klasse	1 aus 38
Zweite Straßenklasse: Häuser	III. Klasse	1 aus 35
Dritte Straßenklasse: Häuser	I. Klasse	fehlen
Dritte Straßenklasse: Häuser	II. Klasse	1 aus 35
Dritte Straßenklasse: Häuser	III. Klasse	1 aus 25

Aus mehreren andern von Holland gegebenen Tabellen geht hervor, daß die Sterblichkeit in den *Straßen* zweiter Klasse 18 Prozent und dritter Klasse 68 Prozent größer ist als in denen erster Klasse; daß die Sterblichkeit in den *Häusern* zweiter Klasse 31 Prozent und dritter Klasse 78 Prozent größer ist als in denen erster Klasse; daß die Sterblichkeit in den schlechten Straßen, die verbessert wurden, sich um 25 Prozent vermindert hat. Er schließt mit der für einen englischen Bourgeois sehr offenen Bemerkung:

---

* Vgl. »Report of Commission of Inquiry into the State of large Towns and populous Districts«, first Report, 1844, Appendix.

»Wenn wir finden, daß die Sterblichkeit in einigen Straßen viermal so hoch ist als in anderen und in ganzen Straßenklassen doppelt so hoch ist als in andern Klassen, wenn wir ferner finden, daß sie so gut wie unveränderlich hoch ist in den Straßen, die in schlechtem Zustande sind, und so gut wie unveränderlich niedrig in gutkonditionierten Straßen, so können wir dem Schluß nicht widerstehen, daß Massen unserer Mitmenschen, Hunderte unserer nächsten Nachbarn jährlich getötet (destroyed) werden aus Mangel an den allergewöhnlichsten Vorsichtsmaßregeln.«

Der Bericht über den Gesundheitszustand der arbeitenden Klassen enthält eine Angabe, die dasselbe Faktum beweist. In Liverpool war 1840 die durchschnittliche Lebensdauer der höheren Klassen (gentry, professional men etc.) 35, der Geschäftsleute und bessergestellten Handwerker 22 Jahre, der Arbeiter, Tagelöhner und der dienenden Klasse überhaupt nur 15 Jahre. Die Parlamentsberichte enthalten noch eine Menge ähnlicher Tatsachen.

Die Sterblichkeitslisten werden hauptsächlich durch die vielen Todesfälle unter den kleinen Kindern der Arbeiterklasse so hoch gesteigert. Der zarte Körper eines Kindes widersteht den ungünstigen Einflüssen einer niedrigen Lebenslage am wenigsten; die Vernachlässigung, der es oft ausgesetzt ist, wenn beide Eltern arbeiten oder einer von beiden tot ist, rächt sich sehr bald, und so darf man sich nicht wundern, wenn z. B. in Manchester, laut dem letzterwähnten Bericht, über 57 Prozent der Arbeiterkinder vor dem fünften Jahre sterben, während von den Kindern der höheren Klassen nur 20 Prozent und im Durchschnitt aller Klassen in Landdistrikten von allen Kindern unter dem fünften Jahre nicht volle 32 Prozent* sterben. Der mehrerwähnte Artikel des »Artizan« gibt uns hierüber genauere Nachweisungen, indem er die Proportionen der Sterbefälle bei einzelnen Kinderkrankheiten in den Städten denen auf dem Lande gegenüberstellt und so beweist, daß Epidemien im allgemeinen in Manchester und Liverpool dreimal tödlicher sind als in Landdistrikten; daß Krankheiten des Nervensystems in den Städten verfünffacht und Magenübel mehr als verdoppelt werden, während die Todesfälle infolge von Lungenkrankheiten in Städten sich zu denen auf dem Lande verhalten wie $2\frac{1}{2}$ zu 1. Todesfälle von kleinen Kindern infolge von Pocken, Masern, Stickhusten und Scharlachfieber vervierfachen sich; die infolge von Wasser im Gehirn verdreifachen und infolge von Krämpfen verzehnfachen sich in Städten. Um noch eine schlagende Autorität aufzuführen, gebe ich hier eine Tabelle, die Dr. Wade

---

* »Factories Inquiry Commission's Report«, 3rd vol. Report of Dr. Hawkins on Lancashire, wo Dr. Roberton, »die Hauptautorität für die Statistik in Manchester«, als Gewährsmann angeführt wird.

in seiner »History of the Middle and Working Classes« (London, 1835, 3rd ed.) nach dem Bericht des parlamentarischen Fabrikkomitees vom Jahre 1832 gibt.

Von 10 000 Menschen sterben	unter 5 Jahren	5 bis 19	20 bis 39	40 bis 59	60 bis 69	70 bis 79	80 bis 89	90 bis 99	100 u. drüber
in der Grafschaft Rutland – gesunder Agrikulturdistrikt	2865	891	1275	1299	1189	1428	938	112	3
in der Grafschaft Essex – marschiger Agrikulturdistrikt	3159	1110	1526	1413	963	1019	630	77	3
in der Stadt Carlisle 1779–1787, vor Einführung der Fabriken	4408	911	1006	1201	940	826	533	155	22
in der Stadt Carlisle nach Einführung der Fabriken	4738	930	1261	1134	677	727	452	80	1
in der Stadt Preston, Fabrikstadt	4947	1136	1379	1114	553	532	298	38	5
in der Stadt Leeds, Fabrikstadt	5286	927	1228	1198	593	512	225	29	2

Außer diesen verschiedenen Krankheiten, die die notwendige Folge der jetzigen Vernachlässigung und Unterdrückung der ärmeren Klasse sind, gibt es aber noch andere Einflüsse, die zur Vermehrung der Sterblichkeit unter kleinen Kindern beitragen. In vielen Familien arbeitet die Frau so gut wie der Mann außer dem Hause, und die Folge davon ist die gänzliche Vernachlässigung der Kinder, die entweder eingeschlossen oder zum Verwahren ausgemietet werden. Da ist es denn kein Wunder, wenn Hunderte von solchen Kindern durch allerlei Unglücksfälle das Leben verlieren. Nirgends werden so viel Kinder überfahren und überritten, nirgends fallen so viele zu Tode, ertrinken oder verbrennen als in den großen Städten Englands. Namentlich sind Todesfälle infolge von Brandwunden oder Übergießung mit heißem Wasser häufig – in Manchester während der Wintermonate fast jede Woche einmal, in London ebenfalls häufig, doch sieht man dort selten etwas davon in den Blättern; mir ist nur eine Angabe im »Weekly Dispatch« vom 15. Dezember 1844 zur Hand, wonach in der Woche vom 1. bis 7. Dezember *sechs* derartige Fälle vorgekommen waren. Diese armen Kinder, die auf eine so fürchterliche Weise ums Leben kommen, sind rein die Opfer unserer gesellschaftlichen Unordnung und der bei der Erhaltung dieser Unordnung interessierten besitzenden Klasse – und doch weiß man nicht, ob nicht selbst dieser schreckliche, qualvolle Tod eine Wohltat für die Kinder war, indem er sie vor einem langen Leben voll Mühe und Elend, reich an Leiden und arm an Genüssen, bewahrte.

So weit ist es gekommen in England – und die Bourgeoisie liest das alles täglich in den Zeitungen und kümmert sich nicht drum. Sie wird sich aber auch nicht beklagen können, wenn ich sie nach den angeführten offiziellen und nichtoffiziellen Zeugnissen, die sie kennen *muß*, geradezu des sozialen Mordes beschuldige. Entweder sorge sie dafür, daß diesem entsetzlichen Zustande abgeholfen werde – oder sie trete die Verwaltung der allgemeinen Interessen an die arbeitende Klasse ab. Und zu letzterem hat sie keine Lust, während sie zu ersterem – solange sie Bourgeoisie und in Bourgeoisievorurteilen befangen bleibt – nicht die Kraft besitzt; denn wenn sie jetzt endlich, nachdem Hunderttausende von Schlachtopfern gefallen sind, einige kleinliche Vorsorge für die Zukunft trifft, einen »Metropolitan Buildings Act« erläßt, wonach wenigstens die rücksichtsloseste Zusammendrängung von Wohnungen etwas beschränkt wird – wenn sie mit Maßregeln prunkt, die, weit entfernt, auf die Wurzel des Übels einzugehen, noch lange nicht an die Anordnungen der allgewöhnlichsten Gesundheitspolizei reichen, so wird sie sich dadurch doch nicht von der Anklage reinigen können. Die englische Bourgeoisie hat nur die Wahl, entweder mit der unwiderlegbaren Anklage des Mordes auf ihren Schultern und *trotz* dieser Anklage fortzuregieren – oder zugunsten der Arbeiterklasse abzudanken. Bis jetzt hat sie das erstere vorgezogen.

[Unwissenheit]

Gehen wir von der physischen auf die geistige Lage der Arbeiter über. Wenn die Bourgeoisie ihnen vom Leben so viel läßt, als eben nötig ist, so dürfen wir uns nicht wundern, wenn sie ihnen auch nur so viel Bildung gibt, als im Interesse der Bourgeoisie liegt. Und das ist so viel wahrlich nicht. Die Bildungsmittel sind in England unverhältnismäßig gering gegen die Volkszahl. Die wenigen der arbeitenden Klasse zu Gebote stehenden Wochenschulen können nur von den wenigsten besucht werden und sind außerdem schlecht, die Lehrer – ausgediente Arbeiter und sonstige untaugliche Leute, die nur, um leben zu können, Schulmeister wurden – sind großenteils selbst in den notdürftigsten Elementarkenntnissen unerfahren, ohne die dem Lehrer so nötige sittliche Bildung und ohne alle öffentliche Kontrolle. Auch hier herrscht die freie Konkurrenz, und wie immer haben die Reichen den Nutzen, und die Armen, für die die Konkurrenz eben nicht frei ist, die nicht die gehörigen Kenntnisse haben, um urteilen zu können, haben den Schaden. Ein Schulzwang existiert nirgends, in den eigentlichen Fabriken, wie wir sehen werden, nur dem Namen nach, und als in der Session von 1843 die Regierung diesen scheinbaren Schulzwang in Kraft treten lassen wollte, opponierte die fabrizierende Bourgeoisie aus Leibeskräften, obwohl die Arbeiter sich entschieden *für* den Schulzwang aussprachen. Ohnehin arbeitet eine große Menge Kinder die ganze Woche über in Fabriken und zu Hause und kann deshalb die

Schule nicht besuchen. Denn die *Abendschulen,* wohin diejenigen gehen sollen, die des Tages beschäftigt sind, werden fast gar nicht und ohne Nutzen besucht. Es wäre auch wirklich gar zuviel verlangt, wenn junge Arbeiter, die sich zwölf Stunden lang abgeplagt haben, nun noch von acht bis zehn Uhr in die Schule gehen sollten. Und diejenigen, die es tun, schlafen dort meistens ein, wie durch den Children's Empl[oyment] Rep[or]t in Hunderten von Aussagen konstatiert ist. Allerdings hat man Sonntagsschulen eingerichtet, die aber ebenfalls höchst mangelhaft mit Lehrern besetzt sind und nur denen, die schon in der Wochenschule etwas gelernt haben, nützen können. Der Zeitraum von einem Sonntag zum andern ist zu lang, als daß ein ganz ungebildetes Kind in der zweiten Lektion das nicht wieder vergessen haben sollte, was es in der ersten, acht Tage früher, gelernt hat. Der Bericht der Children's Employment Commission liefert Tausende von Beweisen, und die Kommission selbst spricht sich aufs entschiedenste dahin aus, daß weder die Wochen- noch die Sonntagsschulen dem Bedürfnis der Nation auch nur im entferntesten entsprechen. Dieser Bericht liefert Beweise von Unwissenheit unter der arbeitenden Klasse Englands, die man nicht aus einem Lande wie Spanien und Italien erwarten sollte. Es kann aber nicht anders sein; die Bourgeoisie hat wenig zu hoffen, aber manches zu fürchten von der Bildung der Arbeiter; die Regierung hat in ihrem ganzen kolossalen Budget von 55 000 000 Pfd. St. nur einen einzigen winzigen Posten von 40 000 Pfd. St. für öffentlichen Unterricht; und wenn nicht der Fanatismus der religiösen Sekten wäre, der wenigstens ebensoviel verdirbt, als er hier und da bessert, so würden die Unterrichtsmittel noch viel elender sein. Aber so errichtet die Hochkirche ihre National Schools und jede Sekte ihre Schulen, einzig in der Absicht, die Kinder ihrer Glaubensgenossen in ihrem Schoß zu behalten und womöglich hier und da den andern Sekten eine arme Kinderseele abzujagen. Die Folge davon ist, daß die Religion und gerade die unfruchtbarste Seite der Religion, die Polemik, zum vorzüglichsten Unterrichtsgegenstande erhoben und das Gedächtnis der Kinder mit unverständlichen Dogmen und theologischen Distinktionen vollgepfropft, daß der Sektenhaß und die fanatische Bigotterie so früh wie möglich geweckt und alle vernünftige, geistige und sittliche Bildung schändlich vernachlässigt wird. Die Arbeiter haben oft genug eine rein weltliche öffentliche Erziehung, die Religion den Geistlichen jeder Sekte überlassend, vom Parlament gefordert — sie haben bis jetzt noch kein Ministerium gefunden, das ihnen etwas Ähnliches bewilligt hätte. Natürlich. Der Minister ist der gehorsame Knecht der Bourgeoisie, und diese teilt sich in zahllose Sekten; jede Sekte aber gönnt dem Arbeiter nur dann die sonst gefährliche Erziehung, wenn er das Gegengift der speziell dieser Sekte angehörigen Dogmen mit in den Kauf nehmen muß. Und da sich diese Sekten noch bis heute um die Oberherrschaft zanken, so bleibt die Arbeiterklasse einstweilen ohne Bildung. Zwar rühmen sich die Fabrikanten, der großen Mehrzahl das Lesen beigebracht zu haben, aber es ist auch ein Lesen danach – wie der Bericht der Children's Employment Commission zeigt. Wer das Alphabet kennt, sagt, er könne lesen, und dabei beruhigen sich die Fabrikanten. Und wenn man die konfuse englische Orthographie bedenkt, bei der das Lesen eine wahre Kunst ist und nur nach langem Unterricht gelernt werden kann, so findet man diese Unwissenheit begreiflich. Schreiben vollends können sehr wenige – orthographisch schreiben selbst sehr viele »Gebildete« nicht. Die Sonntagsschulen der Hochkirche, der Quäker und ich glaube noch mehrerer andern Sekten lehren gar kein Schreiben, »weil dies eine weltliche Beschäftigung für den Sonntag sei«. Wie es sonst mit der Bildung, die den Arbeitern geboten wird, steht, sollen ein paar Beispiele zeigen. Sie sind aus dem Ch[ildren's] Empl[oyment] Commiss[ion's]-Bericht, der sich leider nicht auf die eigentliche Fabrikindustrie ausdehnt.

»In Birmingham«, sagt Kommissär Grainger, »sind die von mir geprüften Kinder in ihrer Gesamtheit gänzlich ohne alles, was auch nur im entferntesten eine nützliche Erziehung genannt werden könnte. Obwohl fast in allen Schulen *nur* Religionsunterricht gegeben wird, zeigten sie doch im allgemeinen auch hierüber die gröbste Unwissenheit.« – »In Wolverhampton«, erzählt Kommissär Horne, »fand ich unter andern folgende Beispiele: Ein Mädchen, 11 Jahre, war in einer Wochen- und Sonntagsschule gewesen, ›hatte nie von einer andern Welt, vom Himmel oder einem andern Leben gehört‹. Ein andrer, 17 Jahre alt, wußte nicht, wieviel zwei mal zwei machten, wieviel Farthings« ($\frac{1}{4}$ Penny) »in 2 Pence seien, selbst als man das Geld ihm in die Hand legte. Einige Knaben hatten nie von London oder selbst von Willenhall gehört, obwohl letzteres nur eine Stunde von ihrem Wohnort entfernt liegt und fortwährend in Kommunikation mit Wolverhampton steht. Einige hatten nie den Namen der Königin oder Namen wie Nelson, Wellington, Bonaparte gehört. Aber es war bemerkenswert, daß diejenigen, die selbst von Sankt Paulus, Moses oder Salomon nie gehört hatten, über Leben, Taten und Charakter Dick Turpins, des Straßenräubers, und besonders Jack Sheppards, des Diebs und Gefängnisbrechers, sehr wohl unterrichtet waren. Ein Junge, 16 Jahre alt, wußte nicht, wieviel zwei mal zwei machten oder wieviel vier Farthings machten – ein Junge von 17 Jahren behauptete, zehn Farthings seien zehn halbe Pence, und ein dritter, 17 Jahre alt, antwortete kurz auf einige sehr einfache Fragen: ›Er wisse nichts von gar nichts (he was ne judge o' nothin')‹« (Horne, Rept., App. Part II, Q. 18, No. 216, 217, 226, 233 etc.).

Diese Kinder, die vier bis fünf Jahre hindurch mit religiösen Dogmen geplagt werden, wissen am Ende soviel wie vorher.

Ein Kind »ist fünf Jahre lang regelmäßig zur Sonntagsschule gegangen; weiß nicht, wer Jesus Christus war, hat den Namen aber gehört; hat nie von den zwölf

Aposteln, Simson, Moses, Aaron usw. gehört« (ibid. Evid. p. q. 39, I. 33). Ein andres »sechs Jahre regelmäßig zur Sonntagsschule gegangen. Weiß, wer Jesus Christus war, er starb am Kreuz, sein Blut zu vergießen, um unsern Erlöser zu erlösen; hat nie von St. Petrus oder Paulus gehört« (ibid. p. q. 36, I. 46). Ein drittes »sieben Jahre in verschiednen Sonntagsschulen gewesen, kann nur in den dünnen Büchern lesen, leichte einsilbige Wörter; hat von den Aposteln gehört, weiß nicht, ob St. Peter einer war oder St. Johann, es müßte denn Sankt Johann Wesley (Stifter der Methodisten) sein usw.« (ibid. p. q. 34, I. 58), auf die Frage, wer Jesus Christus sei, erhielt Horne u. a. noch folgende Antworten: »Er war Adam«; »er war ein Apostel«; »er war der Sohn des Herrn des Erlösers (he was the Saviour's Lord's Son)«, und von einem sechzehnjährigen Jungen: »Er war ein König von London vor langer, langer Zeit.«

In Sheffield ließ Kommissär Symons die Sonntagsschüler lesen; sie waren nicht imstande zu sagen, was sie gelesen hatten oder was für Leute die Apostel gewesen seien, von denen sie soeben gelesen hatten. Nachdem er sie alle nach der Reihe wegen der Apostel befragt hatte, ohne eine richtige Antwort zu erhalten, rief ein kleiner schlau aussehender Junge mit großer Zuversicht aus:

»Ich weiß es, Herr, es waren die Aussätzigen!« (Symons, Rept., App. Part I, pp. E 22 sqq.)

Aus den Töpfereibezirken und aus Lancashire wird ähnliches berichtet.
Man sieht, was die Bourgeoisie und der Staat für die Erziehung und Ausbildung der arbeitenden Klasse getan haben. Glücklicherweise sind die Verhältnisse, in denen diese Klasse lebt, derart, daß sie ihr eine praktische Bildung geben, welche nicht nur den Schulkram ersetzt, sondern auch die mit ihm verbundenen verworrenen religiösen Vorstellungen unschädlich macht und die Arbeiter sogar an die Spitze der nationalen Bewegung Englands stellt. Not lehrt beten und, was mehr heißen will, denken und handeln. Der englische Arbeiter, der kaum lesen und noch weniger schreiben kann, weiß dennoch sehr gut, was sein eignes Interesse und das der ganzen Nation ist – er weiß auch, was das spezielle Interesse der Bourgeoisie ist und was er von dieser Bourgeoisie zu erwarten hat. Kann er nicht schreiben, so kann er doch sprechen, öffentlich sprechen; kann er nicht rechnen, so kann er doch mit nationalökonomischen Begriffen so viel kalkulieren, als dazu gehört, einen korngesetzabschaffenden Bourgeois zu durchschauen und zu widerlegen; bleiben ihm trotz aller Mühen der Pfaffen die himmlischen Fragen sehr unklar, so weiß er desto besser Bescheid in irdischen politischen und sozialen Fragen. Wir werden davon noch weiter zu reden haben und gehen jetzt zur sittlichen Charakterisierung unserer Arbeiter über.

[Demoralisierung]

Daß der Moralunterricht, der in allen Schulen Englands mit dem religiösen vereinigt ist, von keiner besseren Wirkung sein kann als dieser, ist ziemlich klar. Die einfachen Prinzipien, welche für den *Menschen* das Verhältnis des Menschen zum Menschen regulieren, Prinzipien, die schon durch den sozialen Zustand, den Krieg aller gegen alle, in die greulichste Verwirrung geraten, müssen dem ungebildeten Arbeiter vollends unklar und fremd bleiben, wenn sie mit religiösen, unverständlichen Lehrsätzen vermischt und in der religiösen Form eines willkürlichen, unbegründeten Befehls vorgetragen werden. Die Schulen tragen nach dem Geständnis aller Autoritäten, namentlich der Child. Empl. Comm., zur Sittlichkeit der arbeitenden Klasse fast gar nichts bei. So rücksichtslos, so dumm borniert ist die englische Bourgeoisie in ihrem Egoismus, daß sie sich nicht einmal die Mühe gibt, den Arbeitern die heutige Moral einzuprägen, eine Moral, welche die Bourgeoisie sich doch in ihrem eignen Interesse und zu ihrem eignen Schutz zusammengestümpert hat! Selbst diese Sorge für sich selbst macht der schlaff werdenden, trägen Bourgeoisie zuviel Mühe, selbst das scheint ihr überflüssig. Die Zeit wird freilich kommen, wo sie ihr Versäumnis zu spät bereuen wird. Aber beklagen darf sie sich nicht, wenn die Arbeiter von dieser Moral nichts wissen und sich nicht nach ihr richten.

So sind die Arbeiter, wie körperlich und intellektuell, auch moralisch von der machthabenden Klasse ausgestoßen und vernachlässigt. Die einzige Rücksicht, die man noch für sie hat, ist das Gesetz, das sich an sie anklammert, sobald sie der Bourgeoisie zu nahe treten – wie gegen die unvernünftigen Tiere wendet man nur *ein* Bildungsmittel auf sie an – die Peitsche, die brutale, nicht überzeugende, nur einschüchternde Gewalt. Es ist also auch nicht zu verwundern, wenn die so wie Tiere behandelten Arbeiter entweder wirklich zu Tieren werden oder sich nur durch den glühendsten Haß, durch fortwährende innere Empörungen gegen die machthabende Bourgeoisie das Bewußtsein und Gefühl ihrer Menschheit bewahren können. Sie sind nur Menschen, solange sie den Zorn gegen die herrschende Klasse fühlen; sie werden Tiere, sobald sie sich geduldig in ihr Joch fügen und sich nur das Leben im Joch angenehm zu machen suchen, ohne das Joch selbst brechen zu wollen.

Das ist also alles, was die Bourgeoisie zur Bildung der arbeitenden Klasse getan hat – und wenn wir die übrigen Umstände erwägen, in denen diese letztere lebt, so werden wir ihr den Ingrimm, den sie gegen die herrschende Klasse hegt, vollends nicht verübeln können. Die sittliche Bildung, die dem Arbeiter in der Schule nicht gereicht wird, wird ihm auch in seinen sonstigen Lebensverhältnissen nicht geboten – wenigstens *die* sittliche Bildung nicht, die in den Augen der Bourgeoisie etwas gilt. Seine ganze Stellung und Umgebung enthält die stärksten

Neigungen zur Immoralität. Er ist arm, das Leben hat keinen Reiz für ihn, fast alle Genüsse sind ihm versagt, die Strafen des Gesetzes haben nichts Fürchterliches mehr für ihn – was soll er sich also in seinen Gelüsten genieren, weshalb soll er den Reichen im Genuß seiner Güter lassen, statt sich selbst einen Teil davon anzueignen? Was für Gründe hat der Proletarier, *nicht* zu stehlen? Es ist all recht schön und klingt den Bourgeois angenehm genug ins Ohr, wenn man von der »Heiligkeit des Eigentums« spricht – aber für den, der kein Eigentum hat, hört die Heiligkeit des Eigentums von selber auf. Das Geld ist der Gott dieser Welt. Der Bourgeois nimmt dem Proletarier sein Geld und macht ihn dadurch zum praktischen Atheisten. Kein Wunder also, wenn der Proletarier seinen Atheismus bewährt und die Heiligkeit und die Macht des irdischen Gottes nicht mehr respektiert. Und wenn die Armut des Proletariers bis zum wirklichen Mangel der nötigsten Lebensbedürfnisse, bis zum Elend und zur Brotlosigkeit gesteigert wird, so steigt der Reiz zur Nichtachtung aller gesellschaftlichen Ordnung noch mehr. Das wissen auch die Bourgeois großenteils selbst. *Symons* bemerkt*, daß die Armut dieselbe zerrüttende Wirkung auf den Geist ausübe wie die Trunksucht auf den Körper, und vollends Sheriff *Alison* erzählt den Besitzenden ganz genau, was die Folgen der sozialen Unterdrückung für die Arbeiter sein müssen.** Das Elend läßt dem Arbeiter nur die Wahl, langsam zu verhungern, sich rasch zu töten oder sich zu nehmen, was er nötig hat, wo er es findet, auf deutsch, zu stehlen. Und da werden wir uns nicht wundern dürfen, wenn die meisten den Diebstahl dem Hungertode oder dem Selbstmorde vorziehen. Es gibt freilich auch unter den Arbeitern eine Anzahl, die moralisch genug sind, um nicht zu stehlen, selbst wenn sie aufs Äußerste gebracht werden, und diese verhungern oder töten sich. Der Selbstmord, der sonst das beneidenswerte Privilegium der höheren Klassen war, ist in England auch unter den Proletariern Mode geworden, und eine Menge armer Leute töten sich, um dem Elend zu entgehen, aus dem sie sich sonst nicht zu retten wissen.

Aber noch viel demoralisierender als die Armut wirkt auf die englischen Arbeiter die Unsicherheit der Lebensstellung, die Notwendigkeit, vom Lohn aus der Hand in den Mund zu leben, kurz das, was sie zu *Proletariern* macht. Unsre kleinen Bauern in Deutschland sind großenteils auch arm und leiden oft Mangel, aber sie sind weniger abhängig vom Zufall, sie haben wenigstens etwas Festes. Aber der Proletarier, der gar nichts hat als seine beiden Hände, der heute verzehrt, was er gestern verdiente, der von allen möglichen Zufällen abhängt, der nicht die geringste Garantie für seine Fähigkeit, sich die nötigsten Lebensbedürfnisse zu erwerben, besitzt – jede Krisis, jede Laune seines Meisters kann ihn brotlos

---

* »Arts and Artisans«.
** »Prin[ciples] of Popul[ation]« vol. II, p. 196, 197.

machen –, der Proletarier ist in die empörendste, unmenschlichste Lage versetzt, die ein Mensch sich denken kann. Dem Sklaven ist wenigstens seine Existenz durch den Eigennutz seines Herrn gesichert, der Leibeigne hat doch ein Stück Land, wovon er lebt, sie haben wenigstens für das nackte Leben eine Garantie – aber der Proletarier ist allein auf sich selbst angewiesen und doch zugleich außerstand gesetzt, seine Kräfte so anzuwenden, daß er auf sie rechnen kann. Alles, was der Proletarier zur Verbesserung seiner Lage selbst tun kann, verschwindet wie ein Tropfen am Eimer gegen die Fluten von Wechselfällen, denen er ausgesetzt ist und über die er nicht die geringste Macht hat. Er ist das willenlose Objekt aller möglichen Kombinationen von Umständen und kann vom Glück noch sagen, wenn er nur auf kurze Zeit das nackte Leben rettet. Und wie sich das von selbst versteht, richtet sich sein Charakter und seine Lebensweise wieder nach diesen Umständen. Entweder sucht er sich in diesem Strudel oben zu halten, seine Menschheit zu retten, und das kann er wieder nur in der Empörung* gegen die Klasse, die ihn so schonungslos ausbeutet und dann seinem Schicksal überläßt, die ihn zu zwingen sucht, in dieser, eines Menschen unwürdigen Lage zu bleiben, gegen die Bourgeoisie – oder er gibt den Kampf gegen seine Lage als fruchtlos auf und sucht, soviel er kann, von den günstigen Momenten zu profitieren. Sparen nützt ihm zu nichts, denn er kann sich höchstens so viel sammeln, als er braucht, um sich ein paar Wochen lang zu ernähren – und wird er einmal brotlos, so bleibt es nicht bei ein paar Wochen. Sich auf die Dauer Eigentum erwerben kann er nicht, und könnte er's, so müßte er dann ja aufhören, Arbeiter zu sein, und ein andrer träte an seine Stelle. Was kann er also Besseres tun, wenn er guten Lohn bekommt, als gut davon leben? Der englische Bourgeois wundert und skandalisiert sich aufs höchste über das flotte Leben der Arbeiter während der Zeit, da der Lohn hoch ist – und doch ist es nicht nur ganz natürlich, sondern sogar ganz vernünftig von den Leuten, daß sie das Leben genießen, wenn sie können, statt Schätze zu sammeln, die ihnen nichts nützen und die am Ende doch wieder die Motten und der Rost, das heißt die Bourgeois fressen. Aber solch ein Leben ist demoralisierend wie kein andres. Was Carlyle von den Baumwollspinnern sagt, gilt von allen englischen Industriearbeitern:

»Bei ihnen ist das Geschäft heute blühend, morgen welk – ein fortwährendes Hasardspiel, und so leben sie auch wie Spieler, heute im Luxus, morgen im Hunger. Schwarze meuterische Unzufriedenheit verzehrt sie, das elendeste Gefühl, das in des Menschen Brust wohnen kann. Der englische Handel mit seinen weltweiten Konvulsionen und Schwankungen, mit seinem unermeßlichen Dampfproteus hat

---

* Wir werden später sehen, wie die Empörung des Proletariers gegen die Bourgeoisie in England durch das Recht der freien Assoziation gesetzlich legitimiert ist.

alle Pfade für sie unsicher gemacht wie ein Zauberbann; Nüchternheit, Festigkeit, ruhige Dauer, die ersten Segnungen des Menschen sind ihnen fremd ... Diese Welt ist für sie kein heimatlich Haus, sondern ein dumpfiges Gefängnis voll toller, fruchtloser Plage, Rebellion, Groll, Ingrimm gegen sich selbst und alle Menschen. Ist es eine grüne, blumige Welt, gemacht und regiert von einem Gott – oder ist es ein düster-brodelndes Tophet von Vitriolrauch, Baumwollstaub, Schnapslärm, Wut und Arbeitsqual, gemacht und regiert von einem Teufel?«*

Und weiter p. 40:

»Wenn Ungerechtigkeit, Untreue gegen Wahrheit, Tatsache und Ordnung der Natur das einzige Übel unter der Sonne ist und das Bewußtsein, Unrecht, Ungerechtigkeit zu ertragen, das einzige unerträglich schmerzliche Gefühl, so wäre unsre große Frage wegen der Lage der Arbeiter diese: Ist dies gerecht? Und vor allem: Was halten sie selbst von der Gerechtigkeit der Sache? – Ihre Worte sind Antwort genug, ihre Taten noch mehr ... . Empörung, plötzlicher rachelustiger Trieb zur Empörung gegen die höheren Klassen, abnehmende Achtung gegen die Befehle ihrer weltlichen Obern, abnehmender Glaube gegen die Lehren ihrer geistlichen Obern wird mehr und mehr die allgemeine Stimmung der niederen Klassen. Diese Stimmung mag getadelt, mag bestraft werden, aber alle müssen sie als dort wirklich existierend anerkennen, müssen wissen, daß es traurig ist und, wo nicht geändert, unheilbringend sein wird.«

Carlyle hat in den Tatsachen ganz recht und nur darin unrecht, daß er die wilde Leidenschaft der Arbeiter gegen die höheren Klassen tadelt. Diese Leidenschaft, dieser Zorn ist vielmehr der Beweis, daß die Arbeiter das Unmenschliche ihrer Lage fühlen, daß sie sich nicht zum Tier herabdrängen lassen wollen und daß sie dereinst sich aus der Knechtschaft der Bourgeoisie befreien werden. Wir sehen es ja an denen, die diesen Zorn nicht teilen – entweder unterwerfen sie sich in Demut dem Geschick, das sie trifft, leben als ehrliche Privatleute, so gut es geht, kümmern sich nicht um den Gang der Welt, helfen der Bourgeoisie die Ketten der Arbeiter fester schmieden und stehen auf dem geistig-toten Standpunkte der vorindustriellen Periode – oder sie lassen sich vom Schicksal werfen und spielen mit ihm, verlieren auch innerlich den festen Halt, den sie schon äußerlich verloren haben, leben in den Tag hinein, trinken Schnaps und laufen den Mädeln nach – in beiden Fällen sind sie Tiere. Diese letzteren tragen denn auch hauptsächlich zu der »schnellen Vermehrung des Lasters« bei, über die die sentimentale Bourgeoisie so entsetzt ist, nachdem sie selbst die Ursachen derselben in Bewegung gesetzt hat.

---

* »Chartism«, p. 54 ff.

Eine andre Quelle der Demoralisation unter den Arbeitern ist die Verdammung zur Arbeit. Wenn die freiwillige produktive Tätigkeit der höchste Genuß ist, den wir kennen, so ist die Zwangsarbeit die härteste, entwürdigendste Qual. Nichts ist fürchterlicher, als alle Tage von morgens bis abends etwas tun zu müssen, was einem widerstrebt. Und je menschlicher der Arbeiter fühlt, desto mehr muß ihm seine Arbeit verhaßt sein, weil er den Zwang, die Zwecklosigkeit für ihn selbst fühlt, die in ihr liegen. Weshalb arbeitet er denn? Aus Lust am Schaffen? Aus Naturtrieb? Keineswegs. Er arbeitet um des Geldes, um einer Sache willen, die mit der Arbeit selbst gar nichts zu schaffen hat, er arbeitet, weil er muß, und arbeitet noch dazu so lange und so ununterbrochen einförmig, daß schon aus diesem Grunde allein ihm die Arbeit in den ersten Wochen zur Qual werden muß, wenn er noch irgend menschlich fühlt. Die Teilung der Arbeit hat die vertierenden Wirkungen der Zwangsarbeit überhaupt noch vervielfacht. In den meisten Arbeitszweigen ist die Tätigkeit des Arbeiters auf eine kleinliche, rein mechanische Manipulation beschränkt, die sich Minute für Minute wiederholt und jahraus, jahrein dieselbe bleibt.* Wer von Kindesbeinen an jeden Tag zwölf Stunden und drüber Nadelknöpfe gemacht oder Kammräder abgefeilt und außerdem in den Verhältnissen eines englischen Proletariers gelebt hat, wieviel menschliche Gefühle und Fähigkeiten mag der in sein dreißigstes Jahr hinüberretten? Dasselbe ist's mit der Einführung der Dampfkraft und der Maschinen. Die Tätigkeit des Arbeiters wird leicht, die Anstrengung der Muskel wird gespart und die Arbeit selbst unbedeutend, aber eintönig im höchsten Grade. Sie gewährt ihm kein Feld für geistige Tätigkeit und nimmt doch seine Aufmerksamkeit gerade so viel in Anspruch, daß er, um sie gut zu besorgen, an nichts andres denken darf. Und eine Verurteilung zu einer solchen Arbeit – einer Arbeit, die alle disponible Zeit des Arbeiters in Anspruch nimmt, ihm kaum Zeit zum Essen und Schlafen, nicht einmal zu körperlicher Bewegung in freier Luft, zum Genuß der Natur, geschweige zu geistiger Tätigkeit läßt – eine solche Verurteilung soll den Menschen nicht zum Tier herabwürdigen! Der Arbeiter hat wieder nur die Alternative, sich in sein Schicksal zu ergeben, ein »guter Arbeiter« zu werden, das Interesse des Bourgeois »treulich« wahrzunehmen – und dann vertiert er ganz gewiß – oder sich zu sträuben, für seine Menschheit zu kämpfen, solange es geht, und das kann er nur im Kampf gegen die Bourgeoisie.

Und wenn alle diese Ursachen eine Masse von Demoralisation unter der arbeitenden Klasse erzeugt haben, dann tritt eine neue Ursache hinzu, um diese Demoralisation weiter zu verbreiten und auf den höchsten Gipfel zu treiben – die Zentrali-

---

* Soll ich auch hier Bourgeoisiezeugnisse für mich sprechen lassen? Ich wähle nur eins, das jeder nachlesen kann, in *Adam Smiths* »Wealth of Nations« (zitierte Ausg.), vol. 3, book 5, cap. 1, pag. 297.

sation der Bevölkerung. Die englischen Schriftsteller der Bourgeoisie schreien Zeter über die entsittlichenden Wirkungen der großen Städte – diese umgekehrten Jeremiasse weinen Klagelieder nicht über die Zerstörung, sondern über den Flor derselben. Sheriff *Alison* schiebt fast alles und Dr. *Vaughan*, Verfasser eines Buches »The Age of Great Cities«, noch viel mehr auf diese Ursache. Natürlich. Bei den übrigen Ursachen, die auf Körper und Geist der Arbeiter zerstörend wirken, kommt das Interesse der besitzenden Klasse zu direkt ins Spiel. Sagten sie: die Armut, die Unsicherheit der Stellung, die Überarbeitung und Zwangsarbeit sei die Hauptursache – so würde jeder, so würden sie sich selbst antworten müssen: Also geben wir den Armen Eigentum, garantieren wir ihnen ihre Existenz, erlassen wir Gesetze gegen Überarbeitung – und das darf die Bourgeoisie nicht zugeben. Aber die großen Städte sind so ganz von selbst herangewachsen, die Leute sind ganz freiwillig hineingezogen, und der Schluß, daß einzig die Industrie und die von ihr profitierende Mittelklasse die großen Städte geschaffen habe, liegt so fern, daß es der herrschenden Klasse gar zu leicht einfallen muß, alles Unheil auf diese anscheinend unvermeidliche Ursache zu wälzen – wo doch die großen Städte nur dem wenigstens im Keime schon existierenden Unheil eine schnellere und reifere Entwicklung geben können. Alison ist wenigstens noch so human, daß er dies anerkennt – er ist kein vollständig ausgebildeter, industrieller und liberaler, sondern nur ein halbentwickelter, torystischer Bourgeois und hat deshalb hie und da offne Augen, wo die wahren Bourgeois stockblind sind. Ihn wollen wir hier reden lassen:

»Es ist in den großen Städten, daß das Laster seine Versuchungen, die Wollust ihre Netze ausbreiten, daß die Schuld durch die Hoffnung der Straflosigkeit und die Trägheit durch häufiges Beispiel angespornt wird. Hieher zu diesen großen Stapelplätzen menschlicher Verdorbenheit fliehen die Schlechten und Liederlichen von der Einfachheit des Landlebens, hier finden sie Opfer für ihre Schlechtigkeit und Gewinn als Lohn für die Gefahren, in die sie sich begeben. Die Tugend wird in Dunkelheit gehüllt und unterdrückt, die Schuld reift in der Schwierigkeit der Entdeckung. Ausschweifungen werden durch unverzüglichen Genuß belohnt. Wer bei Nacht durch St. Giles, durch die engen gedrängten Gäßchen von Dublin, die ärmeren Viertel von Glasgow geht, wird dies bestätigt finden, wird sich nicht wundern, daß so viel, sondern daß so wenig Verbrechen in der Welt ist ... Die große Ursache der Verderbtheit der großen Städte ist die ansteckende Natur des bösen Beispiels und die Schwierigkeit, der Verführung des Lasters aus dem Wege zu gehen, wenn sie in nahe und tägliche Berührung mit der heranwachsenden Generation gebracht werden. Die Reichen sind eo ipso nicht besser, auch sie können in derselben Lage der Versuchung nicht widerstehen; das besondre Unglück der Armen ist, daß sie überall den verlockenden Gestalten des Lasters und den Verführungen verbotner Genüsse begegnen *müssen* ... Die erwiesene Unmöglichkeit, die Reize des Lasters vor dem jüngern Teile der Armen in großen Städten zu verbergen, ist die Ursache der Demoralisation.«

Nach einer längeren Sittenschilderung fährt unser Autor fort:

»Alles das kommt nicht von außerordentlicher Depravation des Charakters, sondern von der fast unwiderstehlichen Natur der Versuchungen, denen die Armen ausgesetzt sind. Die Reichen, die das Betragen der Armen tadeln, würden dem Einfluß ähnlicher Ursachen wohl ebenso rasch nachgeben. Es gibt einen Grad des Elends, ein Sich-Aufdrängen der Sünde, denen entgegenzutreten die Tugend selten fähig ist und der besonders die Jugend gewöhnlich nicht widerstehen kann. Der Fortschritt des Lasters in solchen Umständen ist fast so gewiß und oft ebenso rasch wie der der physischen Ansteckung.«

Und an einer späteren Stelle:

»Wenn die höheren Klassen die Arbeiter für ihren Vorteil in großen Massen auf einen engen Raum zusammengezogen haben, wird die Ansteckung des Verbrechens reißend schnell und unvermeidlich. Die niederen Klassen, wie sie jetzt in Beziehung auf religiösen und moralischen Unterricht gestellt sind, sind häufig kaum mehr dafür zu tadeln, daß sie den auf sie eindringenden Versuchungen nachgeben, als dafür, *daß sie dem Typhus zum Opfer fallen.*«*

[Die Menschlichkeit der Arbeiter]

Genug! Der Halbbourgeois Alison verrät uns, wenn auch in bornierter Ausdrucksweise, die schlimmen Folgen der großen Städte für die sittliche Entwicklung der Arbeiter. Ein anderer, ganzer Bourgeois, ein Mann nach dem Herzen der Antikorngesetzligue, der Doktor Andrew *Ure***, verrät uns die andere Seite. Er erzählt uns, daß das Leben in großen Städten Kabalen unter den Arbeitern erleichtere und dem Plebs Macht gebe. Wenn hier die Arbeiter nicht erzogen (d. h. zum Gehorsam gegen die Bourgeoisie erzogen) seien, so würden sie die Dinge einseitig, vom Standpunkt einer sinistren Selbstsucht ansehen und sich leicht von schlauen Demagogen verführen lassen – ja, sie seien kapabel, ihren *besten Wohltäter*, den frugalen und unternehmenden Kapitalisten, mit einem eifersüchtigen und feindseligen Auge anzusehen. Hier könne nur gute Erziehung helfen, sonst müsse Nationalbankerott und andre Schrecken folgen, da eine Revolution der Arbeiter sonst nicht ausbleiben könne. Und unser Bourgeois hat ganz recht mit seinen

---

* »[The] Princ[iples] of Population«, vol. II, p. 76ff., p. 135.
** »Philosophy of Manufactures«. London, 1835. – Wir werden von diesem saubern Buche noch mehr zu sprechen haben. Die angeführten Stellen stehen p. 406ff.

Befürchtungen. Wenn die Zentralisation der Bevölkerung schon auf die besitzenden Klassen anregend und entwickelnd wirkt, so treibt sie die Entwicklung der Arbeiter noch weit rascher vorwärts. Die Arbeiter fangen an, sich als Klasse in ihrer Gesamtheit zu fühlen, sie werden gewahr, daß sie, obwohl einzeln schwach, doch zusammen eine Macht sind; die Trennung von der Bourgeoisie, die Ausbildung den Arbeitern und ihrer Lebensstellung eigentümlicher Anschauungen und Ideen wird befördert, das Bewußtsein, unterdrückt zu werden, stellt sich ein, und die Arbeiter bekommen soziale und politische Bedeutung. Die großen Städte sind der Herd der Arbeiterbewegung, in ihnen haben die Arbeiter zuerst angefangen, über ihre Lage nachzudenken und gegen sie anzukämpfen, in ihnen kam der Gegensatz zwischen Proletariat und Bourgeoisie zuerst zur Erscheinung, von ihnen sind Arbeiterverbindungen, Chartismus und Sozialismus ausgegangen. Die großen Städte haben die Krankheit des sozialen Körpers, die auf dem Lande in chronischer Form auftritt, in eine akute verwandelt, und dadurch das eigentliche Wesen derselben und zugleich die rechte Art, sie zu heilen, an den Tag gebracht. Ohne die großen Städte und ihren treibenden Einfluß auf die Entwicklung der öffentlichen Intelligenz wären die Arbeiter lange nicht so weit, als sie jetzt sind. Dazu haben sie die letzte Spur des patriarchalischen Verhältnisses zwischen den Arbeitern und den Brotherren zerstört, wozu auch die große Industrie durch Vervielfachung der von einem einzigen Bourgeois abhängigen Arbeiter beitrug. Die Bourgeoisie jammert freilich darüber, und sie hat recht – denn unter diesem Verhältnis war der Bourgeois ziemlich sicher vor einer Auflehnung der Arbeiter. Er konnte sie nach Herzenslust ausbeuten und dominieren und erhielt nach Gehorsam, Dank und Zuneigung in den Kauf von dem dummen Volke, wenn er ihm außer dem Lohn etwas Freundlichkeit, die ihm nichts kostete, und vielleicht einige kleine Vorteile zukommen ließ – alles zusammen anscheinend aus purer überflüssiger, aufopfernder Herzensgüte, und doch noch lange nicht den zehnten Teil seiner Schuldigkeit. Als einzelner Bourgeois, der in Verhältnisse gestellt war, die er selbst nicht geschaffen hatte, tat er allerdings seine Schuldigkeit wenigstens teilweise, aber als Mitglied der regierenden Klasse, die schon dadurch, *daß sie regiert*, für die Lage der ganzen Nation verantwortlich ist und die Wahrung des allgemeinen Interesses übernimmt, tat er gar nichts von dem, was er mit seiner Stellung übernahm, sondern beutete noch obendrein die ganze Nation zu seinem eignen Privatvorteil aus. In dem patriarchalischen Verhältnis, das die Sklaverei der Arbeiter heuchlerisch verdeckte, mußte der Arbeiter geistig tot, über seine eignen Interessen total unwissend, ein bloßer Privatmensch bleiben. Erst als er seinem Brotherrn entfremdet, als es offenbar wurde, daß er mit diesem nur durch das Privatinteresse, nur durch den Geldgewinn zusammenhänge, als die scheinbare Zuneigung, die nicht die geringste Probe aushielt, gänzlich wegfiel, erst da fing der Arbeiter an, seine Stellung und seine Interessen zu erkennen und sich **selbständig zu entwickeln**;

erst da hörte er auf, auch in seinen Gedanken, Gefühlen und Willensäußerungen der Sklave der Bourgeoisie zu sein. Und dazu hat hauptsächlich die Industrie im großen Maßstabe und die großen Städte gewirkt.

Ein anderes Moment, das von bedeutendem Einfluß auf den Charakter der englischen Arbeiter war, bildet die irische Einwanderung, von der auch schon in diesem Sinn die Rede war. Sie hat allerdings, wie wir sahen, einerseits die englischen Arbeiter degradiert, sie der Zivilisation entrissen und ihre Lage verschlimmert – aber auch andrerseits dadurch zur Austiefung der Kluft zwischen Arbeitern und Bourgeoisie und so zur Beschleunigung der herannahenden Krisis beigetragen. Denn der Verlauf der sozialen Krankheit, an der England leidet, ist derselbe wie der einer physischen Krankheit; sie entwickelt sich nach gewissen Gesetzen und hat ihre Krisen, deren letzte und heftigste über das Schicksal des Kranken entscheidet. Und da die englische Nation bei dieser letzten Krisis doch nicht untergehen kann, sondern erneut und wiedergeboren aus ihr hervorgehen muß, so kann man sich nur über alles freuen, was die Krankheit auf die Spitze treibt. Und dazu trägt die irische Einwanderung außerdem noch bei durch das leidenschaftliche, lebendige irische Wesen, welches sie in England einbürgert und in die englische Arbeiterklasse bringt. Irländer und Engländer verhalten sich in vielen Beziehungen wie Franzosen und Deutsche, und die Mischung des leichteren, erregbaren, heißen irischen Temperaments mit dem ruhigen, ausdauernden, verständigen englischen kann auf die Dauer nur für beide Teile günstig sein. Der schroffe Egoismus der englischen Bourgeoisie würde weit mehr in der Arbeiterklasse sitzen geblieben sein, wenn nicht das bis zur Wegwerfung großmütige, vorwiegend vom Gefühl beherrschte irische Wesen hinzugekommen und einerseits durch Stammverschmelzung, andrerseits durch den gewöhnlichen Verkehr den rein verständigen, kalten englischen Charakter gemildert hätte.

Wir werden uns nach alledem nicht mehr darüber wundern, daß die arbeitende Klasse allmählich ein ganz andres Volk geworden ist als die englische Bourgeoisie. Die Bourgeoisie hat mit allen andern Nationen der Erde mehr Verwandtes als mit den Arbeitern, die dicht neben ihr wohnen. Die Arbeiter sprechen andre Dialekte, haben andre Ideen und Vorstellungen, andre Sitten und Sittenprinzipien, andre Religion und Politik als die Bourgeoisie. Es sind zwei ganz verschiedene Völker, so verschieden, wie sie der Unterschied der Rasse nur machen kann, und von denen wir bisher auf dem Kontinent nur das eine, die Bourgeoisie, gekannt haben. Und doch ist gerade das andre, aus den Proletariern bestehende Volk das für die Zukunft Englands bei weitem wichtigste.*

---

* *(1892)* Dieselbe Auffassung, daß die große Industrie die Engländer in zwei verschiedene Nationen gespalten hat, ist bekanntlich, ungefähr gleichzeitig, auch von Disraeli ausgeführt worden in seinem Roman »Sybil, or the Two Nations«.

Von dem öffentlichen Charakter der englischen Arbeiter, wie er sich in Assoziationen und politischen Prinzipien ausspricht, werden wir noch weiter zu sprechen haben – hier wollen wir nur die Resultate der eben zusammengestellten Ursachen erwähnen, insofern diese auf den Privatcharakter der Arbeiter wirken. Der Arbeiter ist bei weitem humaner im gewöhnlichen Leben als der Bourgeois. Ich erwähnte schon oben, daß die Bettler fast nur an Arbeiter zu appellieren pflegen und überhaupt mehr von seiten der Arbeiter für die Erhaltung der Armen getan wird als von seiten der Bourgeoisie. Diese Tatsache – man kann sie übrigens alle Tage bestätigt sehen – bestätigt u. a. auch Herr Parkinson, Kanonikus von Manchester:

»Die Armen geben einander mehr, als die Reichen den Armen geben. Ich kann meine Versicherung durch das Zeugnis eines unserer ältesten, geschicktesten, beobachtendsten und humansten Ärzte, des Dr. Bardsley, bestätigen. Dieser hat öffentlich erklärt, daß die Gesamtsumme, welche die Armen jährlich einander geben, diejenige übertrifft, welche die Reichen in derselben Zeit beisteuern.«*

Auch sonst tritt die Humanität der Arbeiter überall erfreulich hervor. Sie haben selbst harte Schicksale erfahren und können daher für diejenigen Mitgefühl hegen, denen es schlechtgeht; für sie ist jeder Mensch ein Mensch, während der Arbeiter dem Bourgeois weniger als ein Mensch ist; daher sind sie umgänglicher, freundlicher, und obwohl sie das Geld nötiger haben als die Besitzenden, dennoch weniger darauf erpicht, weil ihnen das Geld nur um dessentwillen Wert hat, was sie dafür kaufen, während es für den Bourgeois einen besondern, inhärenten Wert, den Wert eines Gottes hat und den Bourgeois so zum gemeinen, schmutzigen »Geldmenschen« macht. Der Arbeiter, der dies Gefühl der Ehrfurcht vor dem Gelde nicht kennt, ist daher nicht so habgierig wie der Bourgeois, der alles nur tut, um Geld zu verdienen, der seinen Lebenszweck im Anhäufen von Geldsäcken sieht. Darum ist der Arbeiter auch viel unbefangener, hat viel offnere Augen für Tatsachen als der Bourgeois und sieht nicht alles durch die Brille des Eigennutzes an. Vor religiösen Vorurteilen schützt ihn seine mangelhafte Erziehung; er versteht nichts davon und plagt sich nicht damit herum, er kennt den Fanatismus nicht, der die Bourgeoisie befangen hält, und wenn er ja etwas Religion haben sollte, so ist sie nur nominell, nicht einmal theoretisch – praktisch lebt er nur für diese Welt und sucht sich in ihr einzubürgern. Alle Schriftsteller der Bourgeoisie stimmen darin überein, daß die Arbeiter keine Religion haben und die Kirche nicht besuchen. Allenfalls die Irländer sind auszunehmen und einige ältere Leute, dann die Halbbourgeois, die Aufseher, Werkmeister und dergleichen. Aber unter der

---

* »On the present Condition of the Labouring Poor in Manchester etc.« By the Rev. *Rd. Parkinson*, Canon of Manchester. 3rd edit. London and Manchester, 1841. Pamphlet.

Masse findet man fast überall eine gänzliche Indifferenz gegen die Religion, und wenn es hoch kommt, ein bißchen Deismus, zu unentwickelt, um zu etwas mehr als zu Redensarten dienen zu können oder etwas mehr als einen vagen Schrecken vor Ausdrücken wie infidel (Ungläubiger) und atheist hervorzurufen. Die Geistlichkeit aller Sekten steht sehr schlecht bei den Arbeitern angeschrieben, obwohl sie ihren Einfluß auf diese erst in der letzten Zeit verloren hat; jetzt steht sie aber so, daß der bloße Ruf: he is a parson – er ist ein Pfaff! oft genug imstande ist, einen Geistlichen von der Tribüne öffentlicher Versammlungen zu verjagen. Und wie schon die Lebenslage überhaupt, so trägt auch der Mangel an religiöser und sonstiger Bildung dazu bei, die Arbeiter unbefangener, freier von überkommenen stabilen Grundsätzen und vorgefaßten Meinungen zu halten, als der Bourgeois dies ist. Dieser sitzt in seinen Klassenvorurteilen, in den ihm von Jugend auf eingetrichterten Prinzipien bis über die Ohren eingerammt; mit ihm ist nichts anzufangen, er ist wesentlich, wenn auch in liberaler Form, konservativ, sein Interesse mit dem Bestehenden verwachsen, er ist aller Bewegung abgestorben. Er tritt ab von der Spitze der historischen Entwicklung, die Arbeiter treten erst rechtlich und dereinst auch faktisch an seine Stelle.

[Unmoral und Verbrechen]

Dies und die daraus folgende öffentliche Tätigkeit der Arbeiter, die wir später erledigen werden, sind die günstigen Seiten des Charakters dieser Klasse; die ungünstigen sind ebenso rasch zusammengefaßt und folgen ebenso natürlich aus den angegebenen Ursachen. Trunksucht, Regellosigkeit des geschlechtlichen Verkehrs, Roheit und Mangel an Achtung für das Eigentum sind die Hauptpunkte, die der Bourgeois ihr vorwirft. Daß die Arbeiter stark trinken, ist nicht anders zu erwarten. Sheriff *Alison* behauptet, daß in Glasgow jeden Sonnabendabend an dreißigtausend Arbeiter berauscht sind, und die Zahl ist gewiß nicht zu gering; daß in dieser Stadt 1830 auf zwölf Häuser und 1840 auf je zehn Häuser eine Branntweinschenke kam, daß in Schottland 1823 für 2300000 Gallonen, 1837 für 6620000 Gallonen und in England 1823 für 1976000 Gallonen, 1837 für 7875000 Gallonen Branntwein Akziseabgabe bezahlt wurde.* Die Bierakte von 1830, welche die Errichtung von Bierhäusern, sogenannten Jerry-Shops, erleichterte – deren Besitzer zum Verkauf von Bier, to be drunk on the premises (das im Hause selbst getrunken werden darf), konzessioniert ist – diese Akte erleichterte auch die Ausbreitung der Trunksucht, indem sie jedem die Schenke fast vor die Türe brachte. Fast in jeder Straße findet man mehrere dieser Bierhäuser, und wo auf dem Lande zwei oder drei Häuser zusammenstehen, so ist ganz gewiß ein Jerry-Shop

---

* »[The] Princ[iples] of Population«, passim.

darunter. Außerdem gibt es noch Hush-Shops, das heißt heimliche Schenken, die nicht konzessioniert sind, in Menge und ebenso viele Branntweinbrennereien, die mitten in den großen Städten, in abgelegenen, von der Polizei selten besuchten Vierteln große Quantitäten dieses Getränks produzieren. Gaskell (a. a. O.) schlägt die Zahl dieser letzteren in Manchester allein auf über hundert und ihre jährliche Produktion auf mindestens 156000 Gallonen an. In Manchester sind außerdem über tausend Schenken, also im Verhältnis zur Häuserzahl wenigstens ebenso viele als in Glasgow. In allen andern großen Städten sieht es ebenso aus. Und wenn man nun noch außer den gewöhnlichen Folgen der Trunksucht bedenkt, daß Männer und Weiber von jedem Alter, selbst Kinder, oft Mütter mit ihren Kleinen auf dem Arme, hier mit den am tiefsten gesunkenen Opfern des Bourgeoisieregimes, mit Dieben, Betrügern und prostituierten Mädchen zusammenkommen, wenn man bedenkt, daß manche Mutter dem Säugling, den sie auf den Armen trägt, Branntwein zu trinken gibt, so wird man die demoralisierende Wirkung des Besuchs solcher Orte allerdings zugeben. Namentlich Samstagabends, wenn der Lohn ausbezahlt ist und etwas früher als gewöhnlich Feierabend gemacht wird, wenn die ganze arbeitende Klasse aus ihren schlechten Vierteln sich in die Hauptstraßen ergießt, kann man die Trunkenheit in ihrer ganzen Brutalität sehen. Ich bin selten an einem solchen Abend aus Manchester herausgekommen, ohne einer Menge schwankender oder in den Rinnsteinen liegender Betrunkener zu begegnen. Am Sonntagabend pflegt sich dieselbe Szene, nur weniger lärmend, zu wiederholen. Und wenn das Geld auf ist, so gehen die Trinker zum ersten besten Pfandhaus, deren in jeder großen Stadt eine Menge sind – in Manchester über sechzig und in einer einzigen Straße von Salford (Chapel Street) zehn bis zwölf –, und versetzen, was sie noch haben. Möbel, Sonntagskleider, wo sie existieren, Geschirre werden jeden Sonnabendabend in Massen aus den Pfandhäusern abgeholt, um fast immer vor dem nächsten Mittwoch wieder hineinzuwandern, bis zuletzt irgendein Zufall die Einlösung unmöglich macht und ein Stück nach dem andern dem Wucherer verfällt oder bis dieser auf die verschlissene und ausgenutzte Ware keinen Heller mehr vorschießen will. Wenn man die Verbreitung der Trunksucht unter den Arbeitern in England selbst gesehen hat, so glaubt man gern der Behauptung Lord Ashleys[*], daß diese Klasse jährlich an fünfundzwanzig Millionen Pfund Sterling für geistige Getränke ausgibt, und welche Verschlechterung der äußeren Lage, welche furchtbare Zerrüttung der geistigen und körperlichen Gesundheit, welche Zerstörung aller häuslichen Verhältnisse daraus entsteht, kann sich jeder leicht denken. Die Mäßigkeitsvereine haben allerdings viel getan, aber was verschlagen ein paar Tausend »Teetotallers« auf die Millionen Arbeiter? Wenn Father Mathew, der irische Mäßigkeitsapostel, durch die eng-

---

[*] Unterhaussitzung vom 28. Februar 1843.

lischen Städte reist, so nehmen oft dreißig- bis sechzigtausend Arbeiter die »pledge« (das Gelübde), aber nach vier Wochen ist das bei den meisten wieder vergessen. Wenn man z. B. die Massen zusammenzählt, die in den letzten drei bis vier Jahren in Manchester das Mäßigkeitsgelübde abgelegt haben, so kommen mehr Leute heraus, als überhaupt in der Stadt wohnen – und doch merkt man nicht, daß der Trunk abnimmt.

Neben der Zügellosigkeit im Genuß geistiger Getränke bildet die Zügellosigkeit des geschlechtlichen Verkehrs eine Hauptuntugend vieler englischer Arbeiter. Auch diese folgt mit eiserner Konsequenz, mit unumgänglicher Notwendigkeit aus der Lage einer Klasse, die sich selbst überlassen wird, ohne die Mittel zu besitzen, von dieser Freiheit geeigneten Gebrauch zu machen. Die Bourgeoisie hat ihr nur diese beiden Genüsse gelassen, während sie ihr eine Menge von Mühen und Leiden auferlegt hat, und die Folge davon ist, daß die Arbeiter, um doch etwas vom Leben zu haben, alle Leidenschaft auf diese beiden Genüsse konzentrieren und sich ihnen im Übermaß und auf die regelloseste Weise ergeben. Wenn man die Leute in eine Lage versetzt, die nur dem Tier zusagen kann, so bleibt ihnen nichts übrig, als sich zu empören oder in der Bestialität unterzugehen. Und wenn obendrein noch die Bourgeoisie selbst ihr redlich Teil zur direkten Hebung der Prostitution beiträgt – wie viele von den 40 000 Freudenmädchen, die jeden Abend die Straßen von London füllen*, leben von der tugendhaften Bourgeoisie? – wie viele von ihnen haben es der Verführung eines Bourgeois zu danken, daß sie ihren Körper den Vorübergehenden feilbieten müssen, um zu leben? – so hat sie wahrlich am wenigsten das Recht, den Arbeitern ihre sexuale Brutalität vorzuwerfen.

Die Fehler der Arbeiter lassen sich überhaupt alle auf Zügellosigkeit der Genußsucht, Mangel an Vorhersicht und an Fügsamkeit in die soziale Ordnung, überhaupt auf die Unfähigkeit, den augenblicklichen Genuß dem entfernteren Vorteil aufzuopfern, zurückführen. Aber wie ist das zu verwundern? Eine Klasse, die wenig und nur die sinnlichsten Genüsse sich für saure Arbeit erkaufen kann, muß sich die nicht toll und blind auf diese Genüsse werfen? Eine Klasse, um deren Bildung sich niemand kümmert, die allen möglichen Zufällen unterworfen ist, die gar keine Sicherheit der Lebenslage kennt, was für Gründe, was für ein Interesse hat die, Vorhersicht zu üben, ein »solides« Leben zu führen und, statt von der Gunst des Augenblicks zu profitieren, auf einen entfernteren Genuß zu denken, der gerade für *sie* und ihre ewig schwankende, sich überschlagende Stellung noch sehr ungewiß ist? Eine Klasse, die alle Nachteile der sozialen Ordnung zu tragen hat, ohne ihre Vorteile zu genießen, eine Klasse, der diese soziale Ordnung nur feindselig erscheint, von der verlangt man noch, daß sie diese soziale Ordnung respektieren

---

* *Sheriff Alison*, »[The] Princ[iples] of Population«, vol. II.

soll? Das ist wahrlich zuviel. Aber die Arbeiterklasse kann der sozialen Ordnung, solange diese besteht, nicht entrinnen, und wenn der einzelne Arbeiter gegen sie aufsteht, so fällt der größte Schaden auf ihn. So macht die soziale Ordnung dem Arbeiter das Familienleben fast unmöglich; ein unwohnliches, schmutziges Haus, das kaum zum nächtlichen Obdach gut genug, schlecht möbliert und oft nicht regendicht und nicht geheizt ist, eine dumpfige Atmosphäre im menschengefüllten Zimmer erlaubt keine Häuslichkeit; der Mann arbeitet den ganzen Tag, vielleicht auch die Frau und die älteren Kinder, alle an verschiedenen Orten, sehen sich nur morgens und abends – dazu die stete Versuchung zum Branntweintrinken; wo kann dabei das Familienleben existieren? Dennoch kann der Arbeiter der Familie nicht entrinnen, er muß in der Familie leben, und die Folge davon sind fortwährende Familienzerrüttungen und häusliche Zwiste, die sowohl auf die Eheleute wie namentlich auf ihre Kinder im höchsten Grade demoralisierend wirken. Vernachlässigung aller häuslichen Pflichten, Vernachlässigung besonders der Kinder ist nur zu häufig unter den englischen Arbeitern und wird nur zu sehr durch die bestehenden Einrichtungen der Gesellschaft hervorgebracht. Und Kinder, die auf diese Weise wild, in der demoralisierendsten Umgebung, zu der oft genug die Eltern selbst gehören, heranwachsen, die sollen nachher noch fein moralisch werden? Es ist wirklich zu naiv, welche Forderungen der selbstzufriedene Bourgeois an den Arbeiter stellt.

Die Nichtachtung der sozialen Ordnung tritt am deutlichsten in ihrem Extrem, im Verbrechen auf. Wirken die Ursachen, die den Arbeiter demoralisieren, stärker, konzentrierter als gewöhnlich, so wird er mit derselben Gewißheit Verbrecher, mit der das Wasser bei 80 Grad Réaumur aus dem tropfbaren in den luftförmigen Aggregatzustand übergeht. Der Arbeiter wird durch die brutale und brutalisierende Behandlung der Bourgeoisie gerade ein so willenloses Ding wie das Wasser und ist gerade mit derselben Notwendigkeit den Gesetzen der Natur unterworfen – bei ihm hört auf einem gewissen Punkte alle Freiheit auf. Mit der Ausdehnung des Proletariats hat daher auch das Verbrechen in England zugenommen, und die britische Nation ist die verbrecherischste der Welt geworden. Aus den jährlich veröffentlichten »Kriminal-Tabellen« des Ministeriums des Innern geht hervor, daß in England die Vermehrung des Verbrechens mit unbegreiflicher Schnelligkeit vor sich gegangen ist. Die Anzahl der Verhaftungen für *Kriminal*verbrechen betrug

im Jahre 1805	4605	im Jahre 1830	18107
im Jahre 1810	5146	im Jahre 1835	20731
im Jahre 1815	7818	im Jahre 1840	27187
im Jahre 1820	13710	im Jahre 1841	27760
im Jahre 1825	14437	im Jahre 1842	31309

in England und Wales allein; also versiebenfachten sich die Verhaftungen in 37 Jahren. Von diesen Verhaftungen kommen allein auf Lancashire im Jahre 1842 4497, also über 14 Prozent, und auf Middlesex (einschließlich London) 4094, also über 13 Prozent. So sehen wir, daß zwei Distrikte, die große Städte mit viel Proletariat einschließen, allein über den vierten Teil des gesamten Verbrechens hervorbringen, obgleich ihre Gesamtbevölkerung lange nicht den vierten Teil des ganzen Landes ausmacht. Die Kriminaltabellen beweisen auch noch direkt, daß fast alles Verbrechen auf das Proletariat fällt, denn 1842 konnten von jeden 100 Verbrechern durchschnittlich 32,35 nicht lesen und schreiben, 58,32 unvollkommen lesen und schreiben, 6,77 gut lesen und schreiben, 0,22 hatten noch höhere Bildung genossen, und von 2,34 konnte die Bildung nicht angegeben werden. In Schottland hat das Verbrechen noch viel schneller zugenommen. Hier waren 1819 nur 89 und 1837 schon 3176, 1842 sogar 4189 Kriminalverhaftungen vorgekommen. In Lanarkshire, wo Sheriff Alison selbst den offiziellen Bericht abfaßte, hat sich die Bevölkerung in 30 Jahren, das Verbrechen alle $5\frac{1}{2}$ Jahre verdoppelt, also sechsmal rascher als die Bevölkerung zugenommen. Die Verbrechen selbst sind, wie in allen zivilisierten Ländern, bei weitem der Mehrzahl nach Verbrechen gegen das Eigentum, also solche, die in Mangel dieser oder jener Art ihren Grund haben, denn was einer hat, stiehlt er nicht. Das Verhältnis der Verbrechen gegen Eigentum zur Volkszahl, das sich in den Niederlanden wie 1 : 7140, in Frankreich wie 1 : 1804 stellt, stand zur Zeit, als Gaskell schrieb, in England wie 1 : 799; das der Verbrechen gegen Personen zur Volkszahl in den Niederlanden wie 1 : 28904, in Frankreich wie 1 : 17573, in England wie 1 : 23395; das des Verbrechens überhaupt zur Volkszahl in Ackerbaudistrikten wie 1 : 1043, in Fabrikdistrikten wie 1 : 840*; in ganz England stellt sich dies jetzt *kaum* auf 1 : 660**, und es sind kaum zehn Jahre, seit Gaskells Buch erschien!

Diese Tatsachen sind wahrlich mehr als hinreichend, um jeden, selbst einen Bourgeois, zur Besinnung und zum Nachdenken über die Folgen eines solchen Zustandes zu bringen. Wenn sich die Demoralisation und die Verbrechen noch zwanzig Jahre lang in diesem Maße vermehren – und wenn die englische Industrie in diesen zwanzig Jahren weniger glücklich ist als bisher, so muß die Progression des Verbrechens sich nur noch beschleunigen – was wird dann das Resultat sein? Wir sehen schon jetzt die Gesellschaft in voller Auflösung begriffen, wir können keine Zeitung in die Hand nehmen, ohne in den schlagendsten Tatsachen die Lockerung aller sozialen Bande lesen zu müssen. Ich greife aufs Geratewohl in den Haufen englischer Zeitungen, die vor mir liegen; da ist ein »Manchester

---

* »[The] Manuf[acturing] Popul[ation] of Engl[and]« chapt. 10.
** Die Zahl der *überführten* Verbrecher (22733) dividiert in die Volkszahl (ca. 15 Millionen).

Guardian« (30. Oktober 1844), der über drei Tage berichtet; er gibt sich gar nicht mehr die Mühe, über Manchester genaue Nachrichten zu geben und erzählt bloß die interessantesten Fälle, daß in einer Fabrik die Arbeiter, um höheren Lohn zu erlangen, die Arbeit eingestellt hätten und vom Friedensrichter zu ihrer Wiederaufnahme gezwungen seien; daß in Salford ein paar Knaben Diebstähle verübt und ein bankerotter Kaufmann seine Gläubiger habe betrügen wollen. Ausführlicher sind die Nachrichten aus den Nebenorten: in Ashton zwei Diebstähle, ein Einbruch, ein Selbstmord, in Bury ein Diebstahl, in Bolton zwei Diebstähle, ein Akzisebetrug, in Leigh ein Diebstahl, in Oldham Arbeitseinstellung wegen Lohn, ein Diebstahl, eine Schlägerei zwischen Irländerinnen, ein nicht zur Arbeiterverbindung gehörender Hutmacher von den Mitgliedern der Verbindung mißhandelt, eine Mutter von ihrem Sohn geschlagen, in Rochdale eine Reihe Schlägereien, ein Angriff auf die Polizei, ein Kirchenraub, in Stockport Unzufriedenheit der Arbeiter mit dem Lohn, ein Diebstahl, ein Betrug, Schlägerei, ein Mann, der seine Frau mißhandelt, in Warrington ein Diebstahl und eine Schlägerei, in Wigan ein Diebstahl und ein Kirchenraub. Die Berichte der Londoner Zeitungen sind noch viel schlimmer; Betrügereien, Diebstähle, Raubanfälle, Familienzerwürfnisse drängen eins das andere; mir fällt gerade eine »Times« (12. September 1844), die nur die Vorfälle *eines* Tages berichtet, in die Hand, die von einem Diebstahl, einem Angriff auf die Polizei, einem Alimentationsurteil gegen den Vater eines unehelichen Kindes, der Aussetzung eines Kindes durch seine Eltern und der Vergiftung eines Mannes durch seine Frau erzählt. Ähnliches ist in allen englischen Zeitungen zu finden. In diesem Lande ist der soziale Krieg vollständig ausgebrochen; jeder steht für sich selbst und kämpft für sich selbst gegen alle andern, und ob er allen andern, die seine erklärten Feinde sind, Schaden zufügen soll oder nicht, hängt nur von einer selbstsüchtigen Berechnung über das ab, was ihm am vorteilhaftesten ist. Es fällt keinem mehr ein, sich auf friedlichem Wege mit seinen Nebenmenschen zu verständigen; alle Differenzen werden durch Drohungen, Selbsthilfe oder die Gerichte abgemacht. Kurz, jeder sieht im andern einen Feind, den er aus dem Wege zu räumen, oder höchstens ein Mittel, das er zu seinen Zwecken auszubeuten hat. Und dieser Krieg wird, wie die Kriminaltabellen beweisen, von Jahr zu Jahr heftiger, leidenschaftlicher, unversöhnlicher; die Feindschaft teilt sich allmählich in zwei große Lager, die gegeneinander streiten: die Bourgeoisie hier und das Proletariat dort. Dieser Krieg aller gegen alle und des Proletariats gegen die Bourgeoisie darf uns nicht wundern, denn er ist nur die konsequente Durchführung des schon in der freien Konkurrenz enthaltenen Prinzips; aber wohl darf es uns wundern, daß die Bourgeoisie, gegen die sich tagtäglich neue und drohende Gewitterwolken zusammenziehen, bei alledem so ruhig und gelassen bleibt, wie sie diese Sachen täglich in den Zeitungen lesen kann, ohne, wir wollen nicht sagen Indignation über den sozialen Zustand, sondern nur Furcht vor seinen Folgen, vor einem allgemeinen Ausbruch dessen, was im Verbrechen einzeln zutage kommt, zu empfinden. Aber dafür ist sie gerade Bourgeoisie und kann von ihrem Standpunkte aus nicht einmal die Tatsachen, geschweige ihre Konsequenzen, wahrnehmen. Nur das ist staunenswert, daß Klassenvorurteile und eingetrommelte vorgefaßte Meinungen eine ganze Menschenklasse mit einem so hohen, ich möchte sagen so wahnsinnigen Grade von Blindheit schlagen können. Die Entwicklung der Nation geht indes ihren Gang, die Bourgeois mögen Augen für sie haben oder nicht, und wird eines schönen Morgens die besitzende Klasse mit Dingen überraschen, von denen sich ihre Weisheit nichts träumen läßt.

[Die Arbeitshäuser][30]

[...]
Da aber die Reichen noch die Macht besitzen, so müssen sich die Proletarier gefallen lassen, daß sie, falls sie selbst es nicht gutwillig einsehen wollen, vom Gesetz für wirklich überflüssig erklärt werden. Dies ist im neuen Armengesetz geschehen. Das alte Armengesetz, das auf der Akte vom Jahre 1601 (43rd of Elizabeth) beruht, ging naiverweise noch von dem Prinzip aus, daß es die Pflicht der Gemeinde sei, für den Lebensunterhalt der Armen zu sorgen. Wer keine Arbeit hatte, erhielt Unterstützung, und der Arme sah auf die Dauer, wie billig, die Gemeinde für verpflichtet an, ihn vor dem Verhungern zu schützen. Er forderte seine wöchentliche Unterstützung als ein Recht, nicht als eine Gnade, und das wurde zuletzt der Bourgeoisie doch zu arg. 1833, als sie eben durch die Reformbill an die Herrschaft und zugleich der Pauperismus der Landdistrikte zur vollen Entfaltung gekommen war, begann sie sogleich die Reform auch der Armengesetze von ihrem Standpunkte aus. Eine Kommission wurde ernannt, die die Verwaltung der Armengesetze untersuchte und eine große Menge Mißbräuche entdeckte. Man fand die ganze Arbeiterklasse des platten Landes pauperisiert und ganz oder teilweise von der Armenkasse abhängig, da diese, wenn der Lohn niedrig stand, den Armen einen Zusatz gab; man fand, daß dies System, wodurch der Arbeitslose erhalten, der Schlechtbezahlte und mit vielen Kindern Gesegnete unterstützt, der Vater unehelicher Kinder zur Alimentation angehalten und die Armut überhaupt als des Schutzes bedürftig anerkannt wurde – man fand, daß dies System das Land ruiniere,

»ein Hemmnis der Industrie, eine Belohnung für unüberlegte Heiraten, ein Stimulus zur Vermehrung der Bevölkerung sei und den Einfluß einer vermehrten Volkszahl auf den Arbeitslohn unterdrücke; daß es eine Nationaleinrichtung sei, um die Fleißigen und Ehrlichen zu entmutigen und die Trägen, Lasterhaften und Überlegungslosen zu beschützen; daß es die Bande der Familie zerstöre, die Anhäufung von Kapitalien systematisch verhindre, das existierende Kapital auflöse und die Steuerzahlenden ruiniere; und obendrein setze es in der Alimentation eine Prämie auf uneheliche Kinder.« (Worte des Berichts der Armengesetzkommissäre.)*

Diese Schilderung der Wirkungen des alten Armengesetzes ist im ganzen gewiß richtig; die Unterstützung begünstigt die Trägheit und die Vermehrung der »überflüssigen« Bevölkerung. Unter den jetzigen sozialen Verhältnissen ist es ganz klar, daß der Arme gezwungen wird, Egoist zu sein, und wenn er die Wahl hat und gleich gut lebt, lieber nichts tut als arbeitet. Daraus folgt aber nur, daß die jetzigen sozialen Verhältnisse nichts taugen, nicht aber, daß – wie die malthusianischen Kommissäre folgerten – die Armut als ein Verbrechen nach der Abschreckungstheorie zu behandeln sei.

Diese weisen Malthusianer waren aber so fest von der Unfehlbarkeit ihrer Theorie überzeugt, daß sie keinen Augenblick Anstand nahmen, die Armen in das Prokrustesbett ihrer Meinungen zu werfen und sie nach diesen mit der empörendsten Härte zu behandeln. Mit Malthus und den übrigen Anhängern der freien Konkurrenz überzeugt, daß es am besten sei, jeden für sich selbst sorgen zu lassen, das laissez-faire konsequent durchzuführen, hätten sie die Armengesetze am liebsten ganz abgeschafft. Da sie hierzu indes doch weder Mut noch Autorität hatten, schlugen sie ein möglichst malthusianisches Armengesetz vor, das noch barbarischer ist als das laissez-faire, weil es da aktiv eintritt, wo dies nur passiv ist. Wir sahen, wie Malthus die Armut, genauer die Brotlosigkeit unter dem Namen der Überflüssigkeit für ein Verbrechen erklärt, das die Gesellschaft mit dem Hungertode bestrafen soll. So barbarisch waren die Kommissäre nun gerade nicht; der krasse, direkte Hungertod hat selbst für einen Armengesetzkommissär etwas zu Schreckliches. Gut, sagten sie, ihr Armen habt das Recht, zu existieren, aber auch *nur* zu existieren; das Recht, euch zu vermehren aber habt ihr nicht, ebensowenig wie das Recht, *menschlich* zu existieren. Ihr seid eine Landplage, und wenn wir euch nicht wie jede andere Landplage sofort beseitigen können, so sollt ihr doch fühlen, daß ihr eine solche seid und wenigstens im Zaume gehalten, außerstand gesetzt werden müßt, andere »Überflüssige«, direkt oder durch Verführung zur Trägheit und Brotlosigkeit, zu produzieren. Leben sollt ihr, aber leben zum warnenden Exempel allen denen, die Veranlassung haben könnten, auch überflüssig zu werden.

---

* »Extracts from Information received by the Poor-Law-Commissioners«. Published by Authority. London 1833.

Sie schlugen nun das neue Armengesetz vor, das 1834 durch das Parlament ging und bis heute in Kraft besteht. Alle Unterstützung in Geld oder Lebensmitteln wurde abgeschafft; die einzige Unterstützung, welche gewährt wurde, war die Aufnahme in die überall sofort erbauten Arbeitshäuser. Die Einrichtung dieser Arbeitshäuser (workhouses), oder, wie das Volk sie nennt, Armengesetz-Bastillen (poor-law bastiles), ist aber derart, daß sie jeden abschrecken muß, der noch irgendwie Aussicht hat, sich ohne diese Art der öffentlichen Mildtätigkeit durchzuschlagen. Damit die Armenkasse nur in den dringendsten Fällen beansprucht und die eignen Anstrengungen eines jeden auf den höchsten Grad gesteigert werden, ehe er sich entschließt, sich von ihr unterstützen zu lassen, ist das Arbeitshaus zum zurückstoßendsten Aufenthalt gemacht, den das raffinierte Talent eines Malthusianers erfinden kann. Die Nahrung ist schlechter als die der ärmsten beschäftigten Arbeiter, während die Arbeit schwerer ist; sonst würden diese ja den Aufenthalt im Armenhause ihrer jämmerlichen Existenz draußen vorziehen. Fleisch, besonders frisches, wird selten gereicht, meist Kartoffeln, möglichst schlechtes Brot und Hafermehlbrei, wenig oder gar kein Bier. Selbst die Diät der Gefängnisse ist durchgängig besser, so daß die Bewohner des Arbeitshauses häufig irgendein Vergehen absichtlich sich zuschulden kommen lassen, um nur ins Gefängnis zu kommen. Denn auch das Arbeitshaus ist ein Gefängnis; wer sein Quantum Arbeit nicht tut, bekommt nichts zu essen, wer herausgehen will, muß erst um Erlaubnis bitten, die ihm je nach seinem Betragen oder der Meinung, die der Inspektor davon hat, verweigert werden kann; Tabak ist verboten, ebenso die Annahme von Geschenken von Freunden und Verwandten außerhalb des Hauses; die Paupers tragen eine Arbeitshaus-Uniform und sind der Willkür des Inspektors ohne Schutz überliefert. Damit ihre Arbeit nicht etwa mit der Privatindustrie konkurriere, gibt man ihnen meist ziemlich nutzlose Beschäftigungen; die Männer klopfen Steine, »so viel ein starker Mann mit Anstrengung in einem Tage tun kann«, die Weiber, Kinder und Greise zupfen alte Schiffstaue, ich habe vergessen, zu welchem unbedeutenden Zweck. Damit die »Überflüssigen« sich nicht vermehren, oder die »demoralisierten« Eltern nicht auf ihre Kinder wirken können, werden die Familien getrennt; der Mann wird in diesen Flügel, die Frau in jenen, die Kinder in einen dritten geschickt, und sie dürfen einander nur zu bestimmten, selten wiederkehrenden Zeiten sehen, und auch dann nur, wenn sie sich nach der Meinung der Beamten gut betragen haben. Und um den Ansteckungsstoff des Pauperismus vollständig in diesen Bastillen vor der Außenwelt abzuschließen, dürfen die Bewohner derselben nur mit Bewilligung der Beamten Besuch im Sprechzimmer annehmen, überhaupt nur unter ihrer Aufsicht oder Erlaubnis mit Leuten außerhalb verkehren.

Bei alledem soll die Kost gesund, die Behandlung menschlich sein. Aber der Geist des Gesetzes spricht zu laut, als daß diese Forderung irgendwie erfüllt werden

könne. Die Armengesetzkommissäre und die ganze englische Bourgeoisie täuscht sich, wenn sie die Durchführung des Prinzips ohne die der Konsequenzen für möglich hält. Die Behandlung, die das neue Gesetz dem Buchstaben nach vorschreibt, steht mit dem ganzen Sinn desselben im Widerspruch; wenn das Gesetz der Sache nach die Armen für Verbrecher, die Armenhäuser für Strafgefängnisse, ihre Bewohner für außer dem Gesetz, außer der Menschheit stehende Gegenstände des Ekels und Abscheus erklärt, so hilft alles Befehlen des Gegenteils gar nichts. In der Praxis wird denn auch der Geist und nicht der Buchstabe des Gesetzes bei der Behandlung der Armen befolgt. Hier einige wenige Beispiele.
Im Arbeitshause zu *Greenwich* wurde im Sommer 1843 ein fünfjähriger Knabe drei Nächte zur Strafe in die Totenkammer gesperrt, wo er auf den Deckeln der Särge schlafen mußte. – Im Arbeitshause zu *Herne* geschah dasselbe mit einem kleinen Mädchen, das während der Nacht das Bett nicht trocken hielt; diese Art Strafe scheint überhaupt sehr beliebt zu sein. Dies Arbeitshaus, das in einer der schönsten Gegenden von Kent liegt, zeichnet sich auch dadurch aus, daß alle Fenster nach innen, nach dem Hofe zu gehen und bloß zwei neugebrochene den Bewohnern desselben einen Blick in die Außenwelt gestatten. Der Schriftsteller, der dies im »Illuminated Magazine« erzählt, schließt seine Schilderung mit den Worten:

»Wenn Gott den Menschen für Verbrechen so bestraft, wie der Mensch den Menschen straft für die Armut, dann wehe den Söhnen Adams!«

Im November 1843 starb zu Leicester ein Mann, der zwei Tage vorher aus dem Arbeitshause zu *Coventry* entlassen worden war. Die Details über die Behandlung der Armen in dieser Anstalt sind empörend. Der Mann, George Robson, hatte eine Wunde an der Schulter, deren Kur gänzlich vernachlässigt wurde; er wurde an die Pumpe gestellt, um sie mit dem gesunden Arm in Bewegung zu setzen; dabei bekam er nur die gewöhnliche Armenhauskost, die er wegen der Schwächung seines Körpers durch die unbeachtete Wunde nicht verdauen konnte; er wurde notwendig schwächer, und je mehr er klagte, desto brutaler wurde die Behandlung. Wenn seine Frau, die auch im Arbeitshause war, ihm ihr bißchen Bier bringen wollte, so wurde sie gescholten und mußte es in Gegenwart der Aufseherin austrinken. Er wurde krank, aber auch dann keine bessere Behandlung. Zuletzt wurde er auf sein Begehren mit seiner Frau unter dem Geleite der beleidigendsten Ausdrücke entlassen. Zwei Tage darauf starb er in Leicester, wie der bei der Totenschau gegenwärtige Arzt erklärte, infolge der vernachlässigten Wunde und der für seinen Zustand schlechterdings unverdaulichen Kost. Bei seiner Entlassung wurden ihm Briefe eingehändigt, in denen Geld für ihn war, die sechs Wochen lang zurückgehalten und nach einer Regel des Etablissements vom Vorsteher eröffnet worden waren! – Im Arbeitshause zu *Birmingham* fielen so schändliche

Dinge vor, daß endlich im Dezember 1843 ein Beamter abgeschickt wurde, um die Sache zu untersuchen. Er fand, daß vier Trampers (wir haben oben eine Erklärung dieses Ausdrucks gehabt) in ein Hundeloch (black-hole) unter der Treppe nackend eingesperrt und 8 bis 10 Tage in diesem Zustande gehalten worden waren, oft hungrig, ohne vor Mittag etwas zu essen zu erhalten, und in der strengsten Jahreszeit. Ein kleiner Junge war durch sämtliche Strafgefängnisse der Anstalt geschickt worden, zuerst in eine feuchte, gewölbte, enge Rumpelkammer, dann zweimal ins Hundeloch, das zweite Mal drei Tage und drei Nächte, dann ebenso lange ins alte Hundeloch, was noch schlechter war, dann ins Trampzimmer, ein stinkendes, ekelhaft schmutziges, enges Loch mit hölzernen Schlafpritschen, wo der Beamte bei seiner Revision noch zwei zerlumpte, vor Kälte zusammengekrochene Knaben fand, die bereits vier Tage dort gesessen hatten. Im Hundeloch saßen oft sieben und im Trampzimmer oft zwanzig Trampers zusammengepfropft. Auch Weiber waren zur Strafe, weil sie nicht in die Kirche gehen wollten, ins Hundeloch gesteckt, und eine war sogar vier Tage ins Trampzimmer gesperrt worden, wo sie Gott weiß was für Gesellschaft fand, und alles das, während sie krank war und Medizin einnahm! Ein anderes Weib war zur Strafe ins Tollhaus geschickt worden, obwohl sie vollkommen bei Verstande war. – Im Arbeitshause zu *Bacton* in Suffolk war im Januar 1844 eine ähnliche Untersuchung, woraus hervorging, daß hier eine Blödsinnige als Krankenwärterin angestellt war und allerlei verkehrtes Zeug mit den Kranken trieb und daß Kranke, die nachts oft unruhig waren oder aufstanden, mit über dem Bettzeug und unter dem Bette her geführten Stricken festgebunden wurden, um den Wärterinnen die Mühe des Aufbleibens zu ersparen – ein Kranker wurde in diesem Zustande tot aufgefunden. – Im Armenhause von *St. Pancras*, London, wo die billigen Hemden verfertigt werden, erstickte ein Epileptischer während eines Anfalls im Bette, ohne daß ihm jemand zu Hülfe gekommen wäre. In demselben Hause schlafen vier bis sechs, ja zuweilen acht Kinder in einem Bette. – Im *Shoreditch*-Arbeitshause in London wurde ein Mann eine Nacht mit einem Kranken, der im heftigsten Fieber lag, in ein Bett gesteckt, und das Bett war noch dazu voll Ungeziefer. – Im Arbeitshause zu *Bethnal Green*, London, wurde eine im sechsten Monat schwangere Frau mit ihrem noch nicht zweijährigen Kinde vom 28. Februar bis 20. März 1844 im Empfangszimmer eingeschlossen, ohne ins Arbeitshaus selbst aufgenommen zu werden – von Betten und Orten der Befriedigung der natürlichsten Bedürfnisse keine Spur. Ihr Mann wurde ins Arbeitshaus gebracht, und als er bat, man möge seine Frau aus ihrer Einsperrung befreien, erhielt er für diese Insolenz vierundzwanzig Stunden Arrest bei Wasser und Brot. – Im Arbeitshause zu *Slough* bei Windsor lag im September 1844 ein Mann am Tode; seine Frau reiste hin, kam nachts zwölf Uhr an, eilte zum Arbeitshause und wurde nicht zugelassen; am nächsten Morgen erst erhielt sie Erlaubnis, ihn zu sehen, und auch dann nur auf eine halbe Stunde

und in Gegenwart der Aufseherin, die bei jedem folgenden Besuch der Frau sich
zudrängte und ihr nach einer halben Stunde sagte, jetzt müsse sie gehen. – Im
Arbeitshause zu *Middleton* in Lancashire waren zwölf, zuzeiten achtzehn Paupers
beiderlei Geschlechts, die in einem Zimmer schliefen. Diese Anstalt steht nicht
unter dem neuen, sondern einem frühern, exzeptionellen Armengesetz (Gilbert's
Act). Der Inspektor hatte eine Brauerei für seine Rechnung im Arbeitshause
angelegt. – In *Stockport* wurde am 31. Juli 1844 ein 72jähriger Greis aus dem
Armenhause vor den Friedensrichter geschleppt, weil er sich weigerte, Steine zu
klopfen, und vorgab, wegen seines Alters und eines steifen Knies könne er diese
Arbeit nicht tun. Vergebens erbot er sich, irgendeine Arbeit zu übernehmen, die
seiner Körperstärke angemessen sei – er wurde zu 14 Tagen Zwangsarbeit auf
der Tretmühle verurteilt. – Im Arbeitshause zu *Basford* fand ein revidierender
Beamter im Februar 1844, daß die Bettücher in dreizehn Wochen, die Hemden
in vier Wochen, die Strümpfe in zwei bis zehn Monaten nicht gewechselt worden
waren, so daß von fünfundvierzig Knaben nur drei noch Strümpfe hatten und die
Hemden alle zerlumpt waren. Die Betten wimmelten von Ungeziefer, und die
Eßnäpfe wurden aus den Urineimern gewaschen. – Im *West-Londoner* Armenhause war ein Portier, der syphilitisch war und seine Krankheit vier Mädchen
mitgeteilt hatte, dennoch nicht entlassen worden, und ein andrer Portier nahm
ein taubstummes Mädchen aus einem der Zimmer, verbarg sie vier Tage in seinem
Bett und schlief bei ihr. Auch er wurde nicht weggeschickt.
Wie im Leben, so im Tode. Die Armen werden auf die rücksichtsloseste Weise,
wie krepiertes Vieh, verscharrt. Der Armenkirchhof von *St. Bride*, London, ist
ein nackter Morast, der seit Karl II. zum Kirchhof benutzt wird, voll Knochen-
haufen; jeden Mittwoch werden die verstorbenen Paupers in ein 14 Fuß tiefes
Loch geworfen, der Pfaff rasselt eiligst seine Litanei ab, das Loch wird lose verscharrt, um nächsten Mittwoch wieder geöffnet und so lange mit Leichen gefüllt
zu werden, bis keine mehr hineingeht. Der Verwesungsgeruch davon verpestet
die ganze Nachbarschaft. – In *Manchester* liegt der Armenkirchhof der Altstadt
gegenüber am Irk, ebenfalls ein wüster, unebener Platz. Vor etwa zwei Jahren
wurde eine Eisenbahn durchgeführt. Wäre es ein respektabler Kirchhof gewesen,
wie würde die Bourgeoisie, wie die Geistlichkeit Zeter über Entheiligung geschrien
haben! Aber es war ein Armenkirchhof, es war die Ruhestätte von Paupers und
Überflüssigen, und so genierte man sich durchaus nicht. Man nahm sich nicht
einmal die Mühe, die noch nicht ganz verwesten Leichen auf die andere Seite des
Kirchhofs zu bringen, man scharrte auf, wie es gerade diente, und schlug Pfähle
in frische Gräber, so daß das mit verwesenden Stoffen geschwängerte Wasser des
sumpfigen Bodens oben herausquoll und die Umgebung mit den widerlichsten
und schädlichsten Gasen erfüllte. Ich mag die ekelhafte Roheit, die hier an den
Tag kam, nicht weiter in ihren Details schildern.

Wird man sich noch wundern, daß die Armen sich noch weigern, die öffentliche Unterstützung unter diesen Bedingungen anzunehmen? daß sie lieber verhungern als in diese Bastillen gehen? Mir liegen fünf Fälle vor, wo die Leute wirklich und geradezu verhungerten und noch wenige Tage vor ihrem Tode, als ihnen die Armenverwaltung die Unterstützung außer dem Arbeitshause abschlug, lieber in ihre Not zurück als in diese Hölle gingen. Insofern haben die Armengesetzkommissäre ihren Zweck vollkommen erreicht. Aber zu gleicher Zeit haben die Arbeitshäuser auch die Erbitterung der arbeitenden Klasse gegen die besitzende, die zum größten Teil für das neue Armengesetz schwärmt, höher gesteigert als irgendeine Maßregel der machthabenden Partei. Von Newcastle bis Dover ist unter den Arbeitern nur *eine* Stimme der Empörung über das neue Gesetz. Die Bourgeoisie hat in ihm ihre Meinung über ihre Pflichten gegen das Proletariat so deutlich ausgesprochen, daß sie auch von den Dümmsten verstanden wurde. So geradezu, so unverhohlen war es noch nie behauptet worden, daß die Besitzlosen nur da sind, um sich von den Besitzenden ausbeuten zu lassen und um zu verhungern, wenn die Besitzenden von ihnen keinen Gebrauch machen können. Darum aber hat dies neue Armengesetz auch so wesentlich zur Beschleunigung der Arbeiterbewegung und namentlich zur Verbreitung des Chartismus beigetragen, und da es auf dem Lande am meisten in Ausführung gekommen ist, so erleichtert es die Entwicklung der proletarischen Bewegung, die den Landdistrikten bevorsteht.

Fügen wir noch hinzu, daß auch in *Irland* seit 1838 ein gleiches Armengesetz besteht, das für 80 000 Paupers dieselben Asyle vorbereitet. Auch hier hat es sich verhaßt gemacht und würde sich noch verhaßter gemacht haben, wenn es irgendwie zu der Wichtigkeit hätte kommen können, die es in England erreichte. Aber was bedeutet die schlechte Behandlung von 80 000 Proletariern in einem Lande, wo es ihrer dritthalb Millionen gibt! – In Schottland existieren, mit lokalen Ausnahmen, gar keine Armengesetze.

Ich hoffe, nach dieser Schilderung des neuen Armengesetzes und seiner Wirkungen wird man kein Wort zu hart finden, was ich von der englischen Bourgeoisie gesagt habe. In dieser öffentlichen Maßregel, wo sie in corpore, als Macht auftritt, spricht sie es aus, was sie eigentlich will, was sie mit all den kleineren, dem Scheine nach nur auf einzelne Tadel werfenden Handlungen gegen das Proletariat meint. Und daß diese Maßregel nicht nur von einer Sektion der Bourgeoisie ausging, sondern den Beifall der ganzen Klasse genießt, das beweisen unter andern die Parlamentsdebatten von 1844. [...]

Empörung und Versuche der Neuordnung

Beschreibung der in neuerer Zeit entstandenen und noch bestehenden kommunistischen Ansiedlungen[31]

Wenn man sich mit den Leuten über Sozialismus oder Kommunismus unterhält, so findet man sehr häufig, daß sie einem in der Sache selbst ganz recht geben und den Kommunismus für etwas sehr Schönes erklären; »aber«, sagen sie dann, »es ist eine Unmöglichkeit, dergleichen jemals in der Wirklichkeit auszuführen«. Dieser Einwurf wird einem so häufig gemacht, daß es dem Schreiber dieses für nützlich und notwendig erscheint, ihn durch einige Tatsachen zu beantworten, welche in Deutschland noch sehr wenig bekannt sind und wodurch dieser Einwand ganz und gar beseitigt wird. Der Kommunismus, das soziale Leben und Wirken in Gemeinschaft der Güter, ist nämlich nicht nur möglich, sondern in vielen Gemeinden Amerikas und an einem Orte in England bereits wirklich ausgeführt, und das mit dem besten Erfolge, wie wir sehen werden.
Übrigens, wenn man jenem Einwande etwas näher auf den Grund geht, so findet man, daß er sich in zwei weitere auflöst; nämlich erstens: es würden sich keine Arbeiter zu den niedrigen und unangenehmen Handarbeiten hergeben; und zweitens: es würden, bei einem gleichen Anrecht auf den gemeinschaftlichen Besitz, die Leute sich um diesen Besitz streiten, und so würde die Gemeinschaft wieder zerfallen. – Der erste Einwurf löst sich einfach so: diese Arbeiten sind, einmal in der Gemeinschaft, nicht mehr niedrig; und dann, sie lassen sich durch verbesserte Einrichtungen, Maschinen und dergleichen fast ganz beseitigen. So werden in New York in einem großen Gasthofe die Stiefel mit Dampf geputzt, und in der kommunistischen Ansiedelung zu Harmony in England (wovon unten) fegen die nach englischer bequemer Art eingerichteten Abtritte (water closets) sich nicht nur selbst, sondern sind auch mit Röhren versehen, die den Unrat direkt in den großen Düngerbehälter abführen. – Was aber den zweiten Einwurf betrifft, so sind bis jetzt alle kommunistischen Kolonien nach zehn bis fünfzehn Jahren so enorm reich geworden, daß sie von allem Wünschenswerten mehr haben, als sie verzehren können, also gar keine Veranlassung zum Streit da ist.
Der Leser wird finden, daß die meisten der in Nachfolgendem geschilderten Ansiedelungen von allerhand religiösen Sekten ausgegangen sind, welche meistens

über verschiedene Gegenstände sehr abgeschmackte und unvernünftige Ansichten hegen, und will der Schreiber dieses nur kurz bemerken, daß diese Ansichten durchaus mit dem Kommunismus nichts zu schaffen haben. Es ist auch offenbar einerlei, ob diejenigen, welche die Ausführbarkeit der Gemeinschaft durch die Tat beweisen, an *einen* Gott, an zwanzig oder an gar keinen glauben; wenn sie eine unvernünftige Religion haben, so ist das ein Hindernis, das der Gemeinschaft im Wege steht, und wenn sich trotzdem die Gemeinschaft hier im Leben bewährt, wieviel eher muß sie bei andern möglich sein, die von solchen Verrücktheiten frei sind. Von den neueren Ansiedelungen sind auch fast alle ganz frei von religiösen Flausen, und die englischen Sozialisten, obwohl sie sehr tolerant sind, haben fast gar keine Religion, deshalb sie auch in dem bigotten England sehr verrufen und verleumdet werden. Daß aber an all diesen üblen Nachreden nichts ist, müssen selbst ihre Gegner gestehen, wenn's ans Beweisen geht.

[Die Shakers]

Die ersten Leute, welche in Amerika und überhaupt in der Welt eine Gesellschaft auf dem Grund der Gütergemeinschaft zustande brachten, waren die sogenannten Shakers. Diese Leute sind eine eigne Sekte, welche sehr sonderbare religiöse Meinungen haben, nicht heiraten und überhaupt keinen Verkehr der Geschlechter dulden, und was dergleichen mehr ist. Dies aber geht uns hier nichts an. Die Sekte der Shakers entstand vor ungefähr siebenzig Jahren. Ihre Stifter waren arme Leute, die sich vereinigten, in brüderlicher Liebe und Gemeinschaft der Güter zusammenzuleben und ihren Gott auf ihre Weise zu verehren. Sie fanden, obwohl ihre religiösen Ansichten und besonders das Verbot der Ehe viele abschreckte, dennoch Anhang und haben jetzt *zehn große Gemeinden,* deren jede drei- bis achthundert Mitglieder stark ist. Jede dieser Gemeinden ist eine schöne, regelmäßig gebaute Stadt, mit Wohnhäusern, Fabriken, Werkstätten, Versammlungshäusern und Scheunen; sie haben Blumen- und Gemüsegärten, Obstbäume, Wälder, Weinberge, Wiesen und Ackerland im Überfluß; dazu Vieh aller Art, Pferde und Rinder, Schafe, Schweine und Federvieh mehr als sie brauchen können und von der allerbesten Zucht. Ihre Scheunen sind immer voll Korn, ihre Vorratskammern voll Kleiderstoffe, so daß ein englischer Reisender, der sie besuchte, gesagt hat: er könne nicht begreifen, warum diese Leute, die doch alles im Überfluß besäßen, noch arbeiteten; es sei denn, daß sie aus purem Zeitvertreib arbeiteten, da sie sonst nichts zu tun hätten. Unter diesen Leuten gibt es keinen, der gegen seinen Willen zu arbeiten hätte, und keinen, der sich um Arbeit vergebens bemüht. Sie haben keine Armenhäuser und Spitäler, weil keinen einzigen Armen und Notleidenden, keine verlassenen Witwen und Waisen; sie kennen keinen Mangel und brauchen ihn nicht zu fürchten. In ihren zehn Städten ist kein einziger

Gensd'arme oder Polizeidiener, kein Richter, Advokat oder Soldat, kein Gefängnis oder Zuchthaus; und doch geht alles ordentlich zu. Die Gesetze des Landes sind nicht für sie da und könnten ihretwegen ebensogut abgeschafft werden, ohne daß ein Hahn danach krähte; denn sie sind die ruhigsten Bürger und *haben nie einen Verbrecher für die Gefängnisse geliefert.* Sie leben, wie gesagt, in der vollständigsten Gemeinschaft der Güter und haben keinen Handel und kein Geld unter sich. Eine dieser Städte, Pleasant Hill bei Lexington im Staate Kentucky, wurde voriges Jahr von einem englischen Reisenden namens Finch besucht, der die folgende Schilderung davon entwirft.

»Pleasant Hill besteht aus vielen großen und hübschen Häusern von Ziegeln und Haustein, Fabriken, Werkstätten, Ställen und Scheunen, alle in der schönsten Ordnung und mit die besten in ganz Kentucky; das Ackerland der Shakers war leicht zu erkennen an der schönen steinernen Mauer, mit der es eingefaßt war, und an seiner ausgezeichneten Bebauung; eine große Anzahl wohlgenährter Kühe und Schafe weideten in den Feldern, und viele fette Schweine lasen in den Obstgärten die abgefallenen Früchte auf. Die Shakers besitzen hier beinahe viertausend amerikanische Morgen Landes, von denen etwa zwei Drittel angebaut sind. Diese Kolonie wurde um das Jahr 1806 von einer einzigen Familie angefangen; später kamen andere hinzu, und so vermehrten sie sich allmählich; einige brachten etwas Geld mit, andere gar nichts. Sie hatten mit vielen Schwierigkeiten zu kämpfen, und da sie meist sehr arm waren, mußten sie anfangs viel entbehren; aber durch Fleiß, Sparsamkeit und Mäßigkeit haben sie das alles überwunden und haben jetzt Überfluß an allem und sind niemandem einen Pfennig schuldig. Diese Gesellschaft besteht in diesem Augenblick aus ungefähr dreihundert Mitgliedern, worunter fünfzig oder sechzig Kinder unter sechzehn Jahren. Sie haben keine Herren und keine Diener, noch viel weniger Sklaven; sie sind frei, reich und glücklich. Sie haben zwei Schulen, eine für Knaben, die andere für Mädchen, in denen Lesen, Schreiben, Rechnen, englische Sprache und die Grundsätze ihrer Religion gelehrt werden; sie lehren den Kindern keine Wissenschaften, weil sie glauben, diese seien nicht nötig zum Seligwerden. Da sie keine Ehen dulden, so müßten sie aussterben, wenn nicht immer neue Mitglieder zu ihnen kämen; aber obwohl das Verbot der Ehe viele Tausend abschreckt und manche ihrer besten Mitglieder deswegen wieder fortgehen, so kommen doch immer so viel neue Mitglieder, daß ihre Zahl sich stets vermehrt. Sie treiben Viehzucht, Ackerbau und Feldbau und ziehen selbst den Flachs, die Wolle und die Seide, die sie in ihren eignen Fabriken verspinnen und verweben. Was sie mehr machen, als sie brauchen können, verkaufen oder vertauschen sie bei ihren Nachbarn. Sie arbeiten gewöhnlich, solange es hell ist. Der Verwaltungsrat hat ein öffentliches Büro, in dem die Bücher und Rechnungen geführt werden, und jedes Mitglied hat das

Recht, diese Rechnungen durchzusehen, sooft es ihm beliebt. Sie wissen selbst nicht wie reich sie sind, da sie nie ein Register ihrer Güter aufnehmen; sie sind zufrieden zu wissen, daß alles was sie haben, ihnen gehört, da sie keinem etwas schulden. Bloß einmal im Jahre machen sie ein Register der Summen, die ihre Nachbarn ihnen schuldig sind.

Die Gemeinde ist in fünf Familien (Abteilungen) von vierzig bis achtzig Mitgliedern geteilt; jede Familie hat ihre aparte Wirtschaft und wohnt in einem großen, hübschen Hause zusammen; *jeder bekommt, was er braucht, aus dem allgemeinen Vorratshaus der Gemeinde ohne alle Bezahlung und so viel er nötig hat.* Jede Familie hat einen Diakon, der dafür sorgt, daß alle bekommen, was sie *bedürfen*, und der den Wünschen eines jeden soviel wie möglich *zuvorkommt*. Ihre Kleidung ist nach Art der Quäker, einfach, nett und reinlich; ihre Nahrung ist sehr *mannigfaltig* und durchaus von der *besten Beschaffenheit*. Wenn sich ein neues Mitglied zur Aufnahme meldet, so muß es nach den Gesetzen der Gemeinde alles, was es hat, in die Gemeinschaft geben und kann es nie zurückverlangen, selbst wenn es austritt; aber trotzdem geben sie doch jedem, der sie verläßt, ebensoviel zurück als er mitgebracht hat. Wenn ein Mitglied weggeht, das nichts mitgebracht hat, so darf es nach den Gesetzen auch keine Entschädigung für seine Arbeit verlangen, da es auf allgemeine Kosten ernährt und gekleidet wurde, solange es arbeitete; doch auch in diesem Falle ist es üblich, jedem ein Geschenk mit auf den Weg zu geben, wenn er im Frieden von ihnen geht.

Ihre Regierung ist nach der Art der ersten Christen eingerichtet. Jede Gemeinde hat zwei Geistliche, einen Mann und eine Frau, welche wieder zwei Stellvertreter haben. Diese vier Geistlichen stehen an der Spitze des Ganzen und entscheiden alle Streitigkeiten. Jede Familie der Gemeinde hat wieder zwei Älteste mit zwei Stellvertretern und einen Diakon oder Verwalter. Das Besitztum der Gemeinde wird vom Verwaltungsrat geordnet, der aus drei Mitgliedern besteht, die ganze Anlage beaufsichtigt, die Arbeiten leitet und mit den Nachbarn Handel treibt. Er darf ohne Einwilligung der Gemeinde kein Grundstück kaufen oder verkaufen.

Dazu gibt es natürlich Aufseher und Geschäftsführer in den verschiedenen Arbeitszweigen; sie haben es aber zur Regel gemacht, *daß nie von irgend jemand Befehle gegeben werden, sondern alle durch Güte überzeugt werden sollen.*«

Eine andre Ansiedlung von Shakers, Neu-Libanon im Staate Neu-York, wurde von einem zweiten englischen Reisenden namens Pitkeithley im Jahre 1842 besucht. Herr Pitkeithley besah die ganze Stadt, die *gegen achthundert Einwohner* zählt und wozu sieben- bis achttausend Morgen Land gehören, aufs genaueste, untersuchte ihre Werkstätten und Fabriken, ihre Gerbereien, Sägemühlen und so weiter und erklärt die ganze Anlage für *vollkommen.* Auch er wundert sich über den Reichtum dieser Leute, die mit nichts anfingen und jetzt mit jedem Jahre reicher werden, und sagt:

»Sie sind glücklich und heiter unter sich; da ist kein Zank, sondern im Gegenteil: Freundschaft und Liebe herrschen in ihrem ganzen Wohnsitz, und in allen Teilen derselben besteht eine Ordnung und Regelmäßigkeit, die ihresgleichen nicht hat.«

Soviel von den Shakers. Sie leben, wie gesagt, in vollständiger Gemeinschaft der Güter und haben zehn solcher Gemeinden in den Vereinigten Staaten von Nordamerika.

[Die Rappiten]

Außer den Shakers gibt es aber noch andre auf Gemeinschaft der Güter begründete Ansiedlungen in Amerika. Vor allen sind hier die *Rappiten* zu erwähnen. *Rapp* ist ein Prediger aus *Württemberg*, der sich um 1790 mit seiner Gemeinde von der lutherischen Kirche lossagte und, da er von der Regierung verfolgt wurde, 1802 nach Amerika ging. Seine Anhänger folgten ihm im Jahre 1804, und so siedelte er sich mit etwa hundert Familien in Pennsylvanien an. Sie hatten etwa 25 000 Taler zusammen im Vermögen, wofür sie Grundstücke und Werkzeuge kauften. Ihr Land war ein unbebauter Urwald und kostete sie so viel, als ihr ganzes Vermögen betrug; doch bezahlten sie es erst nach und nach. Sie vereinigten sich nun zur Gütergemeinschaft, und zwar machten sie folgenden Vertrag:

16   New Harmony/Indiana, die Kommune aus der Vogelperspektive, um 1825

1. Jeder gibt alles, was er hat, in die Gemeinschaft, ohne dadurch irgendeinen Vorteil zu erlangen. In der Gemeinschaft sind alle gleich.
2. Die Gesetze und Vorschriften der Gesellschaft sind gleich bindend für alle.
3. Alle arbeiten nur für das Wohlergehen der ganzen Gesellschaft und nicht jeder für sich allein.
4. Wer die Gesellschaft verläßt, hat keinen Anspruch auf Vergütung für seine Arbeit, bekommt aber alles zurück, was er eingelegt hat; und wer nichts eingelegt hat und in Frieden und Freundschaft scheidet, bekommt ein freiwilliges Geschenk auf den Weg.
5. Dafür verpflichtet sich die Gemeinde, jedes Mitglied und seine Familie mit den nötigen Lebensbedürfnissen und der nötigen Pflege in Krankheit und Alter zu versehen, und wenn die Eltern sterben oder austreten und ihre Kinder zurücklassen, so wird die Gemeinde diese Kinder erziehen.

In den ersten Jahren ihrer Gemeinschaft, wo sie eine Wildnis urbar zu machen und jährlich noch an 7000 Taler von dem Kaufgelde des Grundstücks abzutragen hatten, ging es ihnen natürlich schlecht. Dadurch wurden mehrere der Reicheren abgeschreckt, traten aus und nahmen ihr Geld zurück, was die Schwierigkeiten der Ansiedler noch sehr vermehrte. Aber die meisten hielten treulich aus, und so hatten sie schon nach fünf Jahren, im Jahre 1810, ihre sämtlichen Schulden bezahlt. Im Jahre 1815 verkauften sie aus verschiedenen Gründen ihre ganze Ansiedlung und kauften wiederum zwanzigtausend Morgen Urwald im Staate Indiana. Nach ein paar Jahren hatten sie hier die hübsche Stadt *Neu-Harmony* errichtet und das meiste Land urbar gemacht, Weinberge und Kornfelder, eine Wollen- und Baumwollenfabrik angelegt und wurden täglich reicher. 1825 verkauften sie ihre ganze Kolonie für zweimal hunderttausend Taler an Herrn Robert Owen und zogen zum drittenmal in den Urwald. Diesmal siedelten sie sich an dem großen Strom Ohio an und bauten die Stadt *Economy*, welche größer und schöner ist als irgendeine, in der sie früher wohnten. Im Jahre 1831 kam der Graf Leon mit einer Gesellschaft von ungefähr dreißig Deutschen nach Amerika, um sich ihnen anzuschließen. Sie nahmen diese neuen Ankömmlinge gern auf; aber der Graf hetzte einen Teil der Mitglieder gegen Rapp auf, weshalb in einer Versammlung der ganzen Gemeinde beschlossen wurde, daß Leon und die Seinigen weg müßten. Die Übrigbleibenden bezahlten den Unzufriedenen über *hundertzwanzigtausend Taler* aus, und von diesem Gelde stiftete Leon eine zweite Kolonie, die aber wegen schlechter Verwaltung mißglückte; die Teilnehmer daran zerstreuten sich, und *Graf Leon* starb bald darauf als ein *Landstreicher* in Texas. Die Ansiedlung *Rapps* dagegen blüht bis auf den heutigen Tag. Über ihre jetzige Lage berichtet der erwähnte Reisende Finch:

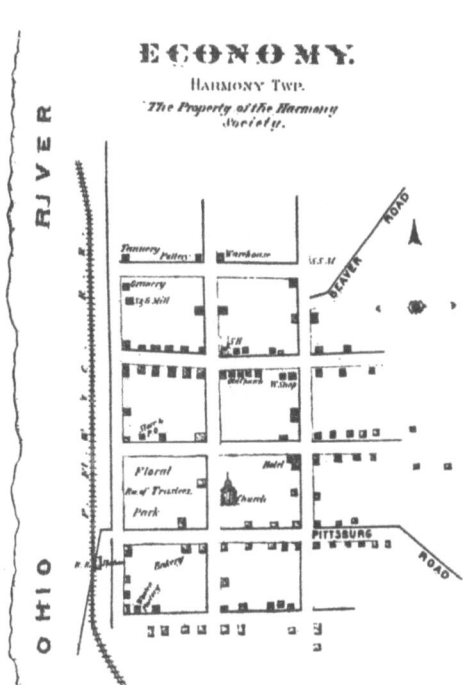

17 Economy/Ohio, Plan, 1876

»Die Stadt Economy besteht aus drei langen und breiten Straßen, welche von fünf ebenso breiten Querstraßen durchschnitten werden, sie hat eine Kirche, einen Gasthof eine Wollen-, Baumwollen- und Seidenfabrik, eine Anstalt zur Zucht von Seidenwürmern, öffentliche Warenlager zur Benutzung der Mitglieder und zum Verkauf an Fremde, ein Naturalienkabinett, Werkstätten für die verschiedenen Handwerke, Wirtschaftsgebäude und große schöne Wohnhäuser für die verschiedenen Familien mit einem großen Garten bei jedem Hause. Das dazugehörige Ackerland ist an zwei Stunden lang und eine Viertelstunde breit, enthält große Weinberge, einen Obstgarten von siebenunddreißig Morgen nebst Ackerland und Wiesen. Die Zahl der Mitglieder ist gegen vierhundertundfünfzig, die alle wohlgekleidet und gut genährt sind und prächtig wohnen, heitere, zufriedene, glückliche und tugendhafte Leute, die seit vielen Jahren keinen Mangel kennen.

Auch sie waren eine Zeitlang sehr gegen die Ehe eingenommen, doch heiraten sie jetzt und haben Familien und wünschen sehr die Zahl der Mitglieder zu vermehren, wenn geeignete Leute sich ihnen anbieten sollten. Ihre Religion ist das Neue Testament, aber *sie haben kein besonderes Glaubensbekenntnis und lassen jedem seine eigne Meinung*, solange er die andern gewähren läßt und nicht wegen Glaubenssachen Streit anhebt. Sie nennen sich *Harmonisten*. Sie haben keine bezahlten Geistlichen, Herr Rapp, der über achtzig Jahre alt ist, ist sowohl Geistlicher als Verwalter und Schiedsrichter. Sie musizieren gern, haben zuweilen Konzerte und musikalische Abendunterhaltungen. Die Ernte wurde den Tag vor meiner Ankunft mit einem großen Konzert in den Feldern angefangen. In ihren Schulen wird Lesen, Schreiben, Rechnen und Sprachunterricht gegeben; aber keine Wissenschaften, gerade wie bei den Shakers. Sie arbeiten viel länger als sie nötig haben, nämlich Winter und Sommer von Sonnenaufgang bis Sonnenuntergang; alle arbeiten, und die im Winter nicht in den Fabriken unterkommen, finden Arbeit beim Dreschen, der Viehzucht usw. Sie haben 75 Milchkühe, große Schafherden, viele Pferde, Schweine und Geflügel, und von dem, was sie erspart haben, haben sie große Summen bei Kaufleuten und Wechslern ausstehen; und obwohl sie durch Bankerotte einen bedeutenden Teil dieser Ausstände verloren haben, so haben sie doch noch eine Menge *nutzlosen Geldes*, die mit jedem Jahre größer wird.

Ihr Bestreben war von Anbeginn, alles selbst zu machen, was sie brauchten, damit sie sowenig wie möglich von andern zu kaufen hätten und am Ende mehr machten, als sie brauchten; später bezogen sie eine Herde von hundert spanischen Schafen

18 Economy/Ohio, Versammlungshalle, *1875*

zur Verbesserung der Schafzucht, wofür sie fünfzehntausend Taler bezahlten. Sie waren mit die ersten, welche in Amerika anfingen, wollene Waren zu verfertigen. Dann fingen sie an, Weinberge anzulegen, Flachs zu bauen, eine Baumwollenfabrik zu errichten und die Zucht und Verarbeitung der Seide zu betreiben. In allen Dingen aber sorgen sie zuerst dafür, sich selbst reichlich zu versehen, ehe sie irgend etwas verkaufen. Sie leben in Familien von zwanzig bis vierzig Leuten, deren jede ein eignes Haus und eine eigne Wirtschaft hat. Alles was sie bedarf, erhält die Familie aus den gemeinschaftlichen Vorratshäusern. *Sie haben Überfluß für alle, und sie bekommen alle unentgeltlich so viel sie wünschen.* Wenn sie Kleider brauchen, so gehen sie zum Schneidermeister, zur Näherin oder zum Schuhmacher und bekommen sie gemacht nach ihrem Geschmack. Das Fleisch und die übrigen Nahrungsmittel werden jeder Familie nach der Anzahl ihrer Mitglieder zugeteilt, und die haben alles *reichlich und in Übermaß.*«

[Zoar]

Eine andere in Gütergemeinschaft lebende Gemeinde hat sich zu *Zoar* im Staate Ohio angesiedelt. Auch diese Leute sind *württembergische Separatisten,* die sich zu gleicher Zeit wie Rapp von der lutherischen Kirche lossagten und, nachdem sie zehn Jahre lang von dieser und der Regierung verfolgt worden waren, ebenfalls auswanderten. Sie waren sehr arm und konnten nur durch die Unterstützung menschenfreundlicher Quäker in London und Amerika zu ihrem Ziele kommen. Sie kamen im Herbst 1817 in Philadelphia unter der Leitung ihres Pfarrers *Bäumler* an, kauften von einem Quäker das Stück Land, das sie jetzt noch besitzen und das siebentausend Morgen groß ist. Der Kaufpreis, der gegen sechstausend Taler betrug, sollte allmählich abgetragen werden. Als sie an Ort und Stelle ankamen und ihr Geld zählten, fanden sie, daß auf jeden Kopf gerade sechs Taler kamen. Das war alles; von dem Kaufpreise des Grundstücks war noch kein Heller bezahlt, und von diesen paar Talern sollten sie Saatkorn, Ackergerät und Lebensmittel bis zur nächsten Ernte kaufen. Sie fanden einen Wald mit ein paar Blockhäusern vor, den sie urbar zu machen hatten; aber sie begaben sich frisch an die Arbeit, brachten ihre Felder bald in einen ackerbaren Zustand und bauten schon im nächsten Jahre eine Kornmühle. *Anfangs teilten sie ihr Land in kleinere Stücke,* deren jedes von einer Familie für ihre eigne Rechnung und als ihr *Privateigentum* bebaut wurde. *Aber sie sahen bald, daß dies nicht anging,* denn weil jeder nur *für sich* arbeitete, konnten sie die Wälder nicht schnell genug ausrotten und urbar machen, konnten sich überhaupt gegenseitig *nicht recht unterstützen,* und so gerieten viele in Schulden und *waren in Gefahr, ganz arm zu werden.* Nach anderthalb Jahren also, im April 1819, *vereinigten sie sich zu einer Gütergemeinschaft,*

entwarfen eine Verfassung und erwählten einstimmig ihren Pfarrer Bäumler zum Direktor. Sie bezahlten jetzt alle Schulden der Mitglieder, erhielten zwei Jahre Ausstand für den Kaufpreis des Grundstücks und arbeiteten mit doppeltem Eifer und vereinten Kräften. Bei dieser neuen Einrichtung standen sie sich so gut, daß sie schon vier Jahre vor der ausgemachten Zeit den ganzen Kaufpreis ihrer Ländereien mit Zinsen abgetragen hatten, und wie es ihnen im übrigen geht, wird die folgende Beschreibung zweier Augenzeugen dartun:
Ein amerikanischer Kaufmann, der sehr häufig nach Zoar kommt, schildert diesen Ort als ein vollkommnes Muster von Reinlichkeit, Ordnung und Schönheit, mit einem prächtigen Gasthof, einem Palast zur Wohnung für den alten Bäumler, einem schönen öffentlichen Garten von zwei Morgen mit einem großen Treibhause und schönen, wohlgebauten Häusern und Gärten. Er schildert die Leute als sehr glücklich und zufrieden, arbeitsam und ordentlich. Seine Beschreibung wurde in der Zeitung von Pittsburg (Ohio) veröffentlicht (»Pittsburg Daily Advocate and Advertiser«, July 17., 1843).

Der mehrerwähnte *Finch* erklärt diese Gemeinde für die am vollkommensten eingerichtete von allen, die in Amerika in Gütergemeinschaft leben. Er gibt ein langes Verzeichnis ihrer Reichtümer, erzählt, daß sie eine Flachsspinnerei und eine Wollenfabrik haben, eine Gerberei, Eisengießereien, zwei Kornmühlen, zwei Sägemühlen, zwei Dreschmaschinen und eine Masse Werkstätten für alle möglichen Handwerke. Dazu sagt er, daß ihr Ackerland besser bebaut sei als alles andre, was er in Amerika gesehen habe. – Das »Pfennig-Magazin« schätzt den Besitz der Separatisten auf hundertsiebenzig- bis hundertachtzigtausend Taler, die *alle* in fünfundzwanzig Jahren verdient wurden, da sie mit gar nichts anfingen als sechs Taler für den Kopf. Es sind ihrer etwa zweihundert. Auch sie hatten eine Zeitlang die Ehen untersagt, sind aber, wie die Rappisten, davon zurückgekommen und heiraten jetzt.
Finch gibt eine Abschrift der Verfassung dieser Separatisten, die der Hauptsache nach in folgendem besteht:
Alle Beamten der Gesellschaft werden gewählt, und zwar von sämtlichen Mitgliedern derselben, die über einundzwanzig Jahre alt sind, aus ihrer eignen Mitte. Diese Beamten bestehen aus:

1. *Drei Verwaltern*, von denen jährlich einer neu gewählt wird und die jederzeit von der Gesellschaft abgesetzt werden können. Diese verwalten das sämtliche Eigentum der Gesellschaft und versehen die Mitglieder mit den nötigen Lebensbedürfnissen, Wohnung, Kleidung und Nahrung so gut, wie es die Umstände erlauben und ohne Ansehen der Person. Sie ernennen Unterverwalter für die verschiedenen Arbeitszweige, schlichten kleine Streitigkeiten und können, in

19 Zoar/Ohio, Plan, 1875

Vereinigung mit dem Gesellschaftsrat, neue Vorschriften erlassen, die aber nie der Verfassung widersprechen dürfen.
2. Aus dem *Direktor*, der so lange in seinem Amte bleibt, als er das Vertrauen der Gesellschaft besitzt und sämtliche Geschäfte als oberster Beamter leitet. Er hat das Recht zu kaufen und zu verkaufen, Kontrakte zu schließen, kann aber in allen wichtigen Angelegenheiten nur mit Einwilligung der drei Verwalter handeln.
3. Aus dem *Gesellschaftsrat*, der aus fünf Mitgliedern besteht, von denen jährlich eines austritt, und der die höchste Macht in der Gesellschaft besitzt, mit den Verwaltern und dem Direktor Gesetze erläßt, die übrigen Beamten beaufsichtigt und Streitigkeiten schlichtet, wenn die Parteien mit der Entscheidung der Verwalter nicht zufrieden sind; und
4. aus dem *Zahlmeister*, der auf vier Jahre gewählt wird, und der allein von allen Mitgliedern und Beamten das Recht hat, *Geld* in Verwahrung zu haben.

Im übrigen verordnet die Verfassung, daß eine Erziehungsanstalt errichtet werden soll, daß sämtliche Mitglieder all ihr Eigentum für immer in die Gemeinschaft geben und es nie zurückverlangen können, daß neue Mtiglieder nur, nachdem sie ein Jahr mit der Gesellschaft gelebt und wenn sie die Stimmen aller Mitglieder für sich haben, aufgenommen und die Verfassung nur dann geändert werden kann, wenn zwei Drittel der Mitglieder dafür sind. – Diese Schilderungen könnten leicht noch sehr ausgeführt werden, denn fast alle Reisende, die ins Innere von Amerika gehen, besuchen eine oder die andere der erwähnten Ansiedlungen, und *fast alle Reisebeschreibungen* schildern sie. Aber auch *kein einziger* ist imstande gewesen, diesen Leuten etwas Übles nachzusagen, im Gegenteil, alle haben nur zu loben gefunden und können höchstens die religiösen Vorurteile, besonders der Shakers, tadeln, welche aber mit der Lehre der Gütergemeinschaft augenscheinlich nichts zu tun haben. So könnte ich noch die Werke der Miß Martineau, der Herren Melish und Buckingham und vieler andern anführen; da aber in obigem genug gesagt ist, und die Leute doch alle dasselbe erzählen, so ist dies nicht nötig.

Der Erfolg, dessen die Shakers, Harmonisten und Separatisten sich erfreuen, sowie das allgemeine Bedürfnis einer neuen Ordnung der menschlichen Gesellschaft und die daraus entsprungenen Bemühungen der Sozialisten und Kommunisten haben viele andre Leute in Amerika veranlaßt, in den letzten Jahren ähnliche Versuche anzustellen. So hat Herr *Ginal*, ein *deutscher Prediger* in Philadelphia, eine Gesellschaft gebildet, welche 37000 Morgen Wald in dem Staat Philadelphia angekauft, dort über achtzig Häuser errichtet und schon an fünfhundert Personen, *meistens Deutsche*, dort angesiedelt hat. Sie haben eine große Gerberei und Töpferei, viele Werkstätten und Vorratshäuser, und es geht ihnen recht gut. Daß sie in *Gütergemeinschaft* leben, versteht sich, wie bei allen nachfolgenden Beispielen, von selbst. Ein Herr *Hizby*, Eisenfabrikant zu Pittsburg (Ohio), hat in seiner Vaterstadt eine ähnliche Gesellschaft errichtet, die im vorigen Jahre etwa 4000 Morgen Landes in der Nähe jener Stadt gekauft und die Absicht hat, eine Ansiedlung mit Gemeinschaft der Güter darauf anzulegen. – Ferner besteht eine solche Ansiedlung im Staate Neu-York zu *Skaneateles*, welche von *J. A. Collins*, einem englischen Sozialisten, im Frühjahr 1843 mit dreißig Mitgliedern angefangen wurde; dann zu *Minden* im Staate Massachusetts, wo seit 1842 etwa hundert Personen angesiedelt sind; dann *zwei* in *Pike County* im Staate Pennsylvanien, die ebenfalls neuerdings errichtet wurden; dann eine zu *Brook Farm*, Massachusetts, wo fünfzig Mitglieder und dreißig Schüler auf etwa zweihundert Morgen leben und eine ausgezeichnete Schule unter der Leitung des unitarischen Predigers *G. Ripley* errichtet haben; sodann eine zu Northampton in demselben Staate, die seit 1842 besteht und hundertzwanzig Mitglieder auf fünfhundert Morgen Landes, mit Ackerbau, Viehzucht und in Sägemühlen, Seidenfabriken und Färberei beschäftigt, und schließlich eine Ansiedlung ausgewanderter englischer Sozialisten zu *Equality* bei *Milwaukee* im Staate *Wisconsin*, welche im vorigen Jahre von Thomas *Hunt* angefangen wurde und rasch fortschreitet. Außer diesen sollen noch mehrere Gemeinschaften neuerdings gegründet sein, worüber aber noch Nachrichten fehlen. — Soviel ist indessen gewiß, daß die Amerikaner und namentlich die armen Arbeiter in den großen Städten New York, Philadelphia, Boston usw. sich die Sache zu Herzen genommen und viele Gesellschaften zur Stiftung derartiger Ansiedlungen gegründet haben und daß alle Augenblicke neue Gemeinschaften angelegt werden. Die Amerikaner sind es müde, noch länger die Knechte der wenigen Reichen zu sein, die sich von der Arbeit des Volks nähren; und bei der großen Tätigkeit und Ausdauer dieser Nation ist es augenscheinlich, daß die Gemeinschaft der Güter bald in einem bedeutenden Teile ihres Landes eingeführt wird.

[Robert Owen]

Aber nicht nur in Amerika, auch in England ist es versucht worden, die Gütergemeinschaft durchzuführen. Hier hat der menschenfreundliche *Robert Owen* seit dreißig Jahren diese Lehre gepredigt, sein ganzes großes Vermögen zugesetzt und sein Letztes hingegeben, um die jetzt bestehende Kolonie zu *Harmony* in *Hampshire* zu gründen. Nachdem er eine Gesellschaft zu diesem Zwecke gestiftet, hat diese ein Grundstück von 1200 Morgen angekauft und dort eine Gemeinschaft nach den Vorschlägen Owens errichtet. Sie zählt jetzt über hundert Mitglieder, die in einem großen Gebäude zusammenwohnen und bis jetzt hauptsächlich im Feldbau beschäftigt worden sind. Da sie gleich von vornherein als ein vollkommenes Muster der neuen Gesellschaftsordnung eingerichtet werden sollte, so war ein bedeutendes Kapital dazu nötig, und bis jetzt sind schon an zweimal hunderttausend Taler hineingesteckt worden. Ein Teil dieser Gelder wurde angeliehen und mußte von Zeit zu Zeit zurückgezahlt werden, so daß hieraus viele Schwierigkeiten entstanden und viele Anlagen wegen Mangel an Geld nicht vollendet und einträglich gemacht werden konnten. Und da die Mitglieder der Gemeinde nicht die alleinigen Eigentümer der Anlage waren, sondern von der Direktion der Gesellschaft der Sozialisten, welcher die Anlage gehört, regiert wurden, so entstanden auch hieraus hin und wieder Mißverständnisse und Unzufriedenheit. Aber trotz alledem geht die Sache ihren Gang voran, die Mitglieder vertragen sich untereinander, nach dem Zeugnisse aller Besucher, aufs beste, helfen sich gegenseitig voran, und bei allen Schwierigkeiten ist das Bestehen der Anlage jetzt doch gesichert. Die Hauptsache ist, daß alle Schwierigkeiten nicht aus der Gemeinschaft entstehen, sondern daraus, daß die Gemeinschaft noch nicht vollständig durchgeführt ist. Denn wäre sie dies, so würden die Mitglieder nicht all ihren Verdienst zur Abbezahlung von Zinsen und geborgten Geldern verwenden müssen, sondern sie könnten davon die Anlage vervollständigen und besser be-

wirtschaften; und dann würden sie auch ihre Verwaltung selbst wählen und nicht immer von der Direktion der Gesellschaft abhängig sein.
Von der Anlage selbst gibt ein praktischer Ökonom, der ganz England durchreiste, um sich von dem Zustande des Ackerbaus zu unterrichten und mit der Unterschrift: »Einer, der hinter dem Pfluge gepfiffen hat«, der Londoner Zeitung »Morning Chronicle« darüber zu berichten, folgende Beschreibung (»M[orning] Chr[onicle]«, Dec. 13., 1842).

Nachdem er durch eine sehr schlecht bebaute, mehr mit Unkraut als mit Getreide bewachsene Gegend gekommen war, hörte er zum ersten Male in seinem Leben in einem nahen Dorfe etwas über die Sozialisten in Harmony. Ein wohlhabender Mann dort erzählte ihm, daß sie ein großes Grundstück bebauten, und zwar sehr gut bebauten, daß alle die lügenhaften Gerüchte, die über sie verbreitet seien, nicht wahr seien, daß es der Pfarre zur großen Ehre gereichen würde, wenn nur die Hälfte ihrer Einwohner sich so anständig aufführen wollten wie diese Sozialisten und daß ebensosehr zu wünschen wäre, daß die Gutsbesitzer der Umgegend den Armen so viel und so vorteilhafte Beschäftigung gäben wie jene Leute. Sie hätten ihre eignen Ansichten vom Eigentum, aber bei alledem führten sie sich sehr gut auf und gäben der ganzen Umgegend ein gutes Beispiel. Er fügte hinzu: Ihre religiösen Meinungen sind verschieden: einige gehen in diese, andere in jene Kirche, und sie sprechen nie über Religion oder Politik mit den Leuten aus dem Dorfe. Mir antworteten zwei auf mein Befragen, es gäbe keine bestimmte religiöse Meinung unter ihnen und jeder könne glauben, was er wolle. Wir alle waren sehr bestürzt, als wir hörten, daß sie hierher kämen; aber jetzt finden wir, daß sie sehr gute Nachbarn sind, unsern Leuten ein gutes Beispiel von Sittlichkeit geben, viele unsrer Armen beschäftigen, und da sie nie versuchen, uns ihre Meinungen beizubringen, so haben wir gar keine Ursache, mit ihnen unzufrieden zu sein. Sie zeichnen sich alle durch anständiges und wohlerzogenes Betragen aus, und keiner hier in der Gegend wagt etwas gegen ihre sittliche Aufführung zu sagen.
Unser Berichterstatter hörte noch von andern dasselbe und ging dann nach Harmony. Nachdem er wieder durch schlecht bebaute Felder gekommen war, stieß er auf ein sehr gut bewirtschaftetes Rübenfeld mit einer reichlichen, schönen Ernte und sagte zu seinem Freunde, einem Pächter aus der Gegend: Wenn das sozialistische Rüben sind, so lassen sie sich gut an. Bald darauf begegneten ihm siebenhundert sozialistische Schafe, die ebenfalls prächtig waren, und kamen dann an das große, geschmackvolle und solide Wohngebäude. Alles war indes noch unvollendet, Ziegel und Bauholz, halbfertige Mauern und ungegrabener Boden. Sie traten ein, wurden höflich und freundlich aufgenommen und im Gebäude umhergeführt. Im Erdgeschoß war ein großer Eßsaal und die Küche, von der aus die vollen Schüsseln mit einer Maschine in den Eßsaal und die leeren zurück in die Küche gebracht wurden. Einige Kinder zeigten den Fremden diese Maschine und

zeichneten sich durch reine nette Kleidung, gesundes Aussehen und anständiges Betragen aus. Die Frauen in der Küche sahen ebenfalls sehr reinlich und anständig aus, und der Besucher wunderte sich sehr, daß sie unter all den ungewaschenen Schüsseln – das Mittagessen war eben vorüber – noch so nett und rein aussehen konnten. Die Küche selbst war über alle Beschreibung schön eingerichtet, und der Londoner Baumeister, der sie gemacht, erklärte, daß in London selbst sehr wenige Küchen so vollständig und kostspielig eingerichtet seien, eine Bemerkung, in die unser Besucher einstimmt. Bei der Küche waren bequeme Waschhäuser, Bäder, Kellerräume und aparte Räume, wo jedes Mitglied bei seiner Rückkehr von der Arbeit sich waschen konnte.
Im nächsten Stockwerk war ein großes Ballzimmer und darüber die Schlafzimmer, alle sehr bequem eingerichtet.
Der Garten, siebenundzwanzig Morgen groß, war in der besten Ordnung, und überhaupt war eine große Tätigkeit nach allen Seiten hin zu bemerken. Da wurden Ziegel gebrannt, Kalk gemacht, gebaut und Straßen angelegt; hundert Morgen Weizen waren schon gesäet, und es sollte noch mehr Weizenfeld angelegt werden; ein Teich zur Aufnahme flüssigen Düngers wurde angelegt, und aus dem Wäldchen, das sich auf der Besitzung befand, wurde die Pflanzenerde zum Düngen gesammelt; kurz, alles wurde getan, um die Ertragsfähigkeit des Bodens zu heben.
Unser Besucher schließt:
»Ich glaube, daß ihr Grundstück durchschnittlich eine jährliche Miete von drei Pfund (einundzwanzig Taler) für den Morgen wert ist, und sie bezahlen nur fünfzehn Shilling (fünf Taler). – Sie haben einen vortrefflichen Handel gemacht, wenn sie nur vernünftig wirtschaften, und was man auch von ihren sozialen Häusern sagen möge, so muß man gestehen, daß sie ihre Besitzung auf eine ausgezeichnete Weise bebauen.«

Setzen wir dieser Beschreibung noch einiges über die innere Einrichtung dieser Gemeinschaft hinzu. Die Mitglieder wohnen in einem großen Hause zusammen, und zwar hat jeder sein apartes Schlafzimmer, das aufs bequemste eingerichtet ist; die Hauswirtschaft wird für alle zusammen von einem Teile der Frauen betrieben, wodurch natürlich sehr viel Unkosten, Zeit und Mühe erspart wird, die bei vielen kleinen Haushaltungen verlorengehen würden und wodurch viele Bequemlichkeiten erreicht werden, die in kleinen Wirtschaften gar nicht möglich sind. So heizt das Feuer der Küche zugleich alle Zimmer des Hauses mit warmer Luft und durch Röhren ist warmes und kaltes Wasser in jedes Zimmer geleitet, und was dergleichen Annehmlichkeiten und Vorteile mehr sind, die nur bei einer gemeinschaftlichen Einrichtung stattfinden können. Die Kinder werden in die Schule gegeben, die mit der Anlage verbunden ist, und dort auf allgemeine Kosten erzogen. Die Eltern können sie sehen, wenn sie wollen, und die Erziehung ist sowohl für die körperliche wie für die geistige Ausbildung und für das gemeinschaftliche Leben berechnet. Mit religiösen und theologischen Zänkereien, mit Griechisch und Lateinisch werden die Kinder nicht geplagt; dafür lernen sie desto besser die Natur, ihren eignen Körper und ihre geistigen Fähigkeiten kennen und erholen sich auf den Feldern von dem wenigen Sitzen, das ihnen zugemutet wird; denn die Schule wird ebensooft unter freiem Himmel als in geschlossenen Räumen gehalten, und die Arbeit ist ein Teil der Erziehung. Die sittliche Erziehung beschränkt sich auf die Anwendung des einen Satzes: Was du nicht willst, das andere dir tun sollen, das tue du ihnen nicht, also auf die Durchführung vollkommner Gleichheit und brüderlicher Liebe.

Die Ansiedlung steht, wie gesagt, unter der Leitung des Präsidenten und der Direktion der Gesellschaft der Sozialisten; diese Direktion wird alljährlich vom Kongreß, zu dem jede Zweiggesellschaft ein Mitglied schickt, erwählt und hat unumschränkte Vollmachten innerhalb der Statuten der Gesellschaft und mit Verantwortlichkeit gegen den Kongreß. Die Gemeinschaft wird also regiert von Leuten, die außer der Gemeinschaft leben, und da kann es nicht fehlen, daß es Mißverständnisse und Häkeleien absetzt; indessen, wenn selbst der Versuch zu Harmonie hieran und an Geldverlegenheiten scheitern sollte, wozu aber durchaus keine Aussicht vorhanden ist, so würde dies nur ein Grund mehr für die Gemeinschaft der Güter sein, da diese beiden Schwierigkeiten nur darin ihren Grund haben, daß die Gemeinschaft noch nicht vollständig durchgeführt ist. Aber trotz alledem ist das Bestehen der Ansiedlung gesichert, und wenn sie auch nicht so rasch fortschreiten und vollendet werden kann, so werden doch die Gegner der Gemeinschaft den Triumph nicht erleben, daß sie zugrunde geht.

Wir sehen also, daß die Gemeinschaft der Güter gar nichts Unmögliches ist, sondern daß im Gegenteil alle diese Versuche vollkommen geglückt sind. Wir sehen auch, daß die Leute, welche in Gemeinschaften leben, bei weniger Arbeit besser leben, mehr Muße zur Ausbildung ihres Geistes haben und daß sie bessere und sittlichere Menschen sind als ihre Nachbarn, die das Eigentum beibehalten haben. Alles das haben auch die Amerikaner, Engländer, Franzosen und Belgier sowie eine Menge Deutscher bereits eingesehen. In allen Ländern gibt es eine Anzahl Leute, welche sich mit der Verbreitung dieser Lehre beschäftigen und für die Gemeinschaft Partei ergriffen haben.

Wenn diese Sache für alle wichtig ist, so ist sie es ganz besonders für die armen Arbeiter, die nichts besitzen, die ihren Lohn, den sie heute verdienen, morgen wieder verzehren und jeden Augenblick durch unvorhergesehene und unvermeidliche Zufälle brotlos werden können. Diesen wird hierin eine Aussicht auf eine unabhängige, sichere und sorgenfreie Existenz, auf eine vollkommene Gleichberechtigung mit denen gegeben, die jetzt durch ihren Reichtum den Arbeiter

zu ihrem Sklaven machen können. Diese Arbeiter geht die Sache am meisten an. In andern Ländern bilden die Arbeiter den Kern der Partei, die Gütergemeinschaft verlangt, und es ist die Pflicht auch der deutschen Arbeiter, sich die Sache ernstlich zu Herzen zu nehmen.
Wenn die Arbeiter untereinander einig sind, zusammenhalten und *einen* Zweck verfolgen, so sind sie unendlich viel stärker als die Reichen. Und wenn sie vollends einen so vernünftigen und das Beste aller Menschen wollenden Zweck im Auge haben, wie die Gemeinschaft der Güter, so versteht es sich ja von selbst, daß die besseren und verständigeren unter den Reichen sich mit den Arbeitern einverstanden erklären und ihnen beistehen. Es gibt auch schon eine große Menge wohlhabender und gebildeter Leute in allen Teilen Deutschlands, welche sich für die Gütergemeinschaft offen erklärt haben und die Ansprüche des Volks auf die von der reichen Klasse mit Beschlag belegten Güter dieser Erde verteidigen.

Die Junirevolution[32]

Paris 1848

Allmählich kommt man dazu, die Junirevolution zu überschauen; die Berichte vervollständigen sich, die Tatsachen lassen sich von den Gerüchten wie von den Lügen scheiden, der Charakter des Aufstandes tritt immer klarer hervor. Und je mehr es einem gelingt, die Ereignisse der vier Junitage in ihrem Zusammenhange zu erfassen, desto mehr erstaunt man über die kolossalen Dimensionen des Aufstandes, über den heroischen Mut, die rasch improvisierte Organisation, die Einstimmigkeit der Insurgenten.
Der Schlachtplan der Arbeiter, der von Kersausie, einem Freunde Raspails und ehemaligem Offizier, gemacht sein soll, war folgender:
Die Insurgenten rückten in vier Kolonnen in konzentrischer Bewegung auf das Stadthaus zu.
Die erste Kolonne, deren Operationsbasis die Vorstädte Montmartre, La Chapelle und La Villette waren, rückte von den Barrieren Poissonnière, Rochechouart, St. Denis und La Villette nach Süden, besetzte die Boulevards und näherte sich dem Stadthause durch die Straßen Montorgueil, St. Denis und St. Martin.
Die zweite Kolonne, deren Basis die fast ganz von Arbeitern bewohnten und durch den Kanal St. Martin gedeckten Faubourgs du Temple und St. Antoine waren, rückte durch die Straßen du Temple und St. Antoine und über die Quais des nördlichen Seineufers sowie durch alle Parallelstraßen der dazwischenliegenden Stadtviertel auf dasselbe Zentrum vor.

Die dritte Kolonne, mit dem Faubourg St. Marceau, rückte vor durch die Straße St. Victor und die Quais des südlichen Seineufers auf die Insel der Cité.
Die vierte Kolonne, gestützt auf das Faubourg St. Jacques und die Gegend der medizinischen Schule, rückte vor durch die Straße Saint Jacques ebenfalls auf die Cité. Von hier aus drangen beide Kolonnen vereinigt durch das rechte Seineufer und nahmen das Stadthaus im Rücken und in der Flanke.
Der Plan stützte sich demnach mit Recht auf die ausschließlich von Arbeitern bewohnten Stadtteile, die die ganze östliche Hälfte von Paris in einem Halbkreis umgeben und je breiter werden, desto mehr man nach Osten kommt. Der Osten von Paris sollte erst von allen Feinden gesäubert werden, und dann wollte man auf beiden Seineufern gegen den Westen und dessen Zentren, die Tuilerien und die Nationalversammlung, rücken.
Diese Kolonnen sollten von einer Menge fliegender Korps unterstützt werden, die neben und zwischen ihnen auf eigne Faust operierten, Barrikaden aufwarfen, die kleinen Straßen besetzten und die Verbindungen aufrechterhielten.
Für den Fall eines Rückzugs waren die Operationsbasen stark verschanzt und kunstgerecht in furchtbare Festungen verwandelt; so das Clos St. Lazare, so das Faubourg und das Quartier St. Antoine und das Faubourg St. Jacques.
Wenn dieser Plan einen Fehler hatte, so war es der, daß er die westliche Hälfte von Paris für den Anfang der Operationen ganz unberücksichtigt ließ. Hier liegen, zu beiden Seiten der Straße St. Honoré, an den Hallen und am Palais National mehrere zu Emeuten vorzüglich geeignete Viertel, die sehr enge und krumme Straßen haben und vorwiegend von Arbeitern bewohnt sind. Es war wichtig, hier einen fünften Herd der Insurrektion anzulegen und dadurch sowohl das Stadthaus abzuschneiden wie auch eine große Truppenmasse an diesem vorspringenden Bollwerk zu beschäftigen. Der Sieg des Aufstandes hing davon ab, daß man so bald wie möglich ins Zentrum von Paris vordrang, daß man die Eroberung des Stadthauses sicherstellte. Wir können nicht wissen, inwiefern es für Kersausie unmöglich war, hier die Insurrektion zu organisieren. Es ist aber eine Tatsache, daß noch nie ein Aufstand durchgedrungen ist, der sich nicht von vornherein dieses Zentrums von Paris, das an die Tuilerien stößt, zu bemächtigen wußte. Wir erinnern nur an den Aufstand beim Begräbnis des Generals Lamarque, der ebenfalls bis zur Straße Montorgueil vordrang, dann aber wieder zurückgedrängt wurde.
Die Insurgenten rückten nach ihrem Plane vor. Sie begannen gleich durch zwei Hauptwerke ihr Terrain, das Paris der Arbeiter, von dem Paris der Bourgeois zu scheiden: durch die Barrikaden der Porte Saint Denis und die der Cité. Aus ersteren wurden sie verdrängt, die letzteren behaupteten sie. Der erste Tag, der 23., war ein bloßes Vorspiel. Der Plan der Insurgenten trat schon klar hervor (wie ihn die »Neue Rh[einische] Z[ei]t[un]g« auch von Anfang an ganz richtig aufgefaßt

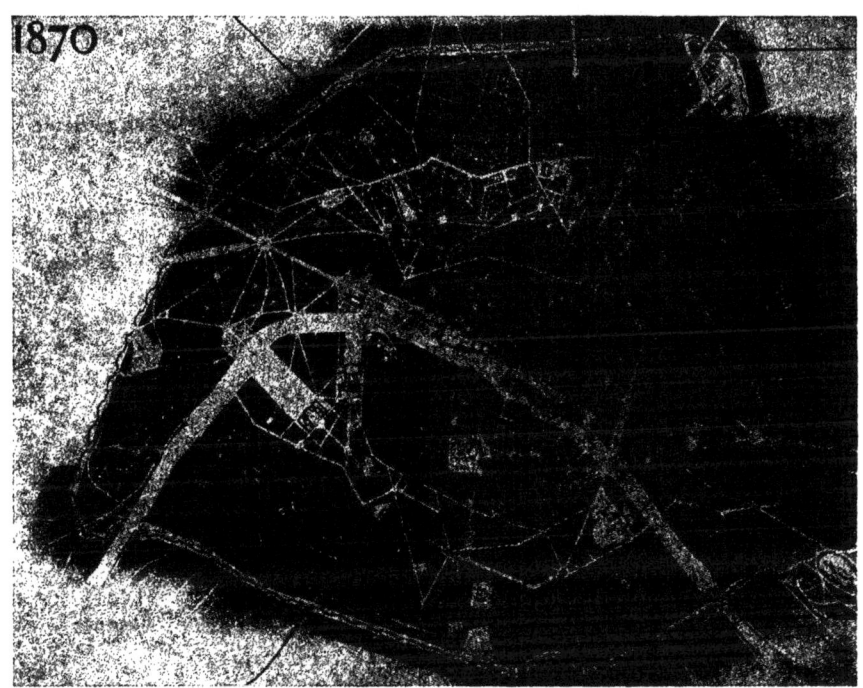

20 Paris, Stadtzentrum nach der Umgestaltung durch Baron Haussmann, Plan, 1870

hat, s. Nr. 26, Extrabeilage), namentlich nach den ersten Vorpostengefechten des Morgens. Der Boulevard St. Martin, der die Operationslinie der ersten Kolonne durchkreuzt, wurde der Schauplatz heftiger Kämpfe, die hier mit dem teilweise durch die Lokalität bedingten Siege der »Ordnung« endigten.
Die Zugänge der Cité wurden abgeschnitten, rechts durch ein fliegendes Korps, das in der Straße Planche-Mibray sich festsetzte, links durch die dritte und vierte Kolonne, die die drei südlichen Brücken der Cité besetzten und befestigten. Hier entspann sich ebenfalls ein sehr heftiger Kampf. Es gelang der »Ordnung«, sich der Brücke St. Michel zu bemächtigen und bis zur Straße St. Jacques vorzudringen. Bis zum Abend, schmeichelte sie sich, war die Emeute unterdrückt.
Wenn der Plan der Insurgenten schon deutlich hervorgetreten war, so war es der der »Ordnung« mehr. Ihr Plan bestand vorderhand nur darin, die Insurrektion mit allen Mitteln zu unterdrücken. Diese Absicht kündigte sie den Insurgenten mit Kanonenkugeln und Kartätschen an.
Aber die Regierung glaubte, eine rohe Bande gewöhnlicher, planlos wirkender Emeutiers gegenüber zu haben. Nachdem sie bis gegen Abend die Hauptstraßen

frei gemacht hatte, erklärte sie, die Emeute sei besiegt, und besetzte die eroberten Stadtteile nur höchst nachlässig mit Truppen.
Die Insurgenten wußten diese Nachlässigkeit vortrefflich zu benutzen, um nach den Vorpostengefechten vom 23. die große Schlacht einzuleiten. Es ist überhaupt wunderbar, wie rasch die Arbeiter sich den Operationsplan aneigneten, wie gleichmäßig sie einander in die Hände arbeiteten, wie geschickt sie das so verwickelte Terrain zu benutzen wußten. Dies wäre rein unerklärlich, wenn nicht die Arbeiter schon in den Nationalwerkstätten ziemlich militärisch organisiert und in Kompanien eingeteilt gewesen wären, so daß sie ihre industrielle Organisation nur auf ihre kriegerische Tätigkeit zu übertragen brauchten, um sogleich eine vollständig gegliederte Armee zu bilden.
Am Morgen des 24. war das verlorene Terrain nicht nur gänzlich wieder besetzt, sondern noch neues hinzugenommen. Die Linie der Boulevards bis zum Boulevard du Temple blieb freilich von den Truppen besetzt und damit die erste Kolonne vom Zentrum abgeschnitten; dafür aber drang die zweite Kolonne vom Quartier St. Antoine vor, bis sie das Stadthaus fast umzingelt hatte. Sie schlug ihr Hauptquartier in der Kirche St. Gervais auf, 300 Schritt vom Stadthaus, sie eroberte das Kloster St. Merry und die umliegenden Straßen; sie drang bis weit über das Stadthaus hinaus und schnitt dieses, in Verbindung mit den Kolonnen der Cité, fast gänzlich ab. Nur ein Zugang blieb offen: die Quais des rechten Ufers. Im Süden war das Faubourg St. Jacques wieder gänzlich besetzt, die Verbindungen mit der Cité hergestellt, die Cité verstärkt und der Übergang aufs rechte Ufer vorbereitet.
Da war allerdings keine Zeit mehr zu verlieren; das Stadthaus, das revolutionäre Zentrum von Paris, war bedroht und mußte fallen, wenn nicht die entschiedensten Maßregeln ergriffen wurden.

Die erschrockene Nationalversammlung ernannte Cavaignac zum Diktator, und dieser, von Algier her an »energisches« Einschreiten gewöhnt, wußte, was zu tun war.
Sofort rückten 10 Bataillone den breiten Quai de l'École entlang nach dem Stadthause zu. Sie schnitten die Verbindungen der Insurgenten der Cité mit dem rechten Ufer ab, stellten das Stadthaus sicher und erlaubten sogar Angriffe auf die Barrikaden, die das Stadthaus umgaben.
Die Straße Planche-Mibray und ihre Verlängerung, die Straße Saint Martin, wurde gereinigt und durch Kavallerie fortwährend rein gehalten. Die gegenüberliegende Brücke Notre-Dame, die nach der Cité führt, wurde durch schweres Geschütz gefegt, und nun rückte Cavaignac direkt auf die Cité los, um dort »energisch« zu verfahren. Der Hauptposten der Insurgenten, die »Belle Jardinière«, wurde erst durch Kanonenkugeln zerschossen, dann durch Raketen in Brand gesteckt; die Rue de la Cité wurde ebenfalls durch Kanonenkugeln erobert; drei Brücken nach

dem linken Ufer wurden mit Sturm genommen und die Insurgenten auf dem linken Ufer entschieden zurückgedrängt. Inzwischen befreiten die 14 Bataillone, die auf dem Grèveplatz und den Quais standen, das schon belagerte Stadthaus, und die Kirche Saint Gervais wurde aus einem Hauptquartier auf einen verlornen Vorposten der Insurgenten reduziert.

Die Straße St. Jacques wurde nicht nur von der Cité her mit Artillerie angegriffen, sondern auch vom linken Ufer her in die Flanke genommen. Der General Damesme drang längs dem Luxembourg nach der Sorbonne vor, eroberte das Lateinische Viertel und sandte seine Kolonnen gegen das Panthéon. Der Platz des Panthéons war in eine furchtbare Festung verwandelt. Die Straße St. Jacques war längst genommen, als die »Ordnung« hier immer noch ein unangreifbares Bollwerk fand. Kanonen und Bajonettangriffe waren vergebens gewesen, als endlich Ermüdung, Mangel an Munition und die von den Bourgeois angedrohte Brandstiftung die von allen Seiten umringten 1500 Arbeiter zwangen, sich zu ergeben. Um dieselbe Zeit fiel der Platz Maubert nach langer, tapfrer Gegenwehr in die Hände der »Ordnung«, und die Insurgenten, aus ihren festesten Positionen verdrängt, wurden genötigt, das ganze linke Seineufer aufzugeben.

Inzwischen wurde die Stellung der Truppen und Nationalgarden auf den Boulevards des rechten Seineufers ebenfalls benutzt, um nach beiden Seiten hin zu wirken. Lamoricière, der hier kommandierte, ließ die Straßen der Faubourgs St. Denis und St. Martin, den Boulevard du Temple und die halbe Templestraße durch schweres Geschütz und durch rasche Truppenangriffe fegen. Er konnte sich rühmen, bis abends glänzende Erfolge erkämpft zu haben: Er hatte die erste Kolonne im Clos St. Lazare abgeschnitten und zur Hälfte umzingelt, die zweite zurückgedrängt und durch sein Vordringen auf den Boulevards einen Keil in sie hineingetrieben.

Wodurch hatte Cavaignac diese Vorteile erobert?

Erstens durch die ungeheure Übermacht, die er gegen die Insurgenten entwickeln konnte. Er hatte am 24. nicht nur die 20000 Mann Garnison von Paris, die 20000 bis 25000 Mann Mobilgarde und die 60000 bis 80000 Mann disponible Nationalgarde zu seiner Verfügung, sondern auch die Nationalgarde der ganzen Umgegend von Paris und mancher entfernteren Stadt (20000 bis 30000 Mann) und ferner 20000 bis 30000 Mann Truppen, die aus den umliegenden Garnisonen schleunigst herbeigerufen waren. Am 24. morgens standen ihm schon weit über 100000 Mann zur Verfügung, die bis abends sich noch um die Hälfte vermehrten. Und die Insurgenten waren höchstens 40000 bis 50000 Mann stark!

Zweitens durch die brutalen Mittel, die er anwandte. Bisher war nur *einmal* in den Straßen von Paris mit Kanonen geschossen worden – im Vendemiaire 1795, als Napoleon die Insurgenten in der Rue Saint Honoré mit Kartätschen auseinanderjagte. Aber gegen Barrikaden, gegen Häuser war noch nie Artillerie an-

gewandt und noch viel weniger Granaten und Brandraketen. Das Volk war noch nicht darauf vorbereitet; es war wehrlos dagegen, und das einzige Gegenmittel, das Brennen, widerstrebte seinem noblen Gefühl. Das Volk hatte bisher keine Ahnung von solch einer algierschen Kriegführung mitten in Paris gehabt. Darum wich es zurück, und sein erstes Zurückweichen entschied seine Niederlage.
Am 25. rückte Cavaignac mit noch weit größeren Kräften vor. Die Insurgenten waren auf ein einziges Viertel beschränkt, auf die Faubourgs Saint Antoine und du Temple; außerdem besaßen sie noch zwei vorgeschobne Posten, das Clos St. Lazare und einen Teil des Viertels St. Antoine bis zur Brücke von Damiette. Cavaignac, der wieder 20000 bis 30000 Mann Verstärkungen nebst bedeutenden Artillerieparks an sich gezogen hatte, ließ zuerst die abgesonderten Vorposten der Insurgenten angreifen, namentlich das Clos St. Lazare. Hier waren die Insurgenten wie in einer Zitadelle verschanzt. Nach zwölfstündigem Kanonieren und Granatenwerfen gelang es Lamoricière endlich, die Insurgenten aus ihren Stellungen zu vertreiben und das Clos zu besetzen; es gelang ihm jedoch erst, nachdem er einen Flankenangriff von den Straßen Rochechouart und Poissonnière her möglich gemacht und nachdem er die Barrikaden den ersten Tag mit 40, den zweiten mit noch mehr Geschützen hatte zusammenschießen lassen.
Ein andrer Teil seiner Kolonne drang durch das Faubourg Saint Martin in das Faubourg du Temple, erreichte aber keinen großen Erfolg; ein dritter rückte die Boulevards hinunter nach der Bastille zu, kam aber ebenfalls nicht weit, da hier eine Reihe der furchtbarsten Barrikaden erst nach langem Widerstand einer heftigen Kanonade erlag. Hier wurden die Häuser furchtbar zerstört.
Die Kolonne Duviviers, die vom Stadthause her angriff, trieb die Insurgenten unter fortwährendem Kanonenfeuer immer weiter zurück. Die Kirche St. Gervais wurde genommen, die Straße Saint Antoine bis weit vom Stadthause gesäubert und durch mehrere den Quai und seine Parallelstraßen entlangrückende Kolonnen wurde die Brücke Damiette genommen, vermittelst welcher die Insurgenten des Viertels St. Antoine sich an die der Inseln St. Louis und Cité anlehnten. Das Viertel Saint Antoine war flankiert, und den Insurgenten blieb nur noch der Rückzug ins Faubourg, den sie unter heftigen Gefechten mit einer über die Quais bis zur Mündung des Kanals St. Martin und von da längs dem Kanal auf dem Boulevard Bourdon vorrückenden Kolonne bewerkstelligten. Einige wenige Abgeschnittene wurden massakriert, nur wenige wurden als Gefangene eingebracht.
Durch diese Operation war das Viertel St. Antoine und der Bastillenplatz erobert. Gegen Abend gelang es der Kolonne Lamoricières, den Boulevard Beaumarchais ganz zu erobern und auf dem Bastillenplatz ihre Vereinigung mit den Truppen Duviviers zu bewerkstelligen.
Die Eroberung der Brücke von Damiette erlaubte Duvivier, die Insurgenten von der Insel St. Louis und der ehemaligen Insel Louvier zu vertreiben. Er tat

dies mit einem anerkennenswerten Aufwand von algierischer Barbarei. In wenig Stadtteilen wurde das schwere Geschütz mit so verwüstendem Erfolg angewandt wie gerade auf der Insel St. Louis. Doch was machte das? Die Insurgenten waren vertrieben oder massakriert, und die »Ordnung« triumphierte unter den blutbefleckten Trümmern.

Auf dem linken Seineufer war noch ein Posten zu erobern. Die Austerlitzer Brücke, die östlich vom Kanal St. Martin das Faubourg St. Antoine mit dem linken Seineufer verbindet, war stark verbarrikadiert und auf dem linken Ufer, wo sie auf dem Platz Valhubert vor dem Pflanzengarten mündet, mit einem starken Brückenkopf versehen. Dieser Brückenkopf, nach dem Fall des Panthéons und des Platzes Maubert die letzte Schanze der Insurgenten auf dem linken Ufer, wurde nach hartnäckiger Verteidigung genommen.

Für den nächsten Tag, den 26., bleibt den Insurgenten also nur ihre letzte Festung, das Faubourg St. Antoine und ein Teil des Faubourgs du Temple. Beide Faubourgs sind nicht sehr zu Straßenkämpfen geeignet; sie haben ziemlich breite und fast grade Straßen, die der Artillerie einen trefflichen Spielraum lassen. Von der westlichen Seite sind sie durch den Kanal St. Martin vortrefflich gedeckt, von der nördlichen dagegen ganz offen. Hier gehen fünf bis sechs ganz grade und breite Straßen mitten ins Herz des Faubourg Saint Antoine hinab.

Die Hauptbefestigungen waren am Bastillenplatz und in der wichtigsten Straße des ganzen Viertels, der Straße des Faubourg St. Antoine, angebracht. Barrikaden von merkwürdiger Stärke waren hier errichtet, teils von den großen Pflasterquadern gemauert, teils von Balken zusammengezimmert. Sie bildeten einen Winkel nach innen zu, teils um die Wirkung der Kanonenkugeln zu schwächen, teils um eine größere, ein Kreuzfeuer eröffnende Verteidigungsfront darzubieten. In den Häusern waren die Brandmauern durchbrochen und so jedesmal eine ganze Reihe in Verbindung miteinander gesetzt, so daß die Insurgenten nach dem Bedürfnis des Augenblicks ein Tirailleurfeuer auf die Truppen eröffnen oder sich hinter ihre Barrikaden zurückziehen konnten. Die Brücken und Quais am Kanal sowie die Parallelstraßen des Kanals waren ebenfalls stark verschanzt. Kurz, die beiden noch besetzten Faubourgs glichen einer vollständigen Festung, in der die Truppen jeden Zollbreit Landes blutig erkämpfen mußten.

Am 26. morgens sollte der Kampf von neuem beginnen. Cavaignac hatte aber wenig Lust, seine Truppen in dieses Gewirre von Barrikaden hineinzuschicken. Er drohte mit einem Bombardement. Die Mörser und Haubitzen waren aufgefahren. Man unterhandelte. Währenddessen ließ Cavaignac die nächsten Häuser unterminieren – was freilich wegen der Kürze der Zeit und wegen des eine der Angriffslinien deckenden Kanals nur in sehr beschränktem Maß geschehen konnte – und von den schon besetzten Häusern aus ebenfalls innere Kommunikationen mit den anstoßenden Häusern durch Öffnungen in den Brandmauern herstellen.

Die Unterhandlungen zerschlugen sich; der Kampf begann wieder. Cavaignac ließ den General Perrot vom Faubourg du Temple her, den General Lamoricière vom Bastillenplatz her angreifen. Auf beiden Punkten wurde stark gegen die Barrikaden kanoniert. Perrot drang ziemlich rasch vor, nahm den Rest des Faubourgs du Temple und kam an einigen Stellen sogar bis ins Faubourg St. Antoine. Lamoricière kam langsamer vorwärts. Seinen Kanonen widerstanden die ersten Barrikaden, obwohl die ersten Häuser der Vorstadt durch seine Granaten in Brand geschossen wurden. Er unterhandelte nochmals. Mit der Uhr in der Hand wartet er auf die Minute, wo er das Vergnügen haben wird, das bevölkertste Viertel von Paris in Grund und Boden zu schießen. Da endlich kapituliert ein Teil der Insurgenten, während der andere, in seinen Flanken angegriffen, sich nach kurzem Kampf aus der Stadt zurückzieht.

Das war das Ende des Barrikadenkampfes vom Juni. Draußen vor der Stadt fielen noch Tirailleurgefechte vor, die aber ohne alle Bedeutung waren. Die flüchtigen Insurgenten wurden in der Umgegend versprengt und werden von Kavallerie einzeln eingefangen.

Wir haben diese rein militärische Darstellung des Kampfes gegeben, um unsern Lesern zu beweisen, mit welcher heldenmütigen Tapferkeit, mit welcher Übereinstimmung, mit welcher Disziplin und welchem militärischen Geschick die Pariser Arbeiter sich schlugen. Ihrer 40000 schlugen sich vier Tage lang gegen eine vierfache Übermacht, und nur ein Haar fehlte, so waren sie Sieger. Nur ein Haar und sie faßten Fuß im Zentrum von Paris, sie nahmen das Stadthaus, sie setzten eine provisorische Regierung ein und verdoppelten ihre Anzahl, sowohl aus den eroberten Stadtteilen wie aus den Mobilgarden, die damals nur eines Anstoßes bedurften, um überzugehn.

Deutsche Blätter behaupten, dies sei die entscheidende Schlacht zwischen der roten und der trikoloren Republik, zwischen Arbeitern und Bourgeois gewesen. Wir sind überzeugt, daß diese Schlacht *nichts* entscheidet als den Zerfall der Sieger in sich selbst. Im übrigen beweist der Verlauf der ganzen Sache, daß die Arbeiter in gar nicht langer Frist siegen müssen, selbst wenn wir die Sache rein militärisch betrachten. Wenn 40000 Pariser Arbeiter schon so Gewaltiges ausrichteten gegen die vierfache Überzahl, was wird erst die Gesamtmasse der Pariser Arbeiter zustande bringen, wenn sie einstimmig und im Zusammenhange wirkt!

Kersausie ist gefangen und in diesem Augenblick wohl schon erschossen. Erschießen können ihn die Bourgeois, aber ihm nicht den Ruhm nehmen, daß *er zuerst den Straßenkampf organisiert hat*. Erschießen können sie ihn, aber keine Macht der Erde wird verhindern, daß seine Erfindungen in Zukunft bei allen Straßenkämpfen benutzt werden. Erschießen können sie ihn, aber nicht verhindern, daß sein Name als der des *ersten Barrikadenfeldherrn* in der Geschichte fortdauert.

Grundsätzliches zur Lösung des Wohnungsproblems

Zur Wohnungsfrage[33]

Erster Abschnitt

Wie Proudhon die Wohnungsfrage löst

In Nr. 10 und folgenden des »Volksstaat« findet sich eine Reihe von sechs Artikeln über die Wohnungsfrage, die aus dem einen Grunde Beachtung verdienen, weil sie – abgesehn von einigen längst verschollenen Belletristereien der vierziger Jahre – der erste Versuch sind, die Schule Proudhons nach Deutschland zu verpflanzen. Es liegt hierin ein so ungeheurer Rückschritt gegen den ganzen Entwicklungsgang des deutschen Sozialismus, der grade den Proudhonschen Vorstellungen schon vor 25 Jahren den entscheidenden Stoß gab*, daß es der Mühe wert ist, diesem Versuch sofort entgegenzutreten.

Die sogenannte Wohnungsnot, die heutzutage in der Presse eine so große Rolle spielt, besteht nicht darin, daß die Arbeiterklasse überhaupt in schlechten, überfüllten, ungesunden Wohnungen lebt. *Diese* Wohnungsnot ist nicht etwas der Gegenwart Eigentümliches; sie ist nicht einmal eins der Leiden, die dem modernen Proletariat, gegenüber allen frühern unterdrückten Klassen, eigentümlich sind; im Gegenteil, sie hat alle unterdrückten Klassen aller Zeiten ziemlich gleichmäßig betroffen. Um *dieser* Wohnungsnot ein Ende zu machen, gibt es nur *ein* Mittel: die Ausbeutung und Unterdrückung der arbeitenden Klasse durch die herrschende Klasse überhaupt zu beseitigen. – Was man heute unter Wohnungsnot versteht, ist die eigentümliche Verschärfung, die die schlechten Wohnverhältnisse der Arbeiter durch den plötzlichen Andrang der Bevölkerung nach den großen Städten erlitten haben; eine kolossale Steigerung der Mietpreise, eine noch verstärkte Zusammendrängung der Bewohner in den einzelnen Häusern, für einige die Unmöglichkeit, überhaupt ein Unterkommen zu finden. Und *diese* Wohnungsnot macht nur so viel von sich reden, weil sie sich nicht auf die Arbeiterklasse beschränkt, sondern auch das Kleinbürgertum mit betroffen hat.

Die Wohnungsnot der Arbeiter und eines Teils der Kleinbürger unserer modernen

---

* In Marx, »Misère de la Philosophie etc.« Bruxelles et Paris, 1847.

großen Städte ist einer der zahllosen *kleineren*, sekundären Übelstände, die aus der heutigen kapitalistischen Produktionsweise hervorgehen. Sie ist durchaus nicht eine direkte Folge der Ausbeutung des Arbeiters, *als* Arbeiter, durch den Kapitalisten. Diese Ausbeutung ist das Grundübel, das die soziale Revolution abschaffen will, indem sie die kapitalistische Produktionsweise abschafft. Der Eckstein der kapitalistischen Produktionsweise aber ist die Tatsache: daß unsere jetzige Gesellschaftsordnung den Kapitalisten in den Stand setzt, die Arbeitskraft des Arbeiters zu ihrem Wert zu kaufen, aber weit mehr als ihren Wert aus ihr herauszuschlagen, indem er den Arbeiter länger arbeiten läßt, als zur Wiedererzeugung des für die Arbeitskraft gezahlten Preises nötig ist. Der auf diese Weise erzeugte Mehrwert wird verteilt unter die Gesamtklasse der Kapitalisten und Grundeigentümer, nebst ihren bezahlten Dienern, vom Papst und Kaiser bis zum Nachtwächter und darunter. Wie diese Verteilung sich macht, geht uns hier nichts an; soviel ist sicher, daß alle, die nicht arbeiten, eben nur leben können von Abfällen dieses Mehrwerts, die ihnen auf die eine oder andere Art zufließen. (Vergleiche *Marx*, »*Das Kapital*«, wo dies zuerst entwickelt.)

Die Verteilung des durch die Arbeiterklasse erzeugten und ihr ohne Bezahlung abgenommenen Mehrwerts unter die nicht arbeitenden Klassen wickelt sich ab unter höchst erbaulichen Zänkereien und gegenseitiger Beschwindelung; soweit diese Verteilung auf dem Wege des Kaufs und Verkaufs vor sich geht, ist einer ihrer Haupthebel die Prellerei des Käufers durch den Verkäufer, und diese ist im Kleinhandel, namentlich in den großen Städten, jetzt eine vollständige Lebensbedingung für den Verkäufer geworden. Wenn aber der Arbeiter von seinem Krämer oder Bäcker am Preis oder an der Qualität der Ware betrogen wird, so geschieht ihm das nicht in seiner spezifischen Eigenschaft als Arbeiter. Im Gegenteil, sowie ein gewisses Durchschnittsmaß von Prellerei die gesellschaftliche Regel an irgendeinem Orte wird, muß sie auf die Dauer ihre Ausgleichung finden in einer entsprechenden Lohnerhöhung. Der Arbeiter tritt dem Krämer gegenüber als Käufer auf, das heißt als Besitzer von Geld oder Kredit, und daher keineswegs in seiner Eigenschaft als Arbeiter, das heißt als Verkäufer von Arbeitskraft. Die Prellerei mag ihn, wie überhaupt die ärmere Klasse, härter treffen als die reicheren Gesellschaftsklassen, aber sie ist nicht ein Übel, das ihn ausschließlich trifft, das seiner Klasse eigentümlich ist.

Geradeso ist es mit der Wohnungsnot. Die Ausdehnung der modernen großen Städte gibt in gewissen, besonders in den zentral gelegenen Strichen derselben dem Grund und Boden einen künstlichen, oft kolossal steigenden Wert; die darauf errichteten Gebäude, statt diesen Wert zu erhöhen, drücken ihn vielmehr herab, weil sie den veränderten Verhältnissen nicht mehr entsprechen; man reißt sie nieder und ersetzt sie durch andre. Dies geschieht vor allem mit zentral gelegenen Arbeiterwohnungen, deren Miete, selbst bei der größten Überfüllung, nie oder doch nur äußerst langsam über ein gewisses Maximum hinausgehn kann. Man reißt sie nieder und baut Läden, Warenlager, öffentliche Gebäude an ihrer Stelle. Der Bonapartismus hat durch seinen Haussmann in Paris diese Tendenz aufs kolossalste zu Schwindel und Privatbereicherung ausgebeutet; aber auch durch London, Manchester, Liverpool ist der Geist Haussmanns geschritten, und in Berlin und Wien scheint er sich ebenso heimisch zu fühlen. Das Resultat ist, daß die Arbeiter vom Mittelpunkt der Städte an den Umkreis gedrängt, daß Arbeiter- und überhaupt kleinere Wohnungen selten und teuer werden und oft gar nicht zu haben sind; denn unter diesen Verhältnissen wird die Bauindustrie, der teurere Wohnungen ein weit besseres Spekulationsfeld bieten, immer nur ausnahmsweise Arbeiterwohnungen bauen.

Diese Mietsnot trifft den Arbeiter also sicher härter als jede wohlhabendere Klasse; aber sie bildet, ebensowenig wie die Prellerei des Krämers, einen ausschließlich auf die Arbeiterklasse drückenden Übelstand, und muß, soweit sie die Arbeiterklasse betrifft, bei gewissem Höhegrad und gewisser Dauer, ebenfalls eine gewisse ökonomische Ausgleichung finden.

Es sind vorzugsweise diese der Arbeiterklasse mit andern Klassen, namentlich dem Kleinbürgertum, gemeinsamen Leiden, mit denen sich der kleinbürgerliche Sozialismus, zu dem auch Proudhon gehört, mit Vorliebe beschäftigt. Und so ist es durchaus nicht zufällig, daß unser deutscher Proudhonist sich vor allem der Wohnungsfrage, die, wie wir gesehn haben, keineswegs eine ausschließliche Arbeiterfrage ist, bemächtigt und daß er sie, im Gegenteil, für eine wahre, ausschließliche Arbeiterfrage erklärt.

»Was der *Lohnarbeiter* gegenüber dem *Kapitalisten*, das ist der *Mieter* gegenüber dem *Hausbesitzer*.«

Dies ist total falsch.

Bei der Wohnungsfrage haben wir zwei Parteien einander gegenüber, den Mieter und den Vermieter oder Hauseigentümer. Der erstere will vom letztern den zeitweiligen Gebrauch einer Wohnung kaufen; er hat Geld oder Kredit – wenn er auch diesen Kredit dem Hauseigentümer selbst wieder zu einem Wucherpreise, einem Mietzuschlag, abkaufen muß. Es ist ein einfacher Warenverkauf; es ist nicht ein Geschäft zwischen Proletarier und Bourgeois, zwischen Arbeiter und Kapitalisten; der Mieter – selbst wenn er Arbeiter ist – tritt als *vermögender Mann* auf, er muß seine ihm eigentümliche Ware, die Arbeitskraft, schon verkauft haben, um mit ihrem Erlös als Käufer des Nießbrauchs einer Wohnung auftreten zu können, oder er muß Garantien für den bevorstehenden Verkauf dieser Arbeitskraft geben können. Die eigentümlichen Resultate, die der Verkauf der Arbeitskraft an den Kapitalisten hat, fehlen hier gänzlich. Der Kapitalist läßt die gekaufte

Arbeitskraft erstens ihren Wert wieder erzeugen, zweitens aber einen Mehrwert, der vorläufig und vorbehaltlich seiner Verteilung unter die Kapitalistenklasse, in seinen Händen bleibt. Hier wird also ein überschüssiger Wert erzeugt, die Gesamtsumme des vorhandenen Werts wird vermehrt. Ganz anders beim Mietgeschäft. Um wieviel auch der Vermieter den Mieter übervorteilen mag, es ist immer nur ein Übertragen bereits *vorhandenen*, vorher *erzeugten* Werts, und die Gesamtsumme der von Mieter und Vermieter *zusammen* besessenen Werte bleibt nach wie vor dieselbe. Der Arbeiter, ob seine Arbeit vom Kapitalisten unter, über oder zu ihrem Wert bezahlt wird, wird immer um einen Teil seines Arbeitsprodukts geprellt; der Mieter nur dann, wenn er die Wohnung über ihren Wert bezahlen muß. Es ist also eine totale Verdrehung des Verhältnisses zwischen Mieter und Vermieter, es mit dem zwischen Arbeiter und Kapitalisten gleichstellen zu wollen. Im Gegenteil, wir haben es mit einem ganz gewöhnlichen Warengeschäft zwischen zwei Bürgern zu tun, und dies Geschäft wickelt sich ab nach den ökonomischen Gesetzen, die den Warenverkauf überhaupt regeln, und speziell den Verkauf der Ware: Grundbesitz. Die Bau- und Unterhaltskosten des Hauses oder des betreffenden Hausteils kommen zuerst in Anrechnung; der durch die mehr oder weniger günstige Lage des Hauses bedingte Bodenwert kommt in zweiter Linie; der augenblickliche Stand des Verhältnisses zwischen Nachfrage und Angebot entscheidet schließlich. Dies einfache ökonomische Verhältnis drückt sich im Kopf unsres Proudhonisten folgendermaßen aus:

»Das einmal gebaute Haus dient als *ewiger Rechtstitel* auf einen bestimmten Bruchteil der gesellschaftlichen Arbeit, wenn auch der wirkliche Wert des Hauses längst schon mehr als genügend in der Form des Mietzinses an den Besitzer gezahlt wurde. So kommt es, daß ein Haus, welches z. B. vor 50 Jahren gebaut wurde, während dieser Zeit in dem Ertrag seines Mietzinses zwei-, drei-, fünf-, zehnmal usw. den ursprünglichen Kostenpreis deckte.«

Hier haben wir gleich den ganzen Proudhon. Erstens wird vergessen, daß die Hausmiete nicht nur die Kosten des Hausbaus zu verzinsen, sondern auch Reparaturen und den durchschnittlichen Betrag schlechter Schulden, unbezahlter Mieten, sowie des gelegentlichen Leerstehens der Wohnung zu decken, und endlich das in einem vergänglichen, mit der Zeit unbewohnbar und wertlos werdenden Hause angelegte Baukapital in jährlichen Raten abzutragen hat. Zweitens wird vergessen, daß die Wohnungsmiete ebenfalls den Wertaufschlag des Grundstücks, auf dem das Haus steht, mit zu verzinsen hat, daß also ein Teil davon in Grundrente besteht. Unser Proudhonist erklärt zwar sogleich, daß dieser Wertaufschlag, da er ohne Zutun des Grundeigentümers bewirkt, von Rechts wegen nicht ihm, sondern der Gesellschaft gehört; er übersieht aber, daß er damit in Wirklichkeit die Abschaffung des Grundeigentums verlangt, ein Punkt, auf den näher einzugehn uns hier zu weit führen würde. Endlich übersieht er, daß es sich bei dem ganzen Geschäft gar nicht darum handelt, dem Eigentümer das Haus abzukaufen, sondern nur dessen Nießbrauch für eine bestimmte Zeit. Proudhon, der sich nie um die wirklichen, tatsächlichen Bedingungen kümmerte, unter denen irgendeine ökonomische Erscheinung vor sich geht, kann sich natürlich auch nicht erklären, wie der ursprüngliche Kostpreis eines Hauses unter Umständen in der Gestalt von Miete in fünfzig Jahren zehnmal bezahlt wird. Anstatt diese gar nicht schwere Frage ökonomisch zu untersuchen und festzustellen, ob sie wirklich und wieso mit den ökonomischen Gesetzen in Widerspruch steht, hilft er sich durch einen kühnen Sprung aus der Ökonomie in die Juristerei: »das einmal gebaute Haus dient als *ewiger Rechtstitel*« auf bestimmte jährliche Zahlung. Wie das zustande kommt, *wie* das Haus ein Rechtstitel *wird*, davon schweigt Proudhon. Und doch ist es das gerade, was er hätte aufklären müssen. Hätte er es untersucht, so würde er gefunden haben, daß alle Rechtstitel in der Welt, und wenn sie noch so ewig, einem Hause nicht die Macht verleihen, seinen Kostpreis in fünfzig Jahren zehnmal in Gestalt von Miete bezahlt zu erhalten, sondern daß bloß ökonomische Bedingungen (die in Gestalt von Rechtstiteln gesellschaftlich anerkannt sein mögen) dies zustande bringen. Und damit war er wieder so weit wie am Anfang. Die ganze Proudhonsche Lehre beruht auf diesem Rettungssprung aus der ökonomischen Wirklichkeit in die juristische Phrase. Wo immer dem braven Proudhon der ökonomische Zusammenhang verlorengeht – und das kommt ihm bei jeder ernsthaften Frage vor – flüchtet er sich in das Gebiet des Rechts ud appelliert an die *ewige Gerechtigkeit*.

»Proudhon schöpft erst sein Ideal der ewigen Gerechtigkeit aus den der Warenproduktion entsprechenden Rechtsverhältnissen, wodurch, nebenbei bemerkt, auch der für alle Spießbürger so tröstliche Beweise geliefert wird, daß die Form der Warenproduktion ebenso notwendig ist wie die Gerechtigkeit. Dann umgekehrt will er die wirkliche Warenproduktion und das ihr entsprechende wirkliche Recht diesem Ideal gemäß ummodeln. Was würde man von einem Chemiker denken, der, statt die wirklichen Gesetze des Stoffwechsels zu studieren und auf Grundlage derselben bestimmte Aufgaben zu lösen, den Stoffwechsel durch die ›ewigen Ideen‹ der ›Natürlichkeit und der Verwandtschaft‹ ummodeln wollte? Weiß man etwa mehr über den Wucher, wenn man sagt, er widerspreche der ›ewigen Gerechtigkeit‹ und der ›ewigen Billigkeit‹ und der ›ewigen Gegenseitigkeit‹ und andern ›ewigen Wahrheiten‹, als die Kirchenväter wußten, wenn sie sagten, er widerspräche der ›ewigen Gnade‹, dem ›ewigen Glauben‹ und dem ›ewigen Willen Gottes‹?« (Marx, »Kapital«, p. 45.)
Unserm Proudhonisten geht es nicht besser als seinem Herrn und Meister:

»Der Mietsvertrag ist eine der tausend Umsetzungen, welche im Leben der modernen Gesellschaft so notwendig sind wie die Zirkulation des Bluts im Körper der Tiere. Es wäre natürlich im Interesse dieser Gesellschaft, wenn alle diese Umsetzungen von einer *Rechtsidee* durchdrungen wären, das heißt allenthalben nach den strengen Anforderungen der Gerechtigkeit durchgeführt würden. Mit einem Wort, das ökonomische Leben der Gesellschaft muß sich, wie Proudhon sagt, zur Höhe eines *ökonomischen Rechtes* emporschwingen. In Wahrheit findet bekanntlich das gerade Gegenteil statt.«

Sollte man glauben, daß fünf Jahre, nachdem Marx den Proudhonismus, gerade nach dieser entscheidenden Seite hin, so kurz und schlagend gezeichnet, es möglich wäre, noch dergleichen konfuses Zeug in deutscher Sprache drucken zu lassen? Was heißt denn dieser Galimathias? Nichts, als daß die praktischen Wirkungen der ökonomischen Gesetze, die die heutige Gesellschaft regeln, dem Rechtsgefühl des Verfassers ins Gesicht schlagen und daß er den frommen Wunsch hegt, die Sache möge sich so einrichten lassen, daß dem abgeholfen werde. – Ja, wenn die Kröten Schwänze hätten, wären sie eben keine Kröten mehr! Und ist denn die kapitalistische Produktionsweise nicht »von einer Rechtsidee durchdrungen«, nämlich von der ihres eigenen Rechts auf Ausbeutung der Arbeiter? Und wenn uns der Verfasser sagt, daß das nicht *seine* Rechtsidee ist, sind wir einen Schritt weiter? Aber zurück zur Wohnungsfrage. Unser Proudhonist läßt seiner »Rechtsidee« jetzt freien Lauf und gibt folgende rührende Deklamation zum besten:

»Wir nehmen keinen Anstand, zu behaupten, daß es keinen furchtbareren Hohn auf die ganze Kultur unseres gerühmten Jahrhunderts gibt, als die Tatsache, daß in den großen Städten 90 Prozent der Bevölkerung und darüber keine Stätte haben, die sie ihr eigen nennen können. Der eigentliche Knotenpunkt der sittlichen und Familienexistenz, Haus und Herd, wird vom sozialen Wirbel mit fortgerissen ... Wir stehen in dieser Beziehung weit unter den Wilden. Der Troglodyte hat seine Höhle, der Australier hat seine Lehmhütte, der Indianer seinen eigenen Herd – der moderne Proletarier hängt faktisch in der Luft« usw.

In dieser Jeremiade haben wir den Proudhonismus in seiner ganzen reaktionären Gestalt. Um die moderne revolutionäre Klasse des Proletariats zu schaffen, war es absolut notwendig, daß die Nabelschnur durchgeschnitten wurde, die den Arbeiter der Vergangenheit noch an den Grund und Boden knüpfte. Der Handweber, der sein Häuschen, Gärtchen und Feldchen neben seinem Webstuhl hatte, war bei aller Misere und bei allem politischen Druck ein stiller, zufriedener Mann »in aller Gottseligkeit und Ehrbarkeit«, zog den Hut vor den Reichen, Pfaffen und Staatsbeamten und war innerlich durch und durch ein Sklave. Gerade die moderne große Industrie, die aus dem an den Boden gefesselten Arbeiter einen vollständig besitzlosen, aller überkommenen Ketten los und ledigen *vogelfreien* Proletarier gemacht, gerade diese ökonomische Revolution ist es, die die Bedingungen geschaffen hat, unter denen allein die Ausbeutung der arbeitenden Klasse in ihrer letzten Form, in der kapitalistischen Produktion, umgestürzt werden kann. Und jetzt kommt dieser tränenreiche Proudhonist und jammert, wie über einen großen Rückschritt, über die Austreibung der Arbeiter von Haus und Herd, die gerade die allererste Bedingung ihrer geistigen Emanzipation war.

Vor 27 Jahren habe ich (»Lage der arbeitenden Klasse in England«) grade diesen Prozeß der Vertreibung der Arbeiter von Haus und Herd, wie er sich im 18. Jahrhundert in England vollzog, in seinen Hauptzügen geschildert. Die Infamien, die die Grundbesitzer und Fabrikanten sich dabei zuschulden kommen ließen, die materiell und moralisch nachteiligen Wirkungen, die diese Vertreibung zunächst auf die betroffenen Arbeiter haben mußte, sind dort ebenfalls nach Würden dargestellt. Aber konnte es mir in den Sinn kommen, in diesem unter den Umständen durchaus notwendigen geschichtlichen Entwicklungsprozeß einen Rückschritt »hinter die Wilden« zu sehn? Unmöglich. Der englische Proletarier von 1872 steht unendlich höher als der ländliche Weber mit »Haus und Herd« von 1772. Und wird der Troglodyte mit seiner Höhle, der Australier mit seiner Lehmhütte, der Indianer mit seinem eignen Herd jemals einen Juniaufstand [1848] und eine Pariser Kommune aufführen?

Daß die Lage der Arbeiter seit Durchführung der kapitalistischen Produktion auf großem Maßstab im ganzen materiell schlechter geworden ist, das bezweifelt nur der Bourgeois. Aber sollen wir deshalb sehnsüchtig zurückschauen nach den (auch sehr magern) Fleischtöpfen Ägyptens, nach der ländlichen kleinen Industrie, die nur Knechtsseelen erzog, oder nach den »Wilden«? Im Gegenteil. Erst das durch die moderne große Industrie geschaffene, von allen ererbten Ketten, auch von denen, die es an den Boden fesselten, befreite und in den großen Städten zusammengetriebene Proletariat ist imstande, die große soziale Umgestaltung zu vollziehn, die aller Klassenausbeutung und aller Klassenherrschaft ein Ende machen wird. Die alten ländlichen Handweber mit Haus und Herd wären nie imstande dazu gewesen, sie hätten nie solch einen Gedanken fassen, noch weniger seine Ausführung wollen können.

Für Proudhon hingegen ist die ganze industrielle Revolution der letzten hundert Jahre, die Dampfkraft, die große Fabrikation, die die Handarbeit durch Maschinen ersetzt und die Produktionskraft der Arbeit vertausendfacht, ein höchst widerwärtiges Ereignis, etwas, das eigentlich nicht hätte stattfinden sollen. Der Kleinbürger Proudhon verlangt eine Welt, in der jeder ein apartes, selbständiges Produkt verfertigt, das sofort verbrauchbar und auf dem Markt austauschbar ist; wenn dann nur jeder den vollen Wert seiner Arbeit in einem andern Produkt wiedererhält, so ist der »ewigen Gerechtigkeit« Genüge geleistet und die beste Welt hergestellt. Aber diese Proudhonsche beste Welt ist schon in der Knospe zertreten worden durch den Fuß der fortschreitenden industriellen Entwicklung, die die Einzelarbeit in allen großen Industriezweigen längst vernichtet; die an ihre Stelle die gesellschaftliche Arbeit setzt, unterstützt von Maschinen und dienstbar gemachten Naturkräften, deren fertiges, sofort austauschbares oder verbrauchbares Produkt das gemeinsame Werk vieler einzelnen ist, durch deren Hände es hat gehn müssen. Und grade durch diese industrielle Revolution hat die Produktionskraft der menschlichen Arbeit einen solchen Höhegrad erreicht, daß die Möglichkeit gegeben ist – zum erstenmal, solange Menschen existieren –, bei verständiger Verteilung der Arbeit unter alle, nicht nur genug für die reichliche Konsumtion aller Gesellschaftsglieder und für einen ausgiebigen Reservefonds hervorzubringen, sondern auch jedem einzelnen hinreichend Muße zu lassen, damit dasjenige, was aus der geschichtlich überkommenen Bildung – Wissenschaft, Kunst, Umgangsformen usw. – wirklich wert ist, erhalten zu werden, nicht nur erhalten, sondern aus einem Monopol der herrschenden Klasse in ein Gemeingut der ganzen Gesellschaft verwandelt und weiter fortgebildet werde. Und hier liegt der entscheidende Punkt. Sobald die Produktionskraft der menschlichen Arbeit sich bis auf diesen Höhegrad entwickelt hat, verschwindet jeder Vorwand für den Bestand einer herrschenden Klasse. War doch der letzte Grund, womit der Klassenunterschied verteidigt wurde, stets: Es muß eine Klasse geben, die sich nicht mit der Produktion ihres täglichen Lebensunterhalts abzuplacken hat, damit sie Zeit behält, die geistige Arbeit der Gesellschaft zu besorgen. Diesem Gerede, das bisher seine große geschichtliche Berechtigung hatte, ist durch die industrielle Revolution der letzten hundert Jahre ein für allemal die Wurzel abgeschnitten. Das Bestehn einer herrschenden Klasse wird täglich mehr ein Hindernis für die Entwicklung der industriellen Produktivkraft und ebensosehr für die der Wissenschaft, der Kunst und namentlich der gebildeten Umgangsformen. Größere Knoten als unsere modernen Bourgeois hat es nie gegeben.

Alles dies geht Freund Proudhon nichts an. Er will die »ewige Gerechtigkeit« und weiter nichts. Jeder soll im Austausch für sein Produkt den vollen Arbeitsertrag, den vollen Wert seiner Arbeit erhalten. Das aber in einem Produkt der modernen Industrie auszurechnen, ist eine verwickelte Sache. Die moderne Industrie verdunkelt eben den besonderen Anteil des einzelnen am Gesamtprodukt, der in der alten Einzel-Handarbeit sich im erzeugten Produkt von selbst darstellte. Die moderne Industrie ferner beseitigt mehr und mehr den Einzelaustausch, auf dem Proudhons ganzes System aufgebaut ist, den direkten Austausch nämlich zwischen zwei Produzenten, deren jeder das Produkt des andern eintauscht, um zu konsumieren. Daher geht durch den ganzen Proudhonismus ein reaktionärer Zug, ein Widerwille gegen die industrielle Revolution, und das bald offener, bald versteckter sich aussprechende Gelüst, die ganze moderne Industrie, Dampfmaschinen, Spinnmaschinen und andern Schwindel zum Tempel hinauszuwerfen und zurückzukehren zur alten, soliden Handarbeit. Daß wir dann an Produktionskraft neunhundertneunundneunzig Tausendstel verlieren, daß die gesamte Menschheit zur ärgsten Arbeitssklaverei verdammt, daß die Hungerleiderei allgemeine Regel wird – was liegt daran, wenn wir es nur fertigbringen, den Austausch so einzurichten, daß jeder den »vollen Arbeitsertrag« erhält und daß die »ewige Gerechtigkeit« durchgeführt wird? Fiat justitia, pereat mundus!

Gerechtigkeit muß bestehn –
Und sollt' die ganze Welt zugrunde gehn!

Und zugrunde gehn würde die Welt bei dieser Proudhonschen Konterrevolution, wenn sie überhaupt durchführbar wäre.

Es versteht sich übrigens von selbst, daß auch bei der, durch die moderne große Industrie bedingten, gesellschaftlichen Produktion, jedem der »volle Ertrag seiner Arbeit«, soweit diese Phrase einen Sinn hat, gesichert werden kann. Und einen Sinn hat sie nur, wenn sie dahin erweitert wird, daß nicht jeder einzelne Besitzer dieses »vollen Ertrages seiner Arbeit« wird, wohl aber die ganze, aus lauter Arbeitern bestehende Gesellschaft Besitzerin des gesamten Produkts ihrer Arbeit, das sie teilweise zur Konsumtion unter ihre Mitglieder verteilt, teilweise zum Ersatz und zur Vermehrung ihrer Produktionsmittel verwendet und teilweise als Reservefonds der Produktion und Konsumtion aufspeichert.

Nach dem Vorhergehenden können wir schon im voraus wissen, wie unser Proudhonist die große Wohnungsfrage lösen wird. Einesteils haben wir die Forderung, daß jeder Arbeiter seine eigene, ihm gehörende Wohnung haben muß, damit wir nicht länger *unter den Wilden* stehn. Andrerseits haben wir die Versicherung, daß die zwei-, drei-, fünf- oder zehnmalige Bezahlung des ursprünglichen Kostenpreises eines Hauses in der Gestalt von Mietzins, wie sie in der Tat stattfindet, auf einem *Rechtstitel* beruht und daß dieser Rechtstitel im Widerspruch mit der *»ewigen Gerechtigkeit«* sich befindet. Die Lösung ist einfach: Wir schaffen den Rechtstitel ab und erklären kraft der ewigen Gerechtigkeit den gezahlten Mietzins für eine Abschlagszahlung auf den Preis der Wohnung selbst. Wenn man sich seine Voraussetzungen so eingerichtet hat, daß sie die Schlußfolgerung bereits in sich enthalten, so gehört natürlich nicht mehr Geschicklichkeit dazu, als jeder Scharlatan besitzt, um das im voraus präparierte Resultat fertig aus dem Sack zu ziehn und auf die unerschütterliche Logik zu pochen, deren Erzeugnis es ist.

Und so geschieht es hier. Die Abschaffung der Mietwohnung wird als Notwendigkeit proklamiert, und zwar in der Gestalt, daß die Verwandlung jedes Mieters in den Eigentümer seiner Wohnung gefordert wird. Wie machen wir das? Ganz einfach:

»Die Mietwohnung wird abgelöst ... Dem bisherigen Hausbesitzer wird der Wert seines Hauses bis auf den Heller und Pfennig bezahlt. Statt daß, wie bisher, der bezahlte Mietzins den Tribut darstellt, welchen der Mieter dem ewigen Rechte des Kapitals bezahlt, statt dessen wird von dem Tage an, wo die Ablösung der Mietwohnung proklamiert ist, die vom Mieter bezahlte, genau geregelte Summe die jährliche Abschlagszahlung für die in seinen Besitz übergegangene Wohnung ... Die Gesellschaft ... wandelt sich auf diesem Wege in eine Gesamtheit unabhängiger freier Besitzer von Wohnungen um.«

Der Proudhonist findet ein Verbrechen gegen die ewige Gerechtigkeit darin, daß der Hauseigentümer ohne Arbeit Grundrente und Zins aus seinem im Hause angelegten Kapital herausschlagen kann. Er dekretiert, daß dies aufhören muß; daß das in Häusern angelegte Kapital keinen Zins, und soweit es gekauften Grundbesitz vertritt, auch keine Grundrente mehr einbringen soll. Nun haben wir gesehen, daß damit die kapitalistische Produktionsweise, die Grundlage der jetzigen Gesellschaft, gar nicht berührt wird. Der Angelpunkt, um den sich die Ausbeutung des Arbeiters dreht, ist der Verkauf der Arbeitskraft an den Kapitalisten und der Gebrauch, den der Kapitalist von diesem Geschäfte macht, indem er den Arbeiter weit mehr zu produzieren nötigt, als der bezahlte Wert der Arbeitskraft beträgt. Dies Geschäft zwischen Kapitalist und Arbeiter ist es, das all den Mehrwert erzeugt, der nachher in Gestalt von Grundrente, Handelsprofit, Kapitalzins, Steuern usw. auf die verschiedenen Unterarten von Kapitalisten und ihren Dienern sich verteilt. Und jetzt kommt unser Proudhonist und glaubt, wenn man *einer einzigen Unterart* von Kapitalisten, und zwar von solchen Kapitalisten, die direkt gar keine Arbeitskraft kaufen, also auch keinen Mehrwert produzieren lassen, verböte, Profit respektive Zins zu machen, so sei man einen Schritt weiter! Die Masse der der Arbeiterklasse abgenommenen unbezahlten Arbeit bliebe genau dieselbe, auch wenn den Hausbesitzern die Möglichkeit, Grundrente und Zins sich zahlen zu lassen, morgen genommen würde, was unsern Proudhonisten nicht verhindert, zu erklären:

»Die Abschaffung der Mietwohnung ist somit eine der *fruchtbarsten und großartigsten Bestrebungen*, welche dem Schoße der revolutionären Idee entstammt und eine *Forderung ersten Ranges* von seiten der sozialen Demokratie werden muß.«

Ganz die Marktschreierei des Meisters Proudhon selbst, bei dem das Gegacker auch stets im umgekehrten Verhältnisse zu der Größe der gelegten Eier steht.

Nun denkt euch aber den schönen Zustand, wenn jeder Arbeiter, Kleinbürger und Bourgeois genötigt wird, durch jährliche Abzahlungen erst Teil-, dann ganzer Eigentümer seiner Wohnung zu werden! In den Industriebezirken Englands, wo es große Industrie, aber kleine Arbeiterhäuser gibt und jeder verheiratete Arbeiter ein Häuschen für sich bewohnt, hätte die Sache noch einen möglichen Sinn. Aber die kleine Industrie von Paris sowie der meisten großen Städte des Kontinents wird ergänzt durch große Häuser, in denen zehn, zwanzig, dreißig Familien zusammenwohnen. Am Tage des weltbefreienden Dekrets, das die Ablösung der Mietwohnung proklamiert, arbeitet Peter in einer Maschinenfabrik in Berlin. Nach Ablauf eines Jahres ist er Eigentümer, meinetwegen des fünfzehnten Teiles seiner aus einer Kammer des fünften Stockes irgendwo am Hamburger Tor bestehenden Wohnung. Er verliert seine Arbeit und findet sich bald darauf in einer ähnlichen Wohnung, mit brillanter Aussicht auf den Hof, im dritten Stock am Pothof in Hannover, wo er nach fünfmonatigem Aufenthalte eben $1/36$ des Eigentums erworben hat, als ein Strike ihn nach München verschlägt und ihn zwingt, sich durch elfmonatigen Aufenthalt genau $11/180$ des Eigentumsrechts auf ein ziemlich dunkles Anwesen zu ebner Erde, hinter der Ober-Angergasse, aufzuladen. Fernere Umzüge, wie sie Arbeitern heute so oft vorkommen, hängen ihm ferner an: $7/360$ einer nicht minder empfehlenswerten Wohnung in St. Gallen, $23/180$ einer anderen in Leeds und $347/56223$, genau gerechnet, so daß die »ewige Gerechtigkeit« sich nicht beklagen kann, einer dritten in Seraing. Was hat nun unser Peter von allen diesen Wohnungsanteilen? Wer gibt ihm den richtigen Wert dafür? Wo soll er den oder die Eigentümer der übrigen Anteile an seinen verschiedenen ehemaligen Wohnungen auftreiben? Und wie steht es erst um die Eigentumsverhältnisse eines beliebigen großen Hauses, dessen Stockwerke sage zwanzig Wohnungen enthalten und das, wenn die Ablösungsfrist abgelaufen und die Mietswohnung abgeschafft ist, vielleicht dreihundert Teileigentümern gehört, die in allen Weltgegenden zerstreut sind? Unser Proudhonist wird antworten, daß bis dahin die Proudhonsche Tauschbank bestehen wird, welche jederzeit an jedermann für jedes Arbeitsprodukt den vollen Arbeitsertrag, also auch für einen Wohnungsanteil den vollen Wert auszahlen wird. Aber die Proudhonsche Tauschbank geht uns hier erstens gar nichts an, da sie selbst in den Artikeln über die Wohnungsfrage nirgends erwähnt wird; sie beruht zweitens auf dem sonderbaren Irrtum, daß, wenn jemand eine Ware verkaufen will, er auch immer notwendig einen Käufer für ihren vollen Wert findet, und sie hat drittens, ehe Proudhon sie erfand, bereits in England unter dem Namen Labour Exchange Bazaar mehr als einmal falliert.
Die ganze Vorstellung, daß der Arbeiter sich seine Wohnung *kaufen* soll, beruht wieder auf der schon hervorgehobenen Proudhonschen reaktionären Grundanschauung, daß die durch die moderne große Industrie geschaffenen Zustände

krankhafte Auswüchse sind und die Gesellschaft gewaltsam – das heißt gegen die Strömung, der sie seit hundert Jahren folgt – einem Zustande entgegengeführt werden muß, in dem die alte stabile Handarbeit des einzelnen die Regel, und der überhaupt nichts anderes ist, als eine idealisierte Wiederherstellung des untergegangenen und noch untergehenden Kleingewerbsbetriebs. Sind die Arbeiter erst wieder in diese stabilen Zustände zurückgeworfen, ist der »soziale Wirbel« erst glücklich beseitigt, so kann der Arbeiter natürlich auch wieder Eigentum an »Haus und Herd« gebrauchen und die obige Ablösungstheorie erscheint weniger abgeschmackt. Nur vergißt Proudhon, daß, um dies fertigzubringen, er erst die Uhr der Weltgeschichte um hundert Jahre zurückstellen muß und daß er damit die heutigen Arbeiter wieder zu ebensolchen beschränkten, kriechenden, duckmäuserigen Sklavenseelen machen würde, wie ihre Urgroßväter waren.

Soweit aber in dieser Proudhonschen Lösung der Wohnungsfrage ein rationeller, praktisch verwertbarer Inhalt liegt, so weit wird sie heutzutage bereits durchgeführt, und zwar entstammt diese Durchführung nicht dem »Schoße der revolutionären Idee«, sondern – den großen Bourgeois selbst. Hören wir hierüber ein vortreffliches spanisches Blatt, »La Emancipacion« von Madrid, vom 16. März 1872:

»Es gibt noch ein anderes Mittel, die Wohnungsfrage zu lösen, das von Proudhon vorgeschlagen worden und das beim ersten Anblick blendet, aber bei näherer Prüfung seine totale Ohnmacht enthüllt. Proudhon schlug vor, die Mieter in Käufer auf Abschlagszahlung zu verwandeln, so daß der jährlich bezahlte Mietzins als Ablösungsrate auf den Wert der Wohnung angerechnet und der Mieter nach Ablauf einer gewissen Zeit Eigentümer dieser Wohnung würde. Dieses Mittel, das Proudhon für sehr revolutionär hielt, wird heutzutage in allen Ländern durch Gesellschaften von Spekulanten ins Werk gesetzt, welche sich so durch Erhöhung des Mietpreises den Wert der Häuser zwei- bis dreimal bezahlen lassen. Herr Dollfus und andere große Fabrikanten des nordöstlichen Frankreichs haben dies System verwirklicht, nicht nur um Geld herauszuschlagen, sondern obendrein mit einem politischen Hintergedanken.

Die gescheitesten Führer der herrschenden Klassen haben stets ihre Anstrengungen darauf gerichtet, die Zahl der kleinen Eigentümer zu vermehren, um sich eine Armee gegen das Proletariat zu erziehn. Die bürgerlichen Revolutionen des vorigen Jahrhunderts zerteilten den großen Grundbesitz des Adels und der Kirche in kleines Parzelleneigentum, wie heute die spanischen Republikaner es mit dem noch bestehenden großen Grundbesitz machen wollen, und schufen so eine Klasse kleiner Grundeigentümer, die seitdem das allerreaktionärste Element der Gesellschaft und das stetige Hindernis gegenüber der revolutionären Bewegung des städtischen Proletariats geworden ist. Napoleon III. beabsichtigte, durch Verkleinerung der einzelnen Staatsschuldanteile, in den Städten eine ähnliche Klasse zu schaffen, und Herr Dollfus und seine Kollegen, indem sie ihren Arbeitern kleine, durch jährliche Abzahlungen abzutragende Wohnungen verkauften, suchten allen revolutionären Geist in den Arbeitern zu ersticken und gleichzeitig sie durch ihren Grundbesitz an die Fabrik, in der sie einmal arbeiteten, zu fesseln; so daß der Plan Proudhons nicht nur der Arbeiterklasse keine Erleichterung schuf – er kehrte sich sogar direkt gegen sie*.«

Wie ist nun die Wohnungsfrage zu lösen? In der heutigen Gesellschaft gerade wie eine jede andere gesellschaftliche Frage gelöst wird: durch die allmähliche ökonomische Ausgleichung von Nachfrage und Angebot, eine Lösung, die die Frage selbst immer wieder von neuem erzeugt, also keine Lösung ist. Wie eine soziale Revolution diese Frage lösen würde, hängt nicht nur von den jedesmaligen Umständen ab, sondern auch zusammen mit viel weitergehenden Fragen, unter denen die Aufhebung des Gegensatzes von Stadt und Land eine der wesentlichsten ist. Da wir keine utopistischen Systeme für die Einrichtung der künftigen Gesellschaft zu machen haben, wäre es mehr als müßig, hierauf einzugehn. Soviel aber ist sicher, daß schon jetzt in den großen Städten hinreichend Wohngebäude vorhanden sind, um bei rationeller Benutzung derselben jeder wirklichen »Wohnungs*not*« sofort abzuhelfen. Dies kann natürlich nur durch Expropriation der heutigen Besitzer, respektive durch Bequartierung ihrer Häuser mit obdachlosen oder in ihren bisherigen Wohnungen übermäßig zusammengedrängten Arbeitern geschehen, und sobald das Proletariat die politische Macht erobert hat, wird eine solche, durch das öffentliche Wohl gebotene Maßregel ebenso leicht ausführbar sein, wie andere Expropriationen und Einquartierungen durch den heutigen Staat.

Unser Proudhonist ist aber mit seinen bisherigen Leistungen in der Wohnungsfrage nicht zufrieden. Er muß sie von der platten Erde in das Gebiet des höheren

---

* Wie sich diese Lösung der Wohnungsfrage vermittelst der Fesselung der Arbeiter an ein eigenes »Heim« in der Nähe großer oder emporkommender amerikanischer Städte naturwüchsig macht, darüber folgende Stelle aus einem Brief von Eleanor Marx-Aveling, Indianapolis, 28. November 1886: »In oder vielmehr bei Kansas City sahen wir erbärmliche kleine Holzschuppen, zu etwa drei Zimmern, noch ganz in der Wildnis; der Boden kostete 600 Dollars und war eben groß genug, das kleine Häuschen darauf zu setzen; dieses selbst kostete weitere 600 Dollars, also zusammen 4800 Mark für ein elendes kleines Ding, eine Stunde Wegs von der Stadt, in einer schlammigen Einöde.« Somit haben die Arbeiter schwere Hypothekschulden aufzunehmen, um nur diese Wohnungen zu erhalten, und sind nun erst recht die Sklaven ihrer Brotherren; sie sind an ihre Häuser gebunden, sie können nicht weg und müssen alle ihnen gebotenen Arbeitsbedingungen sich gefallen lassen. (*Anmerkung von Engels zur Ausgabe von 1887.*)

Sozialismus erheben, damit sie doch auch hier als ein wesentlicher »Bruchteil der sozialen Frage« sich bewähre.

»Wir nehmen nun an, die Produktivität des Kapitals werde wirklich bei den Hörnern gefaßt, wie das früher oder später geschehn muß, z. B. durch ein Übergangsgesetz, welches den *Zins aller Kapitalien auf ein Prozent festsetzt*, wohlgemerkt, mit der Tendenz, auch diesen Prozentsatz immer mehr dem Nullpunkt zu nähern, so daß schließlich nichts mehr bezahlt wird, als *die zur Umsetzung des Kapitals nötige Arbeit*. Wie alle anderen Produkte ist natürlich auch Haus und Wohnung in den Rahmen dieses Gesetzes gefaßt... Der Besitzer selbst wird der erste sein, der seine Hand zum Verkauf bietet, da sein Haus sonst unbenützt und das in ihm angelegte Kapital einfach nutzlos sein würde.«

Dieser Satz enthält einen der Hauptglaubensartikel des Proudhonschen Katechismus und gibt ein schlagendes Exempel von der darin herrschenden Konfusion.

Die »Produktivität des Kapitals« ist ein Unding, das Proudhon von den bürgerlichen Ökonomen unbesehn übernimmt. Die bürgerlichen Ökonomen fangen zwar auch mit dem Satz an, daß die Arbeit die Quelle alles Reichtums und das Maß des Wertes aller Waren ist; aber sie müssen auch erklären, wie es kommt, daß der Kapitalist, der Kapital zu einem industriellen oder Handwerksgeschäft vorschießt, nicht nur sein vorgeschossenes Kapital am Ende des Geschäftes zurückerhält, sondern auch noch einen Profit obendrein. Sie müssen sich daher in allerlei Widersprüche verwickeln und auch dem Kapital eine gewisse Produktivität zuschreiben. Nichts beweist besser, wie tief Proudhon noch in der bürgerlichen Denkweise befangen ist, als daß er sich diese Redeweise von der Produktivität des Kapitals angeeignet. Wir haben gleich am Anfang gesehn, daß die sogenannte »Produktivität des Kapitals« nichts andres ist als die ihm (unter den heutigen gesellschaftlichen Verhältnissen, ohne die es eben kein Kapital wäre) anhaftende Eigenschaft, sich die unbezahlte Arbeit von Lohnarbeitern aneignen zu können.

Aber Proudhon unterscheidet sich von den bürgerlichen Ökonomen dadurch, daß er diese »Produktivität des Kapitals« nicht billigt, sondern im Gegenteil in ihr eine Verletzung der »ewigen Gerechtigkeit« entdeckt. Sie ist es, die es verhindert, daß der Arbeiter den vollen Ertrag seiner Arbeit erhält. Sie muß also abgeschafft werden. Und wie? Indem der *Zinsfuß* durch Zwangsgesetze herabgesetzt und endlich auf Null reduziert wird. Dann hört nach unserm Proudhonisten das Kapital auf, produktiv zu sein.

Der Zins des ausgeliehenen *Geld*kapitals ist nur ein Teil des Profits; der Profit, sei es des industriellen, sei es des Handelskapitals, ist nur ein Teil des, in Gestalt von unbezahlter Arbeit, der Arbeiterklasse durch die Kapitalistenklasse abgenommenen Mehrwerts. Die ökonomischen Gesetze, die den Zinsfuß regeln, sind von denen, die die Rate des Mehrwerts regeln, so unabhängig, wie dies überhaupt zwischen Gesetzen einer und derselben Gesellschaftsform stattfinden kann. Was aber die Verteilung dieses Mehrwerts unter die einzelnen Kapitalisten angeht, so ist klar, daß für Industrielle und Kaufleute, die viel von andren Kapitalisten vorgeschossenes Kapital in ihrem Geschäft haben, die Rate ihres Profits in demselben Maß steigen muß, wie – wenn alle andern Umstände sich gleichbleiben – der Zinsfuß fällt. Die Herabdrückung und schließliche Abschaffung des Zinsfußes würde also keineswegs die sogenannte »Produktivität des Kapitals« wirklich »bei den Hörnern fassen«, sondern nur die Verteilung des der Arbeiterklasse abgenommenen unbezahlten Mehrwerts unter die einzelnen Kapitalisten anders regeln und nicht dem Arbeiter gegenüber dem industriellen Kapitalisten, sondern dem industriellen Kapitalisten gegenüber dem Rentier einen Vorteil sichern.

Proudhon, von seinem juristischen Standpunkt aus, erklärt den Zinsfuß, wie alle ökonomischen Tatsachen, nicht durch die Bedingungen der gesellschaftlichen Produktion, sondern durch die Staatsgesetze, in denen diese Bedingungen einen allgemeinen Ausdruck erhalten. Von diesem Standpunkt aus, dem jede Ahnung des Zusammenhangs der Staatsgesetze mit den Produktionsbedingungen der Gesellschaft abgeht, erscheinen diese Staatsgesetze notwendigerweise als rein willkürliche Befehle, die jeden Augenblick ebensogut durch ihr direktes Gegenteil ersetzt werden können. Es ist also nichts leichter für Proudhon, als ein Dekret zu erlassen – sobald er die Macht dazu hat –, wodurch der Zinsfuß auf ein Prozent herabgesetzt wird. Und wenn alle andren gesellschaftlichen Umstände bleiben, wie sie waren, so wird dies Proudhonsche Dekret eben nur auf dem Papier existieren. Der Zinsfuß wird sich nach wie vor nach den ökonomischen Gesetzen regeln, denen er heute unterworfen ist, trotz aller Dekrete; kreditfähige Leute werden nach Umständen Geld zu 2, 3, 4 und mehr Prozent aufnehmen, ebensogut wie vorher, und der einzige Unterschied wird der sein, daß die Rentiers sich genau vorsehn und nur solchen Leuten Geld vorschießen, bei denen kein Prozeß zu erwarten ist. Dabei ist dieser große Plan, dem Kapital seine »Produktivität« zu nehmen, uralt, so alt wie die – *Wuchergesetze*, die nichts andres bezwecken, als den Zinsfuß zu beschränken, und die jetzt überall abgeschafft sind, weil sie in der Praxis stets gebrochen oder umgangen wurden und der Staat seine Ohnmacht gegenüber den Gesetzen der gesellschaftlichen Produktion bekennen mußte. Und die Wiedereinführung dieser mittelalterlichen, unausführbaren Gesetze soll »die Produktivität des Kapitals bei den Hörnern fassen«? Man sieht, je näher man den Proudhonismus untersucht, desto reaktionärer erscheint er.

Und wenn dann der Zinsfuß auf diese Weise auf Null heruntergebracht, der Kapitalzins also abgeschafft ist, dann wird »nichts mehr bezahlt, als die zur Umsetzung des Kapitals nötige Arbeit«. Das soll heißen, die Abschaffung des Zinsfußes ist gleich der Abschaffung des Profits und sogar des Mehrwerts. Wäre es aber möglich, den Zins durch Dekret *wirklich* abzuschaffen, was wäre die Folge? Daß die Klasse der *Rentiers* keine Veranlassung mehr hätte, ihr Kapital in Gestalt von Vorschüssen auszuleihen, sondern es selbst oder in Aktiengesellschaften für eigene Rechnung industriell anzulegen. Die Masse des der Arbeiterklasse durch die Kapitalistenklasse abgenommenen Mehrwerts bliebe dieselbe, nur ihre Verteilung änderte sich, und auch das nicht bedeutend.

In der Tat übersieht unser Proudhonist, daß auch schon jetzt, im Warenkauf der bürgerlichen Gesellschaft, durchschnittlich eben nichts mehr bezahlt wird als »die zur Umsetzung des Kapitals« (soll heißen, zur Produktion der bestimmten Waren) »nötige Arbeit«. Die Arbeit ist der Maßstab des Werts aller Waren, und es ist in der heutigen Gesellschaft – von den Schwankungen des Marktes abgesehen – rein unmöglich, daß im Gesamtdurchschnitt für die Waren mehr bezahlt wird als die zu ihrer Herstellung nötige Arbeit. Nein, nein, lieber Proudhonist, der Haken liegt wo ganz anders: Er liegt darin, daß »die zur Umsetzung des Kapitals« (um Ihre konfuse Ausdrucksweise zu gebrauchen) »nötige Arbeit« eben *nicht voll bezahlt* wird! Wie das zugeht, können Sie bei Marx (»Kapital«, S. 128–160) nachlesen.

Damit nicht genug. Wenn der *Kapital*zins abgeschafft wird, ist damit auch der *Miet*zins abgeschafft. Denn »wie alle anderen Produkte ist natürlich auch Haus und Wohnung in den Rahmen dieses Gesetzes gefaßt«.

Dies ist ganz im Geist des alten Majors, der seinen Einjährigen rufen ließ: »Sagen Sie mal, ich höre, Sie sind Doktor – da kommen Sie doch von Zeit zu Zeit zu mir; wenn man eine Frau und sieben Kinder hat, da gibt's immer was zu flicken.« Einjähriger: »Aber verzeihen Sie, Herr Major, ich bin Doktor der Philosophie.« Major: »Das ist mich ganz egal, Pflasterkasten ist Pflasterkasten.«

So geht es unserm Proudhonisten auch: Mietzins oder Kapitalzins, das ist ihm ganz egal, Zins ist Zins, Pflasterkasten ist Pflasterkasten. – Wir haben oben gesehen, daß der Mietpreis, vulgo Mietzins, sich zusammensetzt: 1. aus einem Anteil Grundrente; 2. aus einem Anteil Zins auf das Baukapital einschließlich des Profits für den Bauunternehmer; 3. aus einem Anteil für Reparatur- und Assekuranzkosten; 4. aus einem Anteil, der das Baukapital inklusive Profit in jährlichen Ratenzahlungen abträgt (amortisiert), im Verhältnis wie das Haus allmählich verschleißt.

Und nun muß es auch dem Blindesten klar geworden sein:

»Der Besitzer selbst wird der erste sein, der seine Hand zum Verkaufe bietet, da sein Haus sonst unbenützt und das in ihm angelegte Kapital einfach nutzlos sein würde.«

Natürlich. Wenn man den Zins auf Vorschußkapital abschafft, so kann kein Hausbesitzer mehr einen Pfennig Miete für sein Haus erhalten, bloß weil man für Miete auch Miet*zins* sagen kann und weil der Mietzins einen Anteil einschließt, der wirklicher Kapitalzins ist. Pflasterkasten bleibt Pflasterkasten. Wenn die Wuchergesetze in Beziehung auf den gewöhnlichen Kapitalzins doch nur durch Umgehung unwirksam gemacht werden konnten, so haben sie den Satz der Hausmiete nie auch im entferntesten berührt. Erst Proudhon blieb es vorbehalten, sich einzubilden, sein neues Wuchergesetz werde ohne weiteres nicht nur den einfachen Kapitalzins, sondern auch den komplizierten Mietzins für Wohnungen regeln und allmählich abschaffen. Warum dann dem Hausbesitzer noch das »einfach nutzlose« Haus für teueres Geld abgekauft werden soll, und wieso unter diesen Umständen der Hausbesitzer nicht noch Geld dazu gibt, dies »einfach nutzlose« Haus loszuwerden, damit er keine Reparaturkosten mehr daranzuwenden hat, darüber läßt man uns im dunkeln.

Nach dieser triumphierenden Leistung auf dem Gebiet des höheren Sozialismus (Suprasozialismus nannte das der Meister Proudhon) hält sich unser Proudhonist für berechtigt, noch etwas höher zu fliegen.

»Es handelt sich jetzt nur mehr darum, noch einige Folgerungen zu ziehn, um von allen Seiten her volles Licht auf unsern so bedeutenden Gegenstand fallen zu lassen.«

Und was sind diese Folgerungen? Dinge, die aus dem Vorhergehenden ebensowenig folgen, wie die Wertlosigkeit der Wohnhäuser aus der Abschaffung des Zinsfußes, und die, der pompösen und weihevollen Redensarten unsres Verfassers entkleidet, weiter nichts bedeuten, als daß zur besseren Abwicklung des Mietwohnungs-Ablösungsgeschäfts wünschenswert ist: 1. eine genaue Statistik über den Gegenstand, 2. eine gute Gesundheitspolizei und 3. Genossenschaften von Bauarbeitern, die den Neubau von Häusern übernehmen können – alles Dinge, die gewiß sehr schön und gut sind, die aber trotz aller marktschreierischen Phrasenumhüllung durchaus kein »volles Licht« in das Dunkel der Proudhonschen Gedankenverwirrung bringen.

Wer so Großes vollbracht, hat nun auch das Recht, an die deutschen Arbeiter eine ernste Mahnung zu richten:

»Solche und ähnliche Fragen, dünkt uns, sind der Aufmerksamkeit der sozialen Demokratie wohl wert ... Möge sie sich, wie hier über die Wohnungsfrage, so auch über die andern gleich wichtigen Fragen, wie *Kredit, Staatsschulden, Privatschulden, Steuer* usw. klarzuwerden suchen« usw.

Hier stellt uns unser Proudhonist also eine ganze Reihe von Artikeln über »ähnliche Fragen« in Aussicht, und wenn er sie alle so ausführlich behandelt wie den gegenwärtigen »so bedeutenden Gegenstand«, so hat der »Volksstaat« Manuskripte genug für ein Jahr. Wir können dem indes vorgreifen – es läuft alles auf das schon Gesagte hinaus: Der Kapitalzins wird abgeschafft, damit fällt der für Staatsschulden und Privatschulden zu zahlende Zins fort, der Kredit wird kostenfrei usw. Dasselbe Zauberwort wird auf jeden beliebigen Gegenstand angewandt, und bei jedem einzelnen Fall kommt das erstaunliche Resultat mit unerbittlicher Logik heraus: daß, wenn der Kapitalzins abgeschafft ist, man für aufgenommenes Geld keine Zinsen mehr zu zahlen hat.

Übrigens sind es schöne Fragen, mit denen unser Proudhonist uns bedroht: *Kredit!* Welchen Kredit braucht der Arbeiter, als den von Woche zu Woche oder den Kredit des Pfandhauses? Ob ihm dieser kostenfrei oder für Zinsen, selbst Pfandhauswucherzinsen, geleistet wird, wieviel macht ihm das Unterschied? Und wenn er, allgemein genommen, einen Vorteil davon hätte, also die Produktionskosten der Arbeitskraft wohlfeiler würden, müßte nicht der Preis der Arbeitskraft fallen? Aber für den Bourgeois und speziell den Kleinbürger – für die ist der Kredit eine wichtige Frage, und für den Kleinbürger speziell wäre es eine schöne Sache, den Kredit jederzeit, und noch dazu ohne Zinszahlung, erhalten zu können. – »Staatsschulden«! Die Arbeiterklasse weiß, daß sie sie nicht gemacht hat, und wenn sie zur Macht kommt, wird sie die Abzahlung denen überlassen, die sie aufgenommen haben. – »Privatschulden«! – siehe Kredit. – »Steuern«! Dinge, die die Bourgeoisie sehr, die Arbeiter aber nur sehr wenig interessieren: Was der Arbeiter an Steuern zahlt, geht auf die Dauer in die Produktionskosten der Arbeitskraft mit ein, muß also vom Kapitalisten mitvergütet werden. Alle diese Punkte, die uns hier als hochwertige Fragen für die Arbeiterklasse vorgehalten werden, haben in Wirklichkeit wesentliches Interesse nur für den Bourgeois und noch mehr für den Kleinbürger, und wir behaupten, trotz Proudhon, daß die Arbeiterklasse keinen Beruf hat, die Interessen dieser Klassen wahrzunehmen.

Von der großen, die Arbeiter wirklich angehenden Frage, von dem Verhältnis zwischen Kapitalist und Lohnarbeiter, von der *Frage:* wie es kommt, daß der Kapitalist sich aus der Arbeit seiner Arbeit bereichern kann, davon sagt unser Proudhonist kein Wort. Sein Herr und Meister hat sich allerdings damit beschäftigt, aber durchaus keine Klarheit hineingebracht und ist auch in seinen letzten Schriften im wesentlichen nicht weiter als in der von Marx schon 1847 so schlagend in ihr ganzes Nichts aufgelösten »Philosophie de la Misère« (Philosophie des Elends).

Es ist schlimm genug, daß die romanisch redenden Arbeiter seit fünfundzwanzig Jahren fast gar keine andre sozialistische Geistesnahrung gehabt haben, als die Schriften dieses »Sozialisten des zweiten Kaisertums«; es wäre ein doppeltes Unglück, wenn die proudhonistische Theorie jetzt auch noch Deutschland überfluten sollte. Dafür ist jedoch gesorgt. Der theoretische Standpunkt der deutschen Arbeiter ist dem proudhonistischen um fünfzig Jahre voraus, und es wird genügen, an dieser *einen* Wohnungsfrage ein Exempel zu statuieren, um fernerer Mühe in dieser Beziehung überhoben zu sein.

Zweiter Abschnitt

Wie die Bourgeoisie die Wohnungsfrage löst

I

In dem Abschnitt über die *proudhonistische* Lösung der Wohnungsfrage wurde gezeigt, wie sehr das Kleinbürgertum bei dieser Frage direkt interessiert ist. Aber auch das Großbürgertum hat ein sehr bedeutendes, wenn auch indirektes Interesse daran. Die moderne Naturwissenschaft hat nachgewiesen, daß die sogenannten »schlechten Viertel«, in denen die Arbeiter zusammengedrängt sind, die Brutstätten aller jener Seuchen bilden, die von Zeit zu Zeit unsre Städte heimsuchen. Cholera, Typhus und typhoide Fieber, Blattern und andre verheerende Krankheiten verbreiten in der verpesteten Luft und dem vergifteten Wasser dieser Arbeiterviertel ihre Keime; sie sterben dort fast nie aus, entwickeln sich, sobald die Umstände es gestatten, zu epidemischen Seuchen, und dringen dann auch über ihre Brutstätten hinaus in die luftigeren und gesunderen, von den Herren Kapitalisten bewohnten Stadtteile. Die Kapitalistenherrschaft kann nicht ungestraft sich das Vergnügen erlauben, epidemische Krankheiten unter der Arbeiterklasse zu erzeugen; die Folgen fallen auf sie selbst zurück, und der Würgengel wütet unter den Kapitalisten ebenso rücksichtslos wie unter den Arbeitern. Sobald dies einmal wissenschaftlich festgestellt war, entbrannten die menschenfreundlichen Bourgeois in edlem Wetteifer für die Gesundheit ihrer Arbeiter. Gesellschaften wurden gestiftet, Bücher geschrieben, Vorschläge entworfen, Gesetze debattiert und dekretiert, um die Quellen der immer wiederkehrenden Seuchen zu verstopfen. Die Wohnungsverhältnisse der Arbeiter wurden untersucht und Versuche gemacht, den schreiendsten Übelständen abzuhelfen. Namentlich in England, wo die meisten großen Städte bestanden und daher das Feuer den Großbürgern am heftigsten auf die Nägel brannte, wurde eine große Tätigkeit entwickelt; Regierungskommissionen wurden ernannt, um die Gesundheitsverhältnisse der arbeitenden Klasse zu untersuchen; ihre Berichte, durch Genauigkeit, Vollständigkeit und Unparteilichkeit vor allen kontinentalen Quellen sich rühmlich auszeichnend, lieferten die Grundlagen zu neuen, mehr oder weniger scharf eingreifenden Gesetzen. So unvollkommen diese Gesetze auch sind, so übertreffen sie doch unendlich alles, was bisher auf dem Kontinent in dieser Richtung geschehn. Und trotzdem erzeugt die kapitalistische Gesellschaftsordnung die Mißstände, um deren Kur es sich handelt, immer wieder mit solcher Notwendigkeit, daß selbst in England die Kur kaum einen einzigen Schritt vorgerückt ist. Deutschland brauchte, wie gewöhnlich, eine weit längere Zeit, bis die auch hier chronisch bestehenden Seuchenquellen zu derjenigen akuten Höhe sich entwickelten, die notwendig war, um das schläfrige Großbürgertum aufzurütteln. Indes, wer langsam geht, geht sicher, und so entstand auch bei uns schließlich eine bürgerliche Literatur der öffentlichen Gesundheit und der Wohnungsfrage, ein wässeriger Auszug ihrer ausländischen, namentlich englischen, Vorgänger, dem man durch volltönende, weihevolle Phrasen den Schein höherer Auffassung anschwindelt. Zu dieser Literatur gehört: Dr. *Emil Sax*, »*Die Wohnungszustände der arbeitenden Classen und ihre Reform*«, Wien 1869.

Ich greife, um die bürgerliche Behandlung der Wohnungsfrage darzulegen, dies Buch nur deswegen heraus, weil es den Versuch macht, die bürgerliche Literatur über den Gegenstand möglichst zusammenzufassen. Und eine schöne Literatur ist es, die unsrem Verfasser als »Quelle« dient! Von den englischen Parlamentsberichten, den wirklichen Hauptquellen, werden nur drei der alleraltesten mit Namen genannt; das ganze Buch beweist, daß der Verfasser *nie auch nur einen davon angesehn* hat; dagegen wird uns eine ganze Reihe von gemeinplätzlich bürgerlichen, wohlmeinend spießbürgerlichen und heuchlerisch philanthropischen Schriften vorgeführt; Ducpétiaux, Roberts, Hole, Huber, die Verhandlungen der englischen Sozialwissenschafts-(oder vielmehr Kohl-)Kongresse, die Zeitschrift des Vereins für das Wohl der arbeitenden Klassen in Preußen, der österreichische amtliche Bericht über die Pariser Weltausstellung, die amtlichen bonapartischen Berichte über dieselbe, die »Illustrierte Londoner Zeitung«, »Über Land und Meer« und endlich »eine anerkannte Autorität«, ein Mann von »scharfsinniger, praktischer Auffassung«, von »überzeugender Eindringlichkeit der Rede«, nämlich – *Julius Faucher*! Es fehlt in dieser Quellenliste nur noch die »Gartenlaube«, der »Kladderadatsch« und der Füsilier Kutschke.

Damit über den Standpunkt des Herrn Sax kein Mißverständnis aufkommen könne, erklärt er Seite 22:

»Wir bezeichnen mit Sozialökonomie die Volkswirtschaftslehre in ihrer Anwendung auf die sozialen Fragen, genauer ausgedrückt, den Inbegriff der Mittel und Wege, welche uns diese Wissenschaft bietet, *auf Grund ihrer ›ehernen‹ Gesetze innerhalb des Rahmens der gegenwärtig herrschenden Gesellschaftsordnung, die sogenannten* (!) *besitzlosen Klassen auf das Niveau der Besitzenden emporzuheben.*«

Wir gehen nicht ein auf die konfuse Vorstellung, daß die »Volkswirtschaftslehre« oder politische Ökonomie sich überhaupt mit andern als »sozialen« Fragen beschäftige. Wir gehn gleich auf den Hauptpunkt los. Dr. Sax verlangt, die »ehernen

21 Essen, Kruppsche Kolonie Kronenberg, erbaut 1871-74

Gesetze« der bürgerlichen Ökonomie, der »Rahmen der gegenwärtig herrschenden Gesellschaftsordnung«, mit andern Worten, die kapitalistische Produktionsweise soll unverändert bestehnbleiben, und doch sollen die »sogenannten besitzlosen Klassen auf das Niveau der Besitzenden« emporgehoben werden. Nun ist es aber eine unumgängliche Voraussetzung der kapitalistischen Produktionsweise, daß eine nicht sogenannte, sondern wirkliche besitzlose Klasse vorhanden ist, die eben nichts zu verkaufen hat als ihre Arbeitskraft, und die daher auch gezwungen ist, den industriellen Kapitalisten diese Arbeitskraft zu verkaufen. Die Aufgabe der von Herrn Sax erfundenen neuen Wissenschaft der Sozialökonomie besteht also darin: die Mittel und Wege zu finden, wie innerhalb eines Gesellschaftszustands, der begründet ist auf dem Gegensatz von Kapitalisten, Inhabern aller Rohmaterialien, Produktionsinstrumente und Lebensmittel einerseits, und von besitzlosen Lohnarbeitern, die nur ihre Arbeitskraft und weiter nichts ihr eigen nennen, andrerseits, wie innerhalb dieses Gesellschaftszustands alle Lohnarbeiter in Kapitalisten verwandelt werden können, ohne aufzuhören, Lohnarbeiter zu sein. Herr Sax meint diese Frage gelöst zu haben. Vielleicht wird er so gut sein, uns zu zeigen, wie man alle Soldaten der französischen Armee, von denen ja seit dem alten Napoleon jeder seinen Marschallstab im Tornister trägt, in Feldmarschälle verwandeln kann, ohne daß sie aufhören, gemeine Soldaten zu sein. Oder wie man es fertig bringt, alle 40 Millionen Untertanen des Deutschen Reichs zu deutschen Kaisern zu machen. Es ist das Wesen des bürgerlichen Sozialismus, die Grundlage aller Übel der heutigen Gesellschaft aufrechterhalten und gleichzeitig diese Übel abschaffen zu wollen. Die bürgerlichen Sozialisten wollen, wie schon das »Kommunistische Manifest« sagt, »den sozialen Mißständen abhelfen, um den Bestand der bürgerlichen Gesellschaft zu sichern«, sie wollen »*die Bourgeoisie ohne das Proletariat.* Wir haben gesehn, daß Herr Sax die Frage genau ebenso stellt. Ihre Lösung findet er in der Lösung der Wohnungsfrage; er ist der Ansicht, daß

»durch Verbesserung der Wohnungen der arbeitenden Klassen dem geschilderten leiblichen und geistigen Elend mit Erfolg abzuhelfen und dadurch – durch umfassende Besserung der Wohnungszustände *allein* – der überwiegende Teil dieser Klassen aus dem Sumpf ihrer oft kaum menschenwürdigen Existenz zu den reinen Höhen materiellen und geistigen Wohlbefindens emporzuheben wäre«. (Seite 14.)

Nebenbei bemerkt, liegt es im Interesse der Bourgeoisie, die Existenz eines durch die bürgerlichen Produktionsverhältnisse geschaffenen und deren Fortbestand bedingenden Proletariats zu vertuschen. Daher erzählt uns Herr Sax, Seite 21, daß unter arbeitenden Klassen alle »unbemittelten Gesellschaftsklassen«, »kleine Leute überhaupt, als Handwerker, Witwen, Pensionisten (!), subalterne Beamte usw.« neben den eigentlichen Arbeitern zu verstehn sind. Der Bourgeoissozialismus reicht dem kleinbürgerlichen die Hand.
Woher kommt nun die Wohnungsnot? Wie entstand sie? Herr Sax darf als guter Bourgeois nicht wissen, daß sie ein notwendiges Erzeugnis der bürgerlichen Gesellschaftsform ist; daß eine Gesellschaft nicht ohne Wohnungsnot bestehen kann, in der die große arbeitende Masse auf Arbeitslohn, also auf die zu ihrer Existenz und Fortpflanzung notwendige Summe von Lebensmitteln, ausschließlich angewiesen ist; in der fortwährend neue Verbesserungen der Maschinerie usw. Massen von Arbeitern außer Arbeit setzen; in der heftige, regelmäßig wiederkehrende industrielle Schwankungen einerseits das Vorhandensein einer zahlreichen Reservearmee von unbeschäftigten Arbeitern bedingen, andrerseits zeitweilig die große Masse der Arbeiter arbeitslos auf die Straße treiben; in der Arbeiter massenhaft in den großen Städten zusammengedrängt werden, und zwar rascher, als unter den bestehenden Verhältnissen Wohnungen für sie entstehn, in der also für die infamsten Schweineställe sich immer Mieter finden müssen; in der endlich der Hausbesitzer, in seiner Eigenschaft als Kapitalist, nicht nur das Recht, sondern, vermöge der Konkurrenz, auch gewissermaßen die Pflicht hat, aus seinem Hauseigentum rücksichtslos die höchsten Mietpreise herauszuschlagen. In einer solchen Gesellschaft ist die Wohnungsnot kein Zufall, sie ist eine notwendige Institution,

sie kann mitsamt ihren Rückwirkungen auf die Gesundheit usw. nur beseitigt werden, wenn die ganze Gesellschaftsordnung, der sie entspringt, von Grund aus umgewälzt wird. Das aber darf der Bourgeoissozialismus nicht wissen. Er *darf* sich die Wohnungsnot nicht aus den Verhältnissen erklären. Es bleibt ihm also kein anderes Mittel übrig, als sie mit moralischen Phrasen aus der Schlechtigkeit der Menschen zu erklären, sozusagen aus der Erbsünde.

»Und da ist nicht zu verkennen – und folglich nicht zu leugnen« (kühner Schluß!) – »daß die Schuld ... einesteils *an den Arbeitern selbst* liegt, den Wohnungsbegehrenden und zwar weit größeren Teils aber an denjenigen, welche die Befriedigung des Bedürfnisses übernehmen, oder, obwohl sie über die erforderlichen Mittel gebieten, auch nicht übernehmen, *an den besitzenden, höheren Gesellschaftsklassen.* Die Schuld auf seiten der letzteren ... besteht darin, daß sie es sich nicht angelegen sein lassen, für ausreichendes Angebot guter Wohnungen zu sorgen.«

Wie Proudhon uns aus der Ökonomie in die Juristerei, so versetzt uns hier unser Bourgeoissozialist aus der Ökonomie in die Moral. Und nichts ist natürlicher. Wer die kapitalistische Produktionsweise, die »ehernen Gesetze« der heutigen bürgerlichen Gesellschaft, für unantastbar erklärt, und doch ihre mißliebigen, aber notwendigen Folgen abschaffen will, dem bleibt nichts übrig, als den Kapitalisten Moralpredigten zu halten, Moralpredigten, deren Rühreffekt sofort wieder durch das Privatinteresse und nötigenfalls durch die Konkurrenz in Dunst aufgelöst wird. Diese Moralpredigten gleichen genau denen der Henne am Rande des Teichs, auf dem ihre ausgebrüteten Entchen lustig herumschwimmen. Die Entchen gehn aufs Wasser, obwohl es keine Balken, und die Kapitalisten stürzen sich auf den Profit, obwohl er kein Gemüt hat. »In Geldsachen hört die Gemütlichkeit auf«, sagte schon der alte Hansemann, der das besser kannte als Herr Sax.

»Die guten Wohnungen stehn so hoch im Preise, daß es dem größten Teil der Arbeiter *ganz und gar unmöglich ist*, davon Gebrauch zu machen. Das große Kapital ... hält sich von den Wohnungen für die arbeitenden Klassen scheu zurück ... So fallen denn diese Klassen mit ihrem Wohnungsbedürfnisse zum größten Teil der Spekulation anheim.«

Abscheuliche Spekulation – das große Kapital spekuliert natürlich nie! Aber es ist nicht der böse Wille, es ist nur die Unwissenheit, die das große Kapital verhindert, in Arbeiterhäusern zu spekulieren:

»Die Hausbesitzer *wissen* gar nicht, welch große und wichtige Rolle eine normale Befriedigung des Wohnbedürfnisses ... spielt, *sie wissen nicht, was sie den Leuten tun*, wenn sie ihnen, wie die Regel, so unverantwortlich schlechte, schädliche Wohnungen anbieten, und sie *wissen* endlich nicht, wie sie sich selbst damit schaden.« (Seite 27.)

Die Unwissenheit der Kapitalisten bedarf aber der Unwissenheit der Arbeiter, um mit ihr die Wohnungsnot zu erzeugen. Nachdem Herr Sax zugegeben, daß die »alleruntersten Schichten« der Arbeiter, »um nicht ganz obdachlos zu bleiben, wo und wie immer ein Nachtlager zu suchen bemüßigt (!) und in dieser Beziehung völlig wehr- und hülflos sind«, erzählt er uns:

»Denn es ist eine allbekannte Tatsache, wie viele unter ihnen« (den Arbeitern) »aus Leichtsinn, vorwiegend aber aus Unwissenheit, ihrem Körper die Bedingungen naturgemäßer Entwicklung und gesunder Existenz, fast möchte man sagen, mit Virtuosität, entziehn, indem sie von einer rationellen Gesundheitspflege, insbesondere aber davon, welch enorme Bedeutung der Wohnung in dieser zukommt, *nicht den mindesten Begriff haben.*« (Seite 27.)

Nun aber kommt das bürgerliche Eselsohr heraus. Während bei den Kapitalisten die »Schuld« sich in Unwissenheit verflüchtigte, ist bei den Arbeitern die Unwissenheit nur der Anlaß zur Schuld. Man höre:

»So kommt es« (nämlich durch die Unwissenheit), »daß sie sich, wenn sie nur etwas an der Miete ersparen, in dunkle, feuchte, unzureichende, kurz allen Anforderungen der Hygiene Hohn sprechende Wohnungen ziehn ... daß oft mehrere Familien in eine einzige Wohnung, ja, ein einziges Zimmer sich zusammen mieten – alles, um möglichst wenig für die Wohnung auszugeben, während sie daneben auf *Trunk und allerlei eitle Vergnügungen* ihr Einkommen in *wahrhaft sündhafter Weise verschleudern.*«

Das Geld, das die Arbeiter »auf Branntwein und Tabak verschwenden« (Seite 28), das »Wirtshausleben mit all seinen beklagenswerten Folgen, das wie ein Bleigewicht den Arbeiterstand immer wieder in den Schlamm hinabzieht«, liegt Herrn Sax in der Tat wie ein Bleigewicht im Magen. Daß unter den gegebenen Verhältnissen die Trunksucht unter den Arbeitern ein notwendiges Produkt ihrer Lebenslage ist, ebenso notwendig wie Typhus, Verbrechen, Ungeziefer, Gerichtsvollzieher und andere gesellschaftliche Krankheiten, so notwendig, daß man die Durchschnittszahl der der Trunksucht Verfallenden vorher berechnen kann, das darf Herr Sax wieder nicht wissen. Übrigens sagte schon mein alter Elementarlehrer: »Die Gemeinen gehen in das Fuselhaus, und die Vornehmen gehn in den Klub«, und da ich in beiden gewesen bin, kann ich die Richtigkeit bezeugen.

Das ganze Gerede von der »Unwissenheit« beider Teile läuft hinaus auf die alten Redensarten von der Harmonie der Interessen von Kapital und Arbeit. Wenn die Kapitalisten ihr wahres Interesse kennten, würden sie den Arbeitern gute Wohnungen liefern und sie überhaupt besserstellen; und wenn die Arbeiter ihr wahres Interesse verständen, würden sie nicht streiken, nicht Sozialdemokratie treiben, nicht politisieren, sondern hübsch ihren Vorgesetzten, den Kapitalisten, folgen. Leider finden beide Teile ihre Interessen ganz woanders als in den Predigten des Herrn Sax und seiner zahllosen Vorgänger. Das Evangelium von der Harmonie zwischen Kapital und Arbeit ist nun schon an die fünfzig Jahre gepredigt worden; die bürgerliche Philanthropie hat es sich schweres Geld kosten lassen, diese Harmonie durch Musteranstalten zu beweisen; und wie wir später sehen werden, sind wir heute grade so weit wie vor fünfzig Jahren.

Unser Verfasser geht nun an die praktische Lösung der Frage. Wie wenig revolutionär der Vorschlag Proudhons war, die Arbeiter zu *Eigentümern* ihrer Wohnungen zu machen, geht schon daraus hervor, daß der bürgerliche Sozialismus diesen Vorschlag schon vor ihm praktisch auszuführen versucht hatte und noch versucht. Auch Herr Sax erklärt, daß die Wohnungsfrage vollständig nur durch Übertragung des Eigentums der Wohnung an die Arbeiter zu lösen sei (S. 58 und 59). Mehr noch, er verfällt in dichterische Verzückung bei diesem Gedanken und bricht in folgenden Begeisterungsschwung aus:

»Es ist etwas Eigentümliches um die im Menschen liegende Sehnsucht nach Grundbesitz, einen Trieb, den selbst das *fieberhaft pulsierende Güterleben* der Gegenwart nicht abzuschwächen vermochte. Es ist dies das unbewußte Gefühl von der Bedeutung der wirtschaftlichen Errungenschaft, die der Grundbesitz darstellt. Mit ihm bekommt der Mensch einen sicheren Halt, er wurzelt gleichsam fest in dem Boden, und jede Wirtschaft (!) hat in demselben die dauerhafteste Basis. Doch weit über diese materiellen Vorteile reicht die Segenskraft des Grundbesitzes hinaus. Wer so glücklich ist, einen solchen sein zu nennen, hat die *denkbar höchste Stufe wirtschaftlicher Unabhängigkeit erreicht*; er hat ein Gebiet, worauf er *souverän* schalten und walten kann, er ist *sein eigner Herr*, er hat eine gewisse Macht und einen *sichern Rückhalt* für die Zeit der Not; es wächst sein Selbstbewußtsein und mit diesem seine moralische Kraft. Daher die tiefe Bedeutung des Eigentums in der vorliegenden Frage ... Der Arbeiter, hülflos heute den Wechselfällen der Konjunktur ausgesetzt, in steter Abhängigkeit von dem Arbeitgeber, würde dadurch bis zu einem gewissen Grad dieser prekären Lage entrückt, *er würde Kapitalist* und gegen die Gefahren der Arbeitslosigkeit oder Arbeitsunfähigkeit durch den Realkredit, der ihm infolgedessen offenstände, gesichert. *Er würde dadurch aus der besitzlosen in die Klasse der Besitzenden emporgehoben.*« (Seite 63.)

Herr Sax scheint vorauszusetzen, daß der Mensch wesentlich Bauer ist, sonst würde er nicht den Arbeitern unserer großen Städte eine Sehnsucht nach Grundbesitz andichten, die sonst niemand bei ihnen entdeckt hat. Für unsre großstädtischen Arbeiter ist Freiheit der Bewegung erste Lebensbedingung und Grundbesitz kann ihnen nur eine Fessel sein. Verschafft ihnen eigne Häuser, kettet sie wieder an die Scholle, und ihr brecht ihre Widerstandskraft gegen die Lohnherabdrückung der Fabrikanten. Der einzelne Arbeiter mag sein Häuschen gelegentlich verkaufen können, bei einem ernstlichen Strike oder einer allgemeinen Industriekrise aber würden sämtliche den betreffenden Arbeitern gehörenden Häuser zum Verkauf auf den Markt kommen müssen, also gar keine Käufer finden oder weit unter Kostpreis losgeschlagen werden. Und wenn sie alle Käufer fänden, so wäre ja die ganze große Wohnungsreform des Herrn Sax wieder in nichts aufgelöst, und er könnte wieder von vorn anfangen. Indes, Dichter leben in einer Welt der Einbildung, und so auch Herr Sax, der sich einbildet, der Grundbesitzer habe »die höchste Stufe wirtschaftlicher Unabhängigkeit erreicht«, er habe »einen sichern Rückhalt«, »*er würde Kapitalist* und gegen die Gefahren der Arbeitslosigkeit und Arbeitsunfähigkeit durch den Realkredit, der ihm infolgedessen offenstände, gesichert« usw. Herr Sax sehe sich doch die französischen und unsre rheinischen kleinen Bauern an; ihre Häuser und Felder sind mit Hypotheken über und über beschwert, ihre Ernte gehört ihren Gläubigern, ehe sie geschnitten ist, und auf ihrem »Gebiet« schalten und walten nicht sie souverän, sondern der Wucherer, der Advokat und der Gerichtsvollzieher. Das ist allerdings die denkbar höchste Stufe der wirtschaftlichen Unabhängigkeit – für den Wucherer! Und damit die Arbeiter so rasch wie möglich ihr Häuschen unter dieselbe Souveränität des Wucherers bringen, weist sie der wohlwollende Herr Sax vorsorglich auf den ihnen offenstehenden *Realkredit* hin, den sie in Arbeitslosigkeit und Arbeitsunfähigkeit benutzen können, statt der Armenpflege zur Last zu fallen.

Jedenfalls hat nun Herr Sax die anfangs gestellte Frage gelöst: der Arbeiter »*wird Kapitalist*« durch Erwerb eines eignen Häuschens.

Kapital ist Kommando über die unbezahlte Arbeit andrer. Das Häuschen des Arbeiters wird also nur Kapital, sobald er es einem Dritten vermietet und in der Gestalt der Miete sich einen Teil des Arbeitsprodukts dieses Dritten aneignet. Dadurch, daß er es selbst bewohnt, wird das Haus gerade daran gehindert, Kapital zu werden, ebenso wie der Rock in demselben Augenblick aufhört, Kapital zu sein, wo ich ihn vom Schneider kaufe und anziehe. Der Arbeiter, der ein Häuschen im Wert von tausend Talern besitzt, ist allerdings kein Proletarier mehr, aber man muß Herr Sax sein, um ihn einen Kapitalisten zu nennen.

Das Kapitalistentum unsres Arbeiters hat aber noch eine andre Seite. Nehmen wir an, in einer gegebenen Industriegegend sei es die Regel geworden, daß jeder Arbeiter sein eignes Häuschen besitzt. In diesem Fall *wohnt die Arbeiterklasse jener Gegend frei*; Unkosten für Wohnung gehn nicht mehr ein in den Wert ihrer Arbeitskraft. Jede Verringerung der Erzeugungskosten der Arbeitskraft, das heißt jede dauernde Preiserniedrigung der Lebensbedürfnisse des Arbeiters kommt aber »auf Grund der ehernen Gesetze der Volkswirtschaftslehre« eine Herabdrückung des Werts der Arbeitskraft gleich und hat daher schließlich einen entsprechenden Fall im Arbeitslohn zur Folge. Der Arbeitslohn würde also durchschnittlich um den ersparten Durchschnittsmietbetrag fallen, das heißt der Arbeiter würde die Miete für sein eignes Haus zahlen, aber nicht, wie früher, in Geld an den Hausbesitzer, sondern in unbezahlter Arbeit an den Fabrikanten, für den er arbeitet. Auf diese Weise würden die im Häuschen angelegten Ersparnisse des Arbeiters allerdings gewissermaßen zu Kapital, aber Kapital nicht für ihn, sondern für den ihn beschäftigenden Kapitalisten.

Herr Sax bringt es also nicht einmal auf dem Papier fertig, seinen Arbeiter in einen Kapitalisten zu verwandeln.

Beiläufig bemerkt, gilt das oben Gesagte von allen sogenannten sozialen Reformen, die auf Sparen oder auf Verwohlfeilerung der Lebensmittel des Arbeiters hinauslaufen. Entweder werden sie allgemein, und dann folgt ihnen eine entsprechende Lohnherabsetzung, oder aber sie bleiben ganz vereinzelte Experimente, und dann beweist ihr bloßes Dasein als einzelne Ausnahme, daß ihre Durchführung im großen mit der bestehnden kapitalistischen Produktionsweise unvereinbar ist. Nehmen wir an, in einer Gegend gelinge es, durch allgemeine Einführung von Konsumvereinen die Lebensmittel der Arbeiter um 20 Prozent wohlfeiler zu machen; so müßte der Arbeitslohn auf die Dauer dort um annähernd 20 Prozent fallen, das heißt in demselben Verhältnis, in dem die betreffenden Lebensmittel in den Lebensunterhalt der Arbeiter eingehn. Verwendet der Arbeiter z. B. durchschnittlich drei Viertel seines Wochenlohns auf diese Lebensmittel, so fällt der Arbeitslohn schließlich um $3/4 \times 20 = 15$ Prozent. Kurzum: sobald eine derartige Sparreform allgemein geworden, erhält der Arbeiter in demselben Verhältnis weniger Lohn, als ihm seine Ersparnisse erlauben, wohlfeiler zu leben. Gebt *jedem* Arbeiter ein erspartes, unabhängiges Einkommen von 52 Taler, und sein Wochenlohn muß schließlich um einen Taler sinken. Also: je mehr er spart, desto weniger Lohn erhält er. Er spart also nicht in seinem eignen Interesse, sondern in dem des Kapitalisten. Was bedarf es mehr, in ihm »die erste wirtschaftliche Tugend, den Sparsinn ... auf das mächtigste anzuregen«? (S. 64.)

Übrigens sagt uns Herr Sax auch gleich darauf, daß die Arbeiter Hausbesitzer werden sollen nicht sowohl in ihrem eignen Interesse als in dem der Kapitalisten:

»Doch nicht der Arbeiterstand, auch die Gesellschaft im ganzen hat das höchste Interesse daran, möglichst viele ihrer Glieder mit dem Boden verknüpft (!) zu sehen« (ich möchte Herrn Sax wohl einmal in dieser Positur sehn) »... Alle die geheimen Kräfte, die den Vulkan, die soziale Frage genannt, der unter unsern Füßen glüht, entflammen, die proletarische Verbitterung, der Haß ... die gefährlichen Begriffsverwirrungen ... sie müssen zerstäuben wie die Nebel vor der Morgensonne, wenn ... die Arbeiter selbst auf jenem Wege in die Klasse der Besitzenden übergehen.« (S. 65.)

In andern Worten: Herr Sax hofft, daß die Arbeiter durch eine Verschiebung ihrer proletarischen Stellung, wie sie der Hauserwerb herbeiführen müßte, auch ihren proletarischen Charakter verlieren und wieder gehorsame Duckmäuser werden gleich ihren ebenfalls hausbesitzenden Vorfahren. Die Proudhonisten mögen sich das zu Gemüte führen.

Hiermit glaubt Herr Sax die soziale Frage gelöst zu haben:

»*Die gerechtere Verteilung der Güter*, das Sphinxrätsel, an dessen Lösung sich schon viele vergeblich versuchten, liegt sie nicht so als greifbares Faktum vor uns, ist sie nicht damit den Regionen der Ideale entrückt und in den Bereich der Wirklichkeit getreten? Und wenn realisiert, ist damit nicht eins der höchsten Ziele erreicht, das selbst die *Sozialisten der extremsten Richtung als den Gipfelpunkt ihrer Theorien hinstellen?*« (S. 66.)

Es ist ein wahres Glück, daß wir uns bis hierher durchgearbeitet haben. Dieser Jubelruf bildet nämlich den »Gipfelpunkt« des Saxschen Buchs, und von jetzt an geht es wieder sachte bergunter, aus »den Regionen der Ideale« auf die platte Wirklichkeit, und wenn wir unten ankommen, werden wir finden, daß sich nichts, aber auch gar nichts in unsrer Abwesenheit geändert hat.
Den ersten Schritt bergab läßt uns unser Führer tun, indem er uns belehrt, daß es zwei Systeme von Arbeiterwohnungen gibt: das Cottagesystem, wo jede Arbeiterfamilie ihr eignes Häuschen und womöglich Gärtchen hat, wie in England, und das Kasernensystem der großen, viele Arbeiterwohnungen enthaltenden Gebäude, wie in Paris, Wien usw. Zwischen beiden stehe das in Norddeutschland übliche System. Nun sei zwar das Cottagesystem das einzig richtige, und das *einzige*, wobei der Arbeiter das Eigentum an seinem Hause erwerben könne; auch habe das Kasernensystem sehr große Nachteile für Gesundheit, Moralität und häuslichen Frieden – aber leider, leider sei das Cottagesystem grade in den Mittelpunkten der Wohnungsnot, in den großen Städten, wegen der Bodenteurung unausführbar, und man könne noch froh sein, wenn man dort, statt großer Kasernen, Häuser zu 4 bis 6 Wohnungen errichte oder den Hauptmängeln des Kasernensystems durch allerhand bauliche Künsteleien abhelfe. (S. 71–92.)
Nicht wahr, wir sind schon ein gutes Stück heruntergekommen? Die Verwandlung

der Arbeiter in Kapitalisten, die Lösung der sozialen Frage, das jedem eigentümlich gehörende Haus – das alles ist oben in »den Regionen der Ideale« geblieben; wir haben uns nur noch damit zu beschäftigen, das Cottagesystem auf dem Lande einzuführen und in den Städten die Arbeiterkasernen so erträglich wie möglich einzurichten.
Die bürgerliche Lösung der Wohnungsfrage ist also eingestandenermaßen gescheitert – gescheitert an dem *Gegensatz von Stadt und Land*. Und hier sind wir an dem Kernpunkt der Frage angelangt. Die Wohnungsfrage ist erst dann zu lösen, wenn die Gesellschaft weit genug umgewälzt ist, um die Aufhebung des von der jetzigen kapitalistischen Gesellschaft auf die Spitze getriebenen Gegensatzes von Stadt und Land in Angriff zu nehmen. Die kapitalistische Gesellschaft, weit entfernt, diesen Gegensatz aufheben zu können, muß ihn im Gegenteil täglich mehr verschärfen. Dagegen haben schon die ersten modernen utopistischen Sozialisten, Owen und Fourier, dies richtig erkannt. In ihren Mustergebäuden existiert der Gegensatz von Stadt und Land nicht mehr. Es findet also das Gegenteil statt von dem, was Herr Sax behauptet: nicht die Lösung der Wohnungsfrage löst zugleich die soziale Frage, sondern erst durch die Lösung der sozialen Frage, das heißt durch die Abschaffung der kapitalistischen Produktionsweise, wird zugleich die Lösung der Wohnungsfrage möglich gemacht. Die Wohnungsfrage lösen wollen und die modernen großen Städte forterhalten wollen ist ein Widersinn. Die modernen großen Städte werden aber beseitigt erst durch die Abschaffung der kapitalistischen Produktionsweise, und wenn diese erst in Gang gebracht, wird es sich um ganz andere Dinge handeln, als jedem Arbeiter ein ihm zu eigen gehörendes Häuschen zu verschaffen.
Zunächst wird aber jede soziale Revolution die Dinge nehmen müssen, wie sie sie findet, und den schreiendsten Übeln mit den vorhandenen Mitteln abhelfen müssen. Und da haben wir schon gesehn, daß der Wohnungsnot sofort abgeholfen werden kann durch Expropriation eines Teils der den besitzenden Klassen gehörenden Luxuswohnungen und durch Bequartierung des übrigen Teils.
Wenn nun Herr Sax im Verfolg wieder aus den großen Städten herausgeht und ein langes und breites redet über Arbeiterkolonien, die *neben* den Städten angelegt werden sollen, wenn er alle die Schönheiten solcher Kolonien schildert, mit ihrer gemeinsamen »Wasserleitung, Gasbeleuchtung, Luft- oder Warmwasserheizung, Waschküchen, Trockenstuben, Badekammern und dergleichen«, mit »Kleinkinderbewahranstalt, Schule, Betsaal (!), Lesezimmer, Bibliothek ... Wein- und Bierstube, Tanz- und Musiksaal in allen Ehren«, mit Dampfkraft, die in alle Häuser geleitet werden und so »die Produktion in gewissem Umfang aus den Fabriken in die häusliche Werkstätte zurückverlegen« kann – so ändert das an der Sache nichts. Die Kolonie, wie er sie schildert, ist von Herrn Huber den Sozialisten **Owen** und **Fourier** direkt abgeborgt und bloß durch Abstreifung alles **Sozialistischen**

total verbürgert. Dadurch aber wird sie erst recht utopistisch. Kein Kapitalist hat ein Interesse daran, solche Kolonien anzulegen, wie denn auch nirgendwo in der Welt eine solche besteht, außer in Guise in Frankreich; und diese ist gebaut von einem Fourieristen, nicht als rentable Spekulation, sondern als sozialistisches Experiment.* Ebensogut hätte Herr Sax die im Anfang der vierziger Jahre von Owen in Hampshire gegründete und längst untergegangene kommunistische Kolonie Harmony Hall zugunsten seiner bürgerlichen Projektenmacherei anführen können. Indes ist all dies Gerede von Kolonisation nur ein lahmer Versuch, wieder in die »Regionen der Ideale« emporzufliegen, der auch sofort wieder fallengelassen wird. Wir gehn nun wieder flott bergab. Die einfachste Lösung ist nun die,

»daß die Arbeitgeber, die Fabrikherren, den Arbeitern zu entsprechenden Wohnungen verhelfen, sei es, daß sie diese selbst herstellen, sei es, daß sie die Arbeit zu eigner Bautätigkeit aufmuntern und unterstützen, indem sie ihnen Grund und Boden zur Verfügung stellen, das Baukapital vorschießen usw.« (S. 106.)

Hiermit sind wir wieder aus den großen Städten heraus, wo von alledem keine Rede sein kann, und aufs Land zurückversetzt. Herr Sax beweist nun, daß es hier im Interesse der Fabrikanten selbst liegt, ihren Arbeitern zu erträglichen Wohnungen zu verhelfen, einerseits als gute Kapitalanlage, andrerseits weil die daraus unfehlbar

»resultierende Hebung der Arbeiter ... eine Steigerung ihrer körperlichen und geistigen Arbeitskraft nach sich ziehen muß, was natürlich ... nicht minder ... dem Arbeitgeber zugute kommt. Damit ist aber auch der rechte Gesichtspunkt für die Beteiligung der letztern an der Wohnungsfrage gegeben: Sie erscheint als Ausfluß der *latenten Assoziation*, der meist unter dem Gewande humanitärer Bestrebungen verborgenen Sorge der Arbeitgeber für das leibliche und wirtschaftliche, geistige und sittliche Wohl ihrer Arbeiter, welche sich durch ihre Erfolge, Heranziehung und Sicherung einer tüchtigen, geschickten, willigen, zufriedenen und *ergebenen* Arbeiterschaft von selbst pekuniär entlohnt.« (S. 108.)

Die Phrase der »latenten Assoziation«, womit Huber dem bürgerlich-philanthropischen Gefasel einen »höheren Sinn« unterzuschieben versuchte, ändert an der Sache nichts. Auch ohne diese Phrase haben die großen ländlichen Fabrikanten, namentlich in England, längst eingesehn, daß die Anlage von Arbeiterwohnungen nicht nur eine Notwendigkeit, ein Stück der Fabrikanlage selbst ist, sondern sich

---

* Und auch diese ist schließlich eine bloße Heimat der Arbeiter-Ausbeutung geworden. Siehe den Pariser »Socialiste« [²²³], Jahrgang 1886. (*Anmerkung von Engels zur Ausgabe von 1887.*)

auch sehr gut rentiert. In England sind auf diese Weise ganze Dörfer entstanden, von denen manche sich später zu Städten entwickelt haben. Die Arbeiter aber, statt den menschenfreundlichen Kapitalisten dankbar zu sein, haben von jeher sehr bedeutende Einwendungen gegen dies »Cottagesystem« gemacht. Nicht nur, daß sie Monopolpreise für die Häuser zahlen müssen, weil der Fabrikant keine Konkurrenten hat; sie sind bei jedem Streike sofort obdachlos, da der Fabrikant sie ohne weiteres an die Luft setzt und dadurch jeden Widerstand erschwert. Das Nähere kann man in meiner »Lage der arbeitenden Klasse in England« S. 224 und 228 nachlesen. Aber Herr Sax meint, dergleichen »verdiene doch kaum eine Widerlegung«. (S. 111.) Und will er nicht dem Arbeiter das Eigentum an seinem Häuschen verschaffen? Allerdings, aber da »die Arbeitgeber in der Lage sein müßten, über die Wohnung stets zu verfügen, um, wenn sie einen Arbeiter entlassen, für den Ersatzmann Raum zu haben«, so – nun ja, so müßte »*durch Verabredung der Widerruflichkeit des Eigentums* für jene Fälle vorgesehen werden«! (S. 113.)*

Diesmal sind wir unerwartet rasch heruntergekommen. Erst hieß es: Eigentum des Arbeiters an seinem Häuschen; dann erfahren wir, daß das in den Städten unmöglich und nur auf dem Lande durchführbar ist; jetzt wird uns erklärt, daß dies Eigentum auch auf dem Lande nur ein »durch Verabredung *widerrufliches*« sein soll! Mit dieser von Herrn Sax neu entdeckten Sorte von Eigentum für die Arbeiter, mit dieser ihrer Verwandlung in »durch Verabredung widerrufliche« Kapitalisten, sind wir glücklich wieder auf ebener Erde angekommen und haben hier zu untersuchen, was die Kapitalisten und sonstigen Philanthropen zur Lösung der Wohnungsfrage *wirklich* getan haben.

II

Wenn wir unserm Dr. Sax glauben dürfen, so ist von seiten der Herren Kapitalisten schon jetzt Bedeutendes zur Abhülfe der Wohnungsnot geleistet und der Beweis geliefert worden, daß die Wohnungsfrage auf Grund der kapitalistischen Produktionsweise lösbar ist.

---

* Auch hierin haben die englischen Kapitalisten längst alle Herzenswünsche des Herrn Sax nicht nur erfüllt, sondern weit übertroffen. Montag, den 14. Oktober 1872, hatte in Morpeth der Gerichtshof zur Feststellung der Parlaments-Wählerlisten über den Antrag von 2000 Bergarbeitern auf Eintragung ihrer Namen in die Liste zu entscheiden. Es stellte sich heraus, daß der größte Teil dieser Leute nach dem Reglement der Grube, wo sie arbeiteten, *nicht als Mieter* der von ihnen bewohnten Häuschen, sondern nur als darin *geduldet* anzusehen seien und ohne jede Kündigung jederzeit an die Luft gesetzt werden konnten. (Grubenbesitzer und Hauseigentümer waren natürlich eine und dieselbe Person.) Der Richter entschied, daß diese Leute keine Mieter, sondern *Knechte* seien und als solche zur Eintragung nicht berechtigt. (»Daily News«, 15. Oktober 1872.)

Vor allen Dingen führt uns Herr Sax an – das bonapartistische Frankreich! Louis Bonaparte ernannte bekanntlich zur Zeit der Pariser Weltausstellung eine Kommission, scheinbar um über die Lage der arbeitenden Klassen Frankreichs zu berichten, in der Tat, um zum größern Ruhm des Kaiserreichs diese Lage als eine wahrhaft paradiesische zu schildern. Und auf den Bericht *dieser* aus den korruptesten Werkzeugen des Bonapartismus zusammengesetzten Kommission beruft sich Herr Sax, besonders auch, weil die Resultate ihrer Arbeit »nach dem *eigenen Ausspruch* des damit betrauten Komitees für Frankreich ziemlich vollständig« sind! Und was sind diese Resultate? Von 89 Großindustriellen respektive Aktiengesellschaften, welche Auskunft erteilten, haben 31 *keine* Arbeiterwohnungen errichtet; die errichteten Wohnungen beherbergen nach Sax' eigner Schätzung höchstens 50000–60000 Köpfe, und die Wohnungen bestehn fast ausschließlich nur aus zwei Zimmern für jede Familie!

Es ist selbstredend, daß jeder Kapitalist, den die Bedingungen seiner Industrie – Wasserkraft, Lage der Kohlengruben, Eisensteinlager und sonstigen Bergwerke usw. – an eine bestimmte ländliche Lokalität fesseln, Wohnungen für seine Arbeiter bauen muß, wenn keine vorhanden sind. Darin einen Beweis der Existenz der »latenten Assoziation«, »ein sprechendes Zeugnis für die Zunahme des Verständnisses der Sache und ihrer hohen Tragweite«, einen »viel verheißenden Anfang« (S. 115) zu sehn, dazu gehört eine stark entwickelte Gewohnheit, sich selbst etwas aufzubinden. Übrigens unterscheiden sich die Industriellen der verschiedenen Länder auch hierin nach ihrem jedesmaligen Nationalcharakter. Zum Beispiel erzählt uns Herr Sax S. 117:

»In *England* macht sich *erst in neuester Zeit* eine gesteigerte Tätigkeit der Arbeitgeber in dieser Richtung bemerkbar. Namentlich sind es die abgelegenen Weiler auf dem Lande ... Der Umstand, daß die Arbeiter sonst häufig von der nächsten Ortschaft einen weiten Weg zur Fabrik zurückzulegen haben und, schon erschöpft daselbst anlangend, ungenügende Arbeit leisten, ist es vorwiegend, welcher den Arbeitgebern den *Beweggrund zum Baue* von Wohnungen für ihre Arbeitskräfte abgibt. Indes mehrt sich auch die Zahl derjenigen, welche, in *tieferer Auffassung* der Verhältnisse, mit der Wohnungs*reform* auch mehr oder weniger alle sonstigen Elemente der latenten Assoziation in Verbindung bringen, und diesen danken jene blühenden Kolonien ihr Entstehen ... Die Namen eines Ashton in Hyde, Ashworth in Turton, Grant in Bury, Greg in Bollington, Marshall in Leeds, Strutt in Belper, Salt in Saltaire, Ackroyd in Copley u. a. sind im Vereinigten Königreiche um dessentwillen wohlbekannt.«

Heilige Einfalt und noch heiligere Unwissenheit! Erst in der »neuesten Zeit« haben die englischen ländlichen Fabrikanten Arbeiterwohnungen gebaut! Nein, lieber

Herr Sax, die englischen Kapitalisten sind wirkliche Großindustrielle, nicht nur dem Beutel, sondern auch dem Kopfe nach. Lange ehe man in Deutschland eine wirklich große Industrie besaß, hatten sie eingesehn, daß bei ländlicher Fabrikation die Auslage für Arbeiterwohnungen ein notwendiger, direkt und indirekt sehr rentabler Teil des Gesamtanlagekapitals ist. Lange ehe der Kampf zwischen Bismarck und den deutschen Bourgeois den deutschen Arbeitern die Koalitionsfreiheit schenkte, hatten die englischen Fabrikanten, Bergwerks- und Hüttenbesitzer praktisch erfahren, welchen Druck sie auf streikende Arbeiter ausüben können, wenn sie gleichzeitig die Mietsherren dieser Arbeiter sind.»Die blühenden Kolonien« eines Greg, eines Ashton, eines Ashworth gehören so sehr der »neuesten Zeit« an, daß sie schon vor 40 Jahren vor der Bourgeoisie als Muster ausposaunt wurden, wie ich das selbst schon vor 28 Jahren beschrieben (»Lage der arbeitenden Klasse«, Seite 228-230, Anmerkung). Etwa ebenso alt sind die von Marshall und Akroyd (so schreibt sich der Mann) und noch viel älter, ins vorige Jahrhundert in ihren Anfängen zurückreichend, ist die von Strutt. Und da in England die durchschnittliche Dauer einer Arbeiterwohnung auf 40 Jahre angenommen wird, so kann Herr Sax sich selbst an den Fingern abzählen, in welchem verfallenen Zustand sich diese »blühenden Kolonien« jetzt befinden. Zudem liegt die Mehrzahl dieser Kolonien jetzt nicht mehr auf dem Lande; die kolossale Ausdehnung der Industrie hat die meisten von ihnen derart mit Fabriken und Häusern umgeben, daß sie mitten in schmutzigen und rauchigen Städten von 20000 bis 30000 und mehr Einwohnern liegen; was die durch Herrn Sax repräsentierte deutsche Bourgeoisiewissenschaft nicht verhindert, die alten englischen Lobgesänge von 1840, die gar nicht mehr anwendbar sind, noch heute getreulichst nachzubeten. Und nun gar der alte Akroyd! Dieser brave Mann war allerdings ein Philanthrop vom reinsten Wasser. Er liebte seine Arbeiter und besonders seine Arbeiterinnen so sehr, daß seine weniger menschenfreundlichen Konkurrenten in Yorkshire von ihm zu sagen pflegten: er treibe seine Fabrik ausschließlich mit seinen eignen Kindern! Allerdings behauptet Herr Sax, daß in diesen blühenden Kolonien »uneheliche Geburten immer seltener werden« (Seite 118). Jawohl, uneheliche Geburten *außer der Ehe*; die hübschen Mädchen verheiraten sich in den englischen Fabrikdistrikten nämlich sehr jung.
In England ist die Anlage von Arbeiterwohnungen dicht neben jeder großen ländlichen Fabrik, und gleichzeitig *mit* der Fabrik, die Regel gewesen seit 60 Jahren und mehr. Wie schon erwähnt, sind viele solcher Fabrikdörfer der Kern geworden, um den sich später eine ganze Fabrikstadt angesetzt hat, mit allen den Übelständen, die eine Fabrikstadt mit sich bringt. Diese Kolonien haben also die Wohnungsfrage nicht gelöst, sie haben sie in ihrer Lokalität *erst geschaffen*.
Dagegen in den Ländern, die England auf dem Gebiet der großen Industrie nur nachgehinkt sind und die eigentlich erst seit 1848 kennengelernt haben, was eine

große Industrie ist, in Frankreich und besonders in Deutschland, ist es ganz anders. Hier sind es nur kolossale Hüttenwerke und Fabriken, die sich nach langem Zaudern zum Bau einiger Arbeiterwohnungen entschließen – wie das Schneidersche Werk in Creusot und das Kruppsche in Essen. Die große Mehrzahl der ländlichen Industriellen läßt ihre Arbeiter in Hitze, Schnee und Regen meilenweit morgens zur Fabrik und abends wieder nach Hause traben. Dies ist besonders in gebirgigen Gegenden der Fall – in den französischen und Elsasser Vogesen, wie an der Wupper, Sieg, Agger, Lenne und anderen rheinisch-westfälischen Flüssen. Im Erzgebirge wird's nicht besser sein. Es ist dieselbe kleinliche Knickerei bei Deutschen wie bei Franzosen.

Herr Sax weiß sehr gut, daß sowohl der vielversprechende Anfang wie die blühenden Kolonien weniger als nichts bedeuten. Er sucht also jetzt den Kapitalisten zu beweisen, welche prächtige Renten sie aus der Anlage von Arbeiterwohnungen ziehen können. Mit andern Worten, er sucht ihnen einen neuen Weg anzuzeigen, die Arbeiter zu prellen.

Zuerst hält er ihnen das Exempel einer Reihe von Londoner Baugesellschaften vor, welche, teils philanthropischer, teils spekulativer Natur, einen Reinertrag von 4 bis 6 Prozent und mehr erzielt haben. Daß Kapital, in Arbeiterwohnungen angelegt, sich gut rentiert, braucht uns Herr Sax nicht erst zu beweisen. Der Grund, weshalb nicht mehr darin angelegt wird als geschieht, ist der, daß teurere Wohnungen sich dem Eigentümer noch besser rentieren. Herrn Sax' Mahnung an die Kapitalisten läuft also wieder auf bloße Moralpredigt hinaus.

Was nun diese Londoner Baugesellschaften angeht, deren glänzende Erfolge Herr Sax so laut ausposaunt, so haben sie laut seiner eignen Aufzählung – und darin ist jede beliebige Bauspekulation mit aufgeführt – im ganzen Unterkommen für 2132 Familien und für 706 einzelne Männer hergestellt, also für unter 15000 Personen! Und dergleichen Kindereien wagt man in Deutschland ernsthaft als große Erfolge aufzuführen, während im Ostteil von London allein eine Million Arbeiter in den elendsten Wohnungszuständen leben? Diese sämtlichen philanthropischen Bestrebungen sind in der Tat so erbärmlich nichtig, daß in den englischen Parlamentsberichten, die sich mit der Lage der Arbeiter befassen, ihrer nie auch nur Erwähnung getan wird.

Von der lächerlichen Unkenntnis Londons, die sich in diesem ganzen Abschnitt breitmacht, wollen wir hier gar nicht sprechen. Nur eins. Herr Sax meint, das Logierhaus für einzelne Männer in Soho sei eingegangen, weil in dieser Gegend »auf zahlreiche Kundschaft nicht zu rechnen« war. Herr Sax stellt sich nämlich das ganze Westend von London als eine einzige Luxusstadt vor und weiß nicht, daß dicht hinter den elegantesten Straßen die schmutzigsten Arbeiterviertel liegen, von denen z. B. Soho eins ist. Das Musterlogierhaus in Soho, von dem er spricht und das ich schon vor 23 Jahren kannte, hatte anfangs Zuspruch die Menge, ging aber

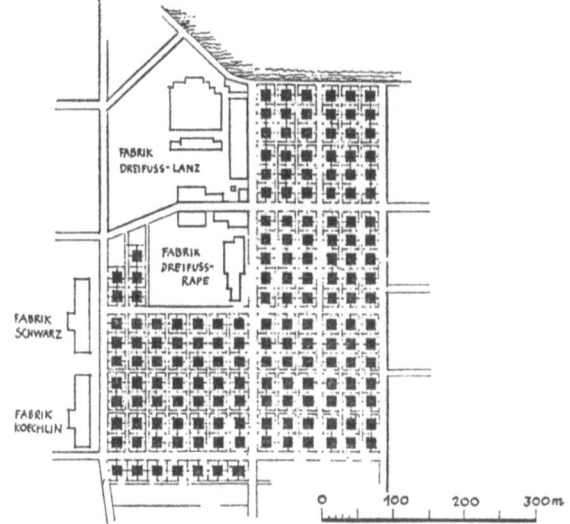

22 Mülhausen/Elsaß, Plan der Cité ouvrière

23 Mülhausen/Elsaß, Häuser der Cit' von 1852 (Die Häuser gingen später in das Eigentum der Arbeiter über und regenerierten sich daher)

ein, weil kein Mensch es darin aushalten konnte. Und dabei war es noch eins der besten.

Aber die Arbeiterstadt von Mülhausen im Elsaß –, das ist doch ein Erfolg? Die Arbeiterstadt in Mülhausen ist das große Paradepferd der kontinentalen Bourgeois, grade wie die weiland blühenden Kolonien von Ashton, Ashworth, Greg und Konsorten das der englischen. Leider ist sie kein Produkt der »latenten« Assoziation, sondern der offenen Assoziation zwischen dem zweiten französischen Kaisertum und den Elsasser Kapitalisten. Sie war eins von Louis Bonapartes sozialistischen Experimenten, zu dem der Staat $\frac{1}{3}$ des Kapitals vorschoß. Sie hat in 14 Jahren (bis 1867) 800 kleine Häuschen nach einem mangelhaften, in England, wo man dies besser versteht, unmöglichen System gebaut, und überläßt diese den Arbeitern gegen monatliche Bezahlung eines erhöhten Mietbetrags nach 13 bis 15 Jahren als Eigentum. Diese Art der Eigentumserwerbung, in den englischen genossenschaftlichen Baugesellschaften, wie wir sehen werden, längst eingeführt, brauchte von den Elsasser Bonapartisten nicht erst erfunden zu werden. Die Mietaufschläge für den Ankauf der Häuser sind im Verhältnis zu den englischen ziemlich stark; der Arbeiter erhält z. B., nachdem er 4500 Franken in fünfzehn Jahren nach und nach eingezahlt hat, ein Haus, das vor 15 Jahren 3300 Franken wert war. Falls der Arbeiter wegziehen will oder auch nur mit einer einzigen Monatszahlung im Rückstand bleibt (in welchem Fall er herausgesetzt werden kann), berechnet man ihm $6^2/_3$ Prozent des ursprünglichen Hauswerts als jährliche Miete (z. B. 17 Franken monatlich bei 3000 Franken Hauswert) und zahlt ihm den Rest heraus, aber *ohne einen Pfennig Zinsen*. Daß dabei die Gesellschaft, abgesehen von der »Staatshülfe«, fett werden kann, begreift sich; ebensowohl begreift sich, daß die unter diesen Umständen gelieferten Wohnungen, schon weil vor der Stadt, halb ländlich, angelegt, besser sind als die alten Kasernenwohnungen in der Stadt selbst. Von den paar erbärmlichen Experimenten in Deutschland, deren Jämmerlichkeit selbst Herr Sax, Seite 157, anerkennt, sagen wir kein Wort.

Was beweisen nun alle diese Exempel? Einfach, daß die Anlage von Arbeiterwohnungen, selbst wenn nicht alle Gesetze der Gesundheitspflege mit Füßen getreten worden, sich kapitalistisch rentiert. Das aber ist nie bestritten worden, das wußten wir alle längst. *Jede* Kapitalanlage, die ein Bedürfnis befriedigt, rentiert sich bei rationellem Betrieb. Die Frage ist grade: warum *trotzdem* die Wohnungsnot fortbesteht, warum trotzdem die Kapitalisten nicht für hinreichende gesunde Wohnungen für die Arbeiter sorgen? Und da hat Herr Sax eben wieder nur Ermahnungen an das Kapital zu richten und bleibt uns die Antwort schuldig. Die wirkliche Antwort auf die Frage haben wir oben schon gegeben.

Das Kapital, das ist jetzt endgültig festgestellt, *will* die Wohnungsnot nicht abschaffen, selbst wenn es könnte. Bleiben nur zwei andere Auskunftsmittel: die Selbsthülfe der Arbeiter und die Staatshülfe. Herr Sax, ein begeisterter Verehrer der Selbsthülfe, weiß auch auf dem Gebiet der Wohnungsfrage Wunderdinge von ihr zu berichten. Leider muß er gleich im Anfang zugeben, daß sie nur da etwas leisten kann, wo das Cottagesystem entweder besteht oder doch durchführbar ist, also wiederum nur auf dem Lande; in den großen Städten, auch in England, nur in sehr beschränktem Maßstab. Dann, seufzt Herr Sax,

»kann sich die Reform durch dieselbe« (die Selbsthülfe) »nur auf einem *Umwege*, daher *stets* nur unvollkommen vollziehen, nämlich nur insofern, als eben dem Prinzip des Eigenbesitzes eine auf die Qualität der Wohnung rückwirkende Kraft zukommt«.

Auch dies wäre in Zweifel zu ziehn; jedenfalls hat »das Prinzip des Eigenbesitzes« auf die »Qualität« des Stils unsres Verfassers keineswegs reformierend zurückgewirkt. Trotz alledem hat die Selbsthülfe in England solche Wunder getan,

»daß dadurch alles, was dort zur Lösung der Wohnungsfrage nach anderen Richtungen hin geschehen ist, *weit überholt* wird. Es sind dies die englischen building societies«, die Herr Sax auch besonders deswegen weitläufiger behandelt, weil »über ihr Wesen und Wirken im allgemeinen sehr ungenügende oder irrige Vorstellungen verbreitet sind. Die englischen building societies sind keineswegs ... Baugesellschaften oder Baugenossenschaften, sie sind vielmehr ... im Deutschen etwa durch: ›Hauserwerbvereine‹ zu bezeichnen; sie sind Vereine mit dem Zwecke, durch periodische Beiträge der Mitglieder einen Fonds anzusammeln, und daraus, eben nach Maßgabe der Mittel, den Mitgliedern zum Ankauf eines Hauses Darlehen zu gewähren ... Die building society ist somit für den einen Teil ihrer Mitglieder ein Sparverein, für den andern Teil eine Vorschußkasse. – Die building societies sind also für die Bedürfnisse des Arbeiters berechnete Hypothekarkreditanstalten, welche hauptsächlich ... die Ersparnisse der Arbeiter ... den Standesgenossen der Einleger zum Ankauf oder Bau eines Hauses zuwenden. Wie vorauszusetzen, werden diese Darlehen gegen Verpfändung der betreffenden Realität und in der Weise konstituiert, daß die Tilgung derselben in kurzen Ratenzahlungen erfolgt, welche Verzinsung und Amortisation in sich vereinen ... Die Verzinsung wird den Einlegern nicht ausbezahlt, sondern stets *auf Zinseszins gutgeschrieben* ... Die Rückforderung der Einlagen samt den angewachsenen Interessen ... kann gegen monatliche Kündigung jeden Augenblick erfolgen.« (S. 170–172.) »Es bestehen in England über 2000 solcher Vereine, ... das in ihnen angesammelte Kapital beläuft sich auf etwa 15 000 000 Pfund Sterling, und an 100 000 *Arbeiter*familien sind auf diesem Wege bereits zu dem Besitze eines eignen häuslichen Herdes gelangt; eine soziale Errungenschaft, der sicherlich nicht bald eine andre an die Seite zu stellen.« (S. 174.)

Leider kommt auch hier das »Aber« dicht hinterdrein gehinkt:

»Eine vollendete Lösung der Frage ist indes damit noch *keineswegs erreicht.* Schon aus dem Grunde nicht, weil der Hauserwerb nur den *bessergestellten* Arbeitern ... offensteht ... Namentlich die sanitären Rücksichten sind oft nicht genügend beobachtet.« (S. 176.)

Auf dem Kontinent finden »derartige Vereine ... nur ein geringes Terrain zur Entfaltung vor«. Sie setzen das Cottagesystem voraus, das hier nur auf dem Lande besteht; auf dem Lande aber sind die Arbeiter zur Selbsthülfe noch nicht entwickelt genug. Andrerseits in den Städten, wo sich eigentliche Baugenossenschaften bilden könnten, stehn ihnen »sehr erhebliche und ernste Schwierigkeiten mannigfacher Art entgegen«. (S. 179.) Sie könnten eben nur Cottages bauen, und das geht in den großen Städten nicht. Kurzum, »dieser Form der genossenschaftlichen Selbsthülfe« kann »nach den heutigen Verhältnissen – und auch kaum in naher Zukunft – die Hauptrolle in der Lösung der vorliegenden Frage wohl nicht zufallen«. Diese Baugenossenschaften befinden sich nämlich noch »im Stadium der ersten, unentwickelten Anfänge«. »Dies gilt selbst für England.« (S. 181.) Also: die Kapitalisten *wollen* nicht und die Arbeiter *können* nicht. Und damit könnten wir diesen Abschnitt schließen, wenn es nicht unbedingt nötig wäre, über die englischen building societies, die die Bourgeois von der Couleur Schulze-Delitzsch unsern Arbeitern stets als Muster vorhalten, einige Aufklärung zu geben.

Diese building societies sind weder Arbeitergesellschaften, noch ist ihr Hauptzweck, Arbeitern eigne Häuser zu verschaffen. Wir werden im Gegenteil sehn, daß dies nur sehr ausnahmsweise geschieht. Die building societies sind wesentlich spekulierender Natur, die kleinen, welche die ursprünglichen sind, nicht weniger als ihre großen Nachahmer. In einem Wirtshaus tun sich, auf Betrieb gewöhnlich des Wirts, bei dem dann die wöchentlichen Versammlungen stattfinden, eine Anzahl Stammgäste und deren Freunde, Krämer, Kommis, Handlungsreisende, Kleinmeister und andres Kleinbürgertum – hier und da auch ein Maschinenbauer oder sonstiger zur Aristokratie seiner Klasse gehöriger Arbeiter – zu einer Baugenossenschaft zusammen; die nächste Veranlassung ist gewöhnlich, daß der Wirt ein verhältnismäßig wohlfeil zu habendes Grundstück in der Nachbarschaft oder sonstwo aufgespürt hat. Die meisten der Mitglieder sind durch ihre Beschäftigung nicht an eine bestimmte Gegend gebunden; selbst viele der Krämer und Handwerker haben in der Stadt nur ein Geschäftslokal, keine Wohnung; wer irgend kann, wohnt lieber draußen als mitten in der rauchigen Stadt. Die Baustelle wird gekauft, und die mögliche Anzahl von Cottages darauf errichtet. Der Kredit der Wohlhabenderen ermöglicht den Ankauf, die wöchentlichen Beiträge, nebst einigen kleinen Anleihen, decken die wöchentlichen Auslagen für den Bau. Diejenigen

Mitglieder, die auf ein eignes Haus spekulieren, erhalten durchs Los die fertig werdenden Cottages zugeteilt, und der entsprechende Mietaufschlag amortisiert den Kaufpreis. Die übrigbleibenden Cottages werden vermietet oder verkauft. Die Baugesellschaft aber, wenn sie gute Geschäfte macht, sammelt ein kleineres oder größeres Vermögen an, das den Mitgliedern verbleibt, solange sie ihre Beiträge zahlen, und von Zeit zu Zeit oder bei Auflösung der Gesellschaft verteilt wird. Das ist der Lebenslauf von neun englischen Baugesellschaften aus zehn. Die übrigen sind größere, zuweilen unter politischen oder philanthropischen Vorwänden gebildete Gesellschaften, deren Hauptzweck aber schließlich immer der ist, den Ersparnissen des *Kleinbürgertums* eine höhere hypothekarische Anlage mit guter Verzinsung und Aussicht auf Dividende vermittelst Spekulation in Grundeigentum zu verschaffen. Auf welche Sorte von Kunden diese Gesellschaften spekulieren, beweise der Prospekt einer der größten, wo nicht der größten unter ihnen. Die Birkbeck Building Society, 29 and 30, Southampton Buildings, Chancery Lane, London, deren Einnahmen seit ihrem Bestehn über $10\frac{1}{2}$ Millionen Pfund Sterling (70 Millionen Taler) betragen, die über 416 000 Pfund in der Bank und in Staatspapieren angelegt hat und gegenwärtig 21 441 Mitglieder und Depositare zählt, kündigt sich dem Publikum folgendermaßen an:

»Die meisten Leute sind vertraut mit dem sogenannten Dreijahre-System der Pianofortefabrikanten, nach welchem jeder, der ein Pianoforte auf drei Jahre mietet, nach Verlauf dieser Zeit der Eigentümer desselben wird. Vor der Einführung dieses Systems war es für Leute von beschränktem Einkommen fast ebenso schwer, sich ein gutes Pianoforte wie ein eignes Haus anzuschaffen; man zahlte jahraus, jahrein für die Miete des Pianofortes und gab zwei- oder dreimal so viel Geld aus, als das Pianoforte wert war. Was aber bei einem Pianoforte tunlich ist, ist es auch bei einem Hause ... Da aber ein Haus mehr kostet als ein Pianoforte ... ist eine längere Zeit nötig, um den Kaufpreis durch Miete abzutragen. Infolgedessen haben die Direktoren mit Hauseigentümern in verschiedenen Teilen von London und seinen Vorstädten Abmachungen getroffen, wodurch sie imstande sind, den Mitgliedern der Birkbeck Building Society und andern eine große Auswahl von Häusern in den verschiedensten Stadtteilen anzubieten. Das System, wonach die Direktoren zu verfahren beabsichtigen, ist: die Häuser für $12\frac{1}{2}$ Jahre zu vermieten, nach Verlauf welcher Zeit, falls die Miete regelmäßig bezahlt wird, das Haus das absolute Eigentum des Mieters wird, ohne fernere Zahlung irgendwelcher Art ... Der Mieter kann auch für eine kürzere Anfallzeit bei höherer Miete, oder für eine längere Anfallzeit bei niedrigerer Miete, akkordieren ... *Leute von beschränktem Einkommen, Handlungs- und Ladengehülfen* und andere können sich sofort von jedem Hausvermieter unabhängig machen, indem sie Mitglieder der Birkbeck Building Society werden.«

Das spricht klar genug. Von Arbeitern keine Rede, wohl aber von Leuten mit beschränktem Einkommen, Laden- und Handlungsgehülfen etc.; und noch dazu wird vorausgesetzt, daß die Applikanten in der Regel *schon ein Pianoforte besitzen*. In der Tat, es handelt sich hier gar nicht um Arbeiter, sondern um Kleinbürger und solche, die es werden wollen und *können*; Leute, deren Einkommen, wenn auch innerhalb gewisser Grenzen, in der Regel allmählich steigt, wie das der Handlungskommis und ähnlicher Erwerbszweige, während das des Arbeiters, im Betrage bestenfalls sich gleichbleibend, in Wirklichkeit fällt im Verhältnis der Zunahme seiner Familie und ihrer wachsenden Bedürfnisse. In der Tat, nur wenige Arbeiter können ausnahmsweise an solchen Gesellschaften teilnehmen. Einerseits ist ihr Einkommen zu gering, andrerseits zu unsichrer Natur, als daß sie Verpflichtungen auf $12\frac{1}{2}$ Jahre hinaus übernehmen könnten. Die wenigen Ausnahmen, für die dies nicht gilt, sind entweder die bestbezahlten Arbeiter oder Fabrikaufseher.*
Übrigens sieht jedermann, daß die Bonapartisten der Arbeiterstadt Mülhausen weiter nichts sind als elende Nachäffer dieser kleinbürgerlichen englischen Baugesellschaften. Bloß daß jene, trotz der ihnen gewährten Staatshülfe, ihre Kunden weit mehr beschwindeln als die Baugesellschaften. Ihre Bedingungen sind im ganzen weniger liberal als die durchschnittlich in England gültigen, und während in England von jeder Anzahlung stets Zins und Zinseszins berechnet und nach einmonatlicher Kündigung auch zurückbezahlt wird, stecken die Mülhauser Fabrikanten den Zins und Zinseszins in die Tasche und zahlen nur den in harten Fünffrankentalern eingezahlten Betrag zurück. Und niemand wird sich über diesen Unterschied mehr wundern als Herr Sax, der das alles in seinem Buche stehen hat, ohne es zu wissen.

---

* Hier noch ein kleiner Beitrag zum Geschäftsbetrieb speziell der Londoner Bauvereine. Bekanntlich gehört der Boden von fast ganz London ungefähr einem Dutzend Aristokraten, darunter die Vornehmsten die Herzöge von Westminster, von Bedford, von Portland usw. Diese hatten die einzelnen Baustellen ursprünglich auf 99 Jahre verpachtet und treten bei Ablauf dieser Zeit in den Besitz des Grundstücks mit allem, was darauf steht. Sie vermieten nun die Häuser auf kürzere Termine, 39 Jahre z. B. unter einer sogenannten repairing lease, kraft deren der Mieter das Haus in baulichen Stand setzen und darin erhalten muß. Sobald der Kontrakt soweit abgemacht ist, schickt der Grundherr seinen Architekten und den Baupolizeibeamten (surveyor) des Distrikts, das Haus zu inspizieren und die nötigen Reparaturen festzustellen. Diese sind oft sehr umfassend, bis zur Erneuerungsfrage der ganzen Frontmauer, des Dachs etc. Der Mieter deponiert nun den Mietsvertrag als Sicherheit bei einem Bauverein und erhält von diesem das nötige Geld – bis zu 1000 Pfd. St. und mehr bei jährlicher Miete von 130–150 Pfd. – vorgeschossen für den auf *seine* Kosten zu vollführenden Bau. Diese Bauvereine sind also ein wichtiges Mittelglied geworden in einem System, das den Zweck hat, die den großen Grundaristokraten gehörigen Londoner Häuser mühelos und auf Kosten des Publikums immer wieder neu zu bauen und bewohnbar zu erhalten. Und das soll eine Lösung der Wohnungsfrage für die Arbeiter sein! [*Anmerkung von Engels zur Ausgabe von 1887.*]

Mit der Selbsthülfe der Arbeiter ist es also auch nichts. Bleibt die Staatshülfe. Was kann uns Herr Sax in dieser Beziehung bieten? Dreierlei:

»Erstens, der Staat hat darauf bedacht zu sein, in seiner Gesetzgebung und Verwaltung alles auszumerzen oder entsprechend zu bessern, was in irgendeiner Weise die Beförderung der Wohnungsnot der arbeitenden Klassen zur Folge hat.« (S. 187.)

Also: Revision der Baugesetzgebung und Freigebung der Baugewerbe, damit wohlfeiler gebaut werde. Aber in England ist die Baugesetzgebung auf ein Minimum beschränkt, die Baugewerbe sind frei wie der Vogel in der Luft, und doch existiert die Wohnungsnot. Dabei wird jetzt in England so wohlfeil gebaut, daß die Häuser wackeln, wenn eine Karre vorbeifährt, und daß täglich welche einstürzen. Noch gestern, 25. Oktober 1872, sind in Manchester sechs auf einmal zusammengestürzt und haben sechs Arbeiter schwer verletzt. Hilft also auch nichts.

»Zweitens, die Staatsgewalt hat zu verhindern, daß der einzelne in seinem beschränkten Individualismus das Übel fortpflanze oder neu hervorrufe.«

Also: Gesundheits- und baupolizeiliche Inspektion der Arbeiterwohnungen, Übertragung der Befugnis an die Behörden, gesundheitsgefährliche und baufällige Wohnungen zu schließen, wie dies in England seit 1857 geschehn ist. Aber wie ist es dort geschehn? Das erste Gesetz von 1855 (Nuisances Removal Act) blieb, wie Herr Sax selbst zugibt, »ein toter Buchstabe«, ebenso das zweite von 1858 (Local Government Act) (S. 197). Dagegen glaubt Herr Sax, daß das dritte, der Artisans' Dwellings Act, der nur für Städte über 10000 Einwohner gilt, »sicherlich ein günstiges Zeugnis ablegt von der hohen Einsicht des britischen Parlaments in sozialen Dingen« (S. 199), während diese Behauptung wieder nur »ein günstiges Zeugnis ablegt von« der totalen Unbekanntschaft des Herrn Sax mit englischen »Dingen«. Daß England überhaupt »in sozialen Dingen« dem Kontinent weit voraus ist, versteht sich von selbst; es ist das Mutterland der modernen großen Industrie, in ihm hat sich die kapitalistische Produktionsweise am freiesten und am weitesten entwickelt, ihre Konsequenzen treten hier am grellsten an den Tag und rufen daher auch zuerst eine Reaktion in der Gesetzgebung hervor. Der beste Beweis dafür die Fabrikgesetzgebung. Wenn aber Herr Sax glaubt, ein Parlamentsakt brauche nur Gesetzeskraft zu erhalten, um auch sogleich praktisch eingeführt zu werden, so irrt er sich gewaltig. Und dies gilt von keinem Parlamentsakt mehr (den Workshops' Act allenfalls ausgenommen) als grade von dem Local Government Act. Die Ausführung des Gesetzes wurde den städtischen Behörden übertragen, welche fast überall in England anerkannte Mittelpunkte von Korruption aller Art,

Familienbegünstigung und Jobbery * sind. Die Agenten dieser städtischen Behörden, ihre Stellen allerlei Familienrücksichten verdankend, sind entweder nicht fähig oder nicht gesinnt, derartige Sozialgesetze auszuführen, während grade in England die mit Vorbereitung und Ausführung der Sozialgesetzgebung beauftragten Staatsbeamten sich meist durch strenge Pflichterfüllung auszeichnen – wenn auch jetzt in geringerm Maß als vor zwanzig, dreißig Jahren. In den Stadträten sind die Eigentümer ungesunder und baufälliger Wohnungen fast überall direkt oder indirekt stark vertreten. Die Wahl der Stadträte nach kleinen Bezirken macht die Gewählten von den kleinlichsten Lokalinteressen und Einflüssen abhängig; kein Stadtrat, der wiedergewählt werden will, darf wagen, für Anwendung dieses Gesetzes auf seinen Wahlbezirk zu stimmen. Man begreift also, mit welchem Widerwillen dies Gesetz fast überall von den Lokalbehörden aufgenommen wurde, und daß es bisher nur auf die allerskandalösesten Fälle – und auch da meist nur infolge einer bereits ausgebrochenen Epidemie, wie voriges Jahr in Manchester und Salford bei der Pockenepidemie – Anwendung gefunden hat. Der Appell an den Minister des Innern hat bisher nur in derartigen Fällen seine Wirkung gehabt, wie es denn das Prinzip jeder *liberalen* Regierung in England ist, soziale Reformgesetze nur notgedrungen vorzuschlagen und die schon bestehenden, wenn irgend möglich, gar nicht auszuführen. Das fragliche Gesetz, wie manche andere in England, hat nur die Bedeutung, daß es in den Händen einer von den Arbeitern beherrschten oder gedrängten Regierung, die es endlich wirklich anwendet, eine mächtige Waffe sein wird, in den gegenwärtigen sozialen Zustand Bresche zu legen.

»Drittens« soll die Staatsgewalt nach Herrn Sax »alle ihr zu Gebote stehenden positiven Maßregeln zur Abhülfe der bestehenden Wohnungsnot in umfassendstem Maße in Anwendung bringen«.

Das heißt, sie soll Kasernen, »wahrhafte Musterbauten« für ihre »subalternen Beamten und Diener« errichten (aber das sind ja keine Arbeiter!) und »Gemeindevertretungen, Gesellschaften und auch Privaten zum Zweck der Verbesserung der Wohnungen für die arbeitenden Klassen Darlehen ... gewähren« (S. 203), wie dies in England laut dem Public Works Loan Act geschieht und wie Louis

---

* Jobbery heißt die Benutzung eines öffentlichen Amts zu Privatvorteilen für den Beamten oder seine Familie. Wenn z. B. der Chef der Staatstelegraphie eines Landes stiller Gesellschafter einer Papierfabrik wird, dieser Fabrik Holz aus seinen Forsten liefert, und dann ihr Papierlieferungen für die Telegraphenbüros überträgt, so ist das ein zwar ziemlich kleiner, aber doch insofern ganz hübscher Job, als er ein vollkommenes Verständnis der Prinzipien der jobbery bekundet; wie dies übrigens bei Bismarck selbstverständlich und zu erwarten war.

Bonaparte in Paris und Mülhausen getan hat. Aber der Public Works Loan Act besteht eben auch nur auf dem Papier, die Regierung stellt den Kommissären nur höchstens 50000 Pfund Sterling zur Verfügung, also die Mittel zum Bau von höchstens 400 Cottages, also in 40 Jahren 16000 Cottages oder Wohnungen für höchstens 80000 Köpfe – ein Tropfen am Eimer! Selbst wenn wir annehmen, daß nach zwanzig Jahren die Mittel der Kommission sich durch Rückzahlung verdoppeln, also in den letzten 20 Jahren Wohnungen für fernere 40000 Köpfe hergestellt werden, so bleibt es immer nur ein Tropfen am Eimer. Und da die Cottages nur 40 Jahre durchschnittlich dauern, so müssen nach 40 Jahren jedes Jahr die flüssigen 50000 oder 100000 Pfund dazu verwandt werden, die verfallenen ältesten Cottages wieder zu ersetzen. Dies nennt Herr Sax, Seite 203: das Prinzip praktisch richtig und »auch in unbeschränktem Maß« durchführen! Und mit diesem Eingeständnis, daß der Staat, selbst in England, »in unbeschränktem Maß« so gut wie gar nichts geleistet hat, schließt Herr Sax sein Buch, nur noch eine erneute Moralpredigt an alle Beteiligten vom Stapel lassend.*

Daß der heutige Staat der Wohnungsplage weder abhelfen kann noch will, ist sonnenklar. Der Staat ist nichts als die organisierte Gesamtmacht der besitzenden Klassen, der Grundbesitzer und Kapitalisten gegenüber den ausgebeuteten Klassen, den Bauern und Arbeitern. Was die einzelnen Kapitalisten (und diese kommen hier allein in Frage, da in dieser Sache auch der beteiligte Grundbesitzer zunächst in seiner Eigenschaft als Kapitalist auftritt) nicht wollen, das will auch ihr Staat nicht. Wenn also die *einzelnen* Kapitalisten die Wohnungsnot zwar beklagen, aber kaum zu bewegen sind, ihre erschreckendsten Konsequenzen oberflächlich zu vertuschen, so wird der *Gesamt*kapitalist, der Staat, auch nicht viel mehr tun. Er wird höchstens dafür sorgen, daß der einmal üblich gewordene Grad oberflächlicher Vertuschung überall gleichmäßig durchgeführt wird. Und wir haben gesehen, daß dies der Fall ist.

Aber, kann man einwenden, in Deutschland herrschen die Bourgeois noch nicht, in Deutschland ist der Staat noch eine in gewissem Grade unabhängig über der Gesellschaft schwebende Macht, die eben deshalb die Gesamtinteressen der Gesell-

---

* Neuerdings wird in den englischen Parlamentsakten, welche den Londoner Baubehörden das Recht der Expropriation behufs Neuanlage von Straßen erteilen, einigermaßen Rücksicht genommen auf die so an die Luft gesetzten Arbeiter. Es wird die Bestimmung eingeschaltet, daß die neu zu errichtenden Gebäude zur Aufnahme der bisher an dieser Stelle wohnenden Bevölkerungsklassen geeignet sein müssen. Man baut also große fünf- bis sechsstöckige Mietskasernen für Arbeiter auf die geringwertigsten Baustellen und genügt so dem Buchstaben des Gesetzes. Wie sich diese den Arbeitern ganz ungewohnte und inmitten der alten Londoner Verhältnisse durchaus fremdartige Einrichtung bewähren wird, bleibt abzuwarten. Im besten Fall wird aber hier kaum ein Viertel der wirklich durch die Neuanlage vertriebnen Arbeiter untergebracht. [*Anmerkung von Engels zur Ausgabe von 1887.*]

schaft repräsentiert und nicht die einer einzelnen Klasse. Ein *solcher* Staat kann allerdings manches, was ein Bourgeoisstaat nicht kann; von ihm darf man auch auf sozialem Gebiet ganz andere Dinge erwarten.
Das ist die Sprache der Reaktionäre. In Wirklichkeit aber ist auch in Deutschland der Staat, wie er besteht, das notwendige Produkt der gesellschaftlichen Unterlage, aus der er herausgewachsen ist. In Preußen – und Preußen ist jetzt maßgebend – besteht neben einem immer noch starken, großgrundbesitzenden Adel eine verhältnismäßig junge und namentlich sehr feige Bourgeoisie, die sich bisher weder die direkte politische Herrschaft, wie in Frankreich, noch die mehr oder weniger indirekte, wie in England, erkämpft hat. Neben beiden Klassen aber besteht ein sich rasch vermehrendes, intellektuell sehr entwickeltes und sich täglich mehr und mehr organisierendes Proletariat. Wir finden also hier neben der Grundbedingung der alten absoluten Monarchie: dem Gleichgewicht zwischen Grundadel und Bourgeoisie, die Grundbedingung des modernen Bonapartismus: das Gleichgewicht zwischen Bourgeoisie und Proletariat. Sowohl in der alten absoluten, wie in der modernen bonapartistischen Monarchie aber liegt die wirkliche Regierungsgewalt in den Händen einer besondern Offiziers- und Beamtenkaste, die sich in Preußen teils aus sich selbst, teils aus dem kleinen Majoratsadel, seltener aus dem großen Adel, zum geringsten Teil aus der Bourgeoisie ergänzt. Die Selbständigkeit dieser Kaste, die außerhalb und sozusagen über der Gesellschaft zu stehen scheint, gibt dem Staat den Schein der Selbständigkeit gegenüber der Gesellschaft.
Die Staatsform, welche sich in Preußen (und nach seinem Vorgang in der neuen Reichsverfassung Deutschlands) aus diesen widerspruchsvollen gesellschaftlichen Zuständen mit notwendiger Konsequenz entwickelt hat, ist der Scheinkonstitutionalismus; eine Form, die sowohl die heutige Auflösungsform der alten absoluten Monarchie ist. In Preußen verdeckte und vermittelte der Scheinkonstitutionalismus von 1848 bis 1866 nur die langsame Verwesung der absoluten Monarchie. Seit 1866 und namentlich seit 1870 aber geht die Umwälzung der gesellschaftlichen Zustände und damit die Auflösung des alten Staats vor aller Augen und auf kolossal wachsender Stufenleiter vor sich. Die rasche Entwicklung der Industrie und namentlich des Börsenschwindels hat alle herrschenden Klassen in den Strudel der Spekulation hineingerissen. Die 1870 aus Frankreich importierte Korruption im großen entwickelt sich mit unerhörter Schnelligkeit. Strousberg und Péreire ziehen den Hut voreinander. Minister, Generale, Fürsten und Grafen machen in Aktien trotz der geriebensten Börsenjuden, und der Staat erkennt ihre Gleichheit an, indem er die Börsenjuden massenweise baronisiert. Der Landadel, seit langem als Rübenzuckerfabrikant und Branntweinbrenner industriell, hat die alten soliden Zeiten längst hinter sich und schwellt mit seinen Namen die Listen der Direktoren aller soliden und unsoliden Aktiengesellschaften. Die Bürokratie verachtet mehr und mehr den Kassendefekt als einziges Mittel der Gehaltsaufbesserung; sie läßt

den Staat laufen und macht Jagd auf die weit einträglicheren Posten in der Verwaltung industrieller Unternehmungen; die noch im Amt bleiben, folgen dem Beispiel ihrer Vorgesetzten, spekulieren in Aktien oder lassen sich bei Eisenbahnen usw.»beteiligen«. Man ist sogar berechtigt anzunehmen, daß auch die Lieutenants in mancher Spekulation ihr Händchen haben. Kurz, die Zersetzung aller Elemente des alten Staats, der Übergang der absoluten Monarchie in die bonapartistische ist in vollem Gang, und mit der nächsten großen Handels- und Industriekrisis bricht nicht nur der gegenwärtige Schwindel, sondern auch der alte preußische Staat zusammen.*

Und dieser Staat, dessen nichtbürgerliche Elemente sich täglich mehr verbürgern, soll »die soziale Frage« lösen oder auch nur die Wohnungsfrage? Im Gegenteil. In allen ökonomischen Fragen verfällt der preußische Staat mehr und mehr der Bourgeoisie; und wenn die Gesetzgebung seit 1866 auf ökonomischem Gebiet nicht noch mehr den Interessen der Bourgeoisie angepaßt worden ist, als dies geschehen, an wem liegt die Schuld? Hauptsächlich an der Bourgeoisie selbst, die erstens zu feig ist, um ihre Forderungen energisch zu vertreten, und die zweitens sich gegen jede Konzession sträubt, sobald diese Konzession gleichzeitig dem drohenden Proletariat neue Waffen in die Hand gibt. Und wenn die Staatsgewalt, das heißt Bismarck, sich ein eignes Leibproletariat zu organisieren versucht, um damit die politische Tätigkeit der Bourgeoisie im Zaume zu halten, was ist das anders, als ein notwendiges und wohlbekanntes bonapartistisches Mittelchen, das gegenüber den Arbeitern zu nichts verpflichtet, als zu einigen wohlwollenden Redensarten und höchstens zu einem Minimum von Staatshülfe bei Baugesellschaften à la Louis Bonaparte?

Der beste Beweis dafür, was die Arbeiter vom preußischen Staat zu erwarten haben, liegt in der Verwendung der französischen Milliarden, die der Selbständigkeit der preußischen Staatsmaschine, gegenüber der Gesellschaft, eine neue, kurze Galgenfrist gegeben. Ist auch nur ein Taler dieser Milliarden verwandt worden, um die auf die Straße geworfenen Berliner Arbeiterfamilien unter Dach zu bringen? Im Gegenteil. Als der Herbst herangekommen, ließ der Staat selbst die paar elenden Baracken einreißen, die ihnen im Sommer als Notdach gedient hatten. Die fünf Milliarden gehn flott genug den Weg alles Fleisches, in Festungen, Kanonen und Soldaten; und trotz Wagner von Dummerwitz, trotz Stieberkonferenzen mit Österreich wird den deutschen Arbeitern von den Milliarden noch nicht so viel zugewandt werden, als Louis Bonaparte den französischen zuwandte von den Millionen, die er Frankreich gestohlen.

---

* Was auch heute, 1886, noch den preußischen Staat und seine Grundlage, die in den Schutzzöllen besiegelte Allianz von Großgrundbesitz und industriellem Kapital zusammenhält, ist lediglich die Angst vor dem seit 1872 riesig an Zahl und Klassenbewußtsein gewachsenen Proletariat. [*Anmerkung von Engels zur Ausgabe von 1887.*]

III

In Wirklichkeit hat die Bourgeoisie nur eine Methode, die Wohnungsfrage in *ihrer* Art zu lösen – das heißt, sie so zu lösen, daß die Lösung die Frage immer wieder von neuem erzeugt. Diese Methode heißt: »*Haussmann*«.

Ich verstehe hier unter »Haussmann« nicht bloß die spezifisch-bonapartistische Manier des Pariser Haussmann, lange, gerade und breite Straßen mitten durch die enggebauten Arbeiterviertel zu brechen und sie mit großen Luxusgebäuden an beiden Seiten einzufassen, wobei neben dem strategischen Zweck der Erschwerung des Barrikadenkampfes noch die Heranbildung eines von der Regierung abhängigen, spezifisch-bonapartistischen Bauproletariats und die Verwandlung der Stadt in eine reine Luxusstadt beabsichtigt war. Ich verstehe unter »Haussmann« die allgemein gewordene Praxis des Breschelegens in die Arbeiterbezirke, besonders die zentral gelegenen unserer großen Städte, ob diese nun durch Rücksichten der öffentlichen Gesundheit und der Verschönerung oder durch Nachfrage nach großen zentral gelegenen Geschäftslokalen oder durch Verkehrsbedürfnisse, wie Eisenbahnanlagen, Straßen usw., veranlaßt worden. Das Resultat ist überall dasselbe, mag der Anlaß noch so verschieden sein: die skandalösesten Gassen und Gäßchen verschwinden unter großer Selbstverherrlichung der Bourgeoisie von wegen dieses ungeheuren Erfolges, aber – sie erstehn anderswo sofort wieder und oft in der unmittelbaren Nachbarschaft.

In der »Lage der arbeitenden Klasse in England« gab ich eine Schilderung von Manchester, wie es 1843 und 1844 aussah. Seitdem sind durch Eisenbahnen, die mitten durch die Stadt gehn, durch Anlagen neuer Straßen, durch Errichtung von großen öffentlichen und Privatgebäuden manche der schlimmsten, dort beschriebenen Distrikte durchbrochen, bloßgelegt und verbessert worden, andre ganz beseitigt; obwohl noch viele – abgesehn von der seither schärfer gewordenen gesundheitspolizeilichen Aufsicht – in demselben oder gar in schlimmerem baulichen Zustand sich befinden als damals. Dafür aber sind, dank der enormen Ausdehnung der Stadt, deren Bevölkerung seitdem um mehr als die Hälfte gewachsen, Bezirke, die damals noch luftig und reinlich waren, jetzt ebenso verbaut, ebenso schmutzig und überfüllt mit Menschen, wie damals die verrufensten Stadtteile. Hier nur ein Beispiel: In meinem Buch schilderte ich Seite 80 und folgende eine in der Talsohle des Flusses Medlock gelegene Häusergruppe, die unter dem Namen Klein-Irland (Little Ireland) schon seit Jahren den Schandfleck von Manchester gebildet hatte. Klein-Irland ist lange verschwunden; an seiner Stelle erhebt sich jetzt, auf hohem Unterbau ein Bahnhof; die Bourgeoisie wies prunkend auf die glückliche, endgültige Beseitigung von Klein-Irland hin, wie auf einen großen Triumph. Nun erfolgt im verflossenen Sommer eine gewaltige Überschwemmung, wie denn überhaupt die eingedämmten Flüsse in unsern großen Städten aus leicht erklärlichen Ursachen von Jahr zu Jahr größere Überschwemmungen veranlassen. Da findet sich denn, daß Klein-Irland keineswegs beseitigt, sondern bloß von der Südseite von Oxfort Road nach der Nordseite verlegt ist und noch immer floriert. Hören wir die »Manchester Weekly Times« vom 20. Juli 1872, das Organ der radikalen Bourgeois von Manchester:

»Das Unglück, das die Bewohner der Talniederung des Medlock am vorigen Samstag überfiel, wird hoffentlich *eine* gute Folge haben: daß die öffentliche Aufmerksamkeit gelenkt wird auf die handgreifliche Verspottung aller Gesetze der Gesundheitspflege, die nun schon so lange vor der Nase der städtischen Beamten und des städtischen Gesundheits-Ausschusses dort geduldet worden. Ein derber Artikel in unserer gestrigen täglichen Ausgabe hat, nur noch zu schwach, den schmählichen Zustand einiger der Kellerwohnungen bei Charles Street und Brook Street enthüllt, die von der Überschwemmung erreicht wurden. Eine genaue Untersuchung eines der in jenem Artikel genannten Höfe befähigt uns, alle dort gemachten Angaben zu bestätigen und zu erklären, daß die Kellerwohnungen in diesem Hof längst hätten geschlossen werden sollen: richtiger, man hätte sie nie als menschliche Wohnungen dulden sollen. Squire's Court wird von sieben oder acht Wohnhäusern an der Ecke von Charles Street und Brook Street gebildet, über die der Wanderer, selbst an der niedrigsten Stelle von Brook Street, unter dem Eisenbahnbogen, Tag für Tag hinweggehen kann, ohne zu ahnen, daß menschliche Wesen in der Tiefe unter ihm in Höhlen wohnen. Der Hof ist dem öffentlichen Blick verborgen, nur zugänglich denen, die das Elend zwingt, in seiner grabähnlichen Abgeschlossenheit ein Unterkommen zu suchen. Selbst wenn die meist stockenden, zwischen Wehren eingedämmten Gewässer des Medlock ihren gewöhnlichen Stand nicht überschreiten, kann der Fußboden dieser Wohnungen nur einige Zoll über ihrem Spiegel sein: jeder tüchtige Regenschauer ist imstande, ekelhaft fauliges Wasser aus den Versenklöchern oder Abzugsröhren in die Höhe zu treiben und die Wohnungen mit den Pestgasen zu vergiften, welche jedes Überschwemmungswasser zum Andenken hinterläßt ... Squire's Court liegt noch tiefer als die unbewohnten Keller der an Brook Street stehenden Häuser ... zwanzig Fuß niedriger als die Straße, und das verpestete Wasser, das aus den Versenklöchern am Samstag emporgetrieben wurde, reichte bis an die Dächer. Wir wußten dies und erwarteten daher, den Hof unbewohnt oder nur von den Beamten des Gesundheits-Ausschusses besetzt zu finden, um die stinkenden Wände abzuwaschen und zu desinfizieren. Statt dessen sahen wir einen Mann, beschäftigt in der Kellerwohnung eines Barbiers ... einen Haufen faulenden Unrats, der in einer Ecke lag, auf eine Schubkarre zu schaufeln. Der Barbier, dessen Keller schon ziemlich ausgefegt war, schickte uns noch tiefer hinab zu einer Reihe von Wohnungen, von denen er sagte: wenn er schreiben könnte, würde er an die Presse schreiben und auf ihrer Schließung bestehn. So kamen wir endlich nach Squire's Court, wo wir eine hübsche, gesund aussehende Irländerin fanden, die alle Hände voll mit der Wäsche zu tun hatte. Sie und ihr Mann, ein Privat-Nachtwächter, hatten seit 6 Jahren in dem Hof gewohnt, sie hatten eine zahlreiche Familie ... In dem Hause, das sie eben verlassen hatten, war die Flut bis dicht ans Dach gestiegen, die Fenster waren zerbrochen, die Möbel ein Trümmerhaufen. Der Bewohner, sagte er, habe das Haus nur dadurch in erträglichem Geruchszustand halten können, daß er es alle zwei Monate mit Kalk weißte ... Im inneren Hof, wohin unser Berichterstatter jetzt erst vordrang, fand er drei Häuser, mit der Rückmauer an die eben beschriebenen angebaut, wovon zwei bewohnt waren. Der Gestank war dort so abscheulich, daß der gesundeste Mensch nach ein paar Minuten seekrank werden mußte ... Dies widerwärtige Loch war bewohnt von einer Familie von sieben Personen, die am Donnerstagabend (dem Tag der ersten Überschwemmung) alle im Hause geschlafen hatten. Oder vielmehr, wie die Frau sich verbesserte, nicht geschlafen, denn sie und ihr Mann hatten von dem Gestank den größten Teil der Nacht durch sich erbrochen. Am Samstag mußten sie, bis an die Brust durchs Wasser watend, ihre Kinder hinaustragen. Sie war auch der Ansicht, das Loch sei für ein Schwein zu schlecht, aber wegen der wohlfeilen Miete – 1 $\frac{1}{2}$ Schilling (15 Groschen) die Woche – hätte sie es genommen, da ihr Mann wegen Krankheit die letzte Zeit oft verdienstlos gewesen. Der Eindruck, den dieser Hof und die in ihm wie ein verfrühtes Grab eingepferchten Bewohner machen, ist der der äußersten Hülflosigkeit. Wir müssen übrigens sagen, daß nach gemachten Beobachtungen Squire's Court nur ein Abbild – vielleicht ein übertriebenes – mancher andrer Lokalitäten jener Gegend ist, deren Existenz unser Gesundheits-Ausschuß nicht verantworten kann. Und wenn man gestattet, daß diese Lokalitäten fernerhin bewohnt werden, so ladet der Ausschuß eine Verantwortlichkeit und die Nachbarschaft eine Gefahr ansteckender Epidemien auf sich, deren Gewicht wir nicht weiter untersuchen wollen.«

Dies ist ein schlagendes Exempel, wie die Bourgeoisie die Wohnungsfrage in der Praxis löst. Die Brutstätten der Seuchen, die infamsten Höhlen und Löcher, worin die kapitalistische Produktionsweise unsre Arbeiter Nacht für Nacht einsperrt, sie werden nicht beseitigt, sie werden nur – *verlegt!* Dieselbe ökonomische Notwendigkeit, die sie am ersten Ort erzeugte, erzeugt sie auch am zweiten. Und solange die kapitalistische Produktionsweise besteht, so lange ist es Torheit, die Wohnungsfrage oder irgendeine andre das Geschick der Arbeiter betreffende gesellschaftliche Frage einzeln lösen zu wollen. Die Lösung liegt aber in der Abschaffung der kapitalistischen Produktionsweise, in der Aneignung aller Lebens- und Arbeitsmittel durch die Arbeiterklasse selbst.

Dritter Abschnitt

Nachtrag über Proudhon und die Wohnungsfrage

I

In Nr. 86 des »Volksstaats« gibt sich A. Mülberger als Verfasser der von mir in Nr. 51 und folgende des Blattes kritisierten Artikel zu erkennen. Er überhäuft mich in seiner Antwort mit einer solchen Reihe von Vorwürfen und verrückt dabei so sehr alle Gesichtspunkte, um die es sich handelt, daß ich wohl oder übel darauf erwidern muß. Ich will versuchen, meiner Entgegnung, die sich zu meinem Bedauern großenteils auf dem von Mülberger mir vorgeschriebnen Gebiet der persönlichen Polemik bewegen muß, ein allgemeines Interesse dadurch zu geben, daß ich die Punkte, auf die es hauptsächlich ankommt, nochmals und womöglich deutlicher als vorher entwickle, selbst auf die Gefahr hin, von Mülberger abermals bedeutet zu werden, daß alles dies »im wesentlichen nichts Neues, weder für ihn noch die sonstigen Leser des ›Volksstaat‹, enthält«.

Mülberger beklagt sich über Form und Inhalt meiner Kritik. Was die Form angeht, so genügt es zu erwidern, daß ich zu jener Zeit gar nicht wußte, von wem die betreffenden Artikel herrührten. Von einer persönlichen »Voreingenommenheit« gegen den Verfasser konnte also keine Rede sein; gegen die in den Artikeln entwickelte Lösung der Wohnungsfrage war ich allerdings insoweit »voreingenommen«, als sie mir aus Proudhon längst bekannt war und meine Ansicht darüber feststand.

Über den »Ton« meiner Kritik will ich mit Freund Mülberger nicht streiten. Wenn man so lange in der Bewegung gewesen wie ich, bekommt man eine ziemlich harte Haut gegen Angriffe und setzt eine solche daher auch leicht bei andern voraus. Um Mülberger zu entschädigen, will ich diesmal versuchen, meinen »Ton« mit der Empfindlichkeit seiner Epidermis (Oberhaut) in ein richtiges Verhältnis zu bringen.

Mülberger beklagt sich besonders bitter darüber, daß ich ihn einen Proudhonisten genannt, und beteuert, er sei keiner. Ich muß ihm natürlich glauben, werde aber den Beweis führen, daß die betreffenden Artikel – und mit ihnen allein hatte ich zu tun – nichts enthalten als puren Proudhonismus.

Aber auch Proudhon kritisiere ich, nach Mülberger, »leichtfertig« und tue ihm schweres Unrecht:

»Die Lehre vom Kleinbürger Proudhon ist bei uns in Deutschland ein stehendes Dogma geworden, das sogar viele verkünden, ohne auch nur eine Zeile von ihm gelesen haben.«

Wenn ich bedaure, daß die romanisch redenden Arbeiter seit zwanzig Jahren keine andre Geistesnahrung haben als die Werke Proudhons, so antwortet Mülberger, daß bei den romanischen Arbeitern »die Prinzipien, wie sie von Proudhon formuliert sind, fast allenthalben die treibende Seele der Bewegung bilden«. Dies muß ich ableugnen. Erstens liegt die »treibende Seele« der Arbeiterbewegung nirgendswo in den »Prinzipien«, sondern überall in der Entwicklung der großen Industrie und deren Wirkungen, der Akkumulation und Konzentration des Kapitals auf der einen und des Proletariats auf der andern Seite. Zweitens ist es nicht richtig, daß die Proudhonschen sogenannten »Prinzipien« bei den Romanen die entscheidende Rolle spielen, die Mülberger ihnen zuschreibt; daß »die Prinzipien der Anarchie, der Organisation des forces économiques, der liquidation sociale usw. dort ... die wahrhaften Träger der revolutionären Bewegung geworden sind«. Von Spanien und Italien gar nicht zu reden, wo die proudhonistischen Allerweltsheilmittel nur in der durch Bakunin weiter verballhornten Gestalt irgendwelchen Einfluß gewonnen haben, ist es für jeden, der die internationale Arbeiterbewegung kennt, notorische Tatsache, daß in Frankreich die Proudhonisten eine wenig zahlreiche Sekte bilden, während die Masse der Arbeiter von dem unter dem Titel »Liquidation sociale und Organisation des forces économiques« von Proudhon entworfnen gesellschaftlichen Reformplan nichts wissen will. Es hat sich das u. a. unter der Kommune gezeigt. Obwohl die Proudhonisten stark in ihr vertreten waren, wurde doch nicht der geringste Versuch gemacht, nach Proudhons Vorschlägen die alte Gesellschaft zu liquidieren oder die ökonomischen Kräfte zu organisieren. Im Gegenteil. Es gereicht der Kommune zur höchsten Ehre, daß bei allen ihren ökonomischen Maßregeln nicht irgendwelche Prinzipien ihre »treibende Seele« bildeten, sondern – das einfache praktische Bedürfnis. Und deshalb waren diese Maßregeln – die Abschaffung der Nachtarbeit der Bäcker, das Verbot der Geldstrafen in Fabriken, die Konfiskation stillgesetzter Fabriken und Werkstätten und ihre Überlassung an Arbeiter-Assoziationen – durchaus nicht im Geist Proudhons, wohl aber in dem des deutschen wissenschaftlichen Sozialismus. Die einzige soziale Maßregel, die die Proudhonisten durchsetzten, war – die Bank von Frankreich *nicht* mit Beschlag zu legen, und zum Teil daran ging die Kommune zugrunde. Ebenso haben die sogenannten Blanquisten, sobald sie den Versuch machten, sich aus bloß politischen Revolutionären in eine sozialistische Arbeiterfraktion mit bestimmtem Programm zu verwandeln – wie dies in dem von den blanquistischen Flüchtlingen in London in ihrem Manifest: »Internationale et Révolution« geschehen ist –, nicht die »Prinzipien« des Proudhonschen Plans der Gesellschaftsrettung proklamiert, wohl aber, und zwar fast buchstäblich, die Anschauungen des deutschen wissenschaftlichen Sozialismus von der Notwendigkeit der politischen Aktion des Proletariats und seiner Diktatur als Übergang zur Abschaffung der Klassen und, mit ihnen, des Staats – wie solche bereits im »Kommunistischen

Manifest« und seitdem unzählige Male ausgesprochen worden. Und wenn Mülberger gar aus der Mißachtung Proudhons bei den Deutschen einen Mangel an Verständnis der romanischen Bewegung »bis zur Kommune von Paris« herleitet, so möge er zum Beweis dieses Mangels diejenige romanische Schrift nennen, die die Kommune nur annähernd so richtig verstanden und dargestellt hat wie die »Adresse des Generalrats der Internationalen über den Bürgerkrieg in Frankreich«, geschrieben von dem Deutschen Marx.

Das einzige Land, wo die Arbeiterbewegung direkt unter dem Einfluß der Proudhonschen »Prinzipien« steht, ist Belgien, und die belgische Bewegung kommt eben deswegen auch, wie Hegel sagt, »von nichts durch nichts zu nichts«.

Wenn ich es für ein Unglück halte, daß die romanischen Arbeiter, direkt oder indirekt, seit zwanzig Jahren geistig nur von Proudhon zehrten, so finde ich dies nicht in der durchaus mythischen Herrschaft des Proudhonschen Reformrezepts – was Mülberger die »Prinzipien« nennt –, sondern darin, daß ihre ökonomische Kritik der bestehenden Gesellschaft von den durchaus falschen Proudhonschen Wendungen infiziert und ihre politische Aktion durch proudhonistischen Einfluß verhunzt wurde. Ob danach die »verproudhonisierten romanischen Arbeiter« oder die deutschen, die jedenfalls den wissenschaftlichen deutschen Sozialismus unendlich besser begreifen als die Romanen ihren Proudhon, »mehr in der Revolution stehn«, werden wir beantworten können, wenn wir erst wissen, was das heißt: »in der Revolution *stehn*«. Man hat reden gehört von Leuten, die »im Christentum, im wahren Glauben, in der Gnade stehn« usw. Aber in der Revolution, in der gewaltsamsten Bewegung »stehn«? Ist denn »die Revolution« eine dogmatische Religion, an die man glauben muß?

Ferner wirft mir Mülberger vor, ich habe, gegen die ausdrücklichen Worte seiner Arbeit, behauptet, er erkläre die Wohnungsfrage für eine ausschließliche Arbeiterfrage.

Diesmal hat Mülberger in der Tat recht. Ich hatte die betreffende Stelle übersehen. Unverantwortlicherweise übersehen, denn sie ist eine der bezeichnendsten für die ganze Tendenz seiner Abhandlung. Mülberger sagt wirklich mit dürren Worten:

»Da uns so oft und viel der *lächerliche* Vorwurf gemacht wird, wir treiben *Klassenpolitik*, wir streben eine *Klassenherrschaft* an und dergleichen mehr, so betonen wir zunächst und ausdrücklich, daß die Wohnungsfrage keineswegs ausschließlich das Proletariat betrifft, sondern *im Gegenteil* – sie interessiert *in ganz hervorragender Weise den eigentlichen Mittelstand*, das Kleingewerbe, die kleine Bourgeoisie, die gesamte Bürokratie ... die Wohnungsfrage ist gerade derjenige Punkt der sozialen Reformen, welche mehr als alle andern geeignet erscheint, die *absolute innere Identität der Interessen des Proletariats* einerseits und der *eigentlichen Mittelklassen* der Gesellschaft andrerseits aufzudecken. Die Mittelklassen leiden ebenso stark, *vielleicht noch stärker* unter der drückenden Fessel der Mietwohnung als das Proletariat ... Die eigentlichen Mittelklassen der Gesellschaft stehen heute vor der Frage, ob sie ... die Kraft finden werden ... im Bunde mit der jugendkräftigen und energievollen Arbeiterpartei in den Umgestaltungsprozeß der Gesellschaft einzugreifen, *dessen Segnungen gerade ihnen vor allen zugute kommen werden.*«

Freund Mülberger konstatiert hier also folgendes:
1. »Wir« treiben keine »Klassenpolitik« und streben nach keiner »Klassenherrschaft«. Die deutsche Sozialdemokratische Arbeiterpartei, eben *weil* sie eine *Arbeiterpartei* ist, treibt indes notwendigerweise »Klassenpolitik«, die Politik der Arbeiterklasse. Da jede politische Partei darauf ausgeht, die Herrschaft im Staat zu erobern, so strebt die deutsche Sozialdemokratische Arbeiterpartei notwendig *ihre* Herrschaft, die Herrschaft der Arbeiterklasse, also eine »Klassenherrschaft« an. Übrigens hat *jede* wirkliche proletarische Partei, von den englischen Chartisten an, immer die Klassenpolitik, die Organisation des Proletariats als selbständige politische Partei, als erste Bedingung und die Diktatur des Proletariats als nächstes Ziel des Kampfes hingestellt. Indem Mülberger dies für »lächerlich« erklärt, stellt er sich außerhalb der proletarischen Bewegung und innerhalb des kleinbürgerlichen Sozialismus.
2. Die Wohnungsfrage hat den Vorzug, daß sie keine ausschließliche Arbeiterfrage ist, sondern das Kleinbürgertum »in ganz hervorragender Weise interessiert«, indem die »eigentlichen Mittelklassen ebenso stark, vielleicht noch stärker« unter ihr leiden als das Proletariat. Wenn jemand erklärt, das Kleinbürgertum leide, auch nur in einer einzigen Beziehung, »vielleicht noch stärker als das Proletariat«, so wird er sich sicher nicht beklagen können, wenn man ihn unter die kleinbürgerlichen Sozialisten rechnet. Hat Mülberger also Grund zur Unzufriedenheit, wenn ich sage:
»Es sind vorzugsweise diese der Arbeiterklasse mit andern Klassen, namentlich dem Kleinbürgertum, gemeinsamen Leiden, mit denen sich der kleinbürgerliche Sozialismus, zu dem auch Proudhon gehört, mit Vorliebe beschäftigt. Und so ist es durchaus nicht zufällig, daß unser deutscher Proudhonist sich vor allem der Wohnungsfrage, die, wie wir gesehn haben, keineswegs eine ausschließliche Arbeiterfrage ist, bemächtigt.«
3. Zwischen den Interessen der »eigentlichen Mittelklassen der Gesellschaft« und denen des Proletariats besteht »absolute innere Identität«, und es ist nicht das Proletariat, sondern [es sind] diese eigentlichen Mittelklassen, denen die »Segnungen« des bevorstehenden Umgestaltungsprozesses der Gesellschaft »gerade vor allen zugute kommen werden«.
Die Arbeiter werden also die bevorstehende soziale Revolution »gerade vor allen«

im Interesse der Kleinbürger machen. Und ferner besteht eine absolute innere Identität der Interessen der Kleinbürger mit denen des Proletariats. Sind die Interessen der Kleinbürger mit denen der Arbeiter innerlich identisch, so die der Arbeiter mit denen der Kleinbürger. Der kleinbürgerliche Standpunkt ist also in der Bewegung ebenso berechtigt wie der proletarische. Und die Behauptung dieser Gleichberechtigung ist eben, was man kleinbürgerlichen Sozialismus nennt. Es ist daher auch ganz konsequent, wenn Mülberger Seite 25 des Separatabdrucks das »Kleingewerbe« als den »eigentlichen *Strebepfeiler* der Gesellschaft« feiert, »weil es seiner eigentlichen Anlage nach die drei Faktoren: Arbeit – Erwerb – Besitz in sich vereinigt, weil es in der Vereinigung dieser drei Faktoren der Entwirklungsfähigkeit des Individuums keinerlei Schranke gegenüberstellt«; und wenn er der modernen Industrie namentlich vorwirft, daß sie diese Pflanzschule von Normalmenschen vernichtet und »aus einer lebenskräftigen, sich immer wieder neu erzeugenden *Klasse* einen bewußtlosen *Haufen* Menschen gemacht hat, der nicht weiß, wohin er seinen angstvollen Blick wenden soll«. Der Kleinbürger ist also Mülbergers Muster-Produktionsweise. Habe ich ihn also verlästert, wenn ich ihn unter die kleinbürgerlichen Sozialisten verwies?

Da Mülberger jede Verantwortlichkeit für Proudhon ablehnt, so wäre es überflüssig, hier weiter zu erörtern, wie Proudhons Reformpläne dahin abzielen, alle Glieder der Gesellschaft in Kleinbürger und Kleinbauern zu verwandeln. Ebensowenig wird es nötig sein, auf die angebliche Identität der Interessen der Kleinbürger mit denen der Arbeiter einzugehn. Das Nötige findet sich bereits im »Kommunistischen Manifest«. (Leipziger Ausgabe 1872, S. 12 u. 21.)

Das Resultat unsrer Untersuchung ist also das, daß neben die »Sage vom Kleinbürger Proudhon« die Wirklichkeit vom Kleinbürger Mülberger tritt.

II

Wir kommen jetzt auf einen Hauptpunkt. Ich warf den Mülbergerschen Artikeln vor, daß sie nach Proudhonscher Manier ökonomische Verhältnisse verfälschen durch Übersetzung in juristische Ausdrucksweise. Als Beispiel dafür hob ich folgenden Mülbergerschen Satz heraus:

»Das einmal gebaute Haus dient als *ewiger Rechtstitel* auf einen bestimmten Bruchteil der gesellschaftlichen Arbeit, wenn auch der wirkliche Wert des Hauses längst schon mehr als genügend in der Form des Mietzinses an den Besitzer gezahlt wurde. *So kommt es,* daß ein Haus, welches z. B. vor fünfzig Jahren gebaut wurde, während dieser Zeit in dem Ertrag seines Mietzinses zwei-, drei-, fünf-, zehnmal usw. den ursprünglichen Kostenpreis deckte.«

Mülberger beschwert sich nun:

»Diese *einfache, nüchterne Konstatierung einer Tatsache* veranlaßt Engels, mir zu Gemüte zu führen, daß ich hätte erklären sollen, *wie* das Haus ›Rechtstitel‹ wird – eine Sache, die ganz außerhalb des Bereichs meiner Aufgabe lag ... Ein anderes ist eine *Schilderung*, ein anderes eine *Erklärung*. Wenn ich nach Proudhon sage, das ökonomische Leben der Gesellschaft solle von einer *Rechtsidee* durchdrungen sein, so *schildere* ich hiermit die heutige Gesellschaft als eine solche, in der zwar nicht jede Rechtsidee, aber die *Rechtsidee der Revolution* fehlt, eine Tatsache, die Engels selbst zugeben wird.«

Bleiben wir zunächst bei dem einmal gebauten Hause. Das Haus, wenn vermietet, bringt seinem Erbauer Grundrente, Reparaturkosten und Zins auf sein ausgelegtes Baukapital einschließlich des darauf gemachten Profits in der Gestalt von Miete ein, und je nach den Verhältnissen kann der nach und nach gezahlte Mietbetrag zwei-, drei-, fünf-, zehnmal den ursprünglichen Kostenpreis ausmachen. Dies, Freund Mülberger, ist die »einfache, nüchterne Konstatierung« der »Tatsache«, die eine *ökonomische* ist; und wenn wir wissen wollen, wieso »es so kommt«, daß sie existiert, so müssen wir die Untersuchung auf ökonomischem Gebiet führen. Sehen wir uns also die Tatsache etwas näher an, damit kein Kind sie weiter mißverstehen könne. Der Verkauf einer Ware besteht bekanntlich darin, daß der Besitzer ihren Gebrauchswert weggibt und ihren Tauschwert einsteckt. Die Gebrauchswerte der Waren unterscheiden sich unter anderem auch darin, daß ihre Konsumtion verschiedene Zeiträume erfordert. Ein Laib Brot wird in einem Tage verzehrt, ein Paar Hosen in einem Jahr verschlissen, ein Haus meinetwegen in hundert Jahren. Bei Waren von langer Verschleißdauer tritt also die Möglichkeit ein, den Gebrauchswert stückweise, jedesmal auf bestimmte Zeit, zu verkaufen, das heißt ihn zu *vermieten*. Der stückweise Verkauf realisiert also den Tauschwert nur nach und nach; für diesen Verzicht auf sofortige Rückzahlung des vorgeschossenen Kapitals und des darauf erworbenen Profits wird der Verkäufer entschädigt durch einen Preisaufschlag, eine Verzinsung, deren Höhe durch die Gesetze der politischen Ökonomie, durchaus nicht willkürlich, bestimmt wird. Am Ende der hundert Jahre ist das Haus aufgebraucht, verschlissen, unbewohnbar geworden. Wenn wir dann von dem gezahlten Gesamtmietbetrag abziehen: 1. die Grundrente nebst der etwaigen Steigerung, die sie während der Zeit erfahren, und 2. die ausgelegten laufenden Reparaturkosten, so werden wir finden, daß der Rest im Durchschnitt sich zusammensetzt: 1. aus dem ursprünglichen Baukapital des Hauses, 2. aus dem Profit darauf und 3. aus der Verzinsung des nach und nach fällig gewordenen Kapitals und Profits. Nun hat zwar am Ende dieses Zeitraums der Mieter kein Haus, aber der Hausbesitzer auch nicht. Dieser hat nur das Grund-

stück (wenn es ihm nämlich gehört) und die darauf befindlichen Baumaterialien, die aber kein Haus mehr sind. Und wenn das Haus inzwischen »fünf- oder zehnmal den ursprünglichen Kostenpreis deckte«, so werden wir sehn, daß dies lediglich einen Aufschlag der Grundrente geschuldet ist; wie dies niemanden ein Geheimnis ist an Orten wie London, wo Grundbesitzer und Hausbesitzer meist zwei verschiedene Personen sind. Solche kolossale Mietsaufschläge kommen vor in rasch wachsenden Städten, aber nicht in einem Ackerdorf, wo die Grundrente für Bauplätze fast unverändert bleibt. Es ist ja notorische Tatsache, daß, abgesehn von Steigerungen der Grundrente, die Hausmiete dem Hausbesitzer durchschnittlich nicht über 7 p.c. des angelegten Kapitals (inkl. Profits) jährlich einbringt, woraus dann noch Reparaturkosten etc. zu bestreiten sind. Kurz, der Mietvertrag ist ein ganz gewöhnliches Warengeschäft, das für den Arbeiter theoretisch nicht mehr und nicht minder Interesse hat als jedes andere Warengeschäft, ausgenommen das, worin es sich um den Kauf und Verkauf der Arbeitskraft handelt, während er ihm praktisch als eine der tausend Formen der bürgerlichen Prellerei gegenübertritt, von denen ich Seite 4 des Separatabdrucks spreche, die aber auch, wie ich dort nachgewiesen, einer ökonomischen Regelung unterworfen sind.
Mülberger dagegen sieht im Mietvertrag nichts als reine »Willkür« (S. 19 des Separatabdrucks), und wenn ich ihm das Gegenteil beweise, so beklagt er sich, ich sage ihm »lauter Dinge, die er leider schon selbst gewußt«.
Mit allen ökonomischen Untersuchungen über die Hausmiete kommen wir aber nicht dahin, die Abschaffung der Mietwohnung zu verwandeln in »eine der fruchtbarsten und großartigsten Bestrebungen, welche dem Schoß der revolutionären Idee entstammt«. Um dies fertigzubringen, müssen wir die einfache Tatsache aus der nüchternen Ökonomie in die schon viel ideologischere Juristerei übersetzen. »Das Haus dient als ewiger Rechtstitel« auf Hausmiete – »so kommt es«, daß der Wert des Hauses in Hausmiete zwei-, drei-, fünf-, zehnmal gezahlt werden kann. Um zu erfahren, wie das »so kommt«, hilft uns der »Rechtstitel« keinen Zoll vom Fleck; und deswegen sagte ich, Mülberger hätte erst durch Untersuchung, wie das Haus Rechtstitel wird, erfahren können, *wie* das »so kommt«. Dies erfahren wir erst, wenn wir, wie ich tat, die *ökonomische* Natur der Hausmiete untersuchen, statt uns über den juristischen Ausdruck, unter welchem die herrschende Klasse sie sanktioniert, zu erbosen. – Wer ökonomische Schritte zur Abschaffung der Hausmiete vorschlägt, der ist doch wohl verpflichtet, etwas mehr von der Hausmiete zu wissen, als daß sie »den Tribut darstellt, den der Mieter dem ewigen Rechte des Kapitals bezahlt«. Darauf antwortet Mülberger: »Ein anderes ist eine Schilderung, ein anderes eine Erklärung.«
Wir haben also das Haus, obwohl es keineswegs ewig ist, in einen ewigen Rechtstitel auf Hausmiete verwandelt. Wir finden, einerlei wie das »so kommt«, daß kraft dieses Rechtstitels das Haus seinen Wert in der Gestalt von Hausmiete mehrfach

213

einbringt. Wir sind, durch die Übersetzung ins Juristische, glücklich so weit von der Ökonomie entfernt, daß wir nur noch die Erscheinung sehen, daß ein Haus sich in Brutto-Miete allmählich mehrfach bezahlt machen kann. Da wir juristisch denken und sprechen, so legen wir an diese Erscheinung den Maßstab des Rechts, der Gerechtigkeit und finden, daß sie *ungerecht* ist, daß sie der »Rechtsidee der Revolution«, was das auch immer für ein Ding sein mag, nicht entspricht und daß der Rechtstitel daher nichts taugt. Wir finden ferner, daß dasselbe vom zinstragenden Kapital und vom verpachteten Ackerland gilt, und haben nun den Vorwand, diese Klassen von Eigentum von den andern auszuscheiden und sie einer ausnahmsweisen Behandlung zu unterwerfen. Diese besteht in der Forderung: 1. dem Eigentümer das Kündigungsrecht, das Recht auf Rückforderung seines Eigentums, zu nehmen; 2. dem Mieter, Borger oder Pächter den Nießbrauch des ihm übertragenen, aber ihm nicht gehörigen Gegenstandes unentgeltlich zu überlassen und 3. den Eigentümer in längeren Raten ohne Verzinsung abzuzahlen. Und damit haben wir die Proudhonschen »Prinzipien« nach dieser Seite hin erschöpft. Es ist dies Proudhons »gesellschaftliche Liquidation«.

Beiläufig bemerkt. Daß dieser ganze Reformplan fast ausschließlich den Kleinbürgern und Kleinbauern in der Weise zugute kommen soll, daß er sie in ihrer Stellung als Kleinbürger und Kleinbauern *befestigt*, liegt auf der Hand. Die nach Mülberger sagenhafte Gestalt des »Kleinbürgers Proudhon« erhält hier also plötzlich eine sehr handgreifliche historische Existenz.

Mülberger fährt fort:

»Wenn ich nach Proudhon sage, das ökonomische Leben der Gesellschaft solle von einer *Rechtsidee* durchdrungen sein, so *schildere* ich hiermit die heutige Gesellschaft als eine solche, in der zwar nicht jede Rechtsidee, aber die Rechtsidee der Revolution fehlt, eine Tatsache, die selbst Engels zugeben wird.«

Leider bin ich außerstande, Mülberger diesen Gefallen zu tun. Mülberger verlangt, die Gesellschaft *solle* von einer Rechtsidee durchdrungen sein, und nennt das eine Schilderung. Wenn mir ein Gerichtshof eine Aufforderung durch Gerichtsvollzieher zukommen läßt, eine Schuld zu bezahlen, so tut er, nach Mülberger, weiter nichts, als daß er mich als einen Menschen *schildert*, der seine Schulden nicht bezahlt! Ein anderes ist eine Schilderung, ein anderes eine Zumutung. Und gerade hier liegt der wesentliche Unterschied des deutschen wissenschaftlichen Sozialismus von Proudhon. Wir schildern – und jede wirkliche Schilderung ist, trotz Mülberger, zugleich die Erklärung der Sache – die ökonomischen Verhältnisse, wie sie sind und wie sie sich entwickeln, und führen, strikt ökonomisch, den Beweis, daß diese ihre Entwicklung zugleich die Entwicklung der Elemente einer sozialen Revolution ist: die Entwicklung – einerseits, einer Klasse, deren Lebenslage sie notwendig zur sozialen Revolution treibt, des Proletariats – andererseits, von Produktivkräften, die, dem Rahmen der kapitalistischen Gesellschaft entwachsen, ihn notwendig sprengen müssen, und die gleichzeitig die Mittel bieten, die Klassenunterschiede ein für allemal im Interesse des gesellschaftlichen Fortschritts selbst zu beseitigen. Proudhon dagegen stellt an die heutige Gesellschaft die Forderung, sich nicht nach den Gesetzen ihrer eignen ökonomischen Entwicklung, sondern nach den Vorschriften der Gerechtigkeit (die »Rechts*idee*« gehört nicht ihm, sondern Mülberger) umzugestalten. Wo wir beweisen, *predigt* und lamentiert Proudhon, und mit ihm Mülberger.

Was »die Rechtsidee der Revolution« für ein Ding ist, kann ich absolut nicht erraten. Proudhon allerdings macht sich aus »*der* Revolution« eine Art Göttin, die Trägerin und Vollstreckerin seiner »Gerechtigkeit«; wobei er dann in den sonderbaren Irrtum verfällt, die bürgerliche Revolution von 1789 bis 1794 und die künftige proletarische Revolution durcheinanderzuwerfen. Dies tut er in fast allen seinen Werken, besonders seit 1848; als Beispiel führe ich nur an: »Idée générale de la Révolution«, ed. 1868, p. 39 & 40. Da aber Mülberger alle und jede Verantwortlichkeit für Proudhon ablehnt, so bleibt mir verboten, »die Rechtsidee der Revolution« aus Proudhon zu erklären, und ich verharre in ägyptischer Finsternis.

Weiter sagt Mülberger:

»Aber weder Proudhon noch ich appellieren an eine ›ewige Gerechtigkeit‹, um dadurch die bestehenden ungerechten Zustände zu *erklären* oder gar, wie dies Engels mir imputiert, die Besserung dieser Zustände von dem Appell an diese Gerechtigkeit zu erwarten.«

Mülberger muß darauf bauen, daß »Proudhon überhaupt in Deutschland so gut wie gar nicht gekannt« ist. In allen seinen Schriften mißt Proudhon alle gesellschaftlichen, rechtlichen, politischen, religiösen Sätze an dem Maßstab der »Gerechtigkeit«, verwirft sie oder erkennt sie an, je nachdem sie stimmen oder nicht stimmen mit dem, was er »Gerechtigkeit« nennt. In den »Contradictions économiques« heißt diese Gerechtigkeit noch »ewige Gerechtigkeit«, justice éternelle. Später wird die Ewigkeit verschwiegen, bleibt aber der Sache nach. Zum Beispiel in: »De la Justice dans la Révolution et dans l'Eglise«, Ausgabe 1858, ist folgende Stelle der Text der ganzen dreibändigen Predigt (Band I, Seite 42):

»Welches ist das Grundprinzip, das organische, regelnde, souveräne Prinzip der Gesellschaften, das Prinzip, welches, sich alle andern unterordnend, regiert, schützt, zurückdrängt, züchtigt, im Notfalle selbst unterdrückt alle rebellischen Elemente? Ist es die Religion, das Ideal, das *Interesse*? . . . Dies Prinzip, nach meiner Ansicht, ist die *Gerechtigkeit*. – Was ist die Gerechtigkeit? *Das Wesen der Menschheit selbst*. Was ist sie gewesen seit dem Anfang der Welt? Nichts. – Was sollte sie sein? Alles.«

Eine Gerechtigkeit, die das Wesen der Menschheit selbst ist, was ist das anders als die *ewige* Gerechtigkeit? Eine Gerechtigkeit, die das organische, regelnde, souveräne Grundprinzip der Gesellschaften, die bisher trotzdem nichts gewesen ist, die aber alles sein soll – was ist sie anders als der Maßstab, an dem alle menschlichen Dinge zu messen, an die in jedem Kollisionsfall als entscheidende Richterin zu appellieren ist? Und ich habe etwas anderes behauptet, als daß Proudhon seine ökonomische Unwissenheit und Hülflosigkeit damit verdeckt, daß er alle ökonomischen Verhältnisse nicht nach den ökonomischen Gesetzen, sondern darnach beurteilt, ob sie mit seiner Vorstellung von dieser ewigen Gerechtigkeit stimmen oder nicht? Und wodurch unterscheidet sich Mülberger von Proudhon, wenn Mülberger verlangt, daß »alle Umsetzungen im Leben der modernen Gesellschaft ... von einer *Rechtsidee* durchdrungen, das heißt allenthalben nach den *strengen Anforderungen der Gerechtigkeit* durchgeführt« werden sollen? Kann ich nicht lesen, oder kann Mülberger nicht schreiben?

Weiter sagt Mülberger:

»Proudhon weiß so gut wie Marx und Engels, daß das eigentlich Treibende in der menschlichen Gesellschaft die ökonomischen, nicht die juridischen Verhältnisse sind, auch er weiß, daß die jeweiligen Rechtsideen eines Volkes nur der Ausdruck, der Abdruck, das Produkt der ökonomischen – insbesondere Produktionsverhältnisse sind ... Das Recht ist für Proudhon mit einem Wort – historisch gewordenes ökonomisches Produkt.«

Wenn Proudhon dies (ich will die unklare Ausdrucksweise Mülbergers passieren lassen und den guten Willen für die Tat nehmen), wenn Proudhon dies alles »ebensogut weiß wie Marx und Engels«, wie können wir uns dann noch streiten? Aber es steht eben etwas anders mit der Wissenschaft Proudhons. Die ökonomischen Verhältnisse einer gegebenen Gesellschaft stellen sich zunächst dar als *Interessen*. Nun sagt Proudhon in der eben zitierten Stelle seines Hauptwerkes mit dürren Worten, daß das »regelnde, organische souveräne Grundprinzip der Gesellschaften, welches sich alle andern unterordnet«, nicht das *Interesse* ist, sondern die *Gerechtigkeit*. Und er wiederholt dasselbe in allen seinen Schriften an allen entscheidenden Stellen. Was Mülberger nicht verhindert fortzufahren:

»... daß die Idee des ökonomischen Rechts, wie sie von Proudhon am tiefsten in ›La Guerre et la Paix‹ entwickelt ist, vollständig zusammenfällt mit jenen Grundgedanken Lassalles, wie sie so schön in seinem Vorwort zum ›System der erworbenen Rechte‹ gegeben sind.«

»La Guerre et la Paix« ist vielleicht das schülerhafteste der vielen schülerhaften Werke Proudhons, aber daß es als Beweismittel aufgeführt werde für sein angebliches Verständnis der deutschen materialistischen Geschichtsauffassung, die alle historischen Ereignisse und Vorstellungen, alle Politik, Philosophie, Religion, aus den materiellen, ökonomischen Lebensverhältnissen der fraglichen geschichtlichen Periode erklärt, das konnte ich nicht erwarten. Das Buch ist so wenig materialistisch, daß es seine Konstruktion des Krieges nicht einmal fertigbringen kann, ohne den *Schöpfer* zu Hülfe zu rufen:

»Indessen hatte der Schöpfer, der diese Lebensweise für uns gewählt hat, seine Zwecke« (Bd. II, S. 100 der Ausgabe von 1869).

Auf welcher Geschichtskenntnis es beruht, geht daraus hervor, daß es an die geschichtliche Existenz des goldnen Zeitalters glaubt:

»Im Anfang, als die Menschheit noch dünn gesäet war auf dem Erdball, sorgte die Natur ohne Mühe für seine Bedürfnisse. Es war das goldene Zeitalter, das Zeitalter des Überflusses und des Friedens« (ebenda, S. 102).

Sein ökonomischer Standpunkt ist der des krassesten Malthusianismus:

»Wenn die Produktion verdoppelt wird, so wird die Bevölkerung es bald ebenfalls sein« (S. 106).

Und worin besteht denn der Materialismus des Buchs? Darin, daß es behauptet, die Ursache des Kriegs sei von jeher und immer noch: »der Pauperismus« (z. B. S. 143). Onkel Bräsig war ein ebenso gelungener Materialist, als er in seiner 1848er Rede das große Wort gelassen aussprach: Die Ursache der großen Armut ist die große pauvreté.

Lassalles »System der erworbenen Rechte« ist nicht nur in der ganzen Illusion des Juristen, sondern auch in der des Althegelianers befangen. Lassalle erklärt S. VII ausdrücklich, daß auch »im *Ökonomischen* der Begriff des erworbenen Rechts der treibende Springquell aller weiteren Entwicklung« ist, er will »das Recht als einen vernünftigen, sich *aus sich selbst*« (also nicht aus ökonomischen Vorbedingungen) »entwickelnden Organismus« nachweisen (S. XI), es handelt sich für ihn um Ableitung des Rechts, nicht aus ökonomischen Verhältnissen, sondern aus dem »Willensbegriff selbst, dessen Entwicklung und Darstellung die Rechtsphilosophie nur ist« (S. XII). Was soll also das Buch hier? Der Unterschied zwischen Proudhon und Lassalle ist nur der, daß Lassalle ein wirklicher Jurist und Hegelianer war, und Proudhon in der Juristerei und Philosophie, wie in allen andern Dingen, ein reiner Dilettant.

Daß Proudhon, der sich bekanntlich fortwährend widerspricht, auch hier und da einmal eine Äußerung tut, die danach aussieht, als erkläre er Ideen aus Tatsachen, weiß ich sehr gut. Dergleichen Äußerungen sind aber ohne allen Belang gegenüber der durchgehenden Denkrichtung des Mannes, und wo sie vorkommen, noch dazu äußerst verworren und in sich inkonsequent. Auf einer gewissen, sehr ursprünglichen Entwicklungsstufe der Gesellschaft stellt sich das Bedürfnis ein, die täglich wiederkehrenden Akte der Produktion, der Verteilung und des Austausches der Produkte unter eine gemeinsame Regel zu fassen, dafür zu sorgen, daß der einzelne sich den gemeinsamen Bedingungen der Produktion und des Austausches unterwirft. Diese Regel, zuerst Sitte, wird bald *Gesetz*. Mit dem Gesetz entstehn notwendige Organe, die mit seiner Aufrechterhaltung betraut sind – die öffentliche Gewalt, der Staat. Mit der weitern gesellschaftlichen Entwicklung bildet sich das Gesetz fort zu einer mehr oder weniger umfangreichen Gesetzgebung. Je verwickelter diese Gesetzgebung wird, desto weiter entfernt sich ihre Ausdrucksweise von der, in welcher die gewöhnlichen ökonomischen Lebensbedingungen der Gesellschaft ausgedrückt werden. Sie erscheint als ein selbständiges Element, das nicht aus den ökonomischen Verhältnissen, sondern aus eignen, inneren Gründen, meinetwegen aus dem »Willensbegriff« die Berechtigung seiner Existenz und die Begründung seiner Fortentwicklung hernimmt. Die Menschen vergessen die Abstammung ihres Rechts aus ihren ökonomischen Lebensbedingungen, wie sie ihre eigne Abstammung aus dem Tierreich vergessen haben. Mit der Fortbildung der Gesetzgebung zu einem verwickelten, umfangreichen Ganzen tritt die Notwendigkeit einer neuen gesellschaftlichen Arbeitsteilung hervor; es bildet sich ein Stand berufsmäßiger Rechtsgelehrten, und mit diesen entsteht die Rechtswissenschaft. Diese vergleicht in ihrer weitern Entwicklung die Rechtssysteme verschiedner Völker und verschiedner Zeiten miteinander, nicht als Abdrücke der jedesmaligen ökonomischen Verhältnisse, sondern als Systeme, die ihre Begründung in sich selbst finden. Die Vergleichung setzt Gemeinsames voraus: dieses findet sich, indem die Juristen das mehr oder weniger Gemeinschaftliche aller dieser Rechtssysteme als *Naturrecht* zusammenstellen. Der Maßstab aber, an dem gemessen wird, was Naturrecht ist und nicht, ist eben der abstrakteste Ausdruck des Rechts selbst: die *Gerechtigkeit*. Von jetzt an ist also die Entwicklung des Rechts für die Juristen und die, die ihnen aufs Wort glauben, nur noch das Bestreben, die menschlichen Zustände, soweit sie juristisch ausgedrückt werden, dem Ideal der Gerechtigkeit, der *ewigen* Gerechtigkeit immer wieder näherzubringen. Und diese Gerechtigkeit ist immer nur der ideologisierte, verhimmelte Ausdruck der bestehnden ökonomischen Verhältnisse, bald nach ihrer konservativen, bald nach ihrer revolutionären Seite hin. Die Gerechtigkeit der Griechen und Römer fand die Sklaverei gerecht: die Gerechtigkeit der Bourgeois von 1789 forderte die Aufhebung des Feudalismus, weil er ungerecht sei.

Für die preußischen Junker ist selbst die faule Kreisordnung eine Verletzung der ewigen Gerechtigkeit. Die Vorstellung von der ewigen Gerechtigkeit wechselt also nicht nur mit der Zeit und dem Ort, sondern selbst mit den Personen, und gehört zu den Dingen, worunter, wie Mülberger richtig bemerkt, »jeder etwas anderes versteht«. Wenn im gewöhnlichen Leben bei der Einfachheit der Verhältnisse, die da zur Beurteilung kommen, Ausdrücke wie recht, unrecht, Gerechtigkeit, Rechtsgefühl auch in Beziehung auf gesellschaftliche Dinge ohne Mißverständnis hingenommen werden, so richten sie in wissenschaftlichen Untersuchungen über ökonomische Verhältnisse, wie wir gesehn haben, dieselbe heillose Verwirrung an, die z. B. in der heutigen Chemie entstehn würde, wollte man die Ausdrucksweise der phlogistischen Theorie beibehalten. Noch schlimmer wird die Verwirrung, wenn man, wie Proudhon, an dies soziale Phlogiston, die »Gerechtigkeit«, glaubt oder, wie Mülberger beteuert, mit dem Phlogiston nicht minder als mit dem Sauerstoff habe es seine vollkommene Richtigkeit.*

III

Mülberger beschwert sich ferner, ich nenne seine »emphatische« Auslassung darüber.

»daß es keinen furchtbareren Hohn auf die ganze Kultur unseres gerühmten Jahrhunderts gibt als die Tatsache, daß in den großen Städten 90 Prozent und darüber der Bevölkerung keine Stätte haben, die sie ihr eigen nennen können«

– eine reaktionäre Jeremiade. Allerdings. Hätte Mülberger sich darauf beschränkt, wie er vorgibt, die »Greuel der Gegenwart« zu schildern, ich hätte »ihm und seinen bescheidenen Worten« sicher kein böses Wort nachgesagt. Er tut aber etwas ganz andres. Er schildert diese »Greuel« als *Wirkung* davon, daß die Arbeiter »*keine Stätte haben, die sie ihr eigen nennen können*«. Ob man »die Greuel der Gegenwart« aus der Ursache beklagt, daß das Hauseigentum der Arbeiter abgeschafft ist, oder wie die Junker tun, aus der, daß der Feudalismus und die Zünfte abgeschafft sind –

* Vor der Entdeckung des Sauerstoffs erklärten sich die Chemiker die Verbrennung des Körpers in atmosphärischer Luft durch die Annahme eines eignen Brennstoffs, des Phlogiston, der bei der Verbrennung entweicht. Da sie fanden, daß verbrannte einfache Körper nach der Verbrennung mehr wogen als vorher, erklärten sie, das Phlogiston habe eine negative Schwere, so daß ein Körper ohne sein Phlogiston mehr wiege als mit ihm. Auf diese Weise wurden dem Phlogiston allmählich die Haupteigenschaften des Sauerstoffs angedichtet, aber alle *umgekehrt*. Die Entdeckung, daß die Verbrennung in der Verbindung der brennenden Körper mit einem andern, dem Sauerstoff, bestehe, und die Darstellung dieses Sauerstoffs machte dieser Annahme – aber erst nach langem Widerstand der ältern Chemiker – ein Ende.

in beiden Fällen kann nichts herauskommen als eine reaktionäre Jeremiade, ein Klagelied über das Hereinbrechen des Unvermeidlichen, des geschichtlich Notwendigen. Die Reaktion liegt eben darin, daß Mülberger das individuelle Hauseigentum der Arbeiter wiederherstellen will – eine Sache, über die die Geschichte längst reinen Bord gemacht hat; daß er sich die Befreiung der Arbeiter nicht anders denken kann als so, daß jeder wieder Eigentümer seines Hauses wird.

Weiter:

»Ich sage aufs ausdrücklichste: Der eigentliche Kampf gilt der kapitalistischen Produktionsweise, und nur *aus ihrer Umänderung heraus* ist eine Besserung der Wohnungsverhältnisse zu hoffen. Engels sieht von alledem nichts ... ich setze die ganze Lösung der sozialen Frage voraus, um zur Ablösung der Mietswohnung schreiten zu können.«

Leider sehe ich von alledem auch heute noch nichts. Ich kann doch unmöglich wissen, was jemand, dessen Namen ich nicht einmal kannte, im stillen Kämmerlein seines Gehirns voraussetzt. Ich kann mich nur an die gedruckten Artikel Mülbergers halten. Und da finde ich auch heute noch, daß Mülberger (Seite 15 und 16 des Separatabdrucks), um zur Ablösung der Mietwohnung schreiten zu können, nichts voraussetzt als – die Mietwohnung. Erst auf Seite 17 faßt er »die Produktivität des Kapitels bei den Hörnern«, worauf wir noch zurückkommen. Und selbst in seiner Antwort bestätigt er dies, wenn er sagt:

»Es galt vielmehr zu zeigen, wie aus den bestehenden Verhältnissen heraus eine vollständige Umänderung in der Wohnungsfrage durchgesetzt werden könne.«

Aus den bestehenden Verhältnissen heraus, und aus der Umänderung (soll heißen Abschaffung) der kapitalistischen Produktionsweise heraus, sind doch wohl ganz entgegengesetzte Dinge.
Kein Wunder, daß Mülberger sich beklagt, wenn ich in den philanthropischen Bestrebungen der Herren Dollfus und anderer Fabrikanten, den Arbeitern zu eigenen Häusern zu verhelfen, die einzig mögliche praktische Verwirklichung seiner proudhonistischen Projekte finde. Wenn er einsähe, daß Proudhons Plan zur Gesellschaftsrettung eine sich durchaus auf dem Boden der *bürgerlichen* Gesellschaft bewegende Phantasie ist, so würde er selbstredend nicht daran glauben. Seinen guten Willen habe ich ja nie und nirgends bezweifelt. Warum aber lobt er denn Dr. Reschauer dafür, daß er die Dollfusschen Projekte dem Wiener Stadtrat zur Nachahmung vorschlägt?
Ferner erklärt Mülberger:

»Was speziell den Gegensatz zwischen Stadt und Land betrifft, so gehört es unter die Utopien, ihn aufheben zu wollen. Dieser Gegensatz ist ein natürlicher, richtiger gesagt, ein historisch gewordener . . . . Es gilt nicht, diesen Gegensatz *aufzuheben*, sondern politische und soziale Formen zu finden, in denen er *unschädlich*, ja sogar *fruchtbringend* ist. Auf diese Weise ist ein friedlicher Ausgleich, ein allmähliches Gleichgewicht der Interessen zu erwarten.«

Also die Aufhebung des Gegensatzes von Stadt und Land ist eine Utopie, *weil* dieser Gegensatz ein natürlicher, richtiger gesagt, ein historisch gewordener ist. Wenden wir diese Logik auf andere Gegensätze der modernen Gesellschaft an, und sehen wir, wohin wir dann kommen. Zum Beispiel:
»Was speziell den Gegensatz zwischen« Kapitalisten und Lohnarbeitern »betrifft, so gehört es unter die Utopien, ihn aufheben zu wollen. Dieser Gegensatz ist ein natürlicher, richtiger gesagt, ein historisch gewordener. Es gilt nicht, diesen Gegensatz *aufzuheben*, sondern politische und soziale Formen zu finden, in denen er *unschädlich*, ja sogar *fruchtbringend* ist. Auf diese Weise ist ein friedlicher Ausgleich, ein allmähliches Gleichgewicht der Interessen zu erwarten.«
Womit wir wieder bei Schultze-Delitzsch angekommen sind.
Die Aufhebung des Gegensatzes zwischen Stadt und Land ist nicht mehr und nicht minder eine Utopie als die Aufhebung des Gegensatzes zwischen Kapitalisten und Lohnarbeitern. Sie wird von Tag zu Tag mehr eine praktische Forderung der industriellen wie ackerbauenden Produktion. Niemand hat sie lauter gefordert als Liebig in seinen Schriften über die Chemie des Ackerbaus, worin stets seine erste Forderung ist, daß der Mensch an den Acker das zurückgebe, was er von ihm erhält, und worin er beweist, daß nur die Existenz der Städte, namentlich der großen Städte, dies verhindert. Wenn man sieht, wie hier in London allein eine größere Menge Dünger als das ganze Königreich Sachsen produziert, Tag für Tag unter Aufwendung ungeheurer Kosten – in die See geschüttet wird, und welche kolossalen Anlagen nötig werden, um zu verhindern, daß dieser Dünger nicht ganz London vergiftet, so erhält die Utopie von der Abschaffung des Gegensatzes zwischen Stadt und Land eine merkwürdig praktische Grundlage. Und selbst das verhältnismäßig unbedeutende Berlin erstickt seit mindestens dreißig Jahren in seinem eigenen Dreck. Andererseits ist es eine reine Utopie, wenn man, wie Proudhon, die jetzige bürgerliche Gesellschaft umwälzen und den Bauer als solchen erhalten will. Nur eine möglichst gleichmäßige Verteilung der Bevölkerung über das ganze Land, nur eine innige Verbindung der industriellen mit der ackerbauenden Produktion, nebst der dadurch nötig werdenden Ausdehnung der Kommunikationsmittel – die Abschaffung der kapitalistischen Produktionsweise dabei vorausgesetzt – ist imstande, die Landbevölkerung aus der Isolierung und Verdummung herauszureißen, in der sie seit Jahrtausenden fast unverändert vegetiert. Nicht

das ist eine Utopie, zu behaupten, daß die Befreiung der Menschen aus den durch ihre geschichtliche Vergangenheit geschmiedeten Ketten erst dann vollständig sein wird, wenn der Gegensatz zwischen Stadt und Land abgeschafft ist; die Utopie entsteht erst dann, wenn man sich unterfängt, »aus den bestehenden Verhältnissen heraus« die *Form* vorzuschreiben, worin dieser oder irgendein anderer Gegensatz der bestehenden Gesellschaft *gelöst* werden soll. Und das tut Mülberger, indem er sich die Proudhonsche Formel für die Lösung der Wohnungsfrage aneignet.

Dann beschwert sich Mülberger, daß ich ihn für »die ungeheuerlichen Anschauungen Proudhons über Kapital und Zins« gewissermaßen mitverantwortlich mache, und sagt:

»Ich setze die Änderung der Produktionsverhältnisse *als gegeben voraus*, und das den Zinsfuß regelnde Übergangsgesetz hat nicht die Produktionsverhältnisse, sondern die gesellschaftlichen Umsetzungen, die Zirkulationsverhältnisse zum Gegenstand... Die Änderung der Produktionsverhältnisse, oder wie die deutsche Schule genauer sagt, die Abschaffung der kapitalistischen Produktionsweise, ergibt sich freilich nicht, wie mir Engels *andichtet*, aus einem den Zins aufhebenden Übergangsgesetz, sondern aus der *faktischen Besitzergreifung sämtlicher Arbeitsinstrumente*, aus der Inbesitznahme der gesamten Industrie von seiten des arbeitenden Volks. Ob das arbeitende Volk hierbei mehr der Ablösung oder mehr der sofortigen Expropriation huldigen (!) wird, hat weder Engels noch ich zu entscheiden.«

Ich reibe mir erstaunt die Augen. Ich lese Mülbergers Abhandlung nochmals von Anfang bis zu Ende durch, um die Stelle zu finden, wo er erklärt, daß seine Ablösung der Mietwohnung »die faktische Besitzergreifung sämtlicher Arbeitsinstrumente, die Inbesitznahme der gesamten Industrie von seiten des arbeitenden Volks« als fertig voraussetze. Ich finde die Stelle nicht. Sie existiert nicht. Von »faktischer Besitzergreifung« usw. ist nirgend die Rede. Wohl aber heißt es Seite 17:

»Wir nehmen nun an, die Produktivität des Kapitals *werde wirklich bei den Hörnern gefaßt*, wie das früher oder später geschehen muß, z. B. *durch ein Übergangsgesetz, welches den Zins aller Kapitalien auf ein Prozent festsetzt*, wohlgemerkt, mit der Tendenz, auch diesen Prozentsatz immer mehr dem Nullpunkt zu nähern... Wie alle andern Produkte, ist natürlich auch Haus und Wohnung in den Rahmen dieses Gesetzes gefaßt... Wir sehen also von dieser Seite her, daß sich die Ablösung der Mietwohnung *mit Notwendigkeit ergibt als eine Folge der Abschaffung der Produktivität des Kapitals überhaupt.*«

Hier wird also, ganz im Gegensatz zu Mülbergers neuester Wendung, mit dürren Worten gesagt, daß die Produktivität des Kapitals, unter welcher konfusen Phrase er eingestandenermaßen die kapitalistische Produktionsweise versteht, durch das Zinsabschaffungsgesetz allerdings »bei den Hörnern gefaßt werde« und daß gerade infolge dieses Gesetzes »die Ablösung der Mietwohnung sich mit Notwendigkeit ergibt als eine Folge der Abschaffung der Produktivität des Kapitals überhaupt«. Keineswegs, sagt Mülberger jetzt. Jenes Übergangsgesetz hat »nicht die *Produktions*verhältnisse, sondern die *Zirkulations*verhältnisse zum Gegenstand.« Es bleibt mir in diesem vollkommenen Widerspruch, der nach Goethe »gleich geheimnisvoll für die Weise wie für Toren«, nur übrig anzunehmen, daß ich es mit zwei ganz verschiedenen Mülbergern zu tun habe, von denen der eine sich mit Recht beschwert, ich habe ihm das »angedichtet«, was der andere hat drucken lassen.

Daß das arbeitende Volk weder mich noch Mülberger fragen wird, ob es bei der faktischen Besitzergreifung »mehr der Ablösung oder mehr der sofortigen Expropriation huldigen wird«, das ist sicher richtig. Es wird höchstwahrscheinlich vorziehen, überhaupt nicht zu »huldigen«. Aber von faktischer Besitzergreifung sämtlicher Arbeitsinstrumente durch das arbeitende Volk war ja gar nicht die Rede, sondern nur von Mülbergers Behauptung (S. 17), daß »der Gesamtinhalt der Lösung der Wohnungsfrage in dem Wort: *Ablösung* gegeben« sei. Wenn er jetzt diese Ablösung für äußerst zweifelhaft erklärt, wozu dann uns beiden und den Lesern all die nutzlose Mühe machen?

Übrigens muß konstatiert werden, daß die »faktische Besitzergreifung« sämtlicher Arbeitsinstrumente, die Inbesitznahme der gesamten Industrie von seiten des arbeitenden Volks, das gerade Gegenteil ist von der proudhonistischen »Ablösung«. Bei der letzteren wird der *einzelne Arbeiter* Eigentümer der Wohnung, des Bauernhofs, des Arbeitsinstruments; bei der ersteren bleibt das »arbeitende Volk« Gesamteigentümer der Häuser, Fabriken und Arbeitsinstrumente, und wird deren Nießbrauch, wenigstens während einer Übergangszeit, schwerlich ohne Entschädigung der Kosten an einzelne oder Gesellschaften überlassen. Gerade wie die Abschaffung des Grundeigentums nicht die Abschaffung der Grundrente ist, sondern ihre Übertragung, wenn auch in modifizierter Weise, an die Gesellschaft. Die faktische Besitznahme sämtlicher Arbeitsinstrumente durch das arbeitende Volk schließt also die Beibehaltung des Mietverhältnisses keineswegs aus.

Überhaupt handelt es sich nicht um die Frage, ob das Proletariat, wenn es zur Macht gelangt, die Produktionsinstrumente, Rohstoffe und Lebensmittel einfach gewaltsam in Besitz nimmt, ob es sofort Entschädigung dafür zahlt oder das Eigentum daran durch langsame Ratenzahlungen ablöst. Eine solche Frage im voraus und für alle Fälle beantworten zu wollen hieße Utopien fabrizieren, und das überlasse ich andern.

IV

So viel Schreiberei war nötig, um durch die mannigfachen Ausflüchte und Windungen Mülbergers hindurch endlich auf die Sache selbst zu kommen, die Mülberger in seiner Antwort sorgfältig zu berühren vermeidet.

Was hatte Mülberger in einer Abhandlung Positives gesagt?

Erstens, »der Unterschied zwischen dem ursprünglichen Kostenpreis eines Hauses, Bauplatzes usw. und seinem heutigen Wert« gehöre von Rechts wegen der Gesellschaft. Dieser Unterschied heißt in ökonomischer Sprache Grundrente. Diese will Proudhon ebenfalls der Gesellschaft zueignen, wie man in »Idée générale de la Révolution«, Ausgabe 1868, Seite 219, lesen kann.

Zweitens, die Lösung der Wohnungsfrage bestehe darin, daß jeder, statt Mieter, Eigentümer seiner Wohnung wird.

Drittens, diese Lösung vollzieht sich, indem man die Mietezahlungen durch ein Gesetz in Abzahlungen auf den Kaufpreis der Wohnung verwandelt. – Diese Punkte 2 und 3 sind beide aus Proudhon entlehnt, wie jedermann in »Idée générale de la Révolution«, Seite 199 und folgende, ersehen kann, und wo sich sogar Seite 203 der betreffende Gesetzentwurf fertig redigiert vorfindet.

Viertens, daß die Produktivität des Kapitals bei den Hörnern gefaßt wird durch ein Übergangsgesetz, wodurch der Zinsfuß vorläufig auf 1 Prozent, vorbehaltlich späterer weiterer Erniedrigung, herabgesetzt wird. Dies ist ebenfalls aus Proudhon entlehnt, wie in »Idée générale«, Seite 182–186, ausführlich zu lesen.

Ich habe bei jedem dieser Punkte die Stelle bei Proudhon zitiert, worin sich das Original der Mülbergerschen Kopie findet, und frage nun, ob ich berechtigt war, den Verfasser eines durchaus proudhonistischen und nichts als proudhonistische Anschauungen enthaltenden Artikels einen Proudhonisten zu nennen oder nicht? Und doch beschwert sich Mülberger über nichts bitterer, als daß ich ihn so nenne, weil ich »auf einige *Wendungen* stieß, wie sie Proudhon eigentümlich sind«! Im Gegenteil. Die »*Wendungen*« gehören alle Mülberger, der *Inhalt* gehört Proudhon. Und wenn ich dann die proudhonistische Abhandlung aus Proudhon ergänze, so klagt Mülberger, ich schiebe ihm die »ungeheuerlichen Anschauungen« Proudhons unter!

Was habe ich nun auf diesen proudhonistischen Plan entgegnet?

Erstens, daß Übertragung der Grundrente an den Staat gleichbedeutend ist mit Abschaffung des individuellen Grundeigentums.

Zweitens, daß die Ablösung der Mietwohnung und die Übertragung des Eigentums der Wohnung an den bisherigen Mieter die kapitalistische Produktionsweise gar nicht berührt.

Drittens, daß dieser Vorschlag bei der jetzigen Entwicklung der großen Industrie und der Städte ebenso abgeschmackt wie reaktionär ist und daß die Wiedereinführung des individuellen Eigentums jedes einzelnen an seiner Wohnung ein Rückschritt wäre.

Viertens, daß die zwangsmäßige Herabsetzung des Kapitalzinses die kapitalistische Produktionsweise keineswegs angreift, im Gegenteil, wie die Wuchergesetze beweisen, ebenso uralt wie unmöglich ist.

Fünftens, daß mit Abschaffung des Kapitalzinses das Mietgeld für Häuser keineswegs abgeschafft ist.

Punkt 2 und 4 hat Mülberger jetzt zugegeben. Auf die andern Punkte erwidert er kein Wort. Und doch sind dies grade die Punkte, um die es sich in der Debatte handelt. Aber Mülbergers Antwort ist keine Widerlegung; sie umgeht sorgfältig alle ökonomischen Punkte, welche doch die entscheidenden sind; sie ist eine persönliche Beschwerdeschrift, weiter nichts. So beklagt er sich, wenn ich seine angekündigte Lösung andrer Fragen, z. B. Staatsschulden, Privatschulden, Kredit, vorwegnehme und sage: die Lösung sei überall die, daß, wie bei der Wohnungsfrage, der Zins abgeschafft, die Zinszahlungen in Abzahlungen auf den Kapitalbetrag verwandelt und der Kredit kostenfrei gemacht wird. Trotzdem möchte ich noch heute wetten, daß, wenn diese Mülbergerschen Artikel das Licht der Welt erblicken, ihr wesentlicher Inhalt mit Proudhons »Idée générale«: Kredit Seite 182, Staatsschulden Seite 186, Privatschulden Seite 196, ebenso stimmen wird, wie diejenige über die Wohnungsfrage mit den zitierten Stellen desselben Buchs.

Bei dieser Gelegenheit belehrt mich Mülberger, daß diese Fragen, wie Steuern, Staatsschulden, Privatschulden, Kredit, wozu jetzt noch die Autonomie der Gemeinde kommt, für den Bauer und für die Propaganda auf dem Lande von der höchsten Wichtigkeit sind. Großenteils einverstanden; aber 1. war von den Bauern bisher gar nicht die Rede, und 2. sind die Proudhonschen »Lösungen« aller dieser Fragen ebenso ökonomisch widersinnig und ebenso wesentlich bürgerlich, wie seine Lösung der Wohnungsfrage. Gegen die Andeutung Mülbergers, als verkennte ich die Notwendigkeit, die Bauern in die Bewegung zu ziehn, brauche *ich* mich nicht zu verteidigen. Aber das halte ich allerdings für Torheit, zu diesem Zweck den Bauern die Proudhonsche Wunderdoktorei anzuempfehlen. In Deutschland besteht noch sehr viel großes Grundeigentum. Nach der Proudhonschen Theorie müßte dies alles in kleine Bauernhöfe zerteilt werden, was beim heutigen Stand der Ackerbauwissenschaft und nach den in Frankreich und Westdeutschland mit dem Parzellen-Grundeigentum gemachten Erfahrungen geradezu reaktionär wäre. Das noch bestehnde große Grundeigentum wird uns vielmehr eine willkommne Handhabe bieten, den Ackerbau im großen, der allein alle modernen Hilfsmittel, Maschinen usw. anwenden kann, durch assoziierte Arbeiter betreiben zu lassen und dadurch den Kleinbauern die Vorteile des Großbetriebs vermittelst der Assoziation augenscheinlich zu machen. Die dänischen Sozialisten, in dieser Beziehung allen andern voraus, haben dies längst eingesehn.

Ebensowenig habe ich nötig, mich dagegen zu verteidigen, als erschienen mir die heutigen infamen Wohnungszustände der Arbeiter »als unbedeutende Kleinigkeit«. Ich bin, soviel ich weiß, der erste gewesen, der in deutscher Sprache diese Zustände in ihrer klassisch entwickelten Form, wie sie in England bestehn, geschildert hat: nicht, wie Mülberger meint, weil sie »meinem *Rechtsgefühl* ins Gesicht schlagen« – wer alle Tatsachen, die seinem Rechtsgefühl ins Gesicht schlagen, in Bücher verwandeln wollte, der hätte viel zu tun – sondern, wie in der Vorrede meines Buchs zu lesen, um dem damals entstehnden, in hohlen Phrasen herumfahrenden deutschen Sozialismus eine tatsächliche Unterlage zu geben durch Beschreibung der von der modernen großen Industrie geschaffnen Gesellschaftszustände. Aber die sogenannte Wohnungs*frage* lösen zu wollen, das fällt mir allerdings nicht ein, ebensowenig wie ich mich mit den Details der Lösung der noch wichtigeren *Eßfrage* befasse. Ich bin zufrieden, wenn ich nachweisen kann, daß die Produktion unsrer modernen Gesellschaft hinreichend ist, um allen Gesellschaftsgliedern genug zu essen zu verschaffen, und daß Häuser genug vorhanden sind, um den arbeitenden Massen vorläufig ein geräumiges und gesundes Unterkommen zu bieten. Wie eine zukünftige Gesellschaft die Verteilung des Essens und der Wohnungen regeln wird, darüber zu spekulieren, führt direkt in die *Utopie*. Wir können höchstens aus der Einsicht in die Grundbedingungen der sämtlichen bisherigen Produktionsweisen feststellen, daß mit dem Fall der kapitalistischen Produktion gewisse Aneignungsformen der bisherigen Gesellschaft unmöglich werden. Selbst die Übergangsmaßregeln werden sich überall nach den augenblicklich bestehenden Verhältnissen zu richten haben, in Ländern kleinen Grundeigentums wesentlich andere sein als in Ländern großen Grundbesitzes usw. Wohin man kommt, wenn man für diese sogenannten praktischen Fragen, wie Wohnungsfrage usw., Einzellösungen sucht, beweist uns niemand besser als Mülberger selbst, der erst auf 28 Seiten auseinandersetzt, wie »der Gesamtinhalt der Lösung der Wohnungsfrage in dem Wort: *Ablösung* gegeben sei«, um dann, sowie man ihm auf den Leib rückt, verlegen zu stammeln, es sei in der Tat sehr fraglich, ob bei der faktischen Besitzergreifung der Häuser »das arbeitende Volk mehr der Ablösung huldigen werde« oder irgendeiner andern Form der Expropriation.

Mülberger verlangt, wir sollen *praktisch* werden, wir sollen »den wirklichen praktischen Verhältnissen gegenüber« nicht »nur tote abstrakte Formeln ins Feld führen«, wir sollen »aus dem abstrakten Sozialismus heraus und *an die bestimmten konkreten Verhältnisse der Gesellschaft herantreten*«. Hätte Mülberger dies getan, so hätte er sich vielleicht große Verdienste um die Bewegung erworben. Der erste Schritt beim Herantreten an die bestimmten konkreten Verhältnisse der Gesellschaft besteht doch wohl darin, daß man sie kennenlernt, daß man sie nach ihrem bestehenden ökonomischen Zusammenhang untersucht. Und was finden wir da bei Mülberger? Zwei ganze Sätze, und zwar:

1. »Was der Lohnarbeiter gegenüber dem Kapitalisten, das ist der Mieter gegenüber dem Hausbesitzer.«

Ich habe Seite 6 des Separatabdrucks nachgewiesen, daß dies total falsch ist, und Mülberger hat kein Wort darauf zu erwidern.

2. »Der Stier aber, der« (bei der sozialen Reform) »bei den Hörnern gefaßt werden muß, ist *die Produktivität des Kapitals,* wie es die liberale Schule der Nationalökonomie nennt, die *in Wahrheit nicht existiert,* die aber in *ihrer scheinbaren Existenz* zum Deckmantel aller Ungleichheit dient, welche auf der heutigen Gesellschaft lastet.«

Der Stier, der bei den Hörnern gefaßt werden muß, existiert also »*in Wahrheit nicht*«, hat also auch keine »Hörner«. Nicht er selbst, sondern seine *scheinbare Existenz* ist vom Übel. Trotzdem ist die »sogenannte Produktivität« (des Kapitals) »imstande, Häuser und Städte aus dem Boden zu zaubern«, deren Existenz alles, nur nicht »scheinbar« ist. (S. 12.) Und ein Mann, der, obwohl Marx' »Kapital« »auch ihm wohlbekannt« ist, in dieser hülflos verworrenen Weise über das Verhältnis von Kapital und Arbeit radebrecht, unternimmt es, den deutschen Arbeitern einen neuen und bessern Weg weisen zu wollen, und gibt sich aus für den »Baumeister«, der »sich über das architektonische Gefüge der zukünftigen Gesellschaft wenigstens im großen und ganzen klar« ist?

Niemand ist näher »an die bestimmten konkreten Verhältnisse der Gesellschaft herangetreten« als Marx im »*Kapital*«. Er hat fünfundzwanzig Jahre darauf verwandt, sie nach allen Seiten hin zu untersuchen, und die Resultate seiner Kritik enthalten überall ebenfalls die Keime der sogenannten Lösungen, soweit solche überhaupt heutzutage möglich sind. Das aber genügt Freund Mülberger nicht. Das ist alles abstrakter Sozialismus, tote abstrakte Formeln. Statt die »bestimmten konkreten Verhältnisse der Gesellschaft« zu studieren, begnügt sich Freund Mülberger mit der Lektüre einiger Bände Proudhon, die ihm zwar so gut wie nichts über die bestimmten konkreten Verhältnisse der Gesellschaft bieten, dagegen aber sehr bestimmte konkrete Wunderkuren für alle gesellschaftlichen Übel, und bringt diesen fertigen sozialen Rettungsplan, dies Proudhonsche *System,* vor die deutschen Arbeiter unter dem Vorwand, *er* wolle »den *Systemen* Adieu sagen«, während ich »den umgekehrten Weg wähle!« Um dies zu begreifen, muß ich annehmen, daß ich blind bin und Mülberger taub, so daß eine jede Verständigung zwischen uns rein unmöglich ist.

Genug. Wenn diese Polemik zu weiter nichts dient, so hat sie jedenfalls das Gute, den **Beweis** geliefert zu haben, was es mit der Praxis dieser sich so nennenden »praktischen« Sozialisten auf sich hat. Diese praktischen Vorschläge zur Beseitigung aller sozialen Übel, diese gesellschaftlichen Allerweltsheilmittel, sind stets und überall das Fabrikat von Sektenstiftern gewesen, die zu einer Zeit auftragen, wo die proletarische Bewegung noch in ihrer Kindheit lag. Auch Proudhon gehört zu ihnen. Die Entwicklung des Proletariats wirft diese Kinderwindeln bald beiseite und erzeugt in der Arbeiterklasse selbst die Einsicht, daß nichts unpraktischer ist, als diese vorher ausgeklügelten, auf alle Fälle anwendbaren »praktischen Lösungen«, und daß der praktische Sozialismus vielmehr in einer richtigen Erkenntnis der kapitalistischen Produktionsweise nach ihren verschiednen Seiten hin besteht. Eine Arbeiterklasse, die hierin Bescheid weiß, wird im gegebnen Falle *nie* in Verlegenheit sein, gegen welche sozialen Institute und in welcher Weise sie ihre Hauptangriffe zu richten hat.

VORWORT
[zur zweiten Auflage][34]

Die nachfolgende Schrift ist der Wiederabdruck dreier Artikel, die ich 1872 in den Leipziger »Volksstaat« schrieb. Damals ergoß sich grade der französische Milliardenregen über Deutschland; Staatsschulden wurden abgezahlt, Festungen und Kasernen gebaut, die Bestände von Waffen und Militäreffekten erneuert; das disponible Kapital nicht minder als die zirkulierende Geldmenge wurden plötzlich enorm vermehrt, und das alles grade zu einer Zeit, wo Deutschland nicht nur als »einiges Reich«, sondern auch als großes Industrieland auf der Weltbühne auftrat. Die Milliarden gaben der jungen Großindustrie einen mächtigen Aufschwung; sie vor allem waren es, die die kurze, illusionsreiche Periode der Prosperität nach dem Krieg, und gleich darauf, 1873/74, den großen Krach zuwege brachten, durch welchen Deutschland sich als weltmarktfähiges Industrieland bewährte.

Die Zeit, worin ein uraltes Kulturland einen solchen, obendrein durch so günstige Umstände beschleunigten Übergang von der Manufaktur und dem Kleinbetrieb zur großen Industrie macht, ist auch vorwiegend die Zeit der »Wohnungsnot«. Einerseits werden Massen ländlicher Arbeiter plötzlich in die großen Städte gezogen, die sich zu industriellen Mittelpunkten entwickeln; andrerseits entspricht die Bauanlage dieser älteren Städte nicht mehr den Bedingungen der neuen Großindustrie und des ihr entsprechenden Verkehrs; Straßen werden erweitert und neu durchgebrochen, Eisenbahnen mitten durchgeführt. In demselben Augenblick, wo Arbeiter haufenweis zuströmen, werden die Arbeiterwohnungen massenweis eingerissen. Daher die plötzliche Wohnungsnot der Arbeiter und des auf Arbeiterkundschaft angewiesenen Kleinhandels und Kleingewerbs. In Städten, die von vornherein als Industriezentren entstanden, ist diese Wohnungsnot so gut wie unbekannt. So in Manchester, Leeds, Bradford, Barmen-Elberfeld. Dagegen in London, Paris, Berlin, Wien hat sie ihrerzeit akute Form angenommen und besteht meist chronisch fort.

Es war also grade diese akute Wohnungsnot, dies Symptom der sich in Deutschland vollziehenden industriellen Revolution, die damals die Presse mit Abhandlungen über die »Wohnungsfrage« füllte und den Anlaß bot zu allerhand sozialer Quacksalberei. Eine Reihe solcher Artikel verlief sich auch in den »Volksstaat«. Der anonyme Verfasser, der sich später als Herr Dr. med. A. Mülberger aus Württemberg zu erkennen gab, hielt die Gelegenheit für günstig, den deutschen Arbeitern an dieser Frage die Wunderwirkungen der Proudhonschen sozialen Universalmedizin einleuchtend zu machen. Als ich der Redaktion meine Verwunderung über die Aufnahme dieser sonderbaren Artikel zu erkennen gab, wurde ich aufgefordert, zu antworten, was ich auch tat. (Siehe Erster Abschnitt: »Wie Proudhon die Wohnungsfrage löst«.) An diese Reihe von Artikeln knüpfte ich bald darauf eine zweite, worin an der Hand einer Schrift von Dr. Emil Sax die philanthropisch-bürgerliche Auffassung der Frage untersucht wurde. (Zweiter Abschnitt: »Wie die Bourgeoisie die Wohnungsfrage löst«.) Nach längerer Pause beehrte mich sodann Herr Dr. Mülberger mit einer Antwort auf meine Artikel, die mich zu einer Erwiderung zwang (Dritter Abschnitt: »Nachtrag über Proudhon und die Wohnungsfrage«), womit denn sowohl die Polemik wie meine spezielle Beschäftigung mit dieser Frage zum Abschluß kam. Dies die Entstehungsgeschichte dieser drei Reihen von Artikeln, die ebenfalls als Sonderabdruck in Broschürenform erschienen. Wenn jetzt ein neuer Abdruck nötig wird, so verdanke ich dies zweifellos wiederum der wohlwollenden Fürsorge der deutschen Reichsregierung, die den Absatz durch ein Verbot wie immer mächtig förderte und der ich hiermit meinen Dank ergebenst ausspreche.

Für den neuen Abdruck habe ich den Text revidiert, einzelne Zusätze und Anmerkungen eingefügt und einen kleinen ökonomischen Irrtum im ersten Abschnitt berichtigt, da mein Gegner Dr. Mülberger ihn leider nicht herausgefunden hat. Bei dieser Durchsicht kommt mir so recht zum Bewußtsein, welche Riesenfortschritte die internationale Arbeiterbewegung in den letzten vierzehn Jahren gemacht. Damals war es noch eine Tatsache, daß »die romanisch redenden Arbeiter seit zwanzig Jahren keine andre Geistesnahrung hatten als die Werke Proudhons« und allenfalls die weitere Vereinseitigung des Proudhonismus durch den Vater des »Anarchismus«, Bakunin, der in Proudhon »unser aller Meister«, notre maitre à nous tous, sah. Waren auch die Proudhonisten in Frankreich nur eine kleine Sekte unter den Arbeitern, so waren sie doch die einzigen, die ein bestimmt formuliertes Programm hatten und die unter der Kommune die Führung auf ökonomischem Gebiet übernehmen konnten. In Belgien herrschte der Proudhonismus unter den wallonischen Arbeitern unbestritten, und in Spanien und Italien war, mit sehr vereinzelten Ausnahmen, in der Arbeiterbewegung alles, was nicht anarchistisch war, entschieden proudhonistisch. Und heute? In Frankreich ist Proudhon unter den Arbeitern vollständig abgetan und hat nur noch Anhänger unter den radikalen Bourgeois und Kleinbürgern, die sich als Proudhonisten auch »Sozialisten« nennen, aber von den sozialistischen Arbeitern aufs heftigste bekämpft werden. In Belgien haben die Flamländer die Wallonen von der Leitung der Bewegung verdrängt, den Proudhonismus abgesetzt und die Bewegung mächtig gehoben. In Spanien wie in Italien hat sich die anarchistische Hochflut der siebziger Jahre verlaufen und die Reste des Proudhonismus mit weggeschwemmt; wenn in Italien die neue Partei noch in der Klärung und Bildung begriffen ist, so hat sich in Spanien der kleine Kern, der als Nueva Federacion Madrilaña treu zum Generalrat der Internationale hielt, zu einer kräftigen Partei entwickelt, die – wie aus der republikanischen Presse selbst zu ersehn – den Einfluß der bürgerlichen Republikaner auf die Arbeiter weit wirksamer zerstört, als ihre lärmvollen anarchistischen Vorgänger dies je gekonnt. An die Stelle der vergessenen Werke Proudhons sind bei den romanischen Arbeitern »Das Kapital«, das »Kommunistische Manifest« und eine Reihe anderer Schriften der Marxschen Schule getreten, und die Hauptforderung von Marx: Besitzergreifung sämtlicher Produktionsmittel, namens der Gesellschaft, durch das zur politischen Alleinherrschaft emporgestiegene Proletariat, ist heute die Forderung der gesamten revolutionären Arbeiterklasse auch in den romanischen Ländern.

Wenn hiernach der Proudhonismus bei den Arbeitern auch der romanischen Länder endgültig verdrängt ist, wenn er nur noch – seiner eigentlichen Bestimmung entsprechend – französischen, spanischen, italienischen und belgischen bürgerlichen Radikalen als Ausdruck ihrer bürgerlichen und kleinbürgerlichen Gelüste dient, warum dann heute noch auf ihn zurückkommen? Warum aufs neue einen verstorbenen Gegner bekämpfen durch Wiederabdruck dieser Artikel? Erstens weil diese Artikel sich nicht auf bloße Polemik gegen Proudhon und seinen deutschen Vertreter beschränken. Infolge der Teilung der Arbeit, die zwischen Marx und mir bestand, fiel es mir zu, unsere Ansichten in der periodischen Presse, also namentlich im Kampf mit gegnerischen Ansichten, zu vertreten, damit Marx für die Ausarbeitung seines großen Hauptwerks Zeit behielt. Ich kam dadurch in die Lage, unsere Anschauungsweise meist in polemischer Form, im Gegensatz zu anderen Anschauungsweisen, darzustellen. So auch hier. Die Abschnitte I und III enthalten nicht nur eine Kritik der Proudhonschen Auffassung der Frage, sondern auch die Darstellung unsrer eignen Auffassung.

Zweitens aber hat Proudhon in der Geschichte der europäischen Arbeiterbewegung eine viel zu bedeutende Rolle gespielt, als daß er so ohne weiteres der Vergessenheit verfallen könnte. Theoretisch abgetan, praktisch beiseite geschoben, behält er sein historisches Interesse. Wer sich einigermaßen eingehend mit dem modernen

Sozialismus beschäftigt, der muß auch die »überwundnen Standpunkte« der Bewegung kennenlernen. Marx' »Elend der Philosophie« erschien mehrere Jahre ehe Proudhon seine praktischen Vorschläge der Gesellschaftsreform aufstellte; Marx konnte hier nur die Proudhonsche Tauschbank im Keim entdecken und kritisieren. Seine Schrift wird also nach dieser Seite durch die vorliegende ergänzt, leider unvollkommen genug. Marx würde das alles viel besser und schlagender abgemacht haben.

Endlich aber ist der Bourgeois- und kleinbürgerliche Sozialismus in Deutschland bis auf diese Stunde stark vertreten. Und zwar einerseits durch Kathedersozialisten und Menschenfreunde aller Art, bei denen der Wunsch, die Arbeiter in Eigentümer ihrer Wohnung zu verwandeln, noch immer eine große Rolle spielt, denen gegenüber also meine Arbeit noch immer am Platze ist. Andererseits aber in der sozialdemokratischen Partei selbst, bis in die Reichstagsfraktion hinein, findet ein gewisser kleinbürgerlicher Sozialismus seine Vertretung. Und zwar in der Weise, daß man zwar die Grundanschauungen des modernen Sozialismus und die Forderung der Verwandlung aller Produktionsmittel in gesellschaftliches Eigentum als berechtigt anerkennt, aber ihre Verwirklichung nur in entfernter, praktisch unabsehbarer Zeit für möglich erklärt. Damit ist man denn für die Gegenwart auf bloßes soziales Flickwerk angewiesen und kann je nach Umständen selbst mit den reaktionärsten Bestrebungen zur sogenannten »Hebung der arbeitenden Klasse« sympathisieren. Das Bestehen einer solchen Richtung ist ganz unvermeidlich in Deutschland, dem Land des Spießbürgertums par excellence, und zu einer Zeit, wo die industrielle Entwicklung dies alteingewurzelte Spießbürgertum gewaltsam und massenweise entwurzelt. Es ist auch für die Bewegung ganz ungefährlich bei dem wunderbar gesunden Sinn unserer Arbeiter, der sich gerade in den letzten acht Jahren des Kampfs gegen Sozialistengesetz, Polizei und Richter so glänzend bewährt hat. Aber es ist nötig, daß man sich darüber klar werde, daß eine solche Richtung besteht. Und wenn, wie dies notwendig und sogar wünschenswert ist, diese Richtung später einmal festere Form und bestimmtere Umrisse annimmt, dann wird sie zur Formulierung ihres Programms auf ihre Vorgänger zurückgehn müssen, und dabei wird auch Proudhon schwerlich übergangen werden.

Der Kern sowohl der großbürgerlichen wie der kleinbürgerlichen Lösung der »Wohnungsfrage« ist das Eigentum des Arbeiters an seiner Wohnung. Dies aber ist ein Punkt, der durch die industrielle Entwicklung Deutschlands in den letzten zwanzig Jahren eine ganz eigentümliche Beleuchtung erhalten hat. In keinem andern Land existieren so viel Lohnarbeiter, die Eigentümer nicht nur ihrer Wohnung, sondern auch noch eines Gartens oder Feldes sind; daneben noch zahlreiche andere, die Haus und Garten oder Feld als Pächter, mit tatsächlich ziemlich gesichertem Besitz innehaben. Die ländliche Hausindustrie, betrieben im Verein mit Gartenbau oder kleiner Ackerwirtschaft, bildet die breite Grundlage der jungen Großindustrie Deutschlands; im Westen sind die Arbeiter vorwiegend Eigentümer, im Osten vorwiegend Pächter ihrer Heimstätten. Diese Verbindung der Hausindustrie mit Garten- und Feldbau, und daher mit gesicherter Wohnung, finden wir nicht nur überall, wo Handweberei noch ankämpft gegen den mechanischen Webstuhl: am Niederrhein und in Westfalen, im sächsischen Erzgebirge und in Schlesien; wir finden sie überall, wo Hausindustrie irgendeiner Art sich als ländliches Gewerbe eingedrängt hat, z. B. im Thüringer Wald und in der Rhön. Bei Gelegenheit der Tabaksmonopol-Verhandlungen stellte sich heraus, wie sehr auch schon die Zigarrenmacherei als ländliche Hausarbeit betrieben wird; und wo irgendein Notstand unter den Kleinbauern eintritt, wie vor einigen Jahren in der Eifel, da erhebt die bürgerliche Presse sofort den Ruf nach Einführung einer passenden Hausindustrie als dem einzigen Hilfsmittel. In der Tat drängt sowohl die wachsende Notlage der deutschen Parzellenbauern wie die allgemeine Lage der deutschen Industrie zu einer immer weitern Ausdehnung der ländlichen Hausindustrie. Es ist dies eine Erscheinung, die Deutschland eigentümlich ist. Etwas Ähnliches finden wir in Frankreich nur ganz ausnahmsweise, z. B. in den Gegenden der Seidenzucht; in England, wo es keine Kleinbauern gibt, beruht die ländliche Hausindustrie auf der Arbeit der Frauen und Kinder der Ackerbautaglöhner; nur in Irland sehn wir die Hausindustrie der Kleiderkonfektion, ähnlich wie in Deutschland, von wirklichen Bauernfamilien betrieben. Von Rußland und andern auf dem industriellen Weltmarkt vertretnen Ländern sprechen wir hier natürlich nicht.

Somit besteht auf weiten Gebieten Deutschlands heute ein industrieller Zustand, der auf den ersten Blick dem Zustand gleicht, wie er vor Einführung der Maschinerie der allgemein herrschende war. Aber auch nur auf den ersten Blick. Die ländliche, mit Garten- und Feldbau verbundne Hausindustrie der frühern Zeit war, wenigstens in den industriell fortschreitenden Ländern, die Grundlage einer materiell erträglichen und stellenweise behaglichen Lage der arbeitenden Klasse, aber auch ihrer geistigen und politischen Nullität. Das Handprodukt und seine Kosten bestimmten den Marktpreis, und bei der gegen heute verschwindend geringen Produktivität der Arbeit wuchsen die Absatzmärkte in der Regel rascher als das Angebot. Dies gilt, um die Mitte des vorigen Jahrhunderts, für England und teilweise für Frankreich, und namentlich für die Textilindustrie. In dem damals eben erst aus der Verwüstung des Dreißigjährigen Kriegs und unter den ungünstigsten Umständen sich wieder emporarbeitenden Deutschland sah es allerdings ganz anders aus; die einzige Hausindustrie, die hier für den Weltmarkt arbeitete, die Leinenweberei, wurde durch Steuern und Feudallasten so gedrückt, daß sie den webenden Bauern nicht über das sehr niedrige Niveau der übrigen Bauernschaft erhob. Aber immerhin hatte damals der ländliche Industriearbeiter eine gewisse Sicherheit der Existenz.

Mit der Einführung der Maschinerie änderte sich das alles. Der Preis wurde nun bestimmt durch das Maschinenprodukt, und der Lohn des hausindustriellen Arbeiters fiel mit diesem Preise. Aber der Arbeiter mußte ihn nehmen oder andre Arbeit suchen, und das konnte er nicht, ohne Proletarier zu werden, das heißt ohne sein Häuschen, Gärtchen und Feldchen – eigen oder gepachtet – aufzugeben. Und das wollte er nur im seltensten Fall. So wurde der Garten- und Feldbau der ländlichen Handweber die Ursache, kraft deren der Kampf des Handwebstuhls gegen den mechanischen Webstuhl sich überall so sehr in die Länge zog und in Deutschland noch nicht ausgefochten ist. In diesem Kampf zeigte es sich zum erstenmal, namentlich in England, daß derselbe Umstand, der früher einen verhältnismäßigen Wohlstand der Arbeiter begründet hatte – der Besitz des Arbeiters an seinen Produktionsmitteln – jetzt für sie ein Hindernis und ein Unglück geworden war. In der Industrie schlug der mechanische Webstuhl seinen Handwebstuhl, im Landbau schlug die große Agrikultur seinen Kleinbetrieb aus dem Felde. Aber während auf beiden Produktionsgebieten die vereinigte Arbeit vieler und die Anwendung der Maschinerie und der Wissenschaft gesellschaftliche Regel wurden, fesselten ihn sein Häuschen, Gärtchen, Feldchen und sein Webstuhl an die veraltete Methode der Einzelproduktion und der Handarbeit. Der Besitz von Haus und Garten war jetzt weit weniger wert als die vogelfreie Beweglichkeit. Kein Fabrikarbeiter hätte getauscht mit dem langsam, aber sicher verhungernden ländlichen Handweber.

Deutschland erschien spät auf dem Weltmarkt; unsre große Industrie datiert von den vierziger Jahren, erhielt ihren ersten Aufschwung durch die Revolution von 1848 und konnte sich erst voll entfalten, als die Revolutionen von 1866 und 1870 ihr wenigstens die schlimmsten politischen Hindernisse aus dem Wege geräumt. Aber sie fand den Weltmarkt größtenteils besetzt. Die Massenartikel lieferte England, die geschmackvollen Luxusartikel Frankreich. Die einen konnte Deutschland nicht im Preise, die andern nicht in der Qualität schlagen. So blieb nichts übrig, als zunächst, dem Geleise der bisherigen deutschen Produktion entsprechend, sich in den Weltmarkt einzuschieben mit Artikeln, die für die Engländer zu kleinlich, für die Franzosen zu schäbig waren. Die beliebte deutsche Praxis der Prellerei, zuerst gute Muster zu schicken und nachher schlechte Ware, strafte sich allerdings auf dem Weltmarkt bald hart genug und kam in ziemlichen Verfall; andrerseits drängte die Konkurrenz der Überproduktion selbst die soliden Engländer allmählich auf die abschüssige Bahn der Qualitätsverschlechterung und leistete so den Deutschen Vorschub, die auf diesem Feld unerreichbar sind. Und so sind wir denn endlich dahin gekommen, eine große Industrie zu besitzen und eine Rolle auf dem Weltmarkt zu spielen. Aber unsre *große* Industrie arbeitet fast ausschließlich für den innern Markt (die Eisenindustrie ausgenommen, die weit über den innern Bedarf erzeugt), und unsre massenhafte Ausfuhr setzt sich zusam-

men aus einer Unsumme kleiner Artikel, zu denen die große Industrie höchstens die nötigen Halbfabrikate liefert, die aber selbst geliefert werden großenteils durch die ländliche Hausindustrie.
Und hier zeigt sich in vollem Glanz der »Segen« des eignen Haus- und Grundbesitzes für den modernen Arbeiter. Nirgends, selbst die irische Hausindustrie kaum ausgenommen, werden so infam niedrige Löhne gezahlt wie in der deutschen Hausindustrie. Was die Familie auf ihrem eignen Gärtchen und Feldchen erarbeitet, das erlaubt die Konkurrenz dem Kapitalisten vom Preis der Arbeitskraft abzuziehen; die Arbeiter müssen eben jeden Akkordlohn nehmen, weil sie sonst gar nichts erhalten und vom Produkt ihres Landbaus allein nicht leben können; und weil andrerseits eben dieser Landbau und Grundbesitz sie an den Ort fesselt, sie hindert, sich nach andrer Beschäftigung umzusehn. Und hierin liegt der Grund, der Deutschland in einer ganzen Reihe von kleinen Artikeln auf dem Weltmarkt konkurrenzfähig erhält. *Man schlägt den ganzen Kapitalprofit heraus aus einem Abzug vom normalen Arbeitslohn und kann den ganzen Mehrwert dem Käufer schenken.* Das ist das Geheimnis der erstaunlichen Wohlfeilheit der meisten deutschen Ausfuhrartikel.
Es ist dieser Umstand, der mehr als irgendein andrer auch auf andern industriellen Gebieten die Arbeitslöhne und die Lebenshaltung der Arbeiter in Deutschland unter dem Stand der westeuropäischen Länder hält. Das Bleigewicht solcher traditionell tief unter dem Wert der Arbeitskraft gehaltnen Arbeitspreise drückt auch die Löhne der städtischen und selbst der großstädtischen Arbeiter unter den Wert der Arbeitskraft hinab, und dies um so mehr, als auch in den Städten die schlechtgelohnte Hausindustrie an die Stelle des alten Handwerks getreten ist und auch hier das allgemeine Niveau des Lohnes herabdrückt.
Hier sehn wir es deutlich: Was auf einer früheren geschichtlichen Stufe die Grundlage eines relativen Wohlstands der Arbeiter war: die Verbindung von Landbau und Industrie, der Besitz von Haus und Garten und Feld, die Sicherheit der Wohnung, das wird heute, unter der Herrschaft der großen Industrie, nicht nur die ärgste Fessel für den Arbeiter, sondern das größte Unglück für die ganze Arbeiterklasse, die Grundlage einer beispiellosen Herabdrückung des Arbeitslohns unter seine normale Höhe, und das nicht nur für einzelne Geschäftszweige und Gegenden, sondern für das ganze nationale Gebiet. Kein Wunder, daß die Groß- und Kleinbürgerschaft, die von diesen abnormen Abzügen vom Arbeitslohn lebt und sich bereichert, für ländliche Industrie, für hausbesitzende Arbeiter schwärmt, für alle ländlichen Notstände das einzige Heilmittel sieht in der Einführung neuer Hausindustrien!
Das ist die eine Seite der Sache; aber sie hat auch eine Kehrseite. Die Hausindustrie ist die breite Grundlage des deutschen Ausfuhrhandels und damit der ganzen Großindustrie geworden. Damit ist sie über weite Striche von Deutschland

verbreitet und dehnt sich täglich mehr aus. Der Ruin des Kleinbauern, unvermeidlich von der Zeit an, wo seine industrielle Hausarbeit für den Selbstgebrauch durch das wohlfeile Konfektions- und Maschinenprodukt, und sein Viehstand, also seine Düngerproduktion, durch die Zerstörung der Markverfassung, der gemeinen Mark und des Flurzwangs vernichtet wurden — dieser Ruin treibt die dem Wucherer verfallenen Kleinbauern der modernen Hausindustrie gewaltsam zu. Wie in Irland die Bodenrente des Grundbesitzers, können in Deutschland die Zinsen des Hypothekenwucherers gezahlt werden, nicht aus dem Bodenertrag, sondern nur aus dem Arbeitslohn des industriellen Bauern. Mit der Ausdehnung der Hausindustrie aber wird eine Bauerngegend nach der andern in die industrielle Bewegung der Gegenwart hineingerissen. Es ist diese Revolutionierung der Landdistrikte durch die Hausindustrie, die die industrielle Revolution in Deutschland über ein weit größeres Gebiet ausbreitet als in England und Frankreich der Fall; es ist die verhältnismäßig niedrige Stufe unsrer Industrie, die ihre Ausdehnung in die Breite um so nötiger macht. Dies erklärt, warum in Deutschland, im Gegensatz zu England und Frankreich, die revolutionäre Arbeiterbewegung eine so gewaltige Verbreitung über den größten Teil des Landes gefunden hat, statt ausschließlich an städtische Zentren gebunden zu sein. Und dies wiederum erklärt den ruhigen, sicheren, unaufhaltsamen Fortschritt der Bewegung. In Deutschland leuchtet es von selbst ein, daß eine siegreiche Erhebung in der Hauptstadt und den andern großen Städten erst dann möglich wird, wenn auch die Mehrzahl der kleinen Städte und ein großer Teil der ländlichen Bezirke für den Umschwung reif geworden ist. Wir können, bei einigermaßen normaler Entwicklung, nie in den Fall kommen, Arbeitersiege zu erfechten wie die Pariser von 1848 und 1871, aber eben deshalb auch nicht Niederlagen der revolutionären Hauptstadt durch die reaktionäre Provinz erleiden, wie Paris sie in beiden Fällen erlitt. In Frankreich ging die Bewegung stets von der Hauptstadt aus, in Deutschland von den Bezirken der großen Industrie, der Manufaktur und der Hausindustrie; die Hauptstadt wurde erst später erobert. Daher wird vielleicht auch in Zukunft die Rolle der Initiative den Franzosen vorbehalten bleiben; aber die Entscheidung kann nur in Deutschland ausgekämpft werden.

Nun ist aber diese ländliche Hausindustrie und Manufaktur, die in ihrer Ausdehnung der entscheidende Produktionszweig Deutschlands geworden und die damit das deutsche Bauerntum mehr und mehr revolutioniert, selbst nur die Vorstufe einer weiteren Umwälzung. Wie schon Marx nachgewiesen (»Kapital« I., 3. Aufl., S. 484–495), schlägt auch für sie, auf einer gewissen Entwicklungsstufe, die Stunde des Untergangs durch die Maschinerie und den Fabrikbetrieb. Und diese Stunde scheint nahe bevorzustehen. Aber Vernichtung der ländlichen Hausindustrie und Manufaktur durch Maschinerie und Fabrikbetrieb, das heißt in Deutschland Vernichtung der Existenz von Millionen ländlicher Produzenten,

Expropriation fast der halben deutschen Kleinbauernschaft, Verwandlung nicht nur der Hausindustrie in Fabrikbetrieb, sondern auch der Bauernwirtschaft in große, kapitalistische Agrikultur und des kleinen Grundbesitzes in große Herrengüter – industrielle und landwirtschaftliche Revolution zugunsten des Kapitals und Großgrundbesitzes auf Kosten der Bauern. Sollte es Deutschland beschieden sein, auch diese Umwandlung noch unter den alten gesellschaftlichen Bedingungen durchzumachen, so wird sie unbedingt den Wendepunkt bilden. Hat bis dahin die Arbeiterklasse keines anderen Landes die Initiative ergriffen, so schlägt dann unbedingt Deutschland los, und die Bauernsöhne des »herrlichen Kriegsheers« helfen tapfer mit.

Und jetzt nimmt die bürgerliche und kleinbürgerliche Utopie, die jedem Arbeiter ein eigentümlich besessenes Häuschen geben und ihn damit an seinen Kapitalisten in halbfeudaler Weise fesseln will, eine ganz andre Gestalt an. Als ihre Verwirklichung erscheint die Verwandlung aller kleinen ländlichen Hauseigentümer in industrielle Hausarbeiter; die Vernichtung der alten Abgeschlossenheit und damit der politischen Nullität der Kleinbauern, die in den »sozialen Wirbel« hineingerissen werden; die Ausbreitung der industriellen Revolution über das platte Land, und damit die Umwandlung der stabilsten, konservativsten Klasse der Bevölkerung in eine revolutionäre Pflanzschule, und als Abschluß des ganzen die Expropriation der hausindustriellen Bauern durch die Maschinerie, die sie mit Gewalt in den Aufstand treibt.

Wir können den bürgerlich-sozialistischen Philanthropen den Privatgenuß ihres Ideals gern gönnen, solange sie in ihrer öffentlichen Funktion als Kapitalisten fortfahren, es in dieser umgekehrten Weise zu verwirklichen, zu Nutz und Frommen der sozialen Revolution.

London, 10. Januar 1887

Anmerkungen des Herausgebers

[1] Marx/Engels, Werke, Bd. 2, Berlin Ost 1959, S. 237 ff.
[2] Marx/Engels, Werke, Ergänzungsband, 2. Teil. Berlin Ost 1967, S. 68 f.
[3] So Engels in ›Landschaften‹. In: Marx/Engels, Werke, Ergänzungsband, 2. Teil. Berlin Ost 1967, S. 150 ff.
[4] Ricarda Huch, Alte und Neue Götter, Berlin/Zürich 1930, S. 239
[5] Zitiert bei Helmut Hirsch, Engels (rororo-Bildmonografie). Reinbek 1968, S. 39
[6] Marx/Engels, Werke, Bd. 2. Berlin Ost 1959, S. 275
[7] Ebenda, S. 267
[8] Ebenda, S. 275 f.
[9] Ebenda, S. 315 ff.
[10] Vgl. Robert Liefmann, Die kommunistischen Gemeinden in Nordamerika, Jena 1922
[11] Dies ist zu vergleichen mit der Tatsache, daß noch in den Jahren 1904–07 z. B. in München 40 000 Personen weniger als 10 cbm und 129 000 (ein Viertel der Bevölkerung) weniger als 15 cbm Wohnraum hatten.
[12] J.-B.-A. Godin, Solutions sociales, Paris 1871
[13] Käte Morgenroth, Fourier und der Sozialismus, Berlin 1920, S. 132
[14] Vgl. dazu meinen Essay in: P.-J. Proudhon, Bekenntnisse eines Revolutionärs (Rowohlts Klassiker Nr. 243–45). Reinbek 1969
[15] Vgl. die Briefe von Engels an J. Bloch v. 21. 9. 1890; Conrad Schmidt v. 27. 10. 1890; Hans Starkenburg v. 25. 1. 1894; alle in Marx/Engels, Werke. Berlin Ost
[16] Aus: Theorie des Eigentums (1865). In: Pierre-Joseph Proudhon, Ausgewählte Texte, hg. v. Thilo Ramm. Stuttgart 1963, S. 288 ff.
[17] Wie sie schon in der Charte d'Athènes von Le Corbusier ins Auge gefaßt wurden (Reinbek 1962).
[18] Heinrich Laufenberg, Geschichte der Arbeiterbewegung in Hamburg, Altona und Umgebung, 1. Bd. Hamburg 1911, S. 584
[19] Max Weber, Wirtschaft und Gesellschaft, 1. Halbbd. Tübingen 1947, S. 197 ff.
[20] Vgl. Theodor Henzler, Plädoyer für das Leben im Zwischenraum. In: Süddeutsche Zeitung v. 26./27. 7. 1969
[21] Gustav Mayer, Friedrich Engels. Eine Biographie, 1. Bd. Haag 1934
[22] Brief an die Schwester Marie in Barmen vom 28./29. 8. 1838, nach Marx/Engels, Werke (MEW), Ergänzungsband, 2. Teil, Berlin Ost 1967, S. 325 f.; Brief an die Schwester vom 9./10. 10. 1838, ebenda, S. 342 f.; Brief an die Schwester vom 18./19. 9. 1840, ebenda, S. 459 f.; Brief an die Schwester vom 18. 2. 1841, ebenda, S. 475 f.
[23] Brief an die Schwester vom 28. 9. 1839, ebenda, S. 417 f.
[24] Aus der Aufsatzreihe »Landschaften«, erschienen im ›Telegraph für Deutschland‹, August 1840, ebenda, S. 72 f.
[25] Aus ›Telegraph für Deutschland‹, Dezember 1840, ebenda, S. 105–109
[26] Manuskript, geschrieben Okt./Nov. 1848, nach MEW, Bd. 5, Berlin Ost 1959, S. 463–480
[27] Erschienen im ›Telegraph für Deutschland‹, März 1839, nach MEW, Bd. 1, Berlin Ost 1958, S. 413–418
[28] Aus »Die Lage der arbeitenden Klasse in England. Nach eigner Anschauung und authentischen Quellen«. Leipzig 1845, nach MEW, Bd. 2, Berlin Ost 1959, S. 256–305
[29] In »Die Lage der arbeitenden Klasse in England« trägt dieses Kapitel die Überschrift »Resultate«, ebenda, S. 324–359

[30] Aus dem Kapitel »Die Stellung der Bourgeoisie zum Proletariat« (»Die Lage der arbeitenden Klasse in England«), ebenda, S. 494–501
[31] Erschienen in ›Deutsches Bürgerbuch für 1845‹, ebenda, S. 521–535
[32] Erschienen in ›Neue Rheinische Zeitung‹, 1. und 2. 7. 1848, nach MEW, Bd. 5, Berlin Ost 1959, S. 145–153
[33] Erschienen als Artikelserie im ›Volksstaat‹, 1872, dann als Broschüre (zuerst Leipzig 1872 und 1873), 2. Aufl. Hottingen/Zürich 1887, ebenda, S. 210–287
[34] Nach MEW, Bd. 21, Berlin Ost 1962, S. 325–337

Quellennachweis der Abbildungen

1 Karl Schäfer, Bremen, Leipzig 1970, S. 24
2 Marx/Engels, Werke (MEW), Erg.-Bd., 2. Teil, Berlin Ost 1967, S. 342
3 Marx/Engels, Werke (MEW), Erg.-Bd., 2. Teil, Berlin Ost 1967, S. 459
4 Marx/Engels, Werke (MEW), Erg.-Bd., 2. Teil, Berlin Ost 1967, S. 460
5 John Hayes, London. A Pictorial History, London 1969, Anhang Nr. 111
6 J. M. and Brian Chapman, The Life and Times of Baron Haussmann, London 1957, S. 183
7 Aus Barmens Wirtschaft und Kultur, Barmen 1926, S. 22
8 John Hayes, London. A Pictorial History, London 1969, Anhang Nr. 114
9 Donald J. Olsen, Town Planning in London, New Haven, London 1964, Anhang
10 Architectural Design, 12/1968, S. 602
11 Architectural Design, 12/1968, S. 604
12 Werkzeitschrift »Der Heidelberger Portländer«, Hrsg. Portland-Zement-Werke Heidelberg, AG., Kalenderausgabe 1967, S. 35
13 Architectural Design, 11/1968, S. 516
14 John Hayes, London. A Pictorial History, London 1969, Anhang Nr. 132
15 Arthur Korn, History Builds the Town, London 1953, Plate 51
16 John W. Reps, The Making of Urban America. A History of City Planning in the United States, Princetown 1965, S. 457
17 John W. Reps, The Making of Urban America. A History of City Planning in the United States, Princeton 1965, S. 454
18 John W. Reps, The Making of Urban America. A History of City Planning in the United States, Princeton 1965, S. 455
19 John W. Reps, The Making of Urban America. A History of City Planning in the United States, Princeton 1965, S. 458
20 J. M. and Brian Chapman, The Life and Times of Baron Haussmann, London 1957, S. 62
21 Foto Krupp
22 Stadtbauwelt 23, 1969, S. 212
23 Werk, 11/1966, S. 458

Bauwelt Fundamente

1 Ulrich Conrads, Programme und Manifeste zur Architektur des 20. Jahrhunderts
 180 Seiten, 27 Bilder, DM 11,80

2 Le Corbusier, Ausblick auf eine Architektur
 216 Seiten, 231 Bilder, DM 12,80

3 Werner Hegemann, Das steinerne Berlin
 Geschichte der größten Mietskasernenstadt der Welt
 344 Seiten, 100 Bilder, DM 13,80

4 Jane Jacobs, Tod und Leben großer amerikanischer Städte
 221 Seiten, 4 Bilder, DM 11,80

5 Sherman Paul, Louis H. Sullivan
 Ein amerikanischer Architekt und Denker
 164 Seiten, 26 Bilder, DM 10,80

6 L. Hilberseimer, Entfaltung einer Planungsidee
 140 Seiten, 121 Bilder, DM 11,80

7 H. L. C. Jaffé, De Stijl 1917–1931
 Der niederländische Beitrag zur modernen Kunst
 272 Seiten, 54 Bilder, DM 14,80

8 Bruno Taut, Frühlicht – Eine Folge für die Verwirklichung des neuen Baugedankens
 224 Seiten, 240 Bilder, DM 11,80

9 Jürgen Pahl, Die Stadt im Aufbruch der perspektivischen Welt
 176 Seiten, 86 Bilder, DM 11,80

10 Adolf Behne, Der moderne Zweckbau
 132 Seiten, 95 Bilder, DM 11,80

11 Julius Posener, Anfänge des Funktionalismus
 Von Arts and Crafts zum Deutschen Werkbund
 232 Seiten, 52 Bilder, DM 11,80

12 Le Corbusier, Feststellungen zu Architektur und Städtebau
 248 Seiten, 230 teils farbige Bilder, DM 14,80

13 Hermann Mattern, Gras darf nicht mehr wachsen
    12 Kapitel über den Verbrauch der Landschaft
    184 Seiten, 40 Bilder, DM 12,80

14 El Lissitzky, Rußland: Architektur für eine Weltrevolution
    208 Seiten, 116 Bilder, DM 12,80

15 Christian Norberg-Schulz, Logik der Baukunst
    308 Seiten, 118 Bilder, DM 15,80

16 Kevin Lynch, Das Bild der Stadt
    216 Seiten, 140 Bilder, DM 12,80

17 Günter Günschel, Große Konstrukteure 1
    Freyssinet – Maillart – Dischinger – Finsterwalder
    276 Seiten, 172 Bilder, DM 15,80

19 Anna Teut, Architektur im Dritten Reich 1933–1945
    392 Seiten, 56 Bilder, DM 17,80

20 Erich Schild, Zwischen Glaspalast und Palais des Illusions
    Form und Konstruktion im 19. Jahrhundert
    224 Seiten, 157 Bilder, DM 14,80

21 Ebenezer Howard, Gartenstädte von morgen
    Ein Buch und seine Geschichte
    198 Seiten, 35 Bilder, DM 14,80

22 Cornelius Gurlitt, Zur Befreiung der Baukunst
    Ziele und Taten deutscher Architekten im 19. Jahrhundert
    166 Seiten, 19 Bilder, DM 11,80

23 James M. Fitch, Vier Jahrhunderte Bauen in USA
    330 Seiten, 247 Bilder, DM 22,80 (Leinen DM 29,–)

24 »Die Form« – Stimme des Deutschen Werkbundes 1925–1934
    360 Seiten, 34 Bilder, DM 21,80

25 Frank Lloyd Wright, Humane Architektur
    274 Seiten, 54 Bilder, DM 19,80

26 Herbert J. Gans, Die Levittowner, Soziographie einer »Schlafstadt«
    368 Seiten, DM 21,80

27 Über die Umwelt der arbeitenden Klasse
    Aus den Schriften von Friedrich Engels
    238 Seiten, 23 Bilder, DM 16,80

Bei Fragen zur Produktsicherheit wenden Sie sich bitte an:
If you have any questions regarding product safety,
please contact:

Birkhäuser Verlag GmbH
Im Westfeld 8
4055 Basel, Schweiz
productsafety@degruyterbrill.com